国家出版基金项目
NATIONAL PUBLICATION FOUNDATION

海上絲綢之路文獻集成

總主編　陳支平　陳春聲

歷代史籍編 15

主編　范金民

海峽出版發行集團
THE STRAITS PUBLISHING & DISTRIBUTING GROUP
福建人民出版社

本册目次

海國公餘輯録六卷海國公餘雜著三卷（海國公餘輯録卷五至海國公餘雜著卷三）

〔清〕張煜南撰

海國軼事

海國公餘輯錄卷五
嘉應張煜南榕軒輯　弟鴻南耀軒校

海國軼事

目錄

海國公餘輯錄卷五

嘉應張煜南榕軒輯　弟鴻南耀軒校

海國軼事

高樓特誌

循梯而上簡文傳百丈之奇拾級而登公孫有十層之勝儘堪望氣上與雲齊雖非海市之寓言實類廣陵之絕響蓋自古迄今不數覯也不謂美國紐約埠所建高樓幾欲駕而上之亦足見其窮奢極侈矣緣該處近築二樓一計十有五層其下五層純用鋼鐵其上十層純用瓢瓦而金迷紙醉氣象輝煌登斯樓也大有心曠神怡之象一計九層規模宏敞亦擅勝景總二樓經費約計扶令二兆枚合銀元五十萬枚設令禹偁復起而欲重搆竹樓記則於齊雲落星井幹麗譙之

外又添一則文料矣

一樓也而窮泰極侈如此可以知其俗矣

奇技遙傳

有赫靈人造一報時鐘獲售英金四千磅其面針所指如德之赫靈正十二點鐘者兼知德京俄京上海印度墨特拉美國極西之舊金山地球極南之澳洲兼英之都會其時爲幾點幾分皆可一望而知然猶未足爲奇也每至夕間八點鐘時即有少年八輩聯袂而出延請貴客入禮拜堂誦經誦聲琅琅然也堂中懸電燈一盞電光閃閃然也一少婦端坐彈琴琴聲泠泠然也至每年除夕亥末子初之際有二人出銅灣呼號驟鳴一若曰迎新年蓋送者先吹而退迎者始奏其技也每年五月間鶉鴣出其聲若曰布穀六月間鶉鳩羣飛焉十月間朝雞飛焉一獵者如英人裝束鎗鳴而雉落其八趨前雉納囊中而退皆奇巧不可思議且每日黎明之頃有

小鈴聲清越以長旋有宛轉奏聽者若曰天明了天明了夢醒否夢醒否睡起罷睡起罷尤足發人深省也天下之奇巧無踰於此者矣

不過一自鳴鐘耳幻出如許奇觀壺中天地費長房不得擅奇於前矣

山海誌奇

莊子云北溟有魚其名爲鯤鯤之大不知其幾千里也化而爲鵬扶搖九萬里其翼若垂天之雲然則生物之大孰有過於水羽兩族者哉昔康熙朝瓊州居民時當白晝忽見黑雲蔽天腥風撲鼻父老之有識者曰此必大鵬鳥過也恐其下糞則吾族無噍類矣乃相與走避及天色晴霽居民回村見鵬糞高積狀如邱陵居民數十家覆壓殆盡遺下鵬羽一枝大可覆數畝其毛管中有人乘馬而入尚覺綽綽有餘正德末有鳥黑色大如象張翅如船篷飛入長安門內大樹上民家所養鵝鴨被啄而食之如食蟲蟻數月方去人以爲海雕也又崑崙有大鳥其名曰希左翼覆東王公右翼覆西王母然則晉時所云海鳥毛長三丈誠卑卑不足道矣羽族之巨

者有如此沈作哲嘗過海上至普陀山見海中數十里外有旌旗掩映如軍行數萬騎洶湧東下問其人曰此大魚耳所見旌旗乃其鱗鬣也嶺南節度使何履光所居傍大海自言親見大異有三一曰海中有兩巨山相去各六七百里晴天遠望青翠如滴開元末海中大雷雨七日有人從山邊來云有大魚流入二山之中進退不得其腮掛一崖上七日而山崩魚乃得脫二曰海中有洲縱橫數千里洲上有物狀如蟾蜍數枚大者周迴四五百里小者或百餘里每至望後則口吐白氣上透於月與月爭光三曰海中有山周迴數十里每夏初則有大蛇如山長不知幾百里以身繞山數十匝然後垂首飲水一日忽見蛇與山被吞殆盡亦不知吞者是何物也集異記裴迪光開元七年都督廣州仲秋夜漏未盡忽見天已放曉星沒鳥飛舉郡驚異裴公衣冠而出則廣州將吏已集門矣詢諸司更者則三更尚未盡也良久天復昏暗夜景如初官吏咸執燭而歸數月後有商船至因謂郡人曰八月十一日舟至某處忽遇巨鰲出口雙目如日照耀千里久之始沒夜色依然徵其時則裴公集賓僚之夕也廣異記載近世有波斯乘船泛海飄入一島山上皆珍寶瑪瑙諸物乃將已賤貨棄去取載滿船忽遇胡人令其速發謂山神將至必當吝惜汝船不能歸矣於是挂帆行四十里遙見峯上有赤物如蛇形久之漸大胡人曰此山神惜寶來追也俄見兩山從海中出高數百丈胡喜曰此兩山者大蟹螯也其蟹常與山神鬬神多不勝今蟹出無憂矣大蛇尋至蟹與鬬夾蛇頭死於水上如連山船人由是得濟元中記北海中之蟹舉

螯如山其身固在水中佛經論有商人五百入海採寶見摩竭魚王開口船去甚疾舟師問樓上人何所見答曰見有三日及一大白山水奔流如入大坑舟師曰三日者一是眞日二是魚目山是魚齒若奔入魚口我曹死矣時船中有僧令衆人但誦南無佛魚便合口衆由是得免水族之巨者又如此由是以觀可見天下之大無奇不有特未可爲管窺蠡測者道耳

水羽兩族畢出如許證據若見若聞令人談虎色變可謂騁域外之觀

海外詩人

上古泰西諸國詩歌肇端希臘瞽者和美耳最長於詩其生平著作當時已膾炙人口後人爲之校定成集分上下二部到今流傳閨秀撒弗工於小詩分爲九卷率多咏新婚慕悅之辭其詩皆思致纏綿情意眞摯易於使人興感所作詩句長短皆有定式不得少有紊亂大都率不押韻非若近日之多作韻語也自英國伊底羅義興起咏物言情如牧童歌四季詩女師詩及禮拜六晚農夫歸家之狀生民流落荒寂無人之村諸篇什以及米羅敦所作憂喜二詩米勒敦著長詩二卷皆詳詠亞當出離落園之事並久見重於世邇來詩人大闢所傳格調蒼古出筆不凡德微士年屆垂暮猶嫺詩歌與里人結爲詩社人比之白香山傅蘭雅詩有風趣其人立

志欲取各國從軍之詩繹爲一書將使人能自警心勝殘去殺著想甚奇白思士尤以詩著名於世死後建屋墳上石刻其像於中央以示景仰其感發人者深也法人哥内羅拉先滋二家皆善作哀怨凄涼之語令人心惻意大利人丹低深明世故兼善立言所著長詩一集中分三卷卓卓可傳德人勒星始以詩名兼擅詞曲迨中朝嘉慶之初其國之世落耳與哥底皆善於詩而世落耳尤喜描寫古人忠孝義烈之事聞者莫不興起哥底素稱博學浸淫於詩教者深其詩雖較晚出而名則高駕於勒世二人之上白休士之夫人謂叶韻希臘古時多有之與三百篇同旨獨抒偉論亦大難得奥國瑪加部詩人越愷者有詩名西人以李太白例之與畢相論歐洲全局動中肯綮其人正不止以詩名也印度有斐哈長

於掄頌法部西工言情語奇趣溢各極其妙日本則金尾藍田大鳥圭介公二君皆能自闢壇坫與中國星使相酬酢梁偉瓊浦集有贈馬細香女史詩極其風致他如大窪天民有詩聖堂集柏木昶有晚晴堂集菊池五山有五山堂詩話皆稱絶句名家安南則梅菴公主爲國王女弟著有葦野集倉山公詩詞古樸可誦張登儃詩筆尤敏妙親逢國破流離於北寗之雅南幾與杜少陵遭逢喪亂同一苦況琉球則有天王寺詩僧號瘦梅萬松院詩僧號不羈一以赤龍青鳥得名一以白雲黃葉擅譽二僧皆推重一時不染塵俗翹然出物表凡此者皆標名海外能拔戟自成一隊者也孰謂扶輿清淑之氣止鍾于中國哉

按海外之詩流派甚遠其體製與中國稍異然情見乎辭出於口無非根於心不事雕飾節拍自然亦無害其爲異域風謡也昔周太史乘輶軒巡行天下採取十五國風詩以上貢廟堂用誌一時歌咏之盛余居棉蘭暇取各國所傳諸詩而評論之畧舉其概非敢謂愜心貴當第求無失風人之旨云爾

德國兵官

郭筠仙使西紀程云德國兵官其人白皙文雅讀書不輟卽嬉戲中常不忘武備一胡桃也有以額觸之而碎者於是羣引額撞之或碎或不碎而皆轟擊有聲或橫一指於上引拳擊之立碎或納胡桃肘下伸腕舒掌拳一手拍掌上立碎見之咋舌日間常十餘人爲投石超距之戲一人曲腰立其餘諸人相距十餘步以次疾趨按其腰張兩足一躍而過繼乃量地三尺投石爲記不准納足其中漸增至五尺則飛躍而過者兩人而已餘皆納一足石限內已而六七人曲腰立相距各五尺十餘人連躍而過無一處步從容嬉笑沛然有餘彼處人材如此勁健宜其國興起未艾矣

兵貴素練平時偷惰自安臨事欲其摧堅難矣泰西之兵無不以投石超距爲戲者豈特德人爲然哉

那威士哥沙風俗

頤仙輯時務大成云友有自南洋回者談該處風俗謂該地僻處南洋爲英國所屬島中土人穴居野處不知稼穡食草木之實飲鳥獸之血恍與上古洪荒相似然素性純良孝友相尙父母有疾爲子者晝夜旁皇以頭觸地願以身代及父母疾沒則擗踴號哭自擊其首願與俱死此雖愚孝而人心不昧天理常存亦自可嘉一山之中倘有病故者別山之人亦代舉哀以寓物傷其類之意婚姻之道無所謂納采問名若某家有女願爲之壻者閒時獵取魚鳥等物奉其父母殷勤備至俟岳家歡喜卽與其女同居常有一夫而得數妻者怡然共處不聞訴誶之聲無俟倉庚療妒其素性然也

按泰西諸國不講倫紀父子異居視若陌路其習俗然也乃威士哥沙國則不然秉性純孝親疾則願以身代親沒則願與俱亡已足令人起敬至交誼之聯秦越無異視數妻共處訴誶不聞聲此等仁厚之俗雖中國猶驚爲未逮不圖竟於蠻貊之邦得之所見亦罕矣

奈兒娘娘

埃及國境内向多水患因海水流入内地有害居民其流入之處有大河曰奈兒河每年潮汎之期合境咸以爲苦初時有貞女某矢願築壩禦此水災惟水流湍急成功匪易竭數年之力尚未合龍乃鼓勵衆人而觀望徘徊不克奏效貞女恐其功敗垂成乃躍入水中殉之衆人急救已是不及於是念貞女苦衷竭力經營始得築成一壩卽範貞女之像建設壩中名曰奈兒娘娘每逢身殉節期則舉國停工綠女紅男紛集祭奠必殺一人投入水中如河伯迎娶故事如是者凡三日始各回家今殺人之事雖已禁止而殉水節期依然熱鬧也

按大河水患各邦有之而埃及奈兒河受害尤深咸思築壩一道以捍風濤第築壩非難合龍爲難不得一人焉以身殉之恐終難奏厥成功錄貞女一節奇在巾幗中竟有是人是足以風世矣

屋加民揮鎚

頤仙輯時務大成云德國之克虜卜製造廠周圍數十里所用工匠數萬人所蓄駝馬等物以供轉運之役者亦以千計然則該廠之巨實天下莫之與京矣德皇前往該廠遊幸主人克虜卜君親隨皇後以備顧問皇遊歴諸處多所許可既而至一大鐵鎚下其鎚高懸空中重不知凡幾千萬斤鎚之上落均以機器爲轉運皇閲至此乃歎曰偉哉此乎克君乃奏稱此爲鈍物猶不足奇最奇者管理此鎚之人名曰屋加民工巧絶倫能以人手按鎚之下乃揮鎚如風從而下擊及其墜也竟不及於手不過僅差毫髮之微耳皇曰有此絶技可試一觀惟此險工不宜以人手輕於嘗試乃在衣袋中取出御用之金鑽時表一具置諸廚下之砧中命爲演試屋加民運動機器鎚卽從空而墜乃鎚既定果不及於表面且鎚之距表僅不過一分許而表則毫無破損也乃取表繳回於皇皇喜甚卽以表賜之曰姑以此旌汝之技屋加民忽聞皇語不禁喜極而痴手戰目張執表呆立不能言動克君趨前代取其表而圓其説曰吾固知若不敢在皇前收賞賜吾盍代汝取之乃將表置諸懷中仍從皇周遊各處事畢復經大鎚之下克君乃取表而裹以德金一千烏克之銀票呼屋而語之曰今乃可以受皇之賜矣屋乃鞠躬受之君臣欣然而別

技妙文亦妙

土酋食量之洪

時務大成云英國派駐亞非利加洲先雲生地方之領事官一日設宴邀該處土酋會食酋名惹惹屆期而至夫幾盤餐已具因與諸賓入席英領事語酋曰此爲賓主聯歡之會可以隨意飲食幸勿以客氣閟人也唯唯棹中有火腿全具酋卽順手取至己前悉數臠割以占朶頤須臾腿肉已盡並其骨亦已䑛徧矣一時座客見酋如此饕餮不禁且驚且笑又有酸果一瓶適置酋前酋取而啖之又僅數下而瓶已罄然乃並其酸亦飲之極贊其味之佳領事見酋之愛之也因命再取以餉客乃酋連食四瓶始欠伸云眞妙饌也因命取酒迨酒至則一吸而已盡一瓶舉座無不駭然酋欲再命取酒則諸客已盡飯畢而興矣食量如斯卽使善飯廉頗見之當

亦曰避君三舍

按英國宴賓食品有定至食量之大至惹惹土酋極矣食肉兼及餘骨啖果連下數瓶吸酒不厭百杯在席諸賓咸爲咋舌觀其意猶未足也余閱宋稗類鈔云有一小弁生平未嘗一飽嘗以帶束腰使緊適遇上官邀其對食盡心恣啖腹果下階聞裂聲三四上官意其腸斷明日來謝席詰其故始知其吃飽腹充而帶裂耳今之惹惹得無類是惜未棋逢敵手一決其雌雄耳

女兒巢樹

鏤頣仙時務大成云西國有女兒巢樹一事頗足令人解頣泚筆記之以供談助據云法國某鄉村有女孩一年約九歲其黑如漆人類也而宛同野獸人有疑其誕自空桑者女向處深林密箐之中摘食蔬果等物以養其生夜宿高樹之顚無冬無夏不畏霜露身裹獸皮科頭跣足見人不甚懼而亦不敢近一日忽跳舞入村中手持短杖闖市大譁僉稱鬼至咸以閉門爲待之有自門隙中偷覷者見其暗畏犬嘷因縱猘犬出噬詎此孩手持杖奮擊犬驟斃而羣犬各竄乃操梃打門知禦之頗堅長嘯而去踪跡之見其緣樹直上捷於猱升倦而臥於樹杪交柯處適莊主人來諦視甚異令以盂水置樹下而人伏於暗隅少頃見女來吸水人至仍逃逸登樹

後乃選弱女子握瓜果誘之始瑟縮而下得乘間獲以歸入門後雉懸於庖一躍摘下剝食吞咽咯咯有聲乃爲之梳洗給以衣裳驗得似係內地種類而鄉人之來觀者則均目爲野獸之族因閉一室中馴其野性會天大雨雪人偶不防竟洞屋頂而逃於瓦上飛行絕迹莊人懼糾人遍覓始得獲歸口常嚶嚶人莫能辨雖法國語言卒亦未能領會焉一日莊主人來挈之歸第扶持豢養頗費心力又不喜食烟火物如五味中之鹽五穀中之麥尤絕不染指主人偶開宴會呼孩出令侍座隅以博客賞席間水陸珍錯窮極精饌均搖首不欲食忽離座奔赴門首池塘中捕青蛙數十頭以衣兜而入分贈座客訖已亦以手剝食若甚適口者客交相厭惡怒目向之而彼若甚爲詫異其野性難馴有如此後某王妃聞而

異之欲一覩呼使來前則跳舞而至知其善馳逐也挈赴獵場獸兔走於前能逐而得之無有免者妃大喜朝夕善視之稍稍能製花草漸通語言約略髣髴似是當時覆舟於北極氷洋等處而父母被溺人跡不至遂因樹構巢食生菓以存活者據言尚有一姊因爭物被伊打走遂失散繼過埃啟摩人以鎗擊之不中跳而免後送入病院及女修院俾令學習工作亦無他異耳年漸長至四十餘歲不知所終

按女孩歸身水洋因樹構巢食生菓以存活後爲莊主人所得豢養有日使之侍客客賜以珍羞皆擲去旋捕青蛙數十頭以手剝食岸然自若客惡之使去王妃聞之知其善馳逐挈赴獵場走獸皆不能脫同是人也客厭棄之妃善視之亦善其得獸耳可見人苦無知已得一知己不難踊躍效命彼昧昧者諳其野性難馴適見其不知量耳

偪室二述

土耳其浴堂之製不一價之至廉者每人不過七八十文加以買手巾買肥皂亦不過百餘文而已其極貴者堂則華贍無比每人約計二元有就河下水次建浮屋如船式吸取冷水以浴者與輪舟上之浴所相似惟男女則分室如自攜婦女亦聽同浴層樓地板亦以小長木塊排嵌花紋既堅緻亦無不平之患蓋材料雖小故係木心故反不取乎長大其理亦確然此就土耳其一地言也推而至於英倫宜若有異焉肯偶游蘇京嘗至一浴室而笑其設想奇絕設此浴室者猶是土耳其人醫士也久駐英邦出其餘貲建置浴室其浴法迥不猶人男女異日而浴浴室鱗次必指定一所須人引導而後入將浴之時先至一温室熱一百五六度內一室熱更甚幾至一百四十五度汗流浹洽垢膩盡浮然後就偪室第無浴盤承水仍坐白水榻上以機引水灌灑徧體有一人專司滌濯之事爬搔洗剔自頂至踵無不周也澡豆面藥其香沁鼻既浴之後通體皆澤其水冷熱咸備自上注下作醍醐灌頂男浴則以男司之女浴則以女司之第浴宜避人今一切須人爲之正如吳姁之相女瑩纖毫畢現未免難乎爲情矣

阿耳魄士山勝境

出使四國日記云阿耳魄士山瑞士國勝境也其地層巒疊嶂積雪皚然一白無際山路由漸而高鐵軌斜上俯視絶壑深杳無底林麓人家蹲若雞塒側道偏狹車行亦緩午正至柳街諾（一譯作羅卡諾屬瑞士之迭山省）萬山之中忽開空曠晴湖如鏡明淨無塵倒影澄碧濱湖萬家闤闠相連蓋各國王公卿相以及文人學士富商巨族無不駕飛車挾重貲僦居數月徜徉於翠嵐綠漪之中亦多有營别墅於此者車行益北路益高峯益峻雪益深景益奇麗火車出入山洞中忽然窅黑忽然開朗霎時之間明滅百態如圖畫之忽展忽收令閱者應接不暇凡穿數十洞有行五六秒鐘者有行四五分鐘者惟山果得捺爾洞爲最長行至二十餘分鐘此處山高二千一百十四邁洞正當山心南口爲愛羅羅（屬瑞士之德散省即迭山省）出北口過盎堆而買特又經小洞數十里果斯雪囊（屬瑞士之越利省）始穿阿耳魄士山之背矣地勢漸下雪山萬疊拔地插天又經山洞二十餘濱徂揩湖（一譯作蘇克湖）及揩脱爾缸東湖而行西正度越勒嶺自入瑞士國境以後車行終日大抵皆阿耳魄士山也山中吐納萬景變幻不可名狀搜奇挹勝俄頃忽殊縱眺諸峯或遥障如城墉或巍峩如殿闕或攢簇如列笏或分峙如置棊或雄踞如虎豹或蜿蜒如龍蛇或旋折如蝸螺或昂企如獅象或樓閣如鑱雲或溪澗如轟雷或噴瀑如拖練或漱石如鳴玉或密林如帷幄或吐花如錦繡或麥疇如翻浪或松風如洪濤青靄迎人湖光飲淥宜其名勝甲於歐洲西人羨瑞士爲洞天福地良有以也

千巖挹秀萬壑爭流令人如行山陰中目不暇給

美國三富人

按美國有三富人其產業皆以數萬萬金計其一曰鐵國乃鐵路總商美國鐵路什國歸其掌握所謂富堪敵國者也其二曰水國乃太古洋行之舊主輪船商船運載徧於五洲其富亦不可計量者也其三曰土國爲紐約一埠之地主富與相若而發跡甚奇年少之時一無賴子耳後忽發憤自立積洋五元盡買雞雛於曠地積穢生蟲以飼之和以腐渣數月長大向以洋五分購一雛今每隻售洋五角於是五元貲本化爲五十元矣改而畜豕獲利倍之由是而牧羊牧牛積貲盈萬紐約一埠三江會合其時一荒野牧場也其心計此間日後將成商埠乃以廉價購之未及十年各國商人麕集果爲美國第一大埠人多地少樓高五層皆一人之業日安坐

而收億萬之租所謂土國者是已然某以牧牛之利至廣至豐牛乳一宗西人飲食必需之品牛雖倒斃筋皮骨角無一棄材故於美國之西廣闢牧場畜牛百萬所製牛乳封以鐵瓶行銷五洲精美冠天下今日子孫猶然世業致富之道至奇亦至庸矣

天下事至奇發於至庸致富一道在人自爲觀於美國三富人一辦鐵路一行輪船一製牛乳初不過圖溫飽而已及其後各人產業皆以數萬萬金計此豈人力所能致哉不謂之天不得矣

德皇子游歷暹羅

時務大成云德國皇子往游於暹羅國藉以覽其民俗攷其政治非徒爲尋常游歷計也未入境時暹王命以羅多士花園爲皇子小駐幨帷之所園中珍禽詭獸異草奇葩莫可名狀亭臺房屋陳設煇煌服役之人足供使令並有暹羅官數員爲之指揮傳命蓋以皇子遠來篤念邦交之義禮隆誼厚朝廷亦視爲罕購之典也暹王畜有馬匹購自新金山躡電追風可稱神駿有巨象性極馴擾近人不驚其馬車則旋轉輕靈刻劃工致其馬兵則衣甲鮮明如荼如火此外有樂兵節奏鏘鳴悠揚入聽其隨御之軍則意大利國人所管教步伐整齊今悉命陳列園中以壯觀瞻焉方皇子將至之時園中士女雲集或三人或五人分坐一隅鬢影衣香時相接也

園中游客與裙釵款洽者尤極殷勤往往蘭麝甫親茗甌先獻俄而衆音畢作人語喧傳曰皇子至矣於是鵠立環觀則見皇子偕先鋒同至暹羅官及各國紳商趨前迎之有德國婦女並在其列皇子相與敘談各操土音雖在他鄉無殊故國又片時聞暹王亦將至矣遙見馬兵前驅御林軍擁其後王至園前卽下車而入皇子及隨員各國紳商趨前迎迓暹王顏色極爲欣悅園中有平地半弓綠草如茵葱蘢可愛循此而過歷數級則有小山俯視園內人物縱橫宛然在目暹王觀覽少頃衆樂齊鳴而夕照西沈暮煙四起矣園中徧燃燈燭火樹銀花儼同白晝有優人演劇扮作文臣趨蹌朝右者或作武將戈矛馳驟者宮移商引劍響笳鳴未幾而庖人以進膳告矣暹王乃與衆賓入席來遊士女於是或並肩攜

手或策馬乘輿興盡而返

暹王之待賓描寫盡致然來人游歷之深衷則疑不在此也

慕賽九女

時務大成云昔希臘人敬奉鬼神中有九女號曰慕賽事之尤謹相傳九女爲姊妹行同居於阿倫卜斯山上每值羣臣會食之時則此九女和歌以侑之在人間則分司文明之事九女座皆平列首座左執簡右把筆主增慧於詠事詩人二座則座前展書一卷主增慧於作史文人三座執笛主騷謌四座執劍以葡萄葉繞首主哀曲五座執琴主舞曲六座左執琴右持琴撥主演諸慕悅之詞七座面作思慕色主步虛游仙諸詩詞八座執杖向一球作指勢主天文九座執牧杖戴假面具以五加皮繞首凡調笑詩詞及牧謌皆其所主是以泰西遇出有著名善於詩文之人衆卽言其獲諸慕賽之默佑其初民皆崇信爭趨若騖後人自悟其非更無過而問

之者而慕賽默佑之言今仍不廢

旣悟其非矣何以默佑之言今仍不廢可見積重難返天下事大抵如斯耳

禮失之野

錢頤仙時務大成云西國之俗有以免冠握手爲禮者免冠示其敬握手示其愛也而陋俗退荒則其禮俗之奇殊有令人噴飯者茲畧舉其一二以資談助按阿剌伯國即亞納人若見佳賓則彼此交頭賓主之面兩相揩擦是爲最重之禮印度人若見大賓則必倒身而伏謁見長上則必捧其足而嗅之以爲恭日本國人見客則遽脫其雙屐义手於胸緬甸人見客則必就客之面而嗅之且言香甚嗅畢復請客嗅已面新金山土人相遇則各吐其舌彼此舌尖相舐以爲親愛此則穢褻甚矣然猶謂示其親愛野人至性質陋無文尚可言也乃更有見禮之奇出人意表者亞美利加之南海有土人一種聚族而居禮俗均與衆不同即其會客一事言之如

有貴客嘉賓抑或友人之久別者相逢之際主人即取瓦缶一具滿盛清水向客之頭擲下缶破水流不啻醍醐之灌頂至其客首面衣裳盡皆濕透於是始爲歡愛即皮破血流勿問也噫此等見禮實覺聞所未聞也

形體不同

天之生人洪纖畢具輕重攸殊述奇者恆以爲怪誕不經今徵之淞隱漫錄及西征日記而後知其言爲確而有徵也王韜淞隱漫錄云余到倫敦別埠有哥拉斯谷聞一婦人甚肥而短軀頗碩大巨腹彭亨權之得五百餘斤斯已奇矣又日記云初抵倫敦率兒女觀僬僥人始出男女二人各高二尺許最後二人各高尺許男年十六女十八男重九磅半合中國權七斤七兩有奇女重四磅九兩合中國權三斤十兩有奇聲啾啾如京城傀儡戲形亦似之體叚幺麽骨格軟弱如數月之孩然語言酬應無異成人出洋所見新奇更無過於此者又時務大成云印度勒鐃地方有奇童年十三歲一頭兩身四手四足其身則前後相疊如兩人串行狀前足舉步

後足即隨之兩手作事前一手動後手亦隨之互作大約有互相牽引之意見之者咸嘖嘖稱怪有波斯人以俄銀一千羅卜與其父母而賃之挈往蒲拿賽物會以作奇觀尋又攜往孟買凡欲觀者須納以貲計收得俄銀數千羅卜據觀者謂其作事舉動前後手足亦可以單用而不必互用此又一奇也

按天之生人賦質不同形體亦異聞一肥婦人重五百斤一小童重三斤十兩一奇童一頭兩身四足四手皆英國人事之新奇無有過於此者彙記之以博人一粲

巴黎賽珍大會

按賽會廣場甚爲寬敞中有王宮名曰託洛卡豆羅其頂穹圓如覆鐘下可容七千餘人會畢此宮即留爲勝蹟前有水戲水自池内上噴捷如激箭高十餘丈濺玉跳珠亦屬偉觀四圍有亭臺山洞茅舍仿鄉村景色旁有瑞典兵數人建一棚以庇駕車之鹿酷似北冰疆風景有中國人新至築一高塔巍聳異常賣茶其下日本國王特派工匠數十人賚博物院古時陳設之物造東洋古式屋宇以儲之工匠皆西國裝式監督之人服極華美能操英國方言中國人布衣木鞋以辮髮繞其頂勤於工作塔之合尖尚須數日主持賽會者爲英國王子見賽會場景物甚爲喜悅各國賚攜珍物前來者皆爲位置妥貼高下臚列頗有可觀英國一分排陳最早極

屬整齊法人接待英王子致敬盡禮英王子亦竭力助其速成賽會房屋高敞軒朗正在都城内之香迭瑪街曠地一區平坦約百許畝如鐵路車房配列貨物均爲合式對面隔以珊瑪溪一水縈洄殊饒風景是處有脫羅卡兒羅花園可同時眺覽此次賽會爲天下冠集其大成足徵法人見高識遠日本所有賽珍各物已齊陳於會内其所製各物具有自然之理不獨紫銅器具兼有各種瓷器並爲希世之珍精巧工細非所能及有圍屏一銅質而嵌金銀有花瓶一對約高七寸許銀質而加瓷彩式樣極新價值金錢一百六十磅紫銅玩器二具遍嵌金銀雕刻甚精價二百六十磅較之日本尋常所售者無此佳品也又有陳設花籃一籃中之花均以紫銅爲之工緻精美設色名貴或懸掛或排列價一百四十磅有香爐一上刻古時爭戰之物盔甲鞍靮維妙維肖價六百磅精細絕倫見者無不以爲貴也日人善以馬口鐵塗以瓷彩僞充紫銅或謂其恐累眞品又有絕大花瓶一漆極精滑光澤可鑑所繪皆東洋服飾值四百磅其砂透明若水晶有一魚在水中狀若游泳活潑潑地各種盆碗並皆細緻歐洲自命爲名瓷家觀之咸贊嘆莫及有四摺圍屏黑質雕花花以螺甸爲之碗砂金銀嵌之極稱精美價二千六百磅其餘各式等物觀者無不稱美會中陳設中國物件裝潢絢爛雕刻之物精緻玲瓏非耐心工藝者不能有是象牙油漆諸件頗爲巧妙綢緞出自東方花樣精細顏色鮮明繡花屏幛華美罕倫古銅瓷器皆古時玩好而爲骨董家所喜此外則有商賈各種器具與西國所講究者大相懸殊觀者尚可動目

正中大廳臚陳各國珍異中有中國物產有亭以裝儲第一分爲生物蝴蝶蟲豸文彩斑斕各種紙墨金箋紈摺各扇輝煌耀目各種樂器各種錢幣古今獎牌尤異者爲女子弓鞋峭如菱角殆不盈三寸第二分爲木器几机椅杌各式咸具紫檀紅木或鑲以大理石或嵌以花瓷雕鏤工巧幾於人巧極而天工錯油漆之色分門別類光彩陸離其於籐竹製成者古雅可觀第三分爲衣服凡綿麻絨綢畢備下此有金銀珠翠首飾復有軍械乃自海南臺灣運來係番俗野民用以拒敵者也而古意存焉第四分爲五金煤石以及草木花卉藥材農工器具用以繅絲製糖復列食品山珍海錯無不搜羅盡致賅括無遺大率來自廣東福建寧波上海天津等處爲多亦可謂集厥大觀矣凡入觀賽珍會者人收一福蘭合

鷹銀五分之一九日中計收金銀十萬八千四百二十四磅是年五閱月計收三十九萬六百三十八磅賽珍會將畢則又各出奇技如水戲烟火燈綵電燈皆於讌畢後大加比賽時有西班牙國王英太子與其妃丹國世子荷蘭公爵意大利公爵俄奧貴客咸在於前一日分給賽珍獎牌得獎者二萬五千人

於各國珍物布置停當明若列眉十色五光令人目不給賞

多行善舉

倫敦好善老幼孤窮廢疾異方難民皆建大院居之優給衣食有所謂老儒會者皆讀書寒士慮其就食爲恥則繼粟繼肉遣人致諸其居有所謂繡花局者世家婦女家道中落不能自贍則聚之深邃房屋供給衣食使之紡繡而貨之禁男子不得擅入以遠其嫌有所謂施醫院者院中羅列治病之器後有鐵柵六層乃學者立處男女養病房皆潔淨設矮床三十餘架被褥俱備每室有捨身義僕一人甘心扶持病者其上下樓皆以小車載之有所謂養老院者男婦老者日三飯以爲常晨飯一饅一茶一牛脂間以饘粥午飯加肉晚飯有羹皆豐潔血氣衰者醫士謂宜酒則酒之男外服以黑大呢內以白布女服雜色衣裙無異充裕之家禮拜一易而浣濯徹則改造寢所寬舒男女異處衾褥隨四時爲厚薄咸備自院中夫婦偕則共一室周遭各有院落可任游憩其他義塾不可勝記經費皆紳商所湊不足則或闢地種花養魚或會中演戲弄雜耍游人往觀而收其入門之費賃座之資以資彌補有貴家婦女陳雜貨邀請國主官紳往遊選女子之美者當肆貨皆百倍其價必購取數事而後可出亦以其會充善舉焉倫敦然推之中國亦然光緒三四年間山左右兩省大饑英之助賑者三萬餘金前年黃河鄭口一決沿河一帶饑民尤爲可慘英人助賑三月間費銀三十四萬兩巨款樂輸毫無吝色眞可謂好行義舉者矣

善舉不難難在布置如此之得宜耳此則西法之可師者矣

法京觀劇

淞隱漫錄云法京中遊玩廣場非止一所戲館之尤著名者曰提抑達聯座接席約可容三萬人非逢慶賞巨典不能坐客充盈也其所演戲或稱述古事或作神仙鬼佛形奇詭恍惚不可思議山水樓閣雖屬圖繪而頃刻間千變萬狀幾於逼眞一班中男女優伶多或二三百人甚者四五百人服式之瓌異文彩之新奇無不璀璨耀目女優率皆姿首美麗登臺之時袒胸及肩玉色燈光兩相激射所衣皆輕綃明縠薄於五銖加以雪膚花貌之妍霓裳羽衣之妙更雜以花雨繽紛香霧充沛光怪陸離難於逼視幾疑步虛仙子離瑤宮貝闕而來人間也或於汪洋大海中湧現千萬朵蓮花一花中立一美人色相莊嚴祥光下注一時觀者莫不撫掌稱嘆其

奇妙如此英人之旅於法京者導余往觀座最居前視之甚審目眩神移歎未曾有此外之戲約有四端一曰搬演能納大於小變有爲無又能使禽鳥蟲魚頃刻出諸籠中取之不窮幻化莫測幾疑於神他若翦布再續無異故體用索縛人立能自解以及吞刀吐火緣繩走壁藝術勇力皆臻絕技一曰影戲專用玻璃畫片取光於巨鏡人物生動意態逼肖園林水石屋宇河山皆係實有其地並非虛構兼以日月星文光華掩映恍疑置身霄漢中其巧妙如此一曰馬戲多以少年婦女便娟輕捷者爲之縞衣長裙乘馬疾馳如風能於馬背飛躍當兩馬電駛之時一躍竟過令觀者幾不能辨技最神者能於馬上躍升高際空中懸圈數十圍外蒙薄紙一躍能破紙圈二十飛燕之凌風欲翔翩仙之踏塵無跡未足喻其輕盈也又能馬上擲球其大如斗圓轉盤旋幾如宜僚之弄丸五色陸離令觀者神眩一曰跳舞髫年麗姝悉袒半身執花蹁躚而集進退疾徐具有法度或有以童男女雙雙對舞流目送盼媚態橫生亦殊可觀此外如戰陳紛馳魚龍曼衍天魔獻瑞異狀雜陳則又五花八門應接不暇矣

描寫戲態活色生香令人目眩然而不瞋舌撟然而不下

印度陋俗

時務大成云印度部落中有以全家女子而奉事一男者長幼老少皆勿論也此種陋俗實爲聞所未聞姑舉一事以證之該處所屬之孟俄地方有某僧者乃居鄰部人寄跡孟俄儼然擁有妻孥此尚其俗例使然無足怪也乃近來某僧竟以全家女子嫁與一現年不過十齡尚屬未通人事之小孩而亦儼然舉行婚禮迎娶過門計其所娶者則某僧之姑母六人姊妹八人某僧之女四人計共十八人年齒老幼不齊其最老者已五十歲而最幼者則僅三齡乃概行遣嫁于孩當行婚禮時其三齡幼女不知行禮乃以一銅盤飾其女坐于盤內使人扛之而與孩成合巹禮印度一地現已歸于英轄何尚不設法以除弊俗耶

按一女配一男原無足異所異者合全家女子老幼少長而歸一男且所歸之人不過十齡小孩舉行婚禮迎娶過門眞眞出人意表實不解其何心要此小孩也此等弊俗眞聞所未聞矣

玻璃巨室

淞隱漫錄云倫敦玻璃巨室土人呼爲水晶宮在國之南二十有五里乘輪車頃刻可至地勢高峻望之巍然若岡阜廣廈崇旃建於其上逶迤聯屬霧閣雲窗縹緲天外南北各峙一塔高矗霄漢北塔凡十一級高四十丈塼瓦榱桷窗牖欄檻悉玻璃也日光注射一片精瑩其中臺觀亭榭園囿池沼花卉草木鳥獸禽蟲無不畢具四周隙地數百畝設肆鬻物者麕集酒樓茗寮隨意所詣有一樂院其大可容數十人彈琴唱歌諸樂畢奏幾於響遏雲而聲裂帛有一處魚龍曼衍百戲並作凡一切緣繩擊橦吞刀吐火舞盤穿梯搬演變化光怪陸離奇幻不測能令觀者目眩神迷宮之中央有一觀劇所最大所演多英國古時事戰陣亦用甲冑刀矛貴官出

巡亦坐輿轎儀從髣髴中華最奇者室宇可以霎時變易洵如空中樓閣彈指即現有一女子年僅十五六短衣蔽膝下綴金穗上皆鑽石寶光璀璨不可逼視容色豔麗一笑傾城長於跳舞應節合度進退疾徐無不有法有一樓多設珍奇之物火齊木難翡翠珊瑚悉充牣焉又儲各國寶器罩以玻璃樓下有獅虎共爭一羊獅腹破而虎亦殞樓梯旁有一印度女子向西而立手執連環姿態絕美云係古時王妃有一石築方室高與樓齊乃澳大利亞積年所掘之金已有此數有一處悉造各國宮室人物禽獸皆肖其國之象登其樓目及數十里外宮內游人雖衆無喧闐雜遝之形凡入者畀銀錢二余游覽四日尚未能徧其室可謂大矣

人巧之極幾奪天工世之詫海市蜃樓者應自悔其所見

之不廣耳

胡氏園

郭筠仙使西紀程云園爲胡植所闢廣方數里奇花異草珍禽怪獸及所陳設多生平未經見玻璃巨匣函羚羊頭一雙角並存皆向下三盤乃伸而上野牛角犀牛角鹿角各二鹿角長三尺許魚鬚一長七尺許色如象牙盤結堅瘦魚腮一白蟻一用玻璃瓶貯水養之長約二寸有兩石卵藏之上鑿一孔通飲食剖卵乃得之謂之白蟻王也蛇鳥卵十餘大如斗蛇卵如鵞卵者四駝鳥二彩鸞二六脚龜一長逾三尺白殼龜二紫花斑文背中高如峯頭足色俱白狗熊一豪狗一袋鼠一頭及前二足似兔自腹至後二足則大逾數倍後足膝後折著地不能伸然視前足猶高逾倍尾長二尺行則躍起如飛腹下有袋謂之袋鼠京師德國公使署曾見鳥獸異種園有此此足見園儲藏之富也植廣東人本富商吾華初置領事即以植充之

洪家花園

郭筠仙使西紀云園爲閣廣人公地花木成林有水一溪極清幽之致有虎圈一豹圈二並張鐵網爲外障狗熊二山狗三猿九有灰色者有紅面者身臂或長或短其種各異其一甚鉅而猶用鐵圈籠之黃毛長四寸許則所謂金絲狨也其豺狸黃鼠松鼠山獺之屬則製鐵網爲屋周環約三十餘所與雀鳥相間中植花木五色繽紛鸚鵡四種一白一灰色一紅一綠又有綠色而兩羽紅者鷹三種一白一蒼一灰色雉三種一彩文一蒼一棕黑色相間鴿種甚繁最奇者翠鴿異鳥如青鸞山雀水雀一種山雞彩文而頭或藍色或紅色善鳴一種似水鳧頭有毛一叢甚長而細又於其中得奇景三一羅漢松高數丈覆地如鐘披襯其中松身合抱枝皆盤曲

而中空條葉外護乃極繁密一藤蘿障天如巨屏凡數所有曲折如九疊屏風者皆拔地直起高數仞四無憑倚花葉周環掃地一長松高入雲際凡十餘株距地尺許橫出五枝覆針周匝如盤每尺許輒出數小枝遠望如數十級浮圖羅列深林中皆奇景也又製鐵盤如繖引藤絡其上蓋新種者十年後必復成一奇景始知以上數者皆人力爲之究不知何以能然也至蒲葵張葉如巨扇植立則此間所在有之其諸花木來自各國及諸番者皆插牌標記足見此園魄力之大矣

觀此及胡園之所儲皆足以補山海經之所未誌

抽水救火蛇

時務大成云美國有地名邪高打者在美蘇里河下游西報言其地產蛇如噴水筒式人呼爲抽水蛇此蛇不知所自來一千八百八十六年春始有人在伊門上村落見之大都身長十六英尺徑三英寸成羣結隊約三百尾其舌底有一孔如筒透至尾孔徑三英寸柔軟同橡皮而堅固過之教養極易馴熟能爲人作工是處之人時掩取有一農夫在吉地路地方養二千尾教之工作用口一吹其蛇齊至河邊中推一條爲首自沈於水其尾搭岸上第二條即含其尾由是次第挨含長三百尺接至牛欄灌水給牛飲農夫云往時有一屋堆積麥稈忽然失愼農夫急往撲滅無奈其人救助正苦無策間忽聞長林豐草中扑簌有聲視之則抽水蛇相率往

近處小河推爲首者入水互相含尾引水撥火甫十五分時屋內火已全息當爲首者入水時救火心急甚爲出力咸聞其吸水之聲及起力竭而斃然則此蛇也不但有用於農圃並有義氣凌霄誠千古之罕有者矣

人具靈性物亦有之美國產抽水蛇可以助農功並可以禦火災兼此兩美人猶難之初不意蛇甘爲其難而力竭亡身也錄此以爲舍生取義者勸

斯德零觀馴獸

淞隱漫錄云斯德零爲蘇境一府城棟宇崇隆屋舍華美廛市亦極整齊有前王之離宮在焉一日有馴獸者至其地波氏女學士飛箋招余往觀其人多蓄珍禽異獸奇詭萬狀大抵皆捕獲於各地非一處所有也蓄養之法植木爲闌架板作屋内以鐵格間之每室之下皆有四輪以便行運環列之則成小室數十分居虎狼獅豹及麋鹿猿猴之屬亦有各種野熊猙獰可畏中一大房則居二象鐵檻之外又設諸籠則禽鳥之類也又以玻璃作櫃中蓄巨蛇數十尾俱長尋丈腹粗於臂或有蜿蜒其中昂首驟起者亦有偃卧覆卵者卵亦巨於尋常繼而獸人入虎豹獅熊之房令其躍圈環繞作諸戲劇不肯前者以鞭笞之各獸或有怒目張牙咆哮作搏噬狀者獸人即出手槍向空迅發火燄震烈諸獸無不悚伏然後前後馴擾惟所指揮獸人於是履虎尾捋虎鬚攀虎牙探首於虎口吻間虎涎淋漓滿面博觀者笑樂於獅豹房亦然獅豹無不弭耳搖尾卹之幾如貓犬後復以一象作樂一象環行象能以鼻掉動諸器鏗鏘中節攜有阿洲阿皮西尼國王子約十二歲衣繡衣戴花冠坐於象背游行數匝此國之王本爲英屬繼而叛英故爲英所戮而併兼其土此子固一乞食之王孫也

英京制度略述

一藏書院收藏最富所有五大洲輿圖古今歷代書籍不下五十二萬部其地堂室相連重閣疊架自顚至趾節節庋書錦帙牙籤鱗次櫛比各國皆按槅架分列不紊分毫其司華書者爲德格樂能操華言曾旅天津五年其前爲廣堂排列几椅可坐數百人几上筆墨俱備四面環以鐵闌男女觀書者日有百數十人晨入暮歸書任檢讀惟不令攜去一印書館其館屋宇堂皇規模宏敞推爲都中巨擘爲信宜父子所開設其中男女作工者約一千五百餘人各有所司勤於厥職澆字鑄板印刷裝訂無不純以機器行事其澆字蓋用化學新法事半功倍一日中可成數千百字聯邦敎士曾行之於上海其鑄板則先擣細土作模而以排就字板印其上復澆以鉛筆畫清晰即印萬本亦不稍訛此誠足以補活字板之所不逮矣一造紙所聞總理其事者爲曾倫士一日出數百萬番大小百樣咸備設四鋪於英京販諸遠方獲利無算香港日報館咸需其所製價廉而物美焉導觀其造紙之室皆融化碎布以爲紙質自化漿以至成紙不過頃刻間耳裁翦整齊即可供用亦神矣哉一名畫院畫悉出良工名手淸奇濃淡罔拘一格山水花鳥人物樓臺無不各擅其長精妙入神此皆購自殊方異國無論年代遠近悉出搜集甚有尺幅片楮價値千萬金者八法至此技也而進乎神矣西國畫理均以肖物爲工貴形似而不貴神似其工細刻畫處略如北宋苑本人物樓臺遙視之悉堆垛凸起與眞逼肖顧歷來畫家品評繪事高下者率謂構虛易而徵實難則西國畫亦

未可輕視也另有鬻畫苑許人入而臨摹有合意者卽可出重價攜之以去一電信局是局樓閣崇宏棟宇高敞左爲郵局右爲電房總辦師導覽各處堂中字盤縱横排列電線千條頭緒紛錯司收發者千餘人皆綺年玉貌之女子按電學創於明季雖經哲人求得其理鮮有知用者道光末年民間試行私製而電線之妙用始被於英美德法諸國其利甚溥其效甚捷凡屬商民薈萃之區書東紛馳卽路遥時逼頃刻可達濟急傳音人咸稱便同治七年英議政院以電線獲貲甚鉅遂禁私設悉歸於官而徵稅焉通國設局五所以京都爲總滙内外分局五千五百四十所歲稅金錢百數十萬可云盛矣一織布所樓五重上下數百間工匠計三千人女多于男棉花包至此始開由彈而紡而織而染皆用火輪總輪

有四百匹馬力分于各處小輪以萬計其聲震耳覿面語不能聞也棉花分三路原來泥沙攙雜不淨彈六七過則白如雪柔於棉矣又於輪紡由粗卷而爲細絲凡七八過每過皆用小輪數百紡之頃刻成軸細于髮矣染處在下層各色俱備入浸少時卽鮮明成色至織處則機萬張刻不停梭聲尤大作每機三張以一人司之計自木棉出包時至紡織染成不踰晷刻亦神速哉

按英人牟利多方宏綱具舉其生意以京城爲大宗藏書鬻畫各分一院造紙印板又有成行電信則千頭萬緒總歸字盤紡織則由彈而染皆用火輪事半功倍其捷莫有捷於斯者聊舉數端以概其餘信乎其利溥矣

鬻畫院

法京巴黎斯近設有鬻畫苑凡民間所藏古今名畫欲轉售於人則攜至苑中依西國拍賣之例買畫者各喝其價昂者卽得是舉每月四次先期任其周覽擇視遇當意者預爲標識或逕以重値購去曾見其中價貴者一女子小像售二百十六金兵士巡守局圖售四百九十六金此外山水圖繪之作售六十四金酒肆圖售銀亦如此數中繪酒家女子綽約有致亦猶中國文君當壚命意雙駒圖售八十四金法國疇人小象售七十二金法國古貴人入朝圖售七十六金此皆名畫家傑構略述之以見一班可知精研八法妙擅丹青亦足以馳譽而弋利固中外一致者也又或遇苑中間日習畫者自操鉛墨入苑臨摹古本無所禁也余於庚午春初自英

旋粤道經法京偕理君雅各入而覽觀錦屏繡障燦爛奪目幾於五花八門美不勝取旁有一女子綺年玉貌方面壁操管對畫凝神靜視見余入輟筆睨余而笑蓋駭余服中華衣冠也導游之人固與女子相識因道余行止女子乃起執手作禮出其所作山水一幅贈余曰儂亦雅愛中國圖册特習之不能神似耳此幅或堪髣髴一二歟余觀其畫頗似北宋苑本亦近於文待詔一流受之致謝而别彼女子於一見之頃雅意殷勤誠慧心人也

因鬻畫而敘及作畫之人玉貌綺年大有藐姑仙人風致

德國風俗

德意志風俗喜禮貌惜妄費尚顯榮躭煙酒凡識面者每遇必舉冠英人謂德人之冠無五分時安穩武官則舉右手於鬢爲禮雖提督見兵亦答禮名片之官銜衣襟之寶星皆以多爲貴官銜有多至四五行者寶星有多至四五枚者女人見親長尊客必屈雙膝昔無握手禮近十餘年始行之卑者不與尊者出手則握之緊重頓者以示親暱最親之友可接吻鬚髮皓白者亦然遇稔友之妻可以吻接其手每筵罷又各握手禮文甚周也凡男女稱謂須帶官階英人稱式爾巳爲尊敬德人稱邁音罕爾未爲尊敬稱婦人曰馬代姆馬賽亦未爲尊敬必查其職守稱之方不爲簡慢如稱男人必稱官職稱女人之有爵者必曰某爵夫人有官者曰某官夫人

及學士夫人習教夫人之類或自尚書夫人以下乃氏西佛老爾爾其女則概稱福來林凡男女大半加一芬字則世爵相連之字猶法國之特也德之世爵嫡派支派世及罔替男女無異故幾無人不爵即無人不芬矣又有商人自稱好夫爾拉脫者每年須納稅一百馬克左右其餘職銜皆國家論功賞錫不准自稱惟他人稱之者或可過尊也德國煙酒之嗜甚於他國市廛亦煙酒居多自將相以至傭工每銜二尺長之大煙袋斗大於杯每筵罷入室飲加非盡人吸煙霞滿室雖婦人未散不顧也昔有將軍送王女出嫁於英舞會未終將軍出呼吸捕役逐之主人亦不能緩頰也各書院學生遨遊街市銜煙呼酒衣冠與齊民等不似英之方巾深衣易於辨別也又有聽樂飲酒之所王宮西邊之加非庖則終年沽酒晨夕無間禮拜日午後遊人尤眾貴賤雜處耦俱無猜每有工匠蓬頭垢面挾其妻女濃裝華服姍姍其來圍坐七八人中設皮酒一大甌男女合飲之惟鮮有酗酒者富貴之家上午用茶點一次午後大餐一次葷腥二三味皮酒一杯日入後又茶點一次冷餚一二味牛羊雞鵝恆隔數宿不似法之日食四次英之大塊臠切也市中飯館每人每餐六馬克者已可宴客其傭工匠作有每日僅費一馬克者勤儉冠於歐洲

游華盛頓第宅

出使美日秘日記云上小嶺前行不半里至其第局面甚小鄉居蓋如是也第一層畫華盛頓像縱横約八尺爲騎馬赴敵形前一將則執刀馬前後則華盛頓之兄最後則從戰諸將皆騎馬像外有華盛頓親筆書又德法諸將小照皆從征有功者右室爲洋琴竹笛琵琶各一則平日所陶情者室外衣架二海花一朵爲婚時人所贈者遂上第一層樓中廳挂槍一枝牛角筩一具下置筆架墨盂廳前挂刀二柄長二尺餘皆其生前所用之物樓左右男女像各一則其兄妹前爲客房後爲華盛頓卧房房中有藤盆木箱木榻華盛頓卽壽

終於此榻上又上第二層處則臨江一室可眺長江又一室亦置盥具并木榻則其夫人之卧房也夫人後君歿卽壽終於此榻再上則已扃不可陟矣

泰西婚嫁之禮

按泰西男女二十一歲父母不能約束給以貲財令圖自立所謂人人有自主之權也婚姻亦皆自擇先賢倭倫旦節通國少年子女各戲所愛其法有二古法届期男女各約同數如九男九女或十男十女各書其名於紙如甲男拈出乙女乙女拈出甲男則彼此因而結婚亦不用媒妁之一法也今法届期各擇所愛者寄柬雖以言語挑之而言頗雅馴此等信紙亦由鋪中出售上畫人物隱含情意有女摘花而男子奪取者有日午而男子送扇與女者如以奪花紙寫則云卿所摘花實不如我不信請試留之久而自知其香以送扇紙寫則云天熱無扇無風倘蒙錄用何樂如之等語雖云贈芍遺風亦不失香草美人之意也兩情既洽遂以戒指爲定約

之使不得他悅也偕出入唯其意迨過門則偕赴耶穌堂大會賓供十字于案新婦偕壻入跪案前伴親之女郎偕跪教士亦跪旋起立向新婦與壻誦戒語戒畢而視視畢導其夫婦入後堂書名冊籍又同赴鄉官署各秉筆立案回家酒食女有餅一枚名曰嫁餅親友分食之遂任所之夫婦同往外國游歷富者或千萬里外年餘始回貧者走百餘里宿客店成婚初婚曰綠婚以黃楊葉置花冠上衣白蒙首以白紗其習俗然也

婚禮自擇權操諸男女泰西之俗然也其法有二古今不同古法各書名於紙上拈得卽合爲夫婦今法各寄柬以所愛情投則締以絲蘿尚有采蘭贈芍遺風此則不用媒妁出自兩人情願勝於媒妁多矣

緣繩之技

錢頤仙時務大成云泰西有緣繩之技以一繩長逾數百丈繫其端於危樓高塔之間演者躍身其上若履坦途昔年日耳曼有盛集列國君侯咸至法人於是日演技請許之預召一日人之嫺集繩技者曰哥利德命與之角高下屆期法人躧行繩上其捷如風揉升高塔鼓掌俯瞰意甚得也回時甫及半程適逢哥利緣繩而來兩相値繩瀾僅駢兩指許無地可避時觀者雲集皆爲心寒股栗法人亦失色手足罔措哥利從容語之曰俯法人如其言哥利一躍過其背數千人齊聲讚嘆有若雷鳴法人大慚逸去由是哥利以絕技聞於當時近今有都比倫敦者亦法人也其技更精於哥利都比生於道光四年其父捕魚爲生五歲時曾往觀緣繩之戲心羨

焉歸而壹志效習務極其能初以其母曝衣繩繫於兩椅間試行之人重椅輕立仆繼取魚索試之亦斷最後得一巨纜於舟子喜曰是可置我足矣遂繫兩端於二樹間以杖拄地而行其上久之身輕足健視懸絙之駕空無異平橋之在望由是名日益著歐洲之演是技者無敢與之頡頏都比挾其所長雲遊列國觀者爭輸金錢獲利無算其在美利堅演技一事尤爲膾炙人口美利堅利北境與英吉利屬地分界處有一大江名尼押格爾拉是江上流高於下流約一百六十尺廣約一千一百尺上流之水奔騰澎湃而下狀如瀑布聲聞百里駭人心目江之下流兩岸石塘頗爲高廣都比行於繩上手執一杖盤旋戲舞忽坐忽眠如在平地時有輪船一艘泊於江中以防其墜都比取繩於囊垂至船中船主以酒一瓶繫於繩端都比收繩得瓶飲酒既罄擲瓶於江邐迤而去竟過彼岸是日遠近來觀者約二萬五千人圍如堵牆靡不嘖嘖稱奇逾時復回此岸問岸上有人願至彼岸者能負之而過三呼卒無應者然都比猶以爲未竭其長也因負木棉一梱於背而行離岸二百丈復繫一竿於繩而取一牌懸於竿杪既抵彼岸復攜小車一乘而回是時觀者莫不目注神凝屏聲息氣以爲得未曾有由此都比名噪於歐美兩洲

按小道可觀一技也愈習愈精卽如緣繩一戲向推哥利今則競稱都比蓋都比幼時嫺習此技別有心得自與人殊故繫繩江上能手執瓶酒而飲能背負木棉而過往而復回飛行迅速於急流中故能作此從容暇豫之狀純任自然宜其技出哥利上名噪一時也

記舊金山

道西齋日記云金山爲大平洋貿易總滙之區華人來此者六七萬人租屋設肆洋人呼爲唐人街六會館之名曰三邑曰陽和曰岡州曰甯陽曰合和曰人和此外名公所者無慮數十處皆有紳董經理董事有正副皆商家聘請每月束脩百二十兩公費三千兩華民皆粵産自閩來者不過百之四五有戲園二所一名丹山鳳一名杏花春皆粵腔又有酒館酒館以會仙樓爲最造費二萬餘員陳設雕鏤皆華式遠芳樓次之杏花樓樂仙樓萬花樓又其次也華人居此者器具食物俱用華産菜蔬賃地自種以售惟麥粉牛奶市諸西人有王家花園以供游覽入花房中見一種蘭葉短而濶花大而肥幹柔弱而長分作二三歧每幹可四五十朵有紫白蜜

黃淺黑諸色云出自墨西哥國生山谷間根抱木移時截木一段以鐵繩懸之又有石斛甚大能作花亦如蘭朵疑所見濶葉似蘭者亦石斛之類耳出花園循海岸見山麓一樓名曰觀潮樓俯臨水石近處有三四小島海狗數十頭偃卧石上吠聲獋獋華人謂之海狗山聞有人教海狗彈琴打鼓敲鑼擊鈸諸戲遲速應節最後令一小童沒入水中則諸海狗咸躍入銜捄非素具靈性者必不能作此伎倆天壤甚大不圖於海外所見竟别開生面如此

按舊金山爲大西洋貿易總滙之區華人居此設肆洋人呼爲唐人街建有六會館有戲園有酒館著名不一備極華麗此外又有花園花房中蓄蘭一種兼紫白蜜黃淺黑各色云出自墨西哥國石斛甚大亞於蘭亦能作花自揖俗翳循園登觀潮樓俯視石上海狗數十頭吠聲陡作於幽寂中忽聞此巨響不禁心爲之動也

道出栢林游蠟像院

徐仲虎歐游雜錄云院中新到蠟像一位面目衣履與生人無異能據案疾書足有輪可任意推置何處揭其襟則見胸鬲間輪甚緊表裏洞然開其機捩則蠟人一手按紙一手握管橫書試書數字於掌心握拳叩之則口不能言而能以筆書往往出人意表曾倓在掌心寫中國字問余到外國幾年則蠟人書一月數余亦寫數字於掌心問余幾年能返中國則答以冬間其時余未有歸志其後卒如其言不知蠟人何以能先知也此事若非目擊出於他人之口鮮有不河漢其言在外洋數年所見奇異終以此事爲第一其神妙莫測眞覺言思擬議之俱窮矣

一蠟人耳能先知如此此則眞出人意表之事矣

游乃武斯吉街蠟人館

張在初游俄隨筆云謂乃武斯吉街巴薩日玻璃棚小巷東首樓上設一蠟人館入者每人四十考貝屋寬四丈深十丈四面樓列男女老幼形式不一工料似稍亞於倫敦者中橫兩大玻璃罩左一女露體仰卧臍下橫花錦一幅閉目作睡狀而胸前喘起口內呼吸久看不覺其爲蠟人右一女亦露體斜卧腹以下以窄幅鮮錦覆之橫枕玉腕垂頭看書神氣如生此上爲另一層登者每人加十五考貝右邊一行叚叚分列如賣靴給婦人捧腳試大小者賣酒彼此論價者密室男女私語一老人脫履立於門外由鑰鍉孔中竊聽者樓上幼女雙手拽少男登樓樓下一犬嚙其褲者皆神形逼肖左邊橫一大玻璃罩內仰卧一傷兵胸前被刺孔深寸餘血濺滿衣面目憔悴胸前喘氣甚緩目雖閉有時而開觀之惻然正面橫小臺坐一阿美里加墨西哥國弱女名席班呢者滿頰烏鬚居然一丈夫面也乃語言媕娿十指柔荑隨時鍼黹動作嬌羞儼然女態據云隨伊父來此已逾三月留之以爲奇貨令人鑒賞其父因而獲利焉此旁一門內一小室置俄國古時形具并以蠟人做出受刑各態如一鐵抓作十指如兩手捧于一處以之捧女乳十指插入女作叫態又一人四肢皆縛背後垂割下鮮皮兩條寬各寸餘長尺半又一物如長几一人坐於其上手足直伸綁木架上股臂之間橫列鐵錐兩行似手腳動卽被刺狀見上下已刺孔數十深皆逾寸其人面色靑黃兩目呆視欲泣不得又三人縛於鐵樹樹下生火股皆燒黑如炭有已死者有仍睜目如泣如訴者又有

穿紅鐵靴者膝下腫裂流油又有坐鐵牀者有戴鐵箍者筆難瑣述雖係蠟造令人不忍逼視

觀蠟像館男女形骸不一類皆神氣如生終不若生者之妙蓋生者能言不足爲奇奇在以女子而作丈夫面胡鬚一部如戟怒張使觀者驚駭欲絕宜其多得金錢也

泰西各善堂

泰西各善堂經費偶絀或他國有偏災則王公將相之命婦閨秀相約成會或歌舞或演戲函招紳商觀聽或出親製之針黹石刻油畫或捐已之首飾玩好或設花果酒醴或集衣服雜物函致相識者來會擡價勸購或會集教堂跪求布施但以招徠之廣勸募之多爲榮即笑語詼諧勉效市井亦所不惜國后王妃亦樂爲會首爲之提倡更有一種解脫人不重後嗣積産數百萬臨終盡捨以建義塾及養老濟貧等院措置既已自謂沒世無憾詢以祀事何人則曰吾舍貲以成善舉雖千百載猶奉吾像奚以祀爲語以祖父血食之斬則曰祖父養吾一人吾以其財養千萬人大孝即在是矣

揆之平正道理似屬偏激然其恤民之心則既不可及矣

英國蓄物園法國生物園合記

英國蓄物園飛走鱗角靡不畢具巨獅一頭尾長而細頭大面長方口巨鼻項毛披拂狀甚雄偉虎三四頭一巨餘小豹數頭皆有文澤可觀灰色象高一丈許鐵鍊鎖其足時時以長鼻向人聞嗅猴類甚夥有長尾者有無尾者又有嘯悲不止者鹿亦有數種最異者一獸形似鹿而加巨毛文如麋項長盈丈翹其首高出屋外聞產阿美利加洋其名未詳中國所無也次則牛羊狐豕之類無甚異纔見猩猩三頭一大二小狀絕類人惟通身黃毛足長能握物見人輒從鐵柵中出手索食物異哉飛禽自孔雀鸞鷟外無甚可觀鱗蚧有蚺蛇數頭又有綠色蛇色如新竹不知其名觀既殆遍乃復從虎阱旁出天陰欲雨獅虎皆猝呼吼聲如擊銅鉦巨鼓使人心

悸法國生物院異獸珍禽魚蟲花鳥無所不有不知名者十之七八如孔雀有純白者雞有全藍者水鳥有全紅者樹有皮白如粉飾者皆見所未見也歐洲各國無竹此獨有翠竹十數竿云由南阿墨利加洲得來僅見此君頗欲使人日爲報平安也又見海棠花葉類中華而尤肥茁居然有香得非昌州移植歟

銅鑄人像石雕王與妃像合記

按兩男像爲紫人即美國土著之煙甸人也一婦人一小童像爲英人則二百年前到美國者也一紫人舉斧以斫婦人另一紫人以手格之斧未下婦人則以右手入紫人腰際抽其短刀已將出鞘蓋欲奪刀以刺紫人小童則駭極張口而號情形逼肖距銅像二丈餘許有枯樹一株無枝葉蓋當時之物已二百年生盡而未刪伐特留之以誌此事之顛末也又樂德海島銅鑄一人高三十丈安置海口僅以手而論已不能圍抱兩足踏兩海岸之兩石臺其胯下之高廣能容大舶經過左手持燈夜照引海船認識港口以便叢泊銅人內空從足至手有螺旋梯升上點燈造工每日千餘人凡十二年乃成又布魯斯王陵石牀上卧石刻王與妃像其面目形

體衣褥襪履皆畢肖旁有從者四像聞從前王妃閒游市上見幼童以土摶人極巧乃命之入宮而教導之及長爲泰西刻石妙手後妃病篤此人覓巨石盡九年之功雕成二像以報妃德

鑄銅像而留踪刻石像以報德栩栩如生神情逼肖非得此妙筆不足以達之

觀鸚鵡及弄蛇舞象之戲

吳瀚濤南行日記云印度市肆中百貨俱集土人弄雜戲者極多有籠鸚鵡作戲者其人立一小鐵架于地出鸚鵡立其上以小木棒兩頭有小圓毬鳥口受之展轉作舞西人士女觀者皆爲解頤戲鳥者復出一小銅炮授鳥以炮洗鳥口銜而投之炮三投三出已乃裝滿硝藥塞以敗紙燃線作繩鸚乃登木架銜火線就燃炮門火發聲震洋犬皆懾伏而鸚鵡不之驚亦異物也又有弄蛇者嘬口微唱數聲則蛇自草榼中出黃身黑質昂其首扁如琵琶猙惡可畏此印度眞毒之蛇嚙人立死蛇人蓋先去其毒復以藥水殺其毒乃能馴擾之然亦何苦乃爾也又有象十二隻能串陣跳舞象蹄起落與琴聲應節象奴於鼻端盤旋作勢或以首探入象口使銜

之而無少傷或謂象體雄偉殊非雅觀不知象固能舞鑾中有象陣斯誠靈物也見鐵柵中一人置車上柵高七八尺內蓄七獅使二象負車出一人入柵以鐵梃擊獅使怒與角鬪許久猶以爲未足復轟以火鎗則皆怒吼聲若銅鉦猙獰相攫撲觀者股栗正在急迫人忽聳身出柵柵門隨閉人雖有巧技容非獅敵故聞屢有被傷者皆可紀也

按鳥獸性本靈敏得人教之使馴始可資之以養活鸚鵡銜火線以燃炮坦然不驚蛇以藥水殺其毒而不噬人象跳舞起落蹄聲與琴聲應節皆弄雜戲者所引導也觀此可知人能與物狎物亦聽其指揮而惟恐或後矣

游西本願寺及豐太閤見平秀吉故像

道西齋日記云寺在西京東北天正十九年造寺僧六百今尚存百四十八寺中有飛雲閣叢桂中有泉曰醒眠泉明和丙戌光暉銘並書銘云石甃崩塞水行地中再浚乃湧孰曰匪功盥漱醒眠此是名泉厥德實博注渠養田湛湛其色合曜青天雨旱無變永流萬年循泉而左有一茆亭平秀吉觀月處由林中邐行登一閣閣上畫雪山仰視可見下有秀吉自畫林木按秀吉起於人奴致位通顯能通繪事東人爭相寶貴又有畫月在雲中側視可見似參光學者由招賢館出回雪亭見寺前銀杏蔭蔽亦廣亦三百年前物也傳聞寺僧多娶妻生子由先代國君多禪位子姪退居削髮不能屏棄妃嬪然亦無害其爲清修也又過豐太閤北政所以征伐朝

鮮時所得軍艦葺爲穿堂以車蓋爲屋頂室中供香爐亦朝鮮物也法雲二字亦朝人所書卧龍二字朝人雪月堂書室中供秀吉六十一歲象紅袍紗帽右爲其夫人四十一歲象以白布蒙首屈一足神氣宛然眞寫生妙手也

按平秀吉初爲人奴致位通顯與西漢衛靑無異人但知其能立戰功而不知其能通繪事觀其畫月在雲中側視可見即此一端足徵神品無怪乎東人爭寶貴也

泅水之戲

錢頭仙時務大成云斯朵閣姥王宮之西里許有長橋橋畔建院宇為泅水之會會之長親王也佐之以總辦司事水中央豎柱架板為基址築室百十間於其上中有池長方周圍二百餘步木隄橫亙之分而為二置梯四隅三面皆矮屋各懸鏡一方巾櫛數事供易衣梳栻之用其一面為岑樓方丈自頂及地四重泅者多十齡童皆裸露以尺幅繫掩下體及十數人為一班兩兩躍下浮水面作諸劇每食易一班乃自樓而下善泅者至樓項背水立足趾垂外僅以指著檐翻身騰躍入水久之始出後有皮製圓球徑尺五跳擲水中壯者八九人蹴踏為戲再後一人登樓作諧語偽為失足者以為笑樂閱三小時易四五班乃散院旁有池差小一幼童不及

十齡入水苦寒赤體僵立而僂曲見之惻然院後設座許賣糕餌茶酒總辦邀飲乃小憩憑欄遠眺夕陽在樹烟波渺然俯視游魚鱗鬣可數不減杭州湖心亭焉初疑是會將以備水師之選詢之殊不然謂居於水宜習於水趁此炎夏藉沐浴以固肌膚舒氣血云爾聞暹羅日本有之中國何獨不然日中國亦不乏其人有能於水中度日者固未嘗鄭重而為之會也竊憶閩忠節守閩時操演水軍謂水上乳際者不用而越中村童亦輒能出半身以渡頃所見者豎立則水必及肩豈其身軀較重歟總辦贈會中號牌各一枚大如錢面鐫魚形有文在寫蓋池邊環坐而觀者盡會中親故外人不得輒入臨池復訂期於下次休沐之某日比往則泅者為童女以細布繃繫其身僅露五體觀者皆婦孺而無男丁乃知破格相待也傍晚邀總辦飲以答其前日之請嘗聞西人酷好水嬉於茲益信

西人酷嗜水嬉某親王作一大方池預養童男童女數十輩以備戲耍值風日清美令投水中備極下上浮沉之趣然男女必間日而作男則任人縱觀無忤至童女觀者皆婦孺而無男丁非至親密友不能遽見於戲耍中顯示區別亦足見西人重女不重男之意云

弭兵會

西歷五月十九日（華四月初十日）倫敦報云各國專派之弭兵會大臣俱於十六日齊集和蘭海格都城中東二國專使與焉初和蘭女主接俄公牘將爲弭兵會於其都城遂飭內宮就城外行宮灑掃潔清以待旙帷之戾止行宮距都門一里（以英程計）沿路茂樹成林花香草碧往來車馬得綠陰以障赤日幾於隔絕塵氛宮之形制正殿南向兩偏殿左右拱峙和君以正殿及右偏殿暫贈會中以爲議事公所計其中有如大堂者三一仿華制一仿日式一兼仿泰西各國規模類皆裝潢富麗布置合宜與會之大臣凡二十有四國三大堂公座亦即預設二十有四位一國一位秩然不紊和廷慮周藻密良堪佩慰況行宮既遠於朝市安靜華美又極合於會商大局之用入此宮者時或臨軒四望眼界頓恢則鉅苑環之也十八日廿四國大臣齊赴行宮衣服既殊體制自別其尤爲標新領異者厥惟中華突厥之使星衆人皆屬耳目焉和蘭大臣奉女主之命在宮門外行延賓禮俄而各大臣偕入會堂行開會禮其森嚴之氣象已有令人罩然高望穆然遐思者和大臣居主席即代女主宣言曰俄皇志在太平因欲免戰禍而除凶械善心仁術於此不凡本大臣謹代天下文明之國望俄皇本意之克成倘他年耄期倦勤時一念及於此會必將曰此日爲大俄第一光榮之日矣

兵凶器戰危事古聖人於此兢兢致慎至今日而環球之戰事亟矣機事機心日出其至毒之器以爲用生民之害無已時也俄皇乃創爲弭兵之會其事雖未必成其意則人所不逮果能五洲之內其體此意而勉爲之此一氣運之大轉機耳

行軍製器愈出愈奇

世界萬事遞變愈新試由流以溯源有耐人作十日思者矧又有相生相尅之理眞所謂神妙欲到秋毫巔矣夫開花彈之原於爆竹德律風之出於竹筒牽綫奇矣若乃取童子之風箏以助攝影之技則有如兩軍相見尙距百里以外攻者可察礮臺之向背守者能知戰艦之往來墨翟公輸背玩物耳又有如輕氣毬者軍前偵探無可捉摸甚至行空拋藥敵營無端怒炸眞如起霹靂於晴天毒矣英人百計以破之先演試於海口當氣毬上升之際擊以大礮然至高至遠而至小益之以隨風飄颺測量雖準豈能命中乃命佛郎機送百子彈大殼裂於雲端小子紛如雨下且彈力終高於毬力但有一點墜於毬而業已癟而下墜是之謂戰勝於太空至若

鐵甲之裏戰艦厚至英度二尺而極若再加厚必付波臣欲求徹札之材則鑄大尖彈藉螺旋之勢以鑽之然彈亦不能加大此中尅制之數大抵已臻絶頂則又製爲雷艇以破鐵艦然鐵艦仍不甘爲所破也先結攩雷網以禦之復造滅雷艇以捕之海戰之術百出不窮鮫宮貝闕中其尙有甯宇哉更離水而言陸古人以戎車勝步卒駕彼四牡四牡騤騤嘽嘽焞焞如霆如雷小醜跳梁自當股栗然至進退不可周旋不能之際甚至驂絓於木而止爲禍不可究詰於是舍車而專用馬風馳電掣萬騎憑陵陸戰之威旌旗變色乃忽舍馬而專用車則更奇考西人有腳踏車之製前後祇有兩輪運以雙足洵稱靈便然其始祇以代游屐耳既而練踏如飛一日可行三百程遂借以充行軍之用且由舊製而加以新法車身務從其輕聞有僅重英權八磅者或當山徑崎嶇輪行窒礙卽可荷之以背並無重墜之嫌德意志惡之則有嗾狗齧人之法登車者猝不能下當之立蹶假使與晉趙盾遇得毋曰棄人用犬雖猛何爲乎呵呵然毛蟲知人性德人步使犬部之後塵猶可意料及之也又有舍毛蟲而用羽蟲且可藉充戰士者然則衛人欲使鶴以禦狄非讆言乎曲端命縱鴿以點軍有成案乎夫鴿之飛固甚捷也而目能辨認家園之方向西人有試鴿者籠家鴿而閉諸艙不使見天日迨行海程數千里縱鴿於外船未返而鴿已歸矣又與燕睇相同西人又有試燕鴿之遲速者其詳具錄去年公報德人遂用鴿以達軍書卽使陷入重圍瞬息間無殊面語鴿作寄書郵不致如殷洪喬之浮沉華人早已行之歐洲似尙屬創獲也英人思患豫防卽專飼鷹以捕鴿蓋自火鎗行而鷹獵廢今乃重恃乎鉤爪劍翮之力外援以絶間諜以除是之謂鳥

戰而又慨夫守舊而不知變者幾盡智出鳥下也噫

行軍之器至今日幾不可究詰然有用之者終當有制之者惟火礮尙無以禦之或者生民之厄運未有窮乎

日都風俗紀畧

蔡和甫出洋瑣記云日國都城每歲西歷二月戲園舉行跳舞會上自爵紳命婦下逮碩士名姝無不麕至入門購票女需銀一圓有半男需銀三圓不習跳舞者另賃一房價值十圓跳舞之際男女各自擇偶樂作則作樂止則止進退疾徐曲折盤旋皆以樂音之宛轉抑揚爲節女子入場多戴面具變嬌婉之音爲雄壯即素相識者亦並不知彼爲何人若有識破其廬山眞面目者則彼必前來嘲笑雜生詼諧間作亦有男作女妝者撲朔迷離雌雄莫辨拱立車旁任人嬉笑即逢君主君后之車亦無所避主后亦並優容以答之笑談無忌昔慶臚歡此亦古者與民同樂之遺此外亦有貧民洗足會君主君后親臨焉君與貧男洗后與貧婦洗洗畢賜讌畀

常優渥亦畀金錢以示寵異其入會受洗之男婦皆年高耄耋者也屆期前後三日自君主以逮軍民咸步行不得升車西俗如此由來久矣

按跳舞會泰西諸國皆尚男女各戴面具道逢君后笑談無忌此則日都所獨也所尤異者君后爲貧民洗足洗畢賜宴然非年臻耄耋者不能邀此異數即此一端足見其敬老之禮行矣

金鋼鑽石

四百年前法國南方公爵以六十萬金購金鋼鑽石一枚巨若半雞卵公爵以爲寶玩珍之逾於拱璧因爲冠飾光耀奪目後公爵統師出征兵敗棄冠而遁遂失此寶旋瑞士國軍人射獵戰場見沙礫中光芒璀璨逼而視之金鋼石也知爲昔法國公爵之物喜甚往售於法國一富人富人視爲希世奇珍秘藏篋笥傳守弗替幾二百年嗣因敵國交侵軍需孔亟其家擬較捐輸遂命家人持付瑞士質庫取銀助餉甫出國門遇盜刼殺盜遍搜家人身畔迄無所得而去蓋盜著謀竊石已久故偵家人出門未遠爲是截取也其家聞變載尸還剖腹寶石固在或家人遇危險時吞之者也卒以此石獻前廢王拿破崙王用以飾刀柄輝煌耀座舉世以爲希有後

王被廢寶石遂流落民間輾轉入西班牙國國后以連城之價得之臨薨以貽至愛之人而其人未之能守也又入俄羅斯國俄王得之藏於國庫嗣君不寶異物諭有人愛此石者不妨舉以畀之巴社商人以金錢二萬枚獻竟爲所得自視如和氏之璧不啻也然無何仍入俄宮置於后冠召博物士議其值卒未能定價但言約值千百萬金而已因議每歲予銀三萬圓至今未止也俄得是寶殆近百年而其實始出於法物無常主寶不空生卒爲有力者所致是亦可以觀變矣

泰西物產之珍莫如金剛鑽石得一巨石若雞卵之半者價尤不貲顧物不自貴因人而貴法王得之但飾刀柄不過耀爲美觀俄后得之用以嵌冠宛然尊若元首覲兩國皆知寶貴法究不若俄宜俄博士議其值卒未能定其價

矣

海蟒特誌

英京有舟師符蘭芝的甸前者曾由倫敦奉命赴亞剌士架地方採風問俗以察探土人政教據舟師言嘗行抵該地時用茵陳人爲鄉導以游覽山川名勝一日偕同茵人到一小島垂綸下釣藉消永晝該島係在崑加律島之北相距約有一百四里之譜迨日已西斜興盡而返同駕小舟欲歸原處二人對坐鼓櫂容與中流時則風日晴和水波不興霞映日紅水連天碧方塵襟滌盡心悅神怡詎行至距岸約有二百碼處茵人勃然變色疾聲呼叫暈倒舟底狀若發迷吾甚詫異急行回顧瞥見一物在於小島之左距吾舟約有一十三四里之遥此物由水面突出始猶疑爲船艘之桅迨見其愈浮愈高約有七十五英尺始知係屬海蟒昂頭水面張口吐氣口大容人兩目光灼鱗甲燦然估其長約有二百英尺圍約有十五英尺吾心亦恐急駛登岸告知同人翌日聯合多人駕舟出海希復重見惟見煙水茫茫已不知遁跡何方矣

海外桃源

日本宮城縣中羽前街道從事開鑿已閱多時自加美郡東小野田村以達山形縣北山郡母袋村俗所謂柳頼也地處深山人跡罕到日前工竣忽於此處見一人家家共五人詢之老者云於三十年前卜居於此揆其意惟恐人見蓋遁世者流也覩其狀面垢而髮結宮城縣知事船越君聞之親造其廬見其所居之屋支木爲柱上覆以草下掘土爲坑屋內别無器具惟小硃漆碗内盛放鹽水常食木質不舉烟火船越君僅得其數語而返工人知其事咸欲往覩於是男女老幼駢肩接踵而至及抵其處杳無所見想旣遷往他處矣噫若而人者豈無懷氏之民與抑葛天氏之民與

白雷登海口避暑記

海外文編云英倫四面環海水氣和而得中無嚴寒亦無盛暑然邦人士之富貴者咸以避寒暑遠徙一歲中恆四三月而避暑必在新凉之後當夫秋高日晶天宇澄曠去邑適野舍業以遊西人名之曰換氣蓋都會之中人民稠密居之久則氣濁神昏而百病生必易一地以節宣之則氣體清健而百病卻此於養生要術研之頗精意不專在避暑也其避寒之用亦然癸巳七月之杪余從西俗避暑白雷登海口海口爲巨紳豪商必至之地以海氣養人軀體尤善於郊坰清氣也白雷登在倫敦西南三百餘里乘火輪車約熟五斗米頃卽至邦人士營此勝區罔惜才力歲異月新有穹林以翳炎陽有幽園以栽名花有陡入海中之新舊二堤以待遊者涵

濡海氣岸高也則有升車以省紆繞波平也則有小舟以恣蕩漾海岸上中下三層俱羅花木可步可坐可納涼焉余初來此神氣灑然如鳥脫樊籠而翔雲霄之表所居高樓俯瞰海濱夜臥人靜洪濤訇豗震耳盪胸倏我塵慮少焉風止日出波瀾不驚西望遼夐想像亞墨利加大洲如在雲烟杳靄中未嘗不覺宇宙之奇寬也於是攜侶扶筇任意所之見有駛電氣車者夷然登之風馳雲邁一瞬千步製造之巧愈於火輪數百年後其將行之我中國乎俄而下車步往長隄聽西人奏樂披襟以當海風或遙睇水滙而羨鷗鳥之忘機或旁睨釣徒而憫衆魚之貪餌於斯之際觸煩滌囂心曠神怡竊謂世間所稱神仙者之樂不是過也晷移意倦浩歌以歸歸而倚枕高臥亦得佳趣夢中如遊邃古之世旣覺偶睎窗

外海景奇麗皜曜萬里恍覩金碧世界蓋日將西匿倒景入海也無何暝色已至秉燭朗誦杜子美詩十餘首以暢余氣如是者旬餘始返其諸所訪名蹟尚多不盡記余自春初期滿未歸羈懷侘傺悄焉寡懽今而知天與人以自得之趣隨地可以領會初無遐邇之別也夫誠默體古君子素位而行之旨將焉往而不樂哉

右海國軼事一卷公餘無事時所輯也採自羣書述由諸客半在餘閒積久成帙極咫尺萬里之觀萃三島九洲之勝付著書之歲月不厭多多等過眼之雲煙何嫌瑣瑣人倫首重固在衣章庶物不遺亦兼採取出機杼於一心得游戲之三昧宛西游長春之記變幻多端作東方曼倩之談詼諧俱妙洪纖具舉梗概粗呈敢希山谷侈為百家之衣聊學王筠亦是一官之集煜南識

海國公餘輯錄卷五終

海國詠事詩

嘉應張煜南榕軒輯　弟鴻南耀軒校

海國咏事詩

目錄

海國公餘輯錄卷六

嘉應張煜南榕軒輯　弟鴻南耀軒校

海國咏事詩 并序

昔尤西堂先生著外國竹枝詞百首膾炙人口然僅跼蹐一隅未嘗合五洲萬國以為言也茲篇選材不出瀛環全卷間參海國諸書披覽所及歌咏隨之雖故實徵求不無增益然挂一漏萬有識爲譏吾猶不憚爲之者亦以乘槎萬里托興諸篇聊吐奇氣於胸中非徒騁游觀於海外也

海國總

浪迹浮生一粟孤周游瀛島與蓬壺試看海外神州九盃地還多未獻圖

輶軒竊欲效觀風不出瀛環志略中一樣著書費心力魏公端不讓徐公

閱盡南洋各埠頭欲徵故實費搜求此行喜至地中海再與西人話地毬

客子光陰歲屢移游踪到處愛搜奇異邦風物憑誰記收拾行囊一卷詩

東洋二國

日本

宏開宮殿定朝儀仗列千官賀玉墀二月二旬親受拜誰如神武闢東夷

二月二十相傳爲神武紀元即位之日

冶銅爲鏡似新磨對臉敷紅照翠娥一樣莊嚴留佛相依然

露坐在山坡
銅鏡一枚銅佛一尊俱是神功皇后物
文窗人靜學塗鴉八法能諳學士家暇命奚僮勤灌溉瑤階
新種瑞香花
瑞香花可造紙
歷盡神崎道路中撩人春色正蓬蓬花時爛漫濃於酒開遍
緋桃十里紅
神崎徧植桃花約四五里
墨江三月發紅櫻人號花王費品評每到花開爭給假賞春
一半是公卿
櫻花東人稱爲花王三月花時公卿告假以賞
烟火紅燒兩國橋嬉春爭賞上元宵爬龍又道逢端午人著

綃衣撥短橈
東京兩國橋烟火所萃之地端午日又有爬龍舟故事
回環引入玉川流綠水如油漲御構鳧雁依人不驚怯一羣
飛上采菱舟
周濠引玉川水灌之鳧雁成羣無敢弋者
庋駕紛陳寶器圖古來遺物出泥塗金蛇一紐文方寸漢印
猶存賜委奴
金印一蛇紐方寸文日漢委奴國王
盤飧適口問何如玉板調羹佝筍蔬別檢食單多異品庖人
新進馬鞭魚
馬鞭魚出日本
女誡書今遍國中閨房勸學一燈紅繡針未便長拋卻贏得
餘閒課婦功
曹大家女誡亦有譯本
十三樣色嫁時衣黑白分明不敢違堪笑新人著新屐出門
惘惘賦于歸
嫁女臨行易衣凡十三色著新屐入壻家
美髮低垂委地深挽成前後髻當心梳妝別有新時樣斜管
風流玳瑁簪
女多美髮前後挽髻插玳瑁簪
栩栩如生貌逼真銀硝紙上鏡中身縹霞更有屏風漆光彩
熒熒影射人
髹漆之器最稱能品縹霞綵漆尤光彩射人
左右偕行駕六騶時逢佳節作清游拓開眼界全輿在攬勝

來登第一樓
第一樓在山頂西京最高處也
支持殘局矢孤忠一旅勤王殉血紅士女也知欽節烈聞名
無不識楠公
楠正臣仗義起國難兵敗身殉
天然畫入小西湖十里公園跡未蕪預約同心三五輩明朝
親去擷芙蕖
公園側有湖廣數十畝名曰小西湖
欲消清晝寄閒情百戰河山一局枰擬向朝霞臺上去子看
冷暖玉分明
日本王子來朝言國東有朝霞臺臺上有手譚池以冷暖玉爲碁子
賣茶客集市隨開價定芽郎日幾回近日綠湯味尤美百箱

先購美人來（賣茶有牙郎近日山城國所産綠湯最佳米利堅人喜購之）

夾道松篁翠上軒引人入勝御花園泠泠覓得流泉處知是聲從石罅喧（宮中有御花園水從石罅瀉入名日青龍瀑）

鎮日流觀大地輿誰如風土繼高書奇奇怪怪徵方物三趾烏兼四足魚（海鳥三趾黑魚四足皆不經見之物又侯繼高著日本風土記）

海錯登盤半昧名飽餐黃白酒初行如何匕箸臨時設待取奚奴手削成（俗移於味黃白雜陳不設匕箸臨食待奴取小材者削成札人置一雙）

觀優每喜到芝居子弟登場曳舞裾手把琴絃徐自按猗蘭

遺譜識隋初（俗喜觀優場屋名日芝居又其國重三絃琴隋代遺譜尚有識者）

世易風移代變遷鐵錢使後又銅錢近來鑄得新模式龍鳳雙飛銀一圓（銀描畫龍鳳中有明治通寶字）

仙人宮闕本虛無風引舟回事卻誣止有東西兩京地至今猶自拓鴻圖（史言海上仙人宮闕風引不得至皆燕齊方士托言也）

琉球

首里王居在半山大夫金紫耀華班守官所轄無多地清俸惟聞粟米頒（王居首里國與中國同文官之最尊者爲金紫大夫歲惟俸米百石）

誰似中山種菊花重陽佳節放官衙書成竹簡徵名雅開徧朝霞復晚霞（朝霞晚霞皆菊花名）

城郭憑依鐵板沙就中景物亦堪誇陽回十月春先到桃李沿村已作花（天時和暖十月桃李已花）

閒看夷戲上階除公子多情響佩琚襪著紅羅衣錦繡問年多是十三餘（演戲者多是貴家公子）

短笛三絃小鼓鑼雛童齊唱太平歌宵來烟爆門前放數十人騎紙馬過（每值元宵爆竹滿街小童騎紙馬游耍）

人居那霸實堪嗟頓頓都聞食地瓜水利未興農事曠一生米不見桃花（此地産米極少以地瓜爲食）

遠遊來學赴京師荒陋誰云僻在夷一札瑤箋工贈答貴家子弟也能詩（琉球遣貴家子弟入大學讀書）

森森竹木大崎饒驛路兼通海國遙此去卻金亭下過有人清節著前朝（大崎一島竹木獨富）

封章五度錫麟洲拜敕香飄玉殿頭排列盛筵宴天使笙簫迭奏聽濤樓（聽濤樓極華麗是彼國宴使臣處）

南洋濱海各國

安南

如墨疑通黑水源富良江上浪花翻經冬天氣無霜雪十月青梅尚滿村

富良江發源最長

天開文教闢交州士燮南來學校修試賦試詩兼試論取人闈總設春秋

吳士燮在交州作牧交人始知文字取士用策論

制仍唐宋舊衣冠短榻平鋪坐貴官獨怪縫中捫小蝨解衣磅礴任人看

衣冠仍唐宋之制坐則席地貴人乃施短榻或解衣捫蝨恬不爲怪

多藏銅鼓富豪誇手把銀釵一一撾云是漢朝諸葛物不妨

持贈宦游家

民好擊銅鼓富豪女子亦習爲之

港口行舟水色澄荻蘆吹動好風乘紀程一百八十里如入桃源過武陵

舟行港中處處蘆荻叢生殊有畫意

花前小飲醉難醒釀酒無須麴糵成招得崑崙奴踏曲小琴小鼓不停聲

樂用崑崙奴踏曲佐以小琴小鼓

僱爾傭工閱苦辛傷貧未嫁女兒身代持家務勞心力非禮難干木石人

僱未嫁女子傭工操作極勤第不得干以非禮

一水灣環入海湄美南樓下駐舟時大花園裏供游賞古樹珍禽種種奇

入西貢海口有七十二灣美南樓在隄岸又大花園地極寬廣樹木蒼老禽獸繁多頗饒勝概

無人敢捕任羣居噴沫揚鬐意自如在昔聞援王子溺隨潮下上兩鯨魚

海面鯨魚土人無敢捕者相傳昔安南有王子溺水兩鯨魚翼而起之

漢瑯河港水清漣四面環山好泊船程距富春百六里南東門戶想天然

廣南省漢瑯港四面環山距富春越城一百六十里

珠江紅洗血痕殷上相威名震百蠻屈指二旬陁利服佛桑花下唱刀鐶

孫穡山征安南不二月卽平

暹羅

沿河樓閣畫中俱萬國城低峙海隅一路梵宮耀金碧壯觀十丈是浮圖

王所居曰萬國城

掉舟播種插秧青河水方生浸杳冥水得退時禾已熟價低一石抵三星

米極賤每石値銀三星

以魚爲命貯筠籃小艇乘風受兩三出入港中期有定一回北去一回南

暹人多以魚爲命乘風出港冬北夏南

沿門托鉢去來頻蘭若從無舉火人都道飯僧兼飯佛三生齊結石緣因

俗崇佛僧沿門托鉢募食無事舉火

主持商事握邦權明敏多推女子賢貿易場中無用幣但聞趴子代金錢

婦人志量實出男子上交易海趴一如錢價

纖纖女手嫩如荑淘米餘閒又揀絲爭織雲裳爭釀酒工夫應不讓西夷

婦人工織繡尤善釀酒

收鱷曾傳没水奴牽魚出水總由符情甘受戮皈依佛剖腹仍存一大球

國有鱷患僧書符遣奴囝没水牽出僧稽其孽跡多者戮之剖其腹有得鉛珠二升者

層樓近市閣臨渠黛綠顏紅女妓居報道客來爭出接一簾明月上燈初

層樓多住流妓善伺人意

花爲秋來結實香南中柚子滿林黃園丁早備汕頭甕摘取纍纍載海航

汕頭市上沽暹柚極多

緬甸

大江據險號金沙結筏中流傍水涯國築五城皆用木蒼蒼雲樹是王家

王築五木城以捍敵

不圖經卷見蠻荒完好依然什襲藏文字素來分二種上崇金葉次檳榔

其文字上進者用金葉次用檳榔葉

放舟江上侈奇觀巨竹沿江十萬竿中雜甘蔗數百本綠天覆處夏生寒

沿江巨竹數十里梢雲覆水不見天日下雜甘蕉數百本洵綠天也

伊奴澗下注清泉小飲人來別有天建得竹房如小舫二三層板好安眠

竹房式如舫用板三層可容客數人

鸞暮江頭景最幽夕陽紅入打魚舟沙中更有梳翎鶴人立磯頭看水流

鸞暮江有沙鶴成羣作人立狀

樹柵重重大木橫老官屯上列高營石橋記否前時失前隊空勞用象兵

老官屯築三柵以待官軍又石橋一役緬兵喪失大半

孔明城築備姑鄉四面周圍盡女牆十里民居多板屋茫然一望白如霜

備姑鄉有城聞是孔明所築

金鋼寶石罩金冠遣使遙貽麥馬韓馬射喜邀同一顧六街百姓盡環觀

麥馬韓法酋名

南洋各島

呂宋

托處卑辭借一枝區區尺地請牛皮孰知早具鯨吞志龜豆名城築水湄

西班牙初到呂宋請地如牛皮大旋建城於海濱名曰龜豆

包括三湖帶水縈湖田萬頃稻如京收成富有倉箱米裝載連船入廣閩

內中外三湖甚廣湖上有田萬頃一歲再熟運入粵閩發售卽中國人所謂洋米是也

解鈴原是繫鈴人娶婦須防咒我身堪笑蝦蟇傳蠱法女兒生小授慈親
蝦蟇蠱彼能放亦能解其法毋傳女而不傳子
燕窩土産易軍裝地小兵强霸一方空列西班牙屬島江山只好畫中望
蘇魯島地近小呂宋未能征服已列入版圖即西人唯爲畫裏江山者其島地小兵强華人時以軍械易其燕窩
七日偕來謁敎師情深識悔未嫌遲此生願仗法王力恩愛終身不忍離
男女嫁娶後每七日至院乞巴禮改罪
財賄專司付女尼院中封鎖秘誰知日需什物須傳進轉斗時時不告疲
女尼院封鎖極嚴日用所需之物壁上用轉斗傳進
野人舂米作機關流水聲中碓自閒一片寒聲雲外度幾疑琴筑響空山
赤嵌近呂宋其地舂米用水碓人力少而成功多
縛竹爲衣使細腰身材瘦削不勝嬌冰肌玉骨都文遍只有蛾眉未解描
番女以竹爲衣束腰使細
獨駕牛車意適然靚妝盛飾出游天怪他麻達風騷甚願作前驅效執鞭
番俗未婚名麻達爭執輿夫之役
囤居深處好幽探竹木回環舍北南瘴氣春深漸消歇遙知花已發山柑

生番作室曰囤居山柑花開則無瘴
又
獨木工營艋舺舟隨潮下上逐寒流月明時節歌聲起載得新茶出埠售
番以獨木鑿其中爲舟名曰艋舺
琴彈貓踼笑紛紛中道相逢女子聞爲怯曉行多露水藤皮愛著一條裙
貓踼未娶者之稱番女多採藤皮爲裙曉行以禦露水
乳哺纔停作繭功將兒安睡布牀中高懸樹杪無知覺搖曳多時趁好風
番婦有事耕織以大布爲襁褓繫兒於樹若懸牀風動枝葉兒多安睡不覺
藤毯一擲向空颺風日晴和戲廣場何苦臨溪觀出浴浪花交潑逐鴛鴦
番以藤絲編製爲毯聚衆交戲番婦日往溪潭沐浴見人無怍色
又
挾矢溪頭射特犄揚鬐水面數魚行得心應手無虛發不俟烹調便噉生
番挾矢循水畔窺游魚輒射之得便生噉
木樁開處誘羣熊牝牡難逃一夾中更有老猿拳握果不容出柵嘯生風
番取熊猿設木樁插木柵入其中者多不能脫
足蹴層冰未覺寒百錢水袴費艱難赤身不怕陽侯怪笑踏波濤出淺灘
番以尺布周圍下身名曰水袴
西里百
冰片沉香作貿遷紛紛擾擾日中天篆文歷代多殊狀市肆

今猶用制錢
芒加薩在西里伯之南市肆交易皆用制錢
氣吞寇盜目無人日日揚帆出海濱獲利歸家伸孝養倚閭
常恐負雙親
土番蕪吉技擊最精一人持短刀可敵數十人每揚帆海上海賊望而引避獲利則歸養其親
絶技馳名本女徒如風掃籜靖萑苻休言婢子嬌癡甚俠骨
傾城號掌珠
又俗善槍法女子亦然
戶口繁多覓食難明珠蘇木換壺餐最憐生載紅鸚鵡苦煞
羊城氣候寒
蘇祿島在呂宋婆羅洲之間地產明珠蘇木又產紅鸚鵡
小島區區石一拳獨能血戰氣無前東王入貢中途隕妃子

生存守墓田
東王歸次德州卒留次妃次子守墓
婆羅洲
留鎮閩人作國王劍橫三尺耀干將石城拆卸緣何事爲禦
寒潮築海塘
文萊在洲之北相傳國王閩人隨鄭和往因留鎮焉又王因長腰嶼築岸禦潮拆石城以爲塘
嫁娶民間重結褵願王金印背邊施篆文奕世今猶在請認
王宮漢字碑
土番人嫁娶請王金印印背印篆文獸形云是永樂間賜王府有漢字碑
箬覆居廬異蓋茅寶刀常佩未能拋生平嗜好關情性喜把
銅鉦手亂敲
諸番箬屋爲居身常帶刀性喜銅鉦器皿皆用銅

每苦炎蒸近午天臨流俛首坐溪邊借渠一帖清涼散淨洗
煩心便釋然
吉里問氣候苦熱午必俛首向水坐
甲子茫然識未能絶無文字苦難徵是何記事惟卷石石數
盈千結一繩
不知年歲無文字以石片記事滿千石則總於繩爲一結
訟事人言各自殊牽羊同詣長官廬一經判斷人胥服直者
牽回曲者輸
訟者兩造各牽一羊曲者沒之
不用金銀作聘錢檳榔送後手頻牽問名都不知年歲但記
天邊月幾圓
合婚有檳榔問名皆不知年歲但記月圓幾度耳

地闊羅江百里長公司昔日立蘭芳廿年客長人爭敬碑記
今猶豎墓旁
昆甸有蘭芳公司粵人羅芳伯善技擊頗得衆心華人敬畏尊爲客長
巨鱷搏人肆意吞結壇致祭事重翻瑱瑱宣讀韓文罷已掞
風濤出海門
鱷魚爲害芳伯取韓昌黎祭文宣讀而焚之鱷魚遁去
異獸難徵爾雅經見人掩面似猴形何如解識猩猩嗜紅屐
一雙酒一瓶
戴燕山中有異獸不知其名狀似猴見人則自掩其面
夢魂常戀黑甜鄉小憩佳文席一牀我自酣眠無物擾臥看
蟲蟻上東牆
佳文席出馬神能辟蟲蟻上者價值四五十金

漫說光流海上虹金蛇閃閃入眸中昨從吉里門邊過祇見深靑不見紅（吉里門電不紅而深靑）

嘮羅巴

爲避颶風入萬丹虛辭厚幣請和蘭貪財地已歸他族禁制王宮欲出難（嘮羅巴土極饒沃荷蘭以詭謀取之）

主人尊重信無加一見低頭靜不譁屈膝地中皆合掌自稱名姓曰占巴（巴俗主僕之分最嚴僕見主人必屈膝合掌名曰占巴）

賤男貴女俗相因會計能精半女人覓得唐兒作交印一生食著不憂貧（俗貴女重男以男嫁女謂之交印）

桃夭三月賦宜家灼灼紅于海上霞國色天然無用飾不施脂粉不簪花（女子不施脂粉不簪花）

氍毹鋪地座生香見客爭看握手忙解取一番誠款意金盤高捧進檳榔（俗重檳榔客則捧以示敬）

竭力何曾事灌園春蔬落落少滋蕃菜花和露黃金煑問價高於俎上豚（蔬菜價倍於雞鶩）

羅疾因風倩水醫病人浴體出河湄玻璃四面鑲窗戶常怯風來冷透肌（巴國冒風則病立作以水爲藥凡感冒風寒浴於河則愈窗戶皆用玻璃取其不透風也）

兩造齊來執一端是非顛倒質華官片言決斷情無遁都道公平甲必丹（甲必丹和蘭推舉官也專理華民之事）

流傳異種自中華開徧名園四季花歲首總交冬至後定期十日不曾差（百花四季不凋以冬至後十日爲歲首）

近厝調和病不堪餘貲未領俟親男梁嘸作字如渠意收貼先輸美色甘（近厝俗名病厝梁嘸卽和蘭代書人美色甘和蘭衙門）

山海圖披郭璞經搜羅怪狀與奇形廚中森列禽魚富長浸琉璃酒一瓶

（和蘭欲窮覽博物每得怪禽惡魚用火酒實以玻璃而藏之）

銀刀奏技病能瘥爭道荷醫善外科拔去腐膿終合口依然國手一華陀（和蘭善醫疽疾用銀刀割去腐內敷以膏藥三日平復如初）

觀音亭內住持僧淨洗塵緣恐未能幾度烹茶呼小婢一甌擎出待高朋（住持僧公然娶婦客至喚婢烹茶了不異人）

一生詩酒自豪雄晚養巴中數井公恰有山僧共酬和烏絲醉寫袖園紅

出素熬波煑海天平田萬頃植紅蓮大宗鹽米歸專掌誰似斯官扼利權（三寶壠甲必丹獨擅利權鹽米歸其掌握無不富逾百萬）

隊馬成羣對對陳入門遙見膝行人怪他安坐如山重直至
身前始欠伸
甲必丹陳聽淡板往見之膝行而前聽危坐不動俟其至乃少欠伸
鐘聲四達雨餘新樓上聞敲點點頻一晝夜分兩晝夜市開
市閉不猶人
禮拜寺有高樓鐘聲四達丑未之初爲一點鐘至十二點而止未正丑正爲二點鐘家家閉戸而臥路無行人是一日如二日也
不須機杼自成紋手錯金絨理自分織就上清衣一幅輕於
蟬翼薄於雲
番婦女紅極巧手錯金絨不煩機杼西洋布最輕細者皆出此
海口非遙柵外窺重重泊面備查私去來舟楫俱虔禱爭拜
眞人澤海祠

北膠浪有澤海眞人祠舟楫往來者必具香楮拜禱
花放春秋到處芬小游亭子號閒雲魚池南畔西絲里園沼
蕭然淨浴氛
亭名閒雲爲甲必丹游息之所
深邃園林闢浪中八芝蘭地遠相通采菱人至漁歌起景色
天然點綴工
浪中地隔八芝蘭僅一河
巢居邐迤洞中天海燕成羣萃百千採取窩涎人結屋布囊
每繫竹竿邊
巢燕千百成羣巢於洞壑
番舞番歌媚態呈濃迎纔了又花英終年嬉戲無消歇稅餉
原來什一征

濃迎番戲名花英者類影戲
燈火搖紅入夜深清歌娓娓小鬟臨爲充國課藏春色一擲
休論百萬金
賭場燈籠大書國課二字
每當宴會竹絲陳長席能安列坐身比翼鶼鶼容自擇結婚
端不藉冰人
宴會必設長席女子字人聽其自擇
剖食椶梨許共嘗傾瓶不語又丁香許君雅量能容婢盡碎
杯盤也不妨
許君有雅量得椶梨與容共嘗之碎丁香油瓶未嘗計較婢碎玻璃器一副則自任咎
潮來早晚氣常青風雨魚龍更杳冥北斗夜來沉不見但看
南極老人星

地問島夜則北斗以下諸星沉没不見而南方星宿倍明
兩耳低垂貫玉環手姿濯濯好容顏眼看翠羽穿林過不出
苗釐島上山
苗釐島女子喜戴玉環山產翠羽
嗜叻
帆檣林立晝中收直駛輪船泊馬頭一角礮臺起山麓地當
要處駐渠酋
嗜叻南洋第一埔頭英有大酋駐札總理三埠貿易之事
航海人來託一廛華民八萬勝從前別開衙署同敷治庇覆
咸稱領事賢
光緒十五年始設領事官
書院兼營米利堅藏書不少補亡篇九州以外文章富繙譯

人來已代鐫（新嘉坡有堅夏書院米利堅國人造）
驚人長角侈羚羊剖卵兼推白蟻王並用玻璃好妝點平看借水洗眸光（園有羚羊長角一雙聞白蟻王是剖卵中所得一貯玻璃瓶皆胡氏園中希見物也）
男爵膺封錫寶星多金擇地築園亭瓊軒好客頻開宴指示珍禽目未經（胡瓊軒先經商此地擇地闢一名園園中所蓄珍禽異獸多目所未經覩也）
火船停泊海天東賈客抛錢擲水中没水撈錢還出水成羣不少小兒童（此地小兒善泅水估客以錢擲海中則羣躍没水少頃握錢出）
來往馳驅道四通馬車一路過匆匆御車人漫啞膚黑花布

纏頭直見紅（御車人多麻六甲人肌黑如漆惟首纏紅花布）
各辦殊珍異域來珍珠蒜石價高擡異常一疋金邊布問値須銀八十枚（金邊洋布一疋値八十金出自曼哇刺薩）
消耗金錢女校書三層樓上合同居平康十里繁華地勝過臨淄七百閭（此地流妓最盛甲於他埠）
招邀文士喜評衡性嗜藏書起萃英聞旱更捐金十萬救時還欲濟蒼生（商人陳金鐘於此間起家積貲數百萬慷慨好施創築萃英書院一所聞山西旱捐金十萬賑之）
皮革猶存立不傾蟲魚鳥獸宛如生欲徵物産從來處書上松牌各繫名（博物院當門置象骨頭一具甚巨既入則鳥獸魚蟲各分一室奇形怪狀不能一一悉數均用藥水敷之完其皮革實之以草植立如生牌示其名並注所出之地）
異邦土物實堪嘉鮮果經冬飽齒牙時屆小春天氣暖金盤堆滿有枇杷（此間物產豐盈十月猶有枇杷波羅密檬果諸物）
游車過處疾如風夷婦嬌妝坐正中中道相逢諸女伴賞花有約去園東（西俗七日一禮拜夷婦于是日坐馬車游名園者紛紛）
投得撈蒱付海瀛再三申禁賭風清謀生人聚財無散多寄囘家慰父兄（英禁賭極嚴作工之人財無耗散多寄囘里人受其惠者多矣）

停泊船爲禮拜延放行次第看牌懸遙看山上紅旗展知有招商入口船（輪船放行洋行先期牌示定期某日行某船）
山泉遠引入庖廚調水無須再用符一任清池試深淺毫釐應不爽錙銖（取水法用銅管引入庖廚）
有約翛然繫氣毬雲霄直放出滄洲文禽翦綵雙飛翼誤認鸞凰天際游（英人有刻木爲鳥翦綵作兩翼繫之氣球騰空直上望之如鸞鳳之集天半）
不盈一尺笑么麽小小猿猴入市多更有珍禽解人意見人百囀自成歌（猿猴小者不盈尺珍禽九彩五色俱備）

宛然甘露是醍醐取水頻淋病後軀傾瀉渾身都發戰沉疴若失霍然蘇

（八嬰病傷於風熱者多淋身即瘳無須藥石）

讓地猶存守府名退居近島著賢聲交遊廣晤公卿面海內無人不識荆

（實力本柔佛地柔佛王退居荒島有賢名常徧遊歐州各國交結公卿及各領事是以英不廢之）

入寺焚香絶俗緣鏤金爲帶飾新鮮歲逢一月清齋日竈冷俱無上屋煙

（柔佛每歲逢一月吃齋竈絶火煙）

園果紅酣海國春晶盤盛處薦時新尊崇我佛慈悲敎血祭如何又殺人

（邦坑在實力之背地饒蔬果俗尚佛殺人血祭）

土產沙魚帶子繁胡椒味辣甲諸番居人爭致紅牙象馴養先開海子園

（丁噶奴在邦坑之北地產胡椒最良人喜養象）

竻竹多栽巧作城環城屋舍綠陰横寒生五夏渾忘暑盡日風聲雜水聲

（吉連丹在丁噶奴北種竻竹爲城民環居城外）

食偏尚右古風存摶取還敎一手捫妙絶饋遺咸用首銅盤高戴進君門

（食用右手摶取凡獻饋食物皆以銅盤盛之戴於首而進）

聽斷憑王決片言訟堂鳥踏露花翻有時曲直全憑手探取油鍋驗爛痕

（王斷獄決以片言遇曲直難分令兩造探油鍋曲者手爛直者手無恙）

生計人家半在漁提筐日日賣鮮魚得錢便換一樽酒帶醉狂歌入穴居

（土番多操小舟捕魚無屋宇穴居巢處）

一番蹲踞入官衙合掌沙郎禮有加不重生男重生女賺錢入贅阿娘家

（宋卡在吉連丹北民見官長蹲踞合掌於額俗以生女爲喜謂可以贅壻養老也）

綵縵花衣件件工自饒妝飾不從同天然一種宜人態曳淺拖鞋步道中

（斜仔在宋卡北其地女子穿花色衣被絲幔曳淺拖鞋）

樹脂搓作打魔香卻水曾塗一葦航聞說夜來燃遇火居人藉此當燈光

（麻剌甲在實力之西北地產烏木打魔香香乃樹脂墜地所成用以塗舟極膠固水不能滲入惟遇火即燃國人入夜以當燈燭之光）

文字權輿昧豕魚渾渾噩噩古之初自從大啟英華後番漢人人重讀書

（英吉利在埠闢英華書院以敎唐人及土人）

構亭橋上廿餘楹交易持平兩不爭入夜更巡中國船鼓聲不斷雜鈴聲

（中國船至其地鼓樓夜巡以鈴）

電光任掣紫金蛇霢霂連旬雨似麻一洗炎歊涼氣透疎燈紅照落檐花

（氣候極熱賴無日不雨故可居）

象犀珠貝價高懸錫箔三斤銀一錢貿易從無支契立全憑信誓告蒼天

絕無浴室與盆匜洗濯同時入一池行輩相逢無檢束潔身
貿易不立文字指天爲約卒無負者
渾莫辨雌雄
地無浴室每家各有一池不分男女皆裸浴其間
勾欄山下駐舟師修整船桅病不支幸有土人天作合山松
同長子孫枝
檳榔嶼在麻剌甲之西北海中昔爲勾欄山今多華人云是元軍因風壞舟駐此修整有病卒百餘未返娶土人女遂傳子孫
拓基賴特實權輿風會遷流百載餘十萬人家生聚盛高樓
重疊市廛居
埠開於甲必丹賴特距今已百餘年矣
陡然貨物滿重洋出口多於入口商今日又增時市價一船

椰子與丁香
椰子丁香爲出口貨大宗
好山好水好盤桓別錫佳名喚碧瀾到此塵心都洗盡高高
瀑布挂層巒
嶼中有瀑布高十八丈又山色葱秀洋人呼曰碧瀾
山色當門灑翠嵐此中勝境好幽探留題不少名流跡嘖嘖
人稱極樂庵
庵極名勝流寓諸君多留題咏
天氣清和暖不寒園中果實亦奇觀四時春作羅浮看甘蔗
香蕉日上盤
香蕉甘蔗四時皆有
便成秋意早涼催未到重陽菊已開八九月如二三月一船

風雨做春來
此地頻年如夏一雨成秋八九月間多風雨
經營誰似粵閩商前後流風數鄭王大厦連雲金百萬卜居
累代未歸鄉
王文慶閩人鄭貴粵人二君俱以財稱雄於檳嶼
杯酒清傾送別筵歸鄉名士倦游天贈行不乏能詩客醉月
飛觴李謫仙
力永福返國贈行者多此地亦有能詩客人以李謫仙呼之
花萃新街月滿樓開廳團坐遞金甌調絲擫竹無窮樂不到
更闌興不休
流妓咸居新街客至留宴日開廳
謀生無術苦難醫屢展歸期未有期煙賭累人良不淺此身

流落在天涯
煙賭碼子收稅特重人受其累者多矣
十年世界閱繁華能守貲財有幾家物付搖鈴生產盡到頭
應悔棄泥沙
客到報窮盡將家業付與番人搖鈴招買
觀音亭子上干雲綠女紅男拜禱紛願借銀瓶功德水片時
洗盡海天氛
觀音亭起於海濱男女焚香者絡繹不絕
春到他鄉更十分鮮花紅妒石榴裙戲園色色華而麗豪放
今猶道鄭君
戲園爲鄭君作至今華麗如故
金剛鑽石產豐饒巧倩良工善琢雕螺蚌雖微亦成器小如

盤盌大如杓
此地產金剛鑽石土人用以製器小物如螺蛘蛤蜊殼有如盤如椀如杓如大葵花之類省物琢器製成出售於市

蘇門答臘

廿載經營未息烽寓居海口客留踪欲尋勝國前王迹卧地今猶見一鐘
蘇門答臘一稱亞齊前明大監封亞齊王頒賜之鐘尚存

海風吹面吼如雷簸蕩宵來聽幾囘生怕受風多起病有誰高築避風臺
亞齊海口海風震盪異常人受之輒病

巨礮田雞用四尊外郛已入克拉屯敎堂一炬成焦土困守孤城尙待援

荷軍以田雞礮四尊攻亞齊克拉屯都城聞已入其外郛囘囘敎堂付之一炬賴有鐵甲礮臺固守未下

葦蘆叢雜樹交柯深入常防伏莽多癘氣中人烟雨集撤兵漸自息干戈
荷軍以亞齊內地徑曲而險恐有伏兵未敢深入且癘氣中人死亡枕藉留屯者僅二千五百人

垢積衣裳手自提濯須碧水向淸溪年來誰購新碼子問價如潮日漸低
凡稅餉重者承碼子必加增銀數始得惟洗衫等碼子則價從其低者

林木參差夾岸生溪山勝概畫中呈晚來平眺南華路十里田疇一掌平
南華路爲阿齊勝境

寓樓文士足勾留山色當窗翠欲流招飲喜逢賢地主玉人侑酒發歌喉
聞寓樓爲宴賓勝地面臨大海

山頂屯兵市肆開商人運貨小車來石城進取爲犄角又聽連營鼓動雷
山頂離海口廿餘里再進爲石城

不事干戈地闢夷翦除荆棘拓園籬公司十二人如海爭道張堪善撫綏
日里在亞齊之東荷人新闢地粤人官斯土者措置之善盛推二張

墾土爲栽呂宋煙招工先辦買山錢收成利市眞三倍贏得洋銀十萬圓
土產煙葉招工開園利市數倍

擇地經營近水潯樓臺四面屋當心收租十倍人知否一寸廛居一寸金

買地建屋出賃於人得利不貲

列架琉璃酒百瓶黑奴把盞幾曾停每逢禮拜多休暇爛醉街頭喚不醒
黑奴嗜酒逢禮拜日多沉醉不醒

華貴軒中宴衆仙小鬟催酒撥三絃逢場偶作呼盧戲一擲休論百萬錢
華貴軒是埠中宴飲賓朋之地

遍佈黃金到寓流氣豪湖海廣交游喜延賓容眞如孔酒滿瓊杯匝日留
士夫來游是地聞地主饋贈極厚

葉綠花紅繞砌翻恆心爭道好林園主人自著公餘錄鎭日丹鉛不憚煩

恆心園寬廣里許諸物俱備是埠中勝境

歸期屢展月黃昏病死他鄉帶客魂埋骨有人興義舉空山擇地築墳園

日里有墳園一所旅人淪没者咸葬於此

車行火速駛飛埃不用驊騮道路開恰好鐘聲鳴一點紀程已到鑑江來

鑑江是日里分埠

戲園開日恰逢春故事搬來出出新度曲喜聞鶯語脆纏頭多賜上鬟八

日里有戲園看戲者絡繹不絶

波羅山色翠沾裙八百程途入畫初排列成行如隊伍水心躍起半飛魚

海國公餘輯錄　卷六　海國咏事詩　三六

地有波羅山綿亙數百里飛魚躍起水面有排列如隊伍式者眞奇觀也

海產名香地產金利歸山海總關心人多釀酒延佳客椰子成陰緑滿林

萬古厘山產黃金海產龍涎香處處椰子成林土人多以釀酒

嶼中龍戲下遺涎擣碎爲香氣勝蓮獨木駕舟人採取半斤九十六金錢

龍涎嶼羣龍遺涎嶼上國人駕獨木舟採以爲香一斤值其國金錢一百九十二枚

入港西河路不迷結廬傍水似浮鷖樓臺高下渾忘熱安用涼生辟暑犀

文都兩岸居民俱臨水起屋

青青磁器尙杯盤雨過天容造這般不見親朋剛一日各攜樽酒問平安

土人貴磁器尙交游以親戚尊長爲重一日不見則持酒肴問安

五印度及西域回部各國

東印度

時逢吉慶布纏頭徧擦全身喜用油不使金銀使螺殼市人交易兩相售

明牙剌俗用白布二丈纏頭以油徧擦其身又以螺殼有文彩者交易皆用之

情深伉儷未亡人誓欲從夫倩積薪跳入火中同化去先將金寶贈親鄰

俗夫死婦矢殉積薪於野先焚夫屍將盡卽跳入火中同化衆皆羨之

時果裝籃挂木端懸空分撒衆人看尋常拾得誇神賜歸奉高堂博喜歡

土人每値賽神輒先豎直木一貫以橫木以二人繫其二端各綰一籃內裝時果懸諸空中觀者舉橫木推之

海國公餘輯錄　卷六　海國咏事詩　三七

籃中果分撒於地得果者歸於奉母以爲天神所賜云

水幔周圍裏下軀飼牛日日放平蕪拾來牛糞塗門戶海上原來逐臭夫

俗嗜牛喜以牛糞塗門戶

不啖山豬不食牛親亡竟舉付中流撫尸舐掌猶知愛寄語空江莫浪投

土番巴藍美有老死者送至水旁各以手撫其尸反掌自舐徧則棄諸水

城營菩薩地恢張拜像人多盡爇香一月恆河經洗滌喜離地獄上天堂

恆河卽今之安額河印度人稱爲靈水

撲鼻香多處處開閨房無不種玫瑰揉成葉葉花花汁傅粉均勻上鏡臺

玫瑰花最多閩中採其花汁以作粉

愛戴天朝敬使臣絨毯殿上宴來賓傳杯只飲薔薇露不用吳興竹葉春其王敬使臣設宴絨毯殿上不用酒以薔薇露和香蜜水飲之

釋敎尊崇古里人座旁穿井水痕新碧天將曉鳴鐘鼓手汲清波灌佛身俗尊釋敎佛座四旁皆水溝後穿一井每鐘鼓汲水灌佛身再三

中印度

鷲峯高處擬登天御世如來五十年聽說法華經一卷點頭石亦解眞詮

石室山陰示涅槃流多五百泛温泉向存功德無量水今亦源枯不得煎大石室如來涅槃處昔有五百温泉今存數十功德水今亦枯涸

遠使求經出塞入大山登陟絕凡塵行過大子投崖處飼虎曾聞一捨身大山有薩埵大子投崖處

高入雲中第一山山中獅子產斕斑垂涎欲吸天心月墜谷傷身不欲還雲中山產獅子見月欲吸往往顛墜巖谷

插天高峻落迦山我佛眞修寓此間受戒老君時頂禮不知門外有塵寰落迦山濱海眞修者禮拜眞佛受戒數年乃出人皆稱曰老君

佛牙攜得返神京萬里風濤涉不驚供養旃檀留寶相輝生精舍放光明

和僧至伽羅國取佛牙還京涉波濤如履平地

玉像遙來已十年瓦官寺裏結前緣貴妃截取爲釵釧飾得嬌姿分外妍獅子國始遣使獻玉像經十載乃至佈施在瓦官寺

海濱有石狀如蓮佛足猶存跡顯然水本多鹹能轉淡病人一飲即能痊海濱有石如蓮臺上有佛足跡海水入其內不鹹而甘病者飲之則愈

遙傳異種到京華不改初稱吉貝花衣被九州今益茂禦寒功竟駕桑麻孟買出棉花最多種入中土

拜廟香留竟日馨咸將花瓣撒諸庭如弓好趁初三夜向月喃喃跪念經馬剌他每月初三各於所居門外向月念經

裹布番誰喚白頭作工精絕善雕鏤貴人塗額多花卉時駕輕舟出外游俄亞一名小西洋土人多以白布纏頭所謂白頭番也

五日良辰出水鄉滿河飛遍野鴛鴦浴身見慣渾閒事上褪花衣下褪裳俗每年五月男女俱浴於河

爭結僧家一面緣延僧低坐在河邊女人爭掬海中水洗足還他清淨天延番僧坐河邊女人將起必以兩手掬水洗僧足

南印度

誰塑如來佛一尊經留貝葉手頻掀院中四丈菩提樹尙有

濃陰覆寺門

錫蘭島在南印度居民皆崇佛教有生佛一
尊云係一千四百年前物寺前菩提樹亦然

寶旛搖曳寺中施浮海曾來鄭内師勒石有文餘漢字猶存

永樂六年碑

又明永樂遣太監鄭和賫
寶旛施於寺並建石碑

翠藍山頂望中睽足跡曾留佛釋迦淺水至今猶未涸掬來

拭面淨無瑕

相傳釋迦從迦藍來
登此山猶有足跡

登山入寺證來因道遇番僧不一人臥佛側看三丈許未知

何日塑金身

古剎有番僧數人
臥佛長三丈許

西印度

服皆絲縷飾瑤琳一襲衣堪値萬金可惜紅顏容易老十年

已作白頭吟

女子十二歲即產兒
年二十容顏凋瘁

留心文學重尊賢侍側詩人舌燦蓮潤筆不嫌頒厚賜詩成

一什一金錢

設文學館
厚待詩人

鮭炙膏粱合一槽攫來左手效持螯大家會食聯肩坐杯椀

紛羅椅棹高

會食用金銀爲巨槽合鮭炙粱米爲
一又他邦坐皆席地此獨用椅棹

經典能通誦幾番咒餘牲畜即滋蕃相逢青草生時節各出

牛羊送阿渾

回人通經典者曰阿渾代衆誦經祈牲畜
滋蕃遇青草生時各出牛羊一頭送之

紅衣斑駁坐紅牀跨馬周游出四鄉佈散金銀無眼孔面鐫

彌勒背鐫王

所有銀錢面爲
彌勒佛背爲王

滿身油露灑芳菲換得新衣去故衣幾度巧逢教堂上襲人

香氣是薔薇

還禮拜日男女皆沐浴
更新衣以薔薇露灑之

北印度

畏寒每苦節逢冬人畜同居穴僅容大雪山頭看積雪皚皚

一望若銀峯

北土極寒有雪山
環抱望若銀峯

水秀山明歲序和平分兩部界隆河大權旁落山河蹙如此

宗孫可奈何

寒哥北印度大國其地時序和平山明水秀
自宗孫嗣位信任奸邪大權旁落國勢頓衰

西域各回部

葱嶺迤西有國都人傳得白德非誣珊瑚多買西征士二鎰

金輸五十株

葱嶺迤西有國曰得白德者不以金銀爲幣止用
珊瑚征西軍士有以白金二鎰購五十株以歸者

眞箇良工算月氏石嵌五色鑄玻璃安排隔座光俱徹曾入

吳宮照四姬

月氏國人能鑄
石爲五色玻璃

頗黎山頂矗峩峩異種滋生吐火羅駝鳥能行神馬駿此邦

入貢大唐多

有神馬生駒輒汗血又有駝鳥翅而行
日三百能噉鐵唐貞觀永徽間曾入貢

辟支成佛寺中靴跡顯于闐國石多更有袈裟在疏勒燒經

幾劫不消磨
于闐國寺中有石靴石上有辟支佛迹又疏勒國禪袈裟置猛火中燒之如故

歐羅巴各國

歐羅巴總

生兒娶婦歲頻遷一世欣逢三十年釀得葡萄勝牟麥歷年
愈久味愈鮮
葡萄釀酒可積至數十年當生子之年釀酒至兒年三十娶婦時用之味愈美

小學科升大學科師生問難對無譌得官便許任諸事俸祿
原來不厭多
試士之日師生問難對答如流然後使之任事祿入頗厚

育兒無力置盤中扣院牆傳入院東收養記明年月日他時
領取已成童

貴族家貧恥于送子入院置兒盤中扣院牆傳兒入院代爲牧養注明年月日他時長大即可領回

小民義氣竟如山拾得金銀意亦閒天主堂門書令識言能
符合即時還
拾金銀則書于天主堂門外令人來識如符合其數即以還之

地中海面水平鋪有鳥來巢乳小雛鼓羽能飛剛半月風停
浪靜渡商艫
地中海風浪極大有鳥作巢水次乳雛半月此半月中風浪平靜商船穩度無恙

飢餐魚肉當餱糧結隊漁人出海忙剝得魚皮作舟艦不愁
風浪拍天長
人以魚肉爲糧剝魚皮以爲舟遇風不沈不破

平地山岡種殖稠果名阿利襪生油國人法制饒風味一食
偏能潤齒喉
果有膏油者名曰阿利襪國人以法制之最饒風味食之齒頰生津此種果西人封以鐵瓶遠道運售非時可得錯路日見其增也

鏡屏高射月光寒議事廳開總署寬線繡象獅神酷肖幅懸
十六畫中看
地中海總署皆有議事廳其一懸線製洋畫巨幅十六每幅丈餘繡獅象諸物貌皆如生

毗連蘇士兩洲灣一線程通兩海間妙絕胭脂紅入土石人
返照夕陽山
蘇士灣海口兩洲相連在紅海地中海之間紅海皆紅土經夕陽返照山色愈佳又法人以機器治河功成立一石人高丈許以記

新開河處水灣迴一任游人去復回獨有行宮設江次法王
曾遣后妃來
同治九年新開河成埃及王傳報各國臨視意大里王與奧王皆至法王遣其后至而設行宮江次

築屋纔冰十丈餘穴中有竅得羣居老漁夜半鈎懸鐵總爲
燃燈獵取魚
冰海居民鑿冰爲屋纔冰深至十餘丈魚得竅以噓氣羣聚穴中製鐵爲鈎取之夜則然以爲燈

湖名小苦畫圖增浸綠鮮紅電氣燈照我舟行過波賽葦蘆
兩岸百魚鷹
小苦湖一路水程所設煤燈千餘盞左紅右綠晝夜不息燈均以機軸作自來火由此至波賽見魚鷹數百浮游水面泛泛於蘆葦之間頗饒畫意

亞丁島乏雨如絲辛苦臺兵乏飲池汲得溪流負而上恐防
傾潑縫羊皮
亞丁一島枯燥少雨山童不毛英人據此建三礮臺於山腹駐兵其上苦無水泉或縫羊皮負山溪水飲之

俄羅斯

邦家肇造始咸通王后名傳顯德中出政始崇希臘敎規模

開拓不從同

利祿哥肇造邦土始于咸通又周顯德中有王后理國

出水芙渠一朵香袒肩從不解中藏長湯可有温泉沸聞設都中女浴堂

俄都亦有女浴堂

重圍未解墨斯科遷國圖存喚奈何士卒偕行同避寇傷心一炬舊山河

墨斯科被圍俄人恐其據城燒之而走

規建年來又復刱巍峩宮殿紫薇居灣灣曲曲迴廊外華屋依然六百餘

宮中長巷複室不計外室之大者六百餘間

盛陳雜寶付閒評碧玉珍珠耀目睛怪煞一雙金孔雀枝頭

小立按時鳴

有金孔雀立樹上按時飛鳴

盥漱初完待曙光穿衣一鏡挂當房紅藍寶石尤珍重安放冠前手奉王

冠前紅寶石一大如鴿卵藍寶石一大如雀卵

踏毯各樣喜逢場演戲花園盡女郎有約朋儕高處覽金銀爭自擲私囊

踏毯各戲皆以女郎爲之

玲瓏樓榭喜飛觴識曲伶人樂奏商一派清音相間處聽風聽水譜霓裳

一園臨水築臺榭伶人奏樂其中間以山水之音鏗鏘可聽

人非三十不能搖如此洪鐘紐未消忽聽滿城聲大作知王生日是今朝

有大鐘以搖不以撞搖非三十人不能惟國王生日鳴之

不須人力織呢絨輪用機關火灼紅誰似奇温裀三尺綠熊臥擁羽毛豐

織布皆用火輪　又以綠熊皮作臥裀可以卻寒

材徵文學館先儲登進人才信不虛贏得二千八百冊又聞書院有藏書

有文學館又有書院一所内藏中國與俄羅斯國之書二千八百冊

心煩解渴倩茶湯呼婢兼調一椀糖舊種蜜林千百樹採花無數結蜂房

人多嗜茶然必調蜜糖而飲啜之又有蜜林其樹悉爲蜂房

皮鞋風領節驚冬大海街頭雪正濃客店消寒茶當酒招牌

猶識舊金龍

聞華人在此地開茶店招牌名曰金龍

像塑樓中彼得羅木盤鐵杖列旁多明燈一具懸魚骨曾照中宵習斧柯

樓中塑彼得羅像面目如生旁列鐵方杖一木盤木盤二十餘事上懸魚骨鐙一皆其變姓游歐洲習工匠時手製也

豕而人立事翻新小象登場作屈伸奇絕鼓聲齊中節擫之用鼻總如人

小象登場作人立狀聞鼓聲起處係象用鼻擫之

男女僬僥迴出塵各高二尺宛成人么麽體段新奇甚重恰三斤並七斤

僬僥人各高二尺許男重七斤七兩女重三斤十兩所見新奇無過此者

衛妻齊子結同心宴客張筵鼓瑟琴妙有西班牙使在喜看
合巹酒同斟
俄王次子娶於德邦合巹之夕張筵宴客西班牙使與焉
兩國聯姻侈美談一歸一贅總嬌憨桃花蕊綻春三月蠲吉
剛逢二十三
俄擇西正月二十三日歸其愛女於英英世子就婚于俄
十丈高標天主堂花紋石柱色輝煌到門不乏公卿婦七日
期逢禮法王
天主堂堂高十丈柱皆用花紋石
燈火宵涼百戲呈三絃龍笛聽分明紅衫女子搖銅片響答
丁璫玉珮聲
入戲院聽雜奏龍笛三絃各器一女子紅衫登場手握銅片開合作響每顫搖珮聲丁璫如相應答

兩旁設座戲園開天子偕人入廣臺顯示與民同樂意不妨
妃妾一齊來
觀劇人同入廣臺兩旁各設俄皇便坐俄主亦不時與妃嬪偕來視與民同樂之意
教堂行禮揀良辰冊籍書名次第陳縞帶綦巾純用白嫁衣
又見這番新
西人嫁娶必先至禮拜堂行禮女子衣履巾帶純用白色者止有兩日此日及嫁日是也
瑞典
爲攖患難挫王孫易服潛逃匿寺門忍死報仇更英果地基
恢復舊封藩
瑞有王孫英果不羣嗹人繫之獄易服逃匿瑞地僧舍中乃免於難誓復仇引兵伐嗹所失故土全復
瘠土偏能發憤雄不聞强敵競交攻獸皮金葉花紋石滿載
商船入粤東

瑞能發憤自保不爲强鄰所兼并其土産出獸皮金葉花紋石
生憎暴暖日如年五月鳴蜩六月天入夜更遭蚊蚋毒攪人
清夢不成眠
五六兩月暴暖蚊蚋密如塵沙
別傳都會舊芬蘭屋舍園亭頗壯觀好上高樓望冰海天光
雲影畫中看
芬蘭舊屬瑞國今歸俄又此地近冰海
往來送信法難均妥立章程議使臣總局從今歸瑞典派員
分任各邦人
諸使會於瑞典商立送信章程以瑞爲總局各國派員專董其事
嗹馬
海疆天塹算波羅萬國都由峽口過截得貨船設關榷不妨

稅比列邦多
諸國貨船出入波羅的海者必經由加的牙峽因設關榷之
烟惹香爐御院濃女王攝政大從容雲連三國歸爲一始信
英才間氣鐘
女主英妙不凡攝政後合三國爲一
排艦連轟礮似雲大尼梢手亦能軍舵欄若使英無壞不得
調和兩解紛
英師船開炮攻大尼大尼梢手并力防堵英船壞舵欄講和而罷
如山海水接天遙屢築隄防捍早潮沙土未堅容易散好栽
樺木萬千條
海水屢次漲溢築塘捍防多栽樺樹以堅固其沙土
颶風害稼大掀天種樹沿堤護陌阡取得海鯨作油飲家家

爭放捕魚船
每風害田稼則種樹以護之居
民捕海鯨魚而取其油飲之

皋地利亞

一戰成功擄佛王黃金聽贖返家鄉輿圖又拓波希米總不矜誇學夜郎
佛王來攻一戰擒之復
得波希米地疆土愈廣

瓜分鄰國割波蘭拿破崙何又啟端衆獨推尊不相下主盟作長讓登壇
波蘭衰亂王瓜分其國拿破崙恃兵力征
伐四鄰王獨不為之下衆推為會盟之長

匝地都饒大利源請看草蕩與林園土宜穀種山多鑛開種時時究本原
山出金銀土宜穀稻其
餘草蕩林園藉利無限

冬寒夏暑泯咨嗟撫恤般勤若一家獨惜女人無檢束桃花流水逐楊花
待百姓如家人女子多
美姿容淫泆無閒敎

屋宇門窗面面宜光明不隔是玻璃造成諸器能行遠十萬華燈百萬巵
居民善造玻璃器運
行四方獲利無算

飛橋橫跨小河邊不礙舟行更覺便十萬人家俱入畫林霏交雜市廛煙

普魯士

文石平鋪路坦然吉鄰城建海隄邊居民初進耶穌敎受洗人來歲數千
吉鄰城文石為路居民初進耶
穌之敎時受洗禮每次數千人

耘田執耒帶經鋤名隸農夫學史書地理天文都省識事徵兒女驗非虛
農夫學史書兒童知
地理女子悉天文

啤酒紛紛運百艘世人無不愛芳醪白鉛箔並長條鐵問價雖儕琥珀高
所造之啤酒不止二萬萬罇
鉛鐵琥珀皆其國中所産

紉線分絲各異科人精織造不停梭造糖更有紅蘿蔔萬匹何如萬石多
國民精於織布
用紅蘿蔔造糖

布帛絲綢價益增商船重載海風乘重洋萬里來中土旗上明明畫一鷹
其番舶來粵貿易
用白旗畫一鷹

郭外田家聚荷鋤麥苗穀穟綻徐徐漁人出海踏波浪網得盈艙狗肚魚
地産狗
肚魚

清泉罷浴上雕鞍僚佐相逢各脫冠誰料道旁箍桶匠一槍竟把相臣彈
相臣畢士麻浴畢乘車道遇僚屬彼此脫冠作
禮猝來一槍彈中其手詢知其人為箍桶匠

田間有鳥食禾蟲五穀滋豐藉彼功冬日避寒過意地網羅禁見合同中
議田間有鳥專食禾稼之蟊蟲有功於五穀冬避
寒羣飛過意士人羅而烹之咨商意立合同禁之

繡針精美製尤殊莫笑區區付販夫五載積貲七十萬分銷人本是姑蘇
德國針製素稱精美蘇人奚姓為德商相
信攜入中國分銷未及五年積貲七十萬

製成銅鎖素稱良得遇巴貍更擅長銳意研求經廿載軍中始重後膛槍

得賚賜在普從銅師製鎗後改製槍遇巴貍留心指點銳意研求二十載始克毫髮無憾普軍中所用後膛槍皆其所造

賽珍大會記從前爭識君王一面緣孰料九州成此錯寂居廢邸冷如煙

法使設賽珍大會具國書請普王至法主賓相見酬酢極歡事隔三年干戈搆隙兵敗歸降安置日耳曼廢侯故邸中

謳歌舉國慶生辰鄰后偕來拜紫宸卜晝更教兼卜夜後宮陪宴半千人

德皇七十七生辰舉國相慶咸祝德皇萬年撒遜王偕其后詣伯靈以賀德皇集侯伯五十人張樂讌之皇后更卜以夜後宮之宴計五百人

玉照遙遺大利王寶星贈我本難忘國書一紙情尤摯報答殷勤禮意將

德王以等身小像遺大利王所佩寶星意王所贈也親製國書情文款洽

廠立孤松擅妙思礮中機器用螺絲幾經摩盪盤旋出魄力同天大莫彌

孤松廠主夙擅巧思造礮能用螺絲備極盤旋摩盪而出魄力愈大爲別廠所未有

天財地寶礦同煤終賴人人採擇開門廠數千工十萬前前後後愛森來

愛森一鎮煤礦甚多鎮前後皆工人所居

長孫肄業學堂中同席民間有幼童何怪小人爭砥礪寸陰愛惜理儒功

德王近命長孫與民間幼童同席肄業民盍鼓舞走相告語曰王孫貴人尚復與我同學吾儕小人敢不自奮

紅顏豔說女人城胎孕奇花易誕生方便鄰邦來聘問定期百兩喜來迎

媽德堡名女人城是地產女最多德人凡欲娶婦者多至是地娶婦

立錐無地訴中宮小郡分封亦足雄異日果將全境復花紅終不負東風

普后朝見法后訴無立錐之地乃封之小郡普王歸圖報仇助俄盡力前驅侵境全復

長生齊祝相臣功爭醵金錢像鑄銅三十年來誰共事居民猶自話琦瓏

畢相佐普立國八十壽辰德民爭醵金錢爲鑄銅像當年軍中共事者爲毛琦逢瓏

石人十二琢成模羅列刀錢數十廚更上高樓閱油畫寫生女子善臨摹

入院長廊兩旁列石像十二廚中各色刀錢畢具樓四壁皆懸油畫女子攜丹綠就此臨摹者甚眾

貴爲天子亦從戎街市巡行與眾同四十萬兵徵調易親期卽日到都中

德皇自己爲兵官每行街市與居民相交接平時常備兵四十萬有事調集兵由鐵路中來四五日間可盡集邊界

礮槍刀劍士誰搏武器形模辨識難披甲御容身不見只留口目與人看

武備院歷代所鑄礮位列國各槍式刀矛劍戟形製不一德皇所披銅甲全身不見惟留口目數竅

日耳曼

匠心獨運費精思製器稱良過偃師一自鳴鐘容戒指宛同芥子納須彌

其工作精巧制器匪夷所思能于戒指内納一自鳴鐘

十千美酒造葡萄沽與他方價益高涓滴何曾嘗入口只知

飲水當投醪
國人善造葡萄酒惟發售他處士人滴口不入惟飲水而已

四周無不列珊瑚延客堂中耀火珠樽俎觥籌交錯處此邦
夜宴有誰圖
其士有一延客堂四周皆列珊瑚

嚴寒風雪冷侵肌暖室囘温造作宜獸炭微燒紅不歇何曾
官有惜薪司
氣候冬月極冷善造暖室微火温之遂極暖

此邦山水大清華春入園林處處花人面妍爭桃杏豔紅雲
多處駐香車
花產杏桃看花者車馬不絶

極意搜羅擬石渠語音能繹有誰如璣衡圭表精窺測多著

天文未見書
各國所未見書惟日耳曼人能讀之

蜂蜜家家不計錢採花釀得味芳鮮兼收幼稚勤清課小學
書藏可亡延
地產蜂蜜有書院日可亡延取敎幼學人皆知書
瑞士

碧天如水映瓊樓十二珠簾半上鈎欄檻有人紅袖倚恍疑
仙子在瀛洲
都城建於湖濱瓊樓十二高入雲霄

最上高樓住大坤飛塵不到息囂喧兩行蒼翠松兼柏鎭日
陰陰護禁門
西國稱后爲坤后住高樓樓前多栽翠柏蒼松

勝游小駐水晶宮持鏡何妨入壁中來往如梭千百隻浮游
水面認微蟲
入水晶宮用顯微鏡照壁壁上皆作水紋適見有蟲如蝎千百隻往來如穿梭

大魚留壳想中空門戶軒窗處處通結構宛然如艇式作舟
休負笑張融
巨魚長六丈有奇好事者取皮空其中嵌以門框几榻可坐百餘人登樓度橋入口少坐儼然巨艦

是誰妙手擅天成壁上懸圖總有名刻劃歷朝君后像毫添
頰上尙如生
壁間繪歷代王后圖像奕奕如生

山頂人來建一臺究心天象思爲開相傳制得窺天器累黍
無差衆共推
地谷白剌格建臺窮天象累黍不爽其所窺天之器西士人推之

洞天福地古來無如此風雲萬象圖呼吸湖光飲山淥果然
名勝賽西湖
山中吐納萬景變幻不可名狀青靄迎人湖光飲淥宜其名勝甲於歐洲西人羡爲洞天福地

層巒白雪積皚皚俯視何曾見底來山麓人家渾若畫炊煙
一縷出林隈
山麓積雪皚然俯視絶壑深杳無底林麓人家蹲若雞塒

晴湖如鏡不生埃山半驚逢異境開爲避囂塵人小住翠嵐
深處築亭臺
晴湖如鏡明淨無塵富商巨族多有營別墅於此者翠嵐綠漪中任意徜徉

四境分居扼要基不容假道出鄰師桓桓十萬兵無敵練習
惟遵布國規
實額兵十萬人分駐四境各國不能假道出師

魚礙舟行滯水流海天常聚萬千頭漁人撈取紛無數至足何須結網求

海中魚蔽水面舟爲魚湧輒不能行捕魚不藉網罟隨手取之不盡

土耳其

營殿羣推聖女才周天三百六門開登封燎祀無風雨隔歲猶存故紙灰

有一聖女殿門開三百六十以象周天鄰近有高山國王登山燎祀其灰至明年不動如故

未聞聘禮下求婚敵體無人侈至尊姬妾多由巴札獻不知雨露孰承恩

王無聘娶之禮以至尊無人敵體由巴札各屬國競獻希恩

問誰正位作長秋冢子初生莫與儔白黑閹官多黠慧掃除常在殿西頭

諸妃初生子者爲王后殿内白黑閹官中多黠慧

救宗神示夢分明密約同儕向港行渡海竟同平地履旋驚潮起阻追兵

摩西夢神人使赴麥西救本宗密告宗人約期同發至海港潮退變陸渡畢而潮大至

草卉滋生長薜蘿露苗烟蕊遍山阿若論果實無他樹橘柚香櫞到處多

遍島皆橘柚香櫞之屬更無別樹

笑看河水飲羔羊黑白斯須變不妨奇絶春波作綠色凍成片石置雲廊

有河水白羊飲之卽變黑黑羊飲之卽變白又翁加里水尤奇色沈綠凍則便成綠石永不化

只因美釀勝梨花倂地何妨及古巴陪飲最憐妃侍側舉杯不厭勸官家

王聞古巴島産美酒飲而甘之攻取其地豪飲不厭已而醉死

深閨寂處絶塵喧出闥何由有内言問訊不通人面隔僅容老僕守朱門

女處深閨與男子不接見不通問

貨物時稽律例均國中尊貴屬斯人趨迎步亦分三七儀制難忘接見辰

領蘭威察貨物麻富底掌律令是國中尊貴人王見一趨迎三步一趨迎七步

塗毀名城典業淪閒闢游學散諸鄰大開書館延文士尙有賢王後起人

希臘

部分十二不分疆遣使周旋事共商軍食綢繆先未雨預儲德爾佛斯堂

希臘分十二國每國遣使二人歲二會各出蓄積貯於德爾佛斯堂

議事廳開集衆賢事關興革貴無偏立官分治遵成法定制相沿八百年

建議事廳有興革必集衆議之其制相傳八百年不改

鄒魯居然遍海濱國開雅典士彬彬至今西士談文字不少懷鉛握槧人

雅典最講文學爲泰西之鄒魯

鄰國來攻兩失機能摧强敵勢如飛長橋空渡船俱壞乘得漁舟海上歸

波斯攻希臘造長橋以渡軍又分道攻亞德納師船被風擊壞四百艘兩軍亡失殆盡王乘漁舟遁

羣峯羅列若屛風宮闕依山翠接空士女儀容鍾秀美不須傅粉面殊紅

士女儀容多秀美

意大里亞

植木爲椿永不枯上鋪磚石建街衢橋梁一所尤高聳下度風帆幅幅俱

有一種木爲椿入水長不朽又有一橋極高下可度風帆

髮黃絲白手頻搓掬水人多赴一河亦有山泉可瘳病洞名一百不妨多

地有兩河其一河濯髮則黃濯絲則白山洞甚多入則可瘵病遂名曰一百所

名院新開校藝精百工造作匠心成鍊銅鑄得諸禽鳥機動俱能鼓翼鳴

名院中有銅鑄各類禽鳥遇機發俱能鼓翼而鳴

航海東來號大秦欲通中國獻殊珍象牙玳瑁兼犀角入貢曾聞遣使人

意大理在漢時爲大秦國常欲通使於漢爲安息遮遏不得自達後安敦遣使自南徼外獻象犀角玳瑁始得一通焉

五千獅虎爪牙張銅柵當中設鬭場投得萬四相與角霎時血肉盡飛揚

搏獸院設銅柵當中啟閉之使重囚一萬與獅虎五千相角霎時間血肉狼藉觀者皆咋舌

小石如碁滿徑鋪繽紛草長綠蘼蕪茶花一朵如杯大珍賞何人付麗姝

非利階小石如碁鋪徑皆滿綠草交互其間檻外茶花大如杯盤

英華書院産歸官已作東方學館看封奪有年希復舊嘵嘵空自訴衣冠

義國拿破里城有英華書院産業入官有謂爲宜改東方學館者

天然圖畫七山城泰擺江頭昔著名高阜有園林木茂游人車向綠天行

城跨泰擺江上聯合七山之址故西人謂之七山城城內有高阜羅馬人營作花園樹林陰翳游車如行綠天中

圖籍搜羅各國書高低傍壁作書廚鐵絲門閉因風啟字蝕神仙免蠹魚

書庫在宮左書廚傍壁而立計三萬廚各設鐵絲門二扇以通風

遠近陰陽不失分別開生面灑煙雲名馳畫院人爭重手跡誰能似辣君

辣飛爾創尋丈尺寸之法遠近陰陽不失分寸得其眞蹟者值英金九萬磅

輸誠敎主誓盟辭佈告民間徧使知歸敎人人聽約束息爭術莫妙於斯

意外曹遍告民間謂已取羅馬爲都與敎主立約歸敎之人聽其自治息爭之術莫妙於斯

翠入船窗兩岸山果而愛及好烟鬟舟行尤喜逢春日領盡花香百里間

意大利之南省有巨鎮曰而愛及兩岸皆山叢林滴翠樓閣矗起舟行過此羣花並放香聞百里

女桑三尺嫩如荑綠翦平蕪一律齊數百里長陰不斷春鳩時駐密蘭啼

密蘭女桑布野一律翦齊高三尺許柔條初芽行數百里不絶

過盡長廊止大園水光噴沫雨聲喧欲尋角觝知何處四壁琉璃敞小軒

宮爲敎王別業有長廊有大園畦徑交互中設機器激水四射噴沫爲雨稍南作琉璃軒爲角觝所

樓上流丹繪數重高懸檐角報時鐘八株又見參天柏翠蓋陰逾綠樹濃

樓上流丹錯采屋脊懸報時鐘圜內有高柏八株矗立亭亭如華蓋
古城湮沒果何年發掘長街尚宛然人見衣冠古時式不知
經幾劫餘煙
名城被火山塵土塡湧近時經人發掘城郭街衢顯然呈露人戶並不腐壞咸見古時衣冠之式
碑碣文多係臘丁幾多油畫綴丹青寶廚一啟觀銅器刀七
權衡尚勒銘
四大博物院壁間碑碣多係臘丁文字琉璃廚十數映列古銅器刀七權衡之屬紺碧盎然
龍蝦還比鱷魚多銅鑄成形石琢磨復有三桅船一隻池中
安放水無波
有石琢鱷魚銅鑄龍蝦更多又銅製三桅船一隻皆博物院中物也
日光掩映狀虹霓噴薄成珠水亦奇別有溫泉宜婦女一經
浴後便生兒

女子浴溫泉不生育者即育
火光發自鏡光中數百兵船一炬空絕似敵舟燒赤壁乘時
初不藉東風
幾壘得鑄一巨鏡映日注射敵艘光照火發數百艘一時俱燼
左里城初阻石山欲通無路隔中間鑿開正借羣生力容得
車馳馬驟還
從納波里至左里城有石山相間隔國人穴山以通道

荷蘭

碧天一水浸琉璃近水王居號合琪夾岸人家好圖畫維舟
最好夕陽時
合琪國王所居地近水無處不通舟楫
一千餘後尚編年通國猶行舉劍錢止見有人騎馬像御書
翻笑筆生妍
國中所用銀錢爲人形騎馬舉劍謂之劍錢
多種名花護畫欄花花都當牡丹看以花爲命花成幄異國
花無此鉅觀
最著名者花卉甲於各國
樓臺倒影鏡中天雜樹新栽近水邊水色樹陰俱入畫有人
搖蕩木蘭船
沿河種樹兩岸雕欄彩戶倒影水中
火輪取水走如珠巧製何人繪作圖涸出農田卅萬畝一時
斥鹵變膏腴
火輪取水涸出田三十餘萬畝有司繪圖呈覽
懸空放炮萬花攢人在層樓注眼看妙絕燈光照海水紅紅

綠綠現奇觀
花炮起至半空明燈萬盞照海水作紅綠色
勿希小利廢吟功工匠雛年不准充培養英才留後用未容
版築辱泥中
荷下院議定新章凡民家子年未及十二歲者不准習充工匠恐該父母希小利而廢讀書也
地出溫泉恩姆司春風吹暖入芳池貽書鄰主邀同浴不欲
恩波獨自私
恩姆司有溫泉荷王約俄德兩王同浴焉
貢金爲壽慶荷王擬築離宮備舉觴華屋何如普濟院及民
恩澤惠無疆
荷王在位生日舉國稱慶貢金上壽擬築離宮王卻之轉以金錢增築普濟院君子謂王之能愛民也
十指辛勤尚女紅蘭閨爭作錯金絨鴛鴦繡出憑君看樣子

新興特地工
女子能解
作錯金絨
款留戚友話深衷緗管含芬遞一筒領略淡巴菰氣味先燃
火種自來紅
國人多嗜淡巴菰
自來火西人所製
織成毛布素精良染色黝然作寶光裝載估船來嶺海發售
人在十三行
國中所織毛布販運
極旺粵中銷售尤多
珠翠周圍作豔妝一圈頭戴出蘭房劇憐平頂花枝插吹送
人前氣亦香
頭戴一圈平頂插以
花其額圍以珠翠
麟獅虎豹色般般禽鳥娛人亦解顏怪絕蟒如升斗大花紋

全黑偏身斑
生靈苑所養禽獸充斥其中
蟒之大者如升斗徧身黑斑
椿立沿河繫短篷浮橋七百座皆通行舟疑入仙瀛境疊閣
重樓入望中
沿河水中立椿砌石架木上築樓閣六七層
舟行過此疑入仙境計橋有七百六十座
游蹤偶爾過來丁書院藏書院未扃搜輯何人宏且富吟聲
隱隱隔牆聽
來丁有大書
院藏書甚富

比利時

港口潛封路不通貨由陸運仗人功長途鐵路堅如砥指日
車輪到海東
比國有河可通海被荷遏封乃
造鐵路以火輪車由陸轉運

洽比伊誰可作鄰佛郎西本是姻親近來代請通交易爭據
當今要路津
佛郎西與比爲鄰近爲
代請於朝俾其通市
立國權分宰相尊晚年遣使出倫敦乞休恰與妻偕隱本是
朱陳舊日村
駐英使臣方得外耳能定大義英王雅
重之其妻爲英產乞休後遂寄於英
情深愛女貌如花十六芳年未破瓜許字瑪加團練長妝成
催上七香車
比利時國王愛女路易薩年十六許字於可白
哥大公之子非路伯此人爲瑪加團練之長
自牢逸出預通謀多謝山妻掖上舟此日寓公眞自在日加
市上任遨游
巴彥棄城流荒島中自牢逸出懸崖欲墜其妻掖舟以
待一躍上舟逃至比利時查無送還例任其寓居日遨

游於日
加市上
衙門刑部極恢崇十六年來構監工署未落成人倏謝石雕
遺像立門東
刑部衙門規模閎壯稱歐洲第一用費五千萬佛郎其
監工繪圖搆思凡十六年未及藏工而卒今雕石像於
門首
鑄銅機器廠彈丸鏨頓規模待薩端昔日未聞興鐵路挽車
使犬出門難
鑄銅機器廠規模本不甚大薩端爲之擴
充　又比利時之人常驅三犬拉一車
軋軋分絲女織紗不多居廠散民家披巾摺扇誇新樣纖手
穿成五色花
萬恩尼織紗廠女工居廠者少皆散在民家
所織摺扇衣料手巾披巾之屬皆極精緻
花事纔看錦繡春驊騮又見出風塵一千五百斤肥重高價

宜沽一萬緡
此邦有花會有馬會馬尤肥碩有重至一千五百斤者

赴宴人多廿四紛酒行賓客有餘醺縱談目下歐洲局新舊
金山定兩分
國王設宴合賓主共得二十四人郎貝爾縱談天下大局謂舊金山與新金山數年後各自立一國

分行巨樹兩旁排濃蔭交加映直街城外叢林周十里蔚然
深秀是高槐
比利時有直街一條兩旁巨樹分行排列城外又有大樹林一望蔚然

大廠依山便挖煤鍊鋼鍊鐵萃司來預儲諸料工包造禦敵
尤嫺築礮臺
司來地方有鋼鐵大廠包造輪路火車諸料其人長於製造礮臺工程尤爲著名

儲才異地有名家流寓何人里力華手著奇書一百卷筆端

燦燦若春花
波蘭人里力華流寓于比利時手著書百卷

比人崛起立爲邦欲背維林氣不降幸賴法援息兵革訂盟
共濬馬司江
維林第一爲尼達蘭王兼治比利時比利時人欲背維林自立爲國起兵作亂法人以兵援之十月息兵約并濬馬司江

法蘭西

哥羅味始建邦基嗣立原來本一支天位未聞登女主已殊
他國重坤儀
哥羅味有雄略改國號日佛郎西相傳只一支未立女主較他國固有間矣

巍峩宮闕畫中呈誰建巴黎大國城紅褲黑衫持杖立鮮明
鵠峙守街兵
守街兵皆黑衣紅褲持杖鵠立

淹通學士也能詩入直宮廷待漏遲文字正宗推佛語兼嫻
各國會盟詞
學士能詩能文故各國有盟約誓辭皆用佛國語

胙土分茅示異恩各君其國作屏藩誰知彼母存高識廣蓄
金錢給子孫
拿破崙得志後所取諸國盡封其弟姪妹自以爲固若金湯也獨其母有卓識謂必不能持久廣蓄金錢留貽子孫爲他日失勢時用

兩度投荒恨獨長不堪回首話滄桑插天華表高無極空號
英雄得勝坊
拿破崙欲混一土宇兵敗被擒英人流之荒島得勝坊是其前時建功立華表處也

眷屬偕行苦徙遷宮廷回望更淒然相隨掩袂惟公主已在

徐娘半老年
鑄禮申報館妄議之禁被民黨猝圍王宮不得已攜其眷屬而出眷屬之掩袂相隨者則有魯意第十六公主雖已在徐娘年紀而姿容美麗依然顧影自憐

麗都衣飾尚輕綃入目王妃是服妖消暇更成葉子戲校籌
容易到明朝
王妃侈于衣飾時人知爲服妖又作葉子戲以消長夜

靚妝炫服貌如仙性嗜梨園醉管絃伉儷情深刊小傳事傳
宮禁十餘年
魯意拿破崙聘尤姐爲皇后靚妝炫服實爲歐洲婦女領袖拿破崙尤愛憐之自製皇后小傳刊入巴黎大日報中

國破山河風景殊娶居猶有舊金珠不同公產原私產屢遣
行人索法都

世家縱獵出平原禾稼傷殘不敢言復有蛙聲聞聒耳遣人驅逐苦朝昏

法拿破崙第三廢后婺居於英遣使至法都索其私產世家出獵有禽逸出害稼不敢擒獼命婦偶法徽恙惡聞鳴蛙聒耳亦强役民人驅逐

秋高氣爽海天涼鴿會今朝賽廣場色別羽毛各標記碧霄無際任翺翔

法人每於秋高時設鴿會其賽法則以飛之遠近爲勝負又放時各取異色易於識認

槐松夾道綠陰稠庇覆行人似晚秋無數飛橋跨江上依稀風景似揚州

入城衢路縱橫槐松夾道賽納江上建跨飛橋無數

謀及饔飧植物豐造糖不棄菜頭紅電池又作佛而大罔惜金牌賞巧工

法令民以紅菜頭作糖又興化學家佛而大作電池以金牌錫之

老樹傷秋葉早零孔瘡補以鐵皮釘萬生園裏徵奇獸牛馬驚人目未經

萬生園內樹有成孔瘡者則以鐵皮釘補之免水漬入又有麕身牛尾班馬形似虎皆目所未見者

金環戒指製攸殊蒐集前時姜女圖穿耳始知西士尚夜光時貫大秦珠

法富人造博物院備列古時婦女首飾戒指耳環之屬云皆千年前者乃知穿耳之俗西士亦尚

鐵塔巍然頂接空人登最上豁雙瞳閭閻廬舍微於粟指點全城在目中

鐵塔高一百丈人登頂上必四換機器而後達俯視巴黎全城在目

長隄兩道障風潮河阻中間造鐵橋機器有人能運轉一吹羊角水花飄

聞法人經營長隄鐵橋用費一二千萬佛郎又機器房一人吹羊角機器卽能汲水

摩挲舊物總如新兵器前朝武庫陳黑白紅黃分四色驚看像具五洲人

博物院有武庫二所藏歷代兵器又蠟像院地毯人種有四分黑白紅黃各色

巨幅高懸一室新圖成爭戰幻如眞又觀面目驚全肖不信生人是蠟人

油畫院有普法交戰圖懸巨室中又蠟人館以蠟製生人之形

釋迦白玉問誰鐫佛像居然海外遷不解聖門推藝士亦隨西渡有先賢

院中供中土各神像白玉釋迦高可二尺皆不足異獨聖門先賢冉有夫子神位不知何以獨到其間閱其紀載蓋一千八百年前於中國一廟中得之者也

游行無礙罩玻璃鱗介洪纖海族滋指點房中浮水面青苔

綠藻兩參差

玻璃房畜養海中鱗介之屬兼有藻荇水石蕩漾可觀

多挈家居取水便亞低井畔好流連鑿開曾事深千尺地下旋看湧碧泉

阿爾及耳法屬地也法人多挈家居此地初苦無泉試以鑽地新法鑿深千尺泉始湧出不窮

城圍能解阿連斯巾幗知兵事絕奇功德在人崇廟祀至今人尚祝延釐

英兵圍阿連斯一女子起兵解之城人建廟以祀

耶穌誕道更重生士女連襟盡出城酒設園亭容小坐耳聞笳鼓不停聲

巴克節西人誕傳耶穌復生是日傾城士女出城尋樂遇園亭佳處便設酒茗笳鼓之聲不絕於耳

燃燈照徹上元宵一派紅光火樹搖何若神人噴池水排來

玉柱百餘條
池中石雕神人噴水直上高十餘丈如玉柱百餘排列可觀
廣加學校屋渠渠喜有生徒一萬餘貧士更聞增社院多儲
供億讀奇書
都城設一共學生徒嘗萬餘人又設社院以教貧士一切供億皆王主之
生靈苑內簇奇觀鳥獸魚龍不一般卷石獨憐消瘦甚生成
有格共珊珊
苑中搜藏奇石數十種
春色名園好護持千紅萬紫鬬芳姿園中不少栽花器快翦
芟枝灌水皮
過賽花會奇香異采光豔動人凡灌水之皮帶芟枝之快翦皆備列焉
西班牙

玉琢眞容金作楹編成簫管更奇精一看堂上機關轉百鳥
波濤各有聲
白玉琢成古王像六金銀殿二編簫一管通眾管備具風雨波濤謳吟戰鬬與夫百鳥之聲
多勒名城乏水泉取泉山下上山巔示奇誰造渾天象結想
曾經十七年
多勒城在山巔無泉有巧者製一水器能盤水直至山頂又有渾天象相傳製此象者注想十七年
石柱高檠架石梁遠山遙遞水源長青青草色黏天遠容得
雛兒牧萬羊
城乏甘泉從遠山遞水架一石梁橋檠以石柱綿亙數十里其上可牧萬羊
迢迢苑囿數侯家異獸揚威利爪牙偶值名王經此地射生
一矢喜相加
侯家苑囿有周數十里者禽獸充牣其中異國名王經此者往射獵焉

山輝川媚萃殊珍延召良工大有人紅碧玉兼青綠石一經
磨琢器從新
地產紅玉碧玉青石紫石藍綠寶石
每逢禮拜著袈裟梵咒齊喧靜不譁來謁廣堂尊十字九天
天主散天花
俗尚天主教七日一禮拜
夜飲紅搖燭影深自鳴鐘爲報分陰解醒共勸蘆卑酒百疊
風琴奏梵音
自鳴鐘風琴皆其國人所造
寂居道院愛參禪半世修行俗慮蠲招得貴人念經卷爲談
因果證前緣
男女入寺往往絕俗不出在內參禪常招貴人入寺念經

好逸生平樂未休只知歌舞不知愁兒童扣角天將晚咸集
平原看鬬牛
男女習歌舞又好爲鬬牛之戲
揮灑雲烟八尺屏畫師無不善丹青留心鞠部工音樂節奏
天然娓娓聽
俗工丹青尤喜音樂
爲戰荷蘭與法和出征兵士未投戈充饑麥粉先時備因便
行軍手自磨
西班牙與法人和親與荷蘭人戰兵皆攜手磨于軍中以碾麥粉
葡萄牙
先摧同部達尼亞新地南尋滿剌加立埠通商澳門地寺基
大小築三巴

始征服回部盡有達尼亞之地是爲立國之祖繼拓新地滿剌加後通商立埠於廣東之澳門

海口屯兵代及瓜礮臺雙建號交牙遣人查看船回國第一關心是荳花

海口有二礮臺謂之交牙海艘至必先遣人查看有無荳瘡

白來齊督控邊關誰錫王封得所山航海喜將中國植百株橘樹好攜還

王封得所山爲白來齊督始自中國攜回橘樹遍植國中

葡人覓地素稱艮打麥加回自遠方尋得海濱好望角從茲印度好通商

國人打麥加始識好望角海道從此與印度通商

錫蘭地並兀林蘭南北殊方視一般遣使日行三載久地毬歷遍不辭難

始尋得北海兀林蘭繼取印度南之錫蘭又遣國人麥者郎三載周行地毬一遍

性本聰明迴絕倫測量象緯驗星辰名賢入作欽天監多是金巴喇內人

入中華爲欽天監多是金巴喇土人

病院時嘗好善家育嬰尢恤命如花別開女子淸修院不事焚香讀法華

好善之家立病院亦有育嬰院女院百三十八間

畏露宵行洗罪愆請僧讖悔跪窗前喃喃私語無人覺解脫憑僧便釋然

婦女犯淫改過者請僧讖悔跪于窗下向僧耳語訴其情實僧爲說法解罪

鹽號靑霜米黑菰德人城內景依殊觀星臺並軍功廠鉅麗今猶入畫圖

軍功廠觀星臺俱在德人城內

英吉利

大英建號築京都敗逐丹師散水隅備語吾王戰功績繪成二丈示新圖

維廉爲王始稱大英國丹人以戰艦三百伐東鄙王敗之王妃愛必利得記其夫功繪成二丈大圖

輿圖大拓冠滄洲女主經營五十秋手執金鑲象牙杖坐朝論政廣諮諏

女主臨朝手執金鑲象牙杖

行宮高廣出人寰屋宇三千六百間此外園周三十里樹陰匼匝鳥聲閒

廳宇高廣有云周三千六百間園周三十里

山前山後兩王宮新舊殊名地本同最好倚山建樓閣憑欄

欣看落霞紅

山後爲舊王宮山前面建者爲新王宮

冠戴金絲頂上高多羅呢子服長袍出游穩坐平鞍上女騎千人盡佩刀

女王出行戴金絲冠衣紅色多羅呢長袍

富貴花開護牡丹玻璃作屋障風寒嚴冬果實無凋謝薦食時登瑪瑙盤

牡丹大倍中國設玻璃屋以障風日又作菓屋以銅管盛熱水養之

閒游駕幸水晶宮南北浮圖入望中行過迴廊數花朶繞廊開遍粉藤紅

水晶宮南北各一塔下有穿廊繞廊皆種紫藤

三花橋下水涓涓錫管通流入市鮮不斷四時歸浴室澡身

無事用温泉
（三花橋下有法輪激水上行用大錫管接注通流於城內）
多采奇花載舶歸園林栽處競芳菲暖房處處爲花建生恐
風吹作片飛
（多采奇花歸國種植天寒建煖房以護之）
宮開宴舞壁塗椒命婦偕來事早朝項下咸懸珠一串袒胸
風致大嬌嬈
（宴舞宮英宮名命婦每月二次朝主項下咸挂珍琮一串）
正位長秋止一宮肯敎别館築玲瓏任他私向君王侍未許
稱名嬪妾中
（國王亦止一妃女宮有妊者生子亦歸正嫡止可謂私幸不得有嬪妾名號）
入夜紅燒火燄騰光明院落照層層八千五百有餘盞四面

高懸殿上燈
（殿上懸燈罩以玻璃計八千五百餘盞）
罔惜多多國帑糜小兒立學女爲師藏書六萬歸諸館亦許
儒生借一瓻
（立赤子學女人辦之用費出自國家其大學藏書六萬本）
上下人從議院來臣民分坐喜追陪每逢大暑門長閉待到
梅花始再開
（英有上議院下議院議院人無早暮皆得見君主每逢大暑院紳皆避暑散居四鄉訂於立冬前後再議）
乾電何如溼電輕二金相感自然生遞來書信傳尤速沈線
能通海底行
（英人惠子敦設電線於倫敦自道光十八年始遞來大東公司新得保護海線之法尤爲精審）
創造三人巧思生輪船今日製彌精事經百載無遺憾不怯

波濤大海行
（蘇格蘭三人精究輪船之制創用旁輪改用汽機又用隔艙事經百年始無遺憾）
乘風一任浪連天穩坐舟中意適然履涉重洋似平地隔艙
酣寢夢游仙
（英船有分一爲兩以鐵條聯絡其間使人居隔艙內晏然不知船之簸蕩故無瞑眩作惡之患）
火車行後坦途開每苦煙煤眯眼來不若電行尤迅速片時
飛度萬山隈
（近日於火車鐵路之外創行電車以電車清潔較勝於火車煤煙也）
燒燈爭道禮成園火樹銀花一萬盆如此繁華爭快覩車行
終夜聽聲喧
（赴禮成園觀蒲丹尼會花燈蒲丹尼譯言植物也）
米麥牛羊及苎棉貨多出口勝從前借材異地勤分植中土

名茶呂宋煙
（出口貨米麥牛皮羊毛棉花苎麻各項他如中國之茶葉呂宋之煙葉印度皆取其種而分植之）
凌空矗起一飛橋鑄鐵功成跡未消泰晤士江江上望彩虹
雙落畫中描
（倫敦鐵路横跨泰晤江上重數千觔一人可以開合）
年來服侍本殷勤女僕花容國色分莫笑鰥夫能續娶一般
少婦配郎君
（冊報內一事聞所未聞倫敦鰥夫續娶每百二人中有十二人即娶其女僕者）
舉官鄉邑介重申税免諸商厚待人身價代償尤盛德黑奴
贖後作平民
（英國更張舊制舉官免税次第遞行代贖黑奴替還身價尤稱盛德）
津津藝語出房幃昨是年來始覺非老嫗也知談道學借書

一閲卽時歸
有某氏老嫗向師可脫借書一閲卽還其書謂是淫書非今所尙
尊稱國郡羨王嬪袍袴應多侍御人預定後宮支發費年年
輸入礦金銀
英人稱其妃曰國郡歲需銀二百五十五萬圓凡金銀礦所産金銀俱供王宮支發
館甥貳室作虞賓入贅原殊國質秦歸贈嫁錢二百萬一生
給使不憂貧
俄王女嫁英世子贈嫁錢二百萬
纖纖女手白如荑戒指欣看約不辭婚酌定期賓客集酒闌
親送入房帷
男女婚配男以戒指約於女指于歸日親賓送之入房歡宴而散
成衣妙製鐵裁縫鍼步三千一下鐘從此綠窗諸女伴偷閒

相與話從容
成衣機器有名鐵裁縫者計一分鐘可得針三十步
多栽雜樹蔭森森池沼蕭然翳不侵沿路爲誰陳鐵几親朋
雜坐便談心
倫敦所居樓閣層疊無呼吸通天處數街輒有廣園一區蔭以雜樹沿路安長鐵几以便游者憩息
銀錢新鑄麗如行病院尤多創善堂生恐醫居大幽閉露橋
獨建迓陽光
倫敦麗如銀行所出之銀皆新鑄又施醫院獨有露橋病人游息其中間是善會所建者
爲嬰精潔掃庭除風雨晨昏愼起居計得年華剛四五便敎
識字讀新書
育嬰堂衣食起居無不精潔及四五歲卽便識字讀書
一千三百各分居造作多營養老廬衣食能供經費足國君

臨視駐鑾車
養老院英國京城計千有三百所衣履完善飲饌適宜國君時一臨觀以昭鄭重
局開倔繡織成花婦女無衣恤世家窒室不容人擅入日添
弱線靜無譁
繡花局居世家家道中落婦女男子擅入者有厲禁
深明大略武兼文筆札尤工谷子雲開拓封疆數萬里阿蘇
飛已奏殊勳
阿蘇飛有文武才始不過商學中一司筆札者遂能滅印度全局人咸稱之
醫鏡憑誰造作精治喉治目視分明幾如扁鵲通神技癥結
能窺五臟呈
醫家新學有治喉鏡治目鏡一望了然
半年治事半年閒休沐歸來避市寰偃息蘇阿雙島地勝游

探遍好溪山
官紳初春開會堂至六月底始散歸恣游蘇葛蘭阿爾蘭兩島名曰避暑
六街寬廣地無邊石表巍巍奕世傳浮海運來埃及國問年
剛已閲三千
倫敦有大石表聞埃及總督所贈此石已閲三千載矣
傳聞生日近荷花入夜沿街放火蛇巧絶光中呈主像冠縫
衣褶認無差
六月初二爲國主生辰街市懸燈夜作烟火戲巧製冠縫衣褶爲國主像於火光中呈現之
絶無禁忌出游忙香水沿途買女郞道遇青年似相識手揮
一點濺衣裳
維多里亞生日聞夾道皆賣香水者少女輒袖之以游青年子弟爲所屬意則以香水濺之
通花巾並黑衣裙持服終身念故君只合黃金鑄君像朝朝

相對挹君芬
國主爲其故夫持終身服又築臺於圃鑄金像置臺上臺與宮正相對
坐陳紅錦榻中央公主雍容侍御旁此日會堂衆相見代宣
諭旨語琅琅
位陳紅錦榻女眷尤貴者左右夾持之會堂開士庶環立鐵柵下掌璽大臣持白洋紙書琅琅宣誦誦畢士庶始散
免征粟米粳多人議決投筒賴相臣尢仗將軍同語衆始登
衽席澤斯民
阿蘭省山藷歉收宰相拔利請免進口糧食之稅粳于衆議時惠靈吞將軍在上議院語衆曰餓夫載道此議專欲登斯民於衽席奈何阻之衆貴紳始允許

阿非利加各國

阿非利加北土

森森大庫富蒐羅書冊咸推厄耳多七十萬函無片紙其如
回部一燒何
厄耳多在紅海地中海之間有大庫藏書冊七十萬函爲回部一炬燒之
幾人游牧向前行茅草蓬蓬四野生多事掠商騎四出歸裝
奪得健駝輕
北土沙漠間有片土生茅草回族游牧其中騎健駝四出剽掠
能摧強敵手操戈父子知兵擅土羅將破圍城弓尙挽作弦
髮截婦人多
羅馬兵圍土羅土羅堅守不下截婦女髮爲弓弦

阿非利加中土　東土

三推王亦解躬耕培植平疇黍稻生率旅偕行防暴客明駝
數百結連營

國王率酋長躬耕以勸農事又邊境多暴客商旅皆結隊以行駝數千行宿如營陣
半是高陽嗜酒徒甘心販賣效馳驅可憐澳港諸夷館辛苦
生涯盡黑奴
人皆黑番多嗜酒販賣爲奴

阿非利加西土

草根掘食口爲糊生長巢居樹數株用飾美觀無雜物遍身
懸綴象牙珠
居民多掘食草根結巢大樹衣好華彩用金珠象牙遍身懸綴以爲美觀
不解搜奇與貿遷樹油果實問茫然就中物產名稱異穀象
金奴判四邊
地出各項果實又有樹油土人未解搜採就其物產爲地名有穀邊象邊金邊奴邊等名

阿非利加南土

建城山麓兩相關不忝稱名大浪山饒有牛羊兼鹿馬牧場
寬廣盡知還
城建達勒與艮二山之麓俗名大浪山牧場寬廣牛羊孳息
平沙莽莽望無邊苦渴行人缺水泉安得梅林千百樹道中
人望盡垂涎
駕犢車行沙中往往中道渴死

阿非利加羣島

多栽桂木與棉花貨出居民九萬家沿海苦無停泊處時遭
風暴引回槎
土產桂木棉花沿海無港澳商船停泊往往遭風損壞
萬笏紛排碧玉山飛流瀑布響潺潺土人不解勤搜採銅錫
銀鉛視等閒

萬笏紛排瀑布飛流數百仞山中錮
錫銀鉛俱有惜土番不解搜採耳
阿墨利加各國
北阿墨利加米利堅合衆國
東西二路總渠酋四載威權滿卽休一變官家古來局歸心
二十七炎州
國共二十七部酋分東西二
路而公舉一大酋總攝之
河濱擇地築三城律例規模次第更異國紳耆同一體息爭
每遣使臣旌
在頗多麥河地築都城規模已備乃
立與鄰國相通之制使臣往來不絕
不須人力作生涯流水聲中滚雪花數十紡車棉易盡監工
一个女兒家
每地置車數十架不用人力而以水力
運行紡數十車之花以一女兒監之

書板流傳廣萬篇棗梨無事費雕鐫承行印刷人無數活字
原來祇用鉛
書板極多不用
刊板但用鉛板
人由衆舉本均平比比先書紙上名藏置匭中拈出視但從
多處畀弓旌
公舉之人書名紙上置匭內
後開匭以人多公舉者爲之
收作傭工閔苦辛濟貧有院養窮民各分事業餐常飽通國
從無乞食人
國中設濟貧院收作傭工
貧人通國從無乞食者
衆推華盛頓爲君期滿仍留策異勳偶作府兵同法戰一人
兼攝上將軍
華盛頓爲伯里璽天德四年期滿國人留再任歸
政後法人來侵作府兵與戰又推爲將軍以禦之

崑崙嚴禁買爲奴興利兼權子母蚨貲本預儲一千萬創開
銀號在京都
立國號禁買黑奴設銀
號貲本三千五百萬
憑空結撰巧心生電纜遙遙境達英四小時行九百里升天
又見氣球輕
置電纜於大西洋以達英國又有人
作輕氣球上升四小時行九百里
湖河盛漲水連天力挽狂瀾克保全不把醵金私入槖卻營
廣廈爲招賢
近郊大水堤不浸者一版王飭吏民悉力捍衛得保全
西人商官於彼都者醵金一萬三千磅貽王王以是金
建書院西
人益賢之
賣俏流娼不一人傷心淪落在風塵落花墜溷眞無柰誰贖
蛾眉返漢身

聞西金山中國婦人以數千計倚市門者十
居八九敎士上書議院應設法遣散歸國
仁會多端設館奇聾盲營作有餘貲酒能亂性尤須戒登簿
書名盡斷巵
國內立仁會館使聾啞人咸得所又設節飲
會歸登戒酒簿者多人戒飲多故酒費少
嫁娶猶存古禮行升堂攜手宛親迎二人作合須鈐記親見
高官印姓名
娶之日男女升堂攜手有一官或族
正等書二人名蓋之以鈐記印信
著身衣服色從灰鈕扣還須正面開莫道夷冠高岌岌前簷
曾蔽日光來
衣服尙灰色絨鈕扣皆開在正面帽
高至七八寸有皮簷一片以遮日光
燔羊炙豕薦磁盤今日相期飽大餐只用刀叉不用箸一檯
同敍合家歡

雞豕牛羊多用燔炙合家共一檯用刀叉不用箸名爲大餐

顦石何須力倩神橫橋跨水出風塵又聞龍洞馳名勝琢就天生數石人

天生石橋離水二十丈又有石洞名曰龍洞内有生成數石人

大開農利過桑麻種蔗成糖數萬家一櫃更饒風力壯彈殘棉子取棉花

一夫種蔗十五畝得糖五千斤有風櫃可以去棉子而取棉花

輪船風行徧五洲主人大古自風流鐵橋鐵路專商利又見巨工掌握籌

美國有二富人一曰鐵國專造鐵橋什八歸其掌握二曰水國乃大古洋行之舊主輪船徧行五洲

致富奇原購一雛牛羊遞畜利豐腴荒原買得營樓閣安坐年收億萬租

一日土國紐約一人發跡甚奇初購一雛改而蓄豕由是多牧牛羊積貲盈萬又於廉價買荒野一地建五層樓安坐而收億萬之租

貲財千萬集民官大會羣誇博物看十五院中諸器萃海邦無不詫奇觀

美國希加高城設博物大會集貲一千萬圓諸寶物具列於十五院中任人觀看

丰草茸茸闢牧場養牛取乳製殊巨鉛瓶緘固能行遠世業猶傳致富方

美國某廣闢牧場畜牛百萬所製牛乳封以鐵瓶行銷五洲精美冠天下今日子孫猶然世業

人入楓林腹偶飢戲攜鐵管吸凝脂仿他妙製糖如蔗味美還如噉蔗時

美國初資中國蔗糖後見士人雜坐楓林以鐵管吸取楓脂乃仿其意吸脂製糖

逾樓十丈屋尤高入夜懸燈照海艘巧借風輪碾新穀翻嗤水磨轉勞勞

樓頂作小屋每夜懸燈數十以導海舶地平坦無水磨借風輪激水以屑穀米

學館宏開接水濱又興別院事從新敢煩手指將言代指示聾人與啞人

其學館爲二十六國之最又有別院敎啞與聾者以手指代語言

北亞墨利加英吉利屬部

鳥聲不斷斧聲稠春水滋生放下流得好價時沽美酒舉觴長在醉鄉游

入林伐木春水生放下海港沽得善價日在醉鄉尋樂

艤集漁舟海外村風帆一任捕魚翻不知轉鬻宜何國醃得盈船販敎門

海面多魚夏季諸國漁船蟻集捕魚醃之販往洋敎各國

南北亞墨利加各國

身高逾丈侈長人齒闊如斯可例身矢入口中能没羽休誇李廣射通神

知加國人長一丈許齒闊四指全身可知手握一矢插入口中至於没羽以示勇

手取流泉白似脂燃燈入夜火生姿樹膏一例能袪疾傷損經時也合肌

秘魯國有泉如脂膏人多取以燃燈又有樹生脂膏傅諸傷損一晝一夜肌肉復合如故

異羊善走不輸騾撫慰還須好語多一種異禽生巨卵作杯尤愛手摩挲

有一種異羊可當騾馬性倔强以好言慰之卽起又有一鳥名厄馬卵可作杯卽今番所市龍卵

遭風海舶抵巴西土地荒蕪半淖泥一自陌阡開闢後人耕綠野喜扶犂

葡萄牙有海舶遭風飄至巴西見其地空闊徙國人墾種之

腹垂著地不能行緣樹潛吞葉有聲納子於房還有獸乳兒著意在初生

巴西國有一獸名懶面腹垂著地不能行喜食樹葉又有獸腹下有房可張可合恆納其子於中欲乳出之

甫生代哺鳳凰雛調養還須倩丈夫親戚到門頻問訊饋遺食物滿庖廚

又婦人生子即起操作夫代爲哺養

都白狠魚款款騎潛居波底目能窺時逢一退南河水爭拾銀沙手自披

土人能居水中張目明視又有能騎魚者曰都白狠魚其南有銀河水退布地皆銀沙

眼波帶媚注盈盈任是無情也有情邂逅相逢心便許不須挑撥聽琴聲

智利國女子眼波明媚使人易迷又少習歌謳尚音樂

魚頭數萬布沙田穀得魚精穟愈鮮秋到黃雲看遍地非關作牧兆豐年

花地國其地多沙田土人取魚頭數萬密布沙中每頭種穀二三粒後魚腐地肥穀生暢茂

游蜂千萬作花房宇託枯松釀蜜香一孔預開藏一粟也同小鳥蓄冬糧

既未蠟國中松木腐者蜂輒就之作房又有小鳥於枯樹啄小孔每孔輒藏一粟爲冬月之儲

尼庵樸素地無餘僅一層樓便足居習靜罕聞人跡至終年塵積未蠲除

新地國有尼庵樸素樓僅一層終年有灑無掃故埃塵污積

南北阿墨利加羣島

避亂移居海國村地如秦世古桃源留題島嶼探幽勝猶有詩人姓氏存

英國内亂士民多遷此避禍有詩人注臘爾者觸景題詠流播海邦

此邦馬匹乏驪黃望見人騎避未遑獨有銀河並金穴山川寶氣發光芒

西班牙人初到時騎馬登岸人望見皆奔避恐後銀河金穴皆見此境

右海國咏事詩一卷爲家仙根先生所著先生替余校錄畢出所著示余余讀之愛不忍釋見其無奇不搜有聞必採如行山陰道茂林修竹令人目不給賞如入波斯國五光十色令人寶莫能名興到筆隨並臻佳妙爰亟輯錄附刊於後俾浮海者覩指知歸作迷津之寶筏爲指南之金針夫豈徒酒後茶餘借渠排悶朗吟一過便覺齒頰俱香已也戊戌冬月煜南又識

海國公餘輯錄卷六終

推廣瀛環志略

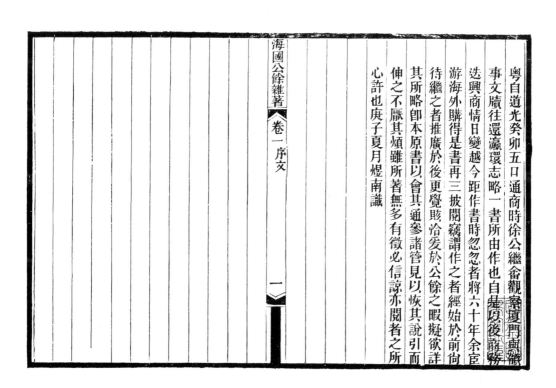

粵自道光癸卯五口通商時徐公繼畬觀察廈門與辦事文牘往還瀛環志略一書所由作也自是以後商務迭興商情日變越今距作書時忽忽者將六十年余宦游海外購得是書再三披閱竊謂作之者經始於前尚待繼之者推廣於後更覺貽洽爰於公餘之暇擬欲詳其所略即本原書以會其通參諸管見以恢其說引而伸之不厭其煩雖所著無多有徵必信諒亦閱者之所心許也庚子夏月煋南識

海國公餘雜著卷一

嘉應張煜南榕軒著　弟鴻南耀軒校

推廣瀛環志略

目錄

俄國

美國

海國公餘雜著卷一

嘉應張煜南榕軒著　　弟鴻南耀軒校

推廣瀛環志略

地球

測地用經線緯線

志略云地形如球以周天度分經線緯線畫之每一周得三百六十度每一度得中國之二百五十里海得十之六有奇土不及十之四泰西三百年前歐西教士由陸路遊歷至吉林僅以每日行路若干積之計兩地相距之數殊不足憑蓋途有紆折故也途有紆折任已意以推測之罔所適從以不解用經線緯線之故自天文家出以經線緯線測之地球自南極至北極經線計七千八百九十九英里赤道緯線自東

至西計七千九百二十六英里赤道東西周圍二萬四千九百英里水面較陸面計多三倍陸面分七大洲計亞細亞歐羅巴阿非利加北亞墨利加南亞墨利加澳大利亞北極與南極陸地水面分五大洋計大平洋印度洋大西洋南冰洋北冰洋地球盡在是測之者亦據線爲準由是得地球之形遂全知地球之里數若干分而析之遂知各國之里數若干界限分明界然不紊矣

日本

論日本變法之易

日本前時葡人嘗欲據其海口日本與之戰荷蘭以兵船助日本葡人遁去故其國通商者中國與荷蘭而已其餘一槪禁絶與諸國相隔絶者二百餘年蓋其時主鎖港之議者德川氏也據江戶傳子孫久享承平不聞外侮近則美英俄駕兵船來迭請互市幕府拒之旣而審力不敵乃始定條約是爲開港之始明治以還德川氏廢王從大久保之議從事簡易視前時尊卑懸絶者迥別自是改革紛紜舉數百年積獘次第更而張之向以其法爲不足遵後又乃倣其法之善者凡制度器物語言文字靡然從之下至易服色治宮室煥然一新亦能酷似風會所趨殆有不克自主者乎亦足異矣

日本收中國通商之利

日本在東海中與中國通商最久其地所產紫銅海鮮樟腦中國皆產有興其利者則可不資於日本而日本之進款大損中國銀錢之漏巵亦減矣按日本與中國比鄰不知輔車相依之義而爲同室操戈之謀臺灣琉球其明徵也日本嘗

言海鮮一類至多者莫若海參鰒魚土人得之皆生食龍蝦盈尺味尤鮮美市頭充斥大率魚類也運往歐洲各國無過問者而中人嗜之如飴蓋中商以棉花白糖來其返國也多以海參鰒魚諸海錯歸銷路最廣是得通商之利而不以睦鄰爲心中國若禁其入口或重稅之亦塞漏巵之一端也何也貨物者日出而不竭銀錢者有限而難繼故地球各國均欲貨物之暢銷而慮銀錢之出口其意深焉

論日本之善交鄰

日本古稱倭奴其國在東海中平列三島不過夜郎靡英之倫而年來發憤自雄變更襃冠博帶之舊習師法輪船飛礮之新製原其變法之初借材異地不得不從事鄰封欲得鄰之歡心莫若善於結交環視歐洲諸大國若俄若英若美尤

其所注意者日本北海一道名曰庫頁島西鄰俄日本舉以歸俄而日俄之交固用李大國開火車鐵路而多借英國之債多至一百萬磅其國主嘗見英使巴夏禮與之潛謀密計秘不示人而日英之交固用黎展遠密查臺灣情形引爲指臂腹心又多派幼童出洋學其語言文字而日美之交固彼其卑躬屈節不敢開罪於三國以求悅於三國者固非無爲而爲也卽以通商論日本海口有六美國首先立約英俄繼之視後之各國有間日本之所以重視此三國者無非欲借三國之兵威以求一逞觀中日一役三國按兵不動坐視成敗未聞先事爲之解鈴非其善與鄰交安得收此明效哉

日本輪船獨專中國之利

日本國在東海中中日長崎土較大與浙海普陀山相對內

地商船互市於此按日本輪船之行自同治十三年起至光緒二十六年止中國所有棉花米糧等物運至日本仍需日本之船水腳所得亦多宜其獲利無算中國招商局設立二十餘年始則大虧繼則無大利祇聞載某某上任載某某查事直爲大吏所驅遣耳卽偶出巡洋不過一舉未聞有接續而往者此無他不得人而理之故也則日本之船不過由橫濱至上海中國之力儘可爲之何難獨專其利且卽不能獨專而與日本分之亦不甘讓人之一道也今日本之貨恃輪舶運售內地源源而來民間財力爲之益竭我不能出貨以抵之是自塞利源也人謂中國向來於言利一節夷然不屑觀於此益信爲然豈知治國如治人也脂膏朘削體質無不羸焉苟不急起而亟圖之後將噬臍無及矣

日本之割庫頁島於俄人

日本在東南大海中爲道七北海道一島榛蕪未闢盡北則意千庫頁各島在焉按庫頁島鄂倫春費雅喀庫頁三族人所居地近東洋何由而隸於日本無可稽考日本呼爲唐太又名華太咸豐二年俄船以送還漂民至日本下田地明年復遣水師提督布田延至長崎請正唐太疆界十一年猝有兵船泊對馬島以示爭唐太之意其時日本與泰西各國搆兵諸藩爭勝遣人赴俄許俄民雜處唐太光緒二年卽日本明治八年遂割全島與俄而俄以意千島償日本聞華太居民皆漁海獵山以自給山多椴松海多鮭鱒掘炭捕鯨之利尤厚又白主大洞歲出昆布不幾千萬石洋洋乎一大利藪也俄人累世覬覦東海一朝得此兩地于是闢土啟疆開軍

器局修造船廠屯練水師設提督統帶又置輪船十餘艘往來商于黑龍江日本南洋諸處英使水師提督游其埠則阻而不納兩國之互相疑忌蓋已流露于不自覺矣唐太隔日本僅一衣帶水最爲日本切膚之憂嘗觀其朝野臣民以其國處東洋門戶俄人駸駸而南悲憤之意發諸篇章其意可見矣

越南

誌安南不忘舊君之意

俗傳紅毛船最畏安南不敢涉其境以今攷之不甚確蓋英法屢擾其地矣按亞細亞洲法國向無屬地僅東印度一隅耳自咸豐十一年乘中國之亂遂踞東京不三十年遂全有其地迹其經營之始備歷艱苦黑旗之勇法人畏之淮軍克

復諒山法人父哭其子兄哭其弟無不歸咎於創議之人至今日而兵弁之駐防者損傷未已一見於法國兵弁至江火山攻不服法人之黨法兵受傷甚多法統領易雲淩受槍傷至重搶回而死又河南地方土人與法人交仗恃其勇敢土人僅有快槍六十桿而法人兵數倍之法兵決爲寡不敵衆銳進圍之土人四面應敵槍無不中法兵不敢前土人竟潰圍而出只傷三人法兵之死者十倍其所由不靖者亦民之不忘舊君有以繫之夫一飯之恩尚思圖報況農服先疇士食舊德深入民隱者已久伺隙而動分所應爾此所以奮不顧身決於一往也

西貢兼金邊國地爲法人所據

越南卽安南古之交趾秦以後唐以前皆隸版圖漢末卽自

立爲國至後五代時乃列外藩近與法人搆兵屢遭敗衄不得已割六省地與法議和六省中西貢最擅形勝其地與金邊國鄰其幅員縱橫不過二千餘里與西貢僅隔一海都城尚在內地有長江河可直達焉昔年屬於暹羅近爲法國所據視爲外府等諸西貢雖設國王僅擁虛位而已中土人居其地者三十餘萬長子孫居田園有歷至數代者今法人亦援西貢例令納身稅虐政害民難以盡述其地所產爲魚鹽每歲春夏之交必發洪水一二月間水始退滿地皆魚民收而販之外埠以敷一年食用今粵人所食鹹魚蓋多由金邊國來者卽此一端亦足見其物產之多矣合之西貢出口諸產米數大約數百萬石其餘藥材香料荳蔻茄楠玉桂燕窩魚翅犀角悉爲貴品收利無窮視金邊國魚鹽又加倍焉

法人據越南先造鐵路以示利

越南本中國地北界廣東廣西雲南西界暹羅國分四十餘省一省所轄止數縣不過中國三省之大法踞越南分爲四省開北路以通廣西雲南開西路以勦撫生番並通暹羅開西北路以通緬甸此近日之布置也法國由東京至富蘭團地方已造鐵路先行開車試辦以示越南民人有利無弊之意謂有鐵路則運道通而運費省無鐵路則運道塞而運費昂一通一塞之間商業之盛衰繫焉開辦之初邀請該處紳士搭坐火車來回係知鐵道有關係於國計民生之處云按法國本國鐵路由巴賽北境之幹路長二千餘里初招商股應者無人荏苒三年復歸官辦今此之鐵路應歸官辦無疑蓋大利所存理宜歸國也憶二十年前法人垂涎越南歐洲

各國皆知之至見於報中國亦知之矣爰派徐延旭往查始知東京已爲法人所踞又造鐵路以通不通之區布置久定方思有以防之而究無補於越南之滅亡者緩不及事也

追述煙土之入中國先經安南

英人滅孟加拉其地產鴉片煙土載往中國發售先經安南邊境按其國祇有造煙之人無一食煙之人有食者其國集紅毛人環視繫其人於桅竿上以礮擊之初入安南境時先誘安南人食之安南覺其陰謀下令嚴禁犯者死無赦今則安南人嗜之如飴矣中國之被其害者更甚孰料物極思返濡染必及遍日印度人多嗜之者印度產煙之地得其利自應受其害寖至美國日本之人亦或吸之法國之人亦吸之僑居越南東京之法人多嗜洋煙始則猶恐人知今則不復

隱諱且其癮更甚於華人每日吸至一兩數錢之多其戍越之兵頗多沾染猶自解曰越南水土不佳不得不藉此以避瘴氣語曰天道好還歷歷不爽理有固然也

論屬國與外國立約之非

安南古之交趾臣服中國世修朝貢自法人南圻六道之割而吾華以粵亂不克問貢道久停至再立互市約吾華茍執公法責法人以屬地通商當與吾華立約不應與越人立約未必不能挽回萬一聞邇來又聽高麗與各國立約未識終保無事否今之當道稱爲老成持重者莫不以孤注爲戒每遇邊釁輒彌縫以圖省事不知西方各國即弱小與强大爭論往往相持至數十年不決而未嘗啟兵端蓋爭之雖力持之雖堅而玉帛雍容不輕決裂卒求合公法而後已强鄰所以不敢輕視而生無厭之念也

越南非無人才

南境臨海有都會曰東埔寨光緒六年法人以計誘爲屬國置六道於其地後合占城四道爲南圻十道彼固預料彼族無能必無起兵出而抗拒之者雖然莫謂無人也近土王之弟名西華才者不服法國率衆肆出騷擾爲法人患者數年於茲矣一日忽約歸誠法人以爲從此可無事矣既而逸去而騷擾如故按越南非無人才惜其風氣未開向不講求武備故一遇勁敵亦不能持久也梁滅而梁之後裔不服陳隋若西華才者於國亡之餘親見宗社爲墟發憤而起尚欲挽回於萬一謂爲豪傑誰曰不宜

暹羅

暹羅礦盛不自開而假手於他國

暹羅國之西南有斜仔六坤宋卡大哖吉連丹丁噶奴諸番部皆其屬國所產者銀鉛金錫俱多復有寶石礦紅碧均備其著名者曰歡林礦義人所開曰邇楞礦與邇蕀脫礦一爲入英籍之華人所開一爲英人所開更有准法人所開者皆近時事俱納租於暹羅焉按暹羅之名國人不知彼自號其國曰㒷或謂暹羅黄色也乃湄來舊號蓋舊國也明時其世子航海而來愛安徽九華山之勝遂結廬於此終老不歸蓋佛教也世修職貢今闕然矣其地多礦不自開而假手他國其無遠圖可知聞英法二國均欲得其地邇來沿海地方均爲英有中華人寄籍在彼不少商販亦多中華人土產梯勾木運售中國其刊木者皆緬甸人而木極輪囷離奇皆緬甸

所出尤大而堅纖通商海口曼谷爲大運貨之船獨英居多進口出口之船共有三百三十五號其圖利不可謂不厚然出產過多令人生心恐將來終爲分裂也

論暹羅之築鐵路

暹羅曼谷城水長一千數百里產米極多農時棹舟耕種插秧畢而河水至苗隨水長水退而稻熟價極賤每石值銀三星時載往粵東售賣米從水道運出而陸路則未聞也近則講求商務鐵路繁興自曼谷築至考蕀之鐵路雖未告成費已不貲成後與撣人通商必多由是路所有築至青免之鐵路亦既興工是路成後曼谷商務勢必蒸蒸日上夫使火車既行河道亦濬則暹羅產米之地出口之米必致大增暹羅將頓改舊觀矣惟暹羅國小而民情所有商務之權盡歸他

國主持與日本殊殊無把握苟其在民主者知米一項爲土產大宗善自爲理何難與亞洲諸國相頡頏哉

論暹羅缺貢之由

暹羅南洋大國也北界雲南東界越南西界緬甸嘗遣使入貢中國也至我　朝修職貢尤謹咸豐年間因道路梗塞貢使被劫遂不復入貢然非暹王意也顧以缺貢已久恐被責問故不敢來光緒五年三月接到中國催貢劄文仍由駐暹英領事轉遞者或曰是年英官以戰船假中國旗號僞云責貢之師以脅暹人使之求助於彼則劄文虛實似尚未可知然暹王向其臣下具道所以歷年缺貢之故因貢內前用蹝具字樣近以改用西禮不無窒礙蓋其意未嘗不思轉圜也然卒莫爲代達於中國者故不能不與英人倍加親密賴其保護得以圖存以視越緬之終歸滅亡者有間矣

緬甸

述緬甸地產之饒

英人以兵船入內港緬王不得已議和讓海濱曠土爲其埔頭既而漸漸蠶食爭戰累年國爲其有按緬甸在孟養之南木邦之西物產繁多夙稱富庶木邦境內有波竜銀廠桂家致富之所也孟密西南有寶井思歪創業之地也兼之河產金沙山產銀銅煤鐵寶石之礦又石油自石縫中流出石油卽隋書之猛火油近人呼爲煤油南洋諸島產之而緬所出尤多取之不竭且有大鐵木數十萬株在麻木地方堆積悉中棟梁之選英人得此地後經營布置設法運售擬免稅以恤商欲貨之不棄於地也夫物生自天待人而闢若無人以調劑之勢將委棄於山谷間與草木同腐英人此舉可謂先得要領矣運售有要道故從中察看若莫瓦勒瓦諦江以是江爲商人運貨出入之樞紐賦稅之旺雖不如印度猶勝於新嘉坡等處也

南掌

南掌入於英

南掌卽老撾北界雲南按其地自前明內附置宣慰使司今仍列藩服向稱恭順顧其國爲緬甸附庸緬依山負海尙受英人之約束南掌素弱更何能爲聞其地多係野番其山有金礦野番用金與撣人兌換食鹽檳榔椰子牛羊及銀野番數百家爲村各有頭目入貢於緬並入貢中國近則緬見滅於英而南掌亦入於英其金礦固如是也英人兼併之後利

權歸其掌握近復垂涎滇鑛滇與南掌鄰南掌實傍怒江轉輸貨物直達南洋據此以窺南洋遺患非淺鮮也又考南掌左緬甸右暹羅暹羅大於緬有湄南瀾滄二江田肥美瀕海大埠六得此更足有爲英眞叵測哉

南洋各島

新嘉坡爲西南洋第一島

新嘉坡舊本番部不過一片土也按是地原柔佛所轄明史曾一列其名顏斯綜南洋蠡測云是地有華人墳墓碑具載梁宋年號是華人之居此地者六朝時已有之由來已久不自今始也嘉慶間英人以貲購之立廛肆開船埠減貨稅以招商旅西南兩洋之估船麕集漸成闤闠然其時僅爲印度通南洋必由之路泰西船東來者牽繞道於阿非利州之好

望角經印度洋之南入蘇門答臘島與噶留巴島間之巽他夾郎分詣各處不必盡至新嘉坡也自同治中法蘭西人溝通紅海地中海之水道於是泰西商船多北由新嘉坡不復迂道於巽他夾而新嘉坡之龍斷遂爲西南洋第一島其地街衢綿亙自東北至西南約七八里民口約十餘萬華民居多其人置長官駐此以統攝之吾華雖設領事官治華商事權未能與之侔也

蘇祿能自強

南洋諸島被西人蠶食殆盡惟蘇祿一島巍然獨存郎志略謂爲番族能自強也西班牙以島近呂宋疊派兵船駛往海岸以鎮撫之乃屢次用兵未能征服既不能征服仍列入版圖宜西人嗤爲畫裏江山謂虛有其名而不能收其地也按

其島地小而兵強島民五萬人齊心壹力深固不搖刻華人以軍械易其燕窩彼得利器朝夕操演武備因之益精敵以礮來我以礮往往往擊壞其船卒不得志而去但使南洋得數十蘇祿固守疆界西人何能鴟張若是近惟阿齊一島屢征不服宛然與蘇祿相頡頏荷人即據其海口地僅一隅置埠通商尚未能深入險阻欲其心服不以力服固宜徐徐有待也

東般烏出租於英人

婆羅洲之東北有小國曰蘇祿長一百三十里廣三十餘里首郡名北彎乃都城也其人悍勇善鬭西班牙既據呂宋欲以蘇祿爲屬國蘇祿不從西人以兵攻之反爲所敗按蘇祿國雖小獨喁喁慕義累世朝宗以拳石小島奮力拒戰數百年來安然自保其地本遼闊未闢之土如東般烏一省之地蕪穢不治獸蹄鳥迹縱横山谷間其待人開墾者正多也近聞英公司與其王議定歲納租銀五千圓俾其管理招工種植在山打根開埠闢山打根本港内地河道甚多宜於種植門外一河長四百五十里左右兩岸皆金沙取不勝取惜所招華人不過數百板壁鋪戶止二百餘家水土初闢尚有毒氣伐木華工多染腳氣等症是以生意未見繁盛坐待後時來者益衆定必蒸蒸日上在英人甚爲有益於蘇祿固無損也

述望加錫風俗之厚

西里百島分四支一支曰望加錫土番在巫來由中別一種類稱曰蕪吉按錫番原武吃氏之種派其人剛猛好武雖曰荷蘭屬國然内地仍不受荷蘭約束荷威令所行止各海口數里耳華人托其宇下者約三千餘口特設一漢務司以治

之政尙清靜盜賊屏迹雖有丁稅而人無怨言其海口有小嶼七漁家居焉隔岸綠楊天然入畫去海岸里許闢名園七處曰萬里園慕氏園戴氏園馮氏園歐氏園陳氏園張氏園俱有亭榭樓閣足供游覽此外廟宇三座宗祠三所亦壯麗可觀又有墳山一所拜掃無人清明時節亦行致祭禮於此見華人鄉情之厚近聞華妓各埠俱有人承充惟此獨無敦崇廉恥此一節尤足令海外人所矜式至去錫四里許曰外城者亦武吃部也王府在焉政治皆其所自主前朝所賜蟒衣玉帶諸物珍藏庫中値王嗣統仍受斯物以爲光寵式循舊典亦可見其在在不忘中國是亦足以風矣

記呂宋煙草之盛

小呂宋一作馬哩喇土溼肥宜稻產米最多煙草尤盛按俞正燮喫煙事述云煙草出於呂宋之地名曰淡巴菰明時由閩海達中國故今猶稱建煙謂其煙味最沈也方氏物理少識萬歷末有攜至漳泉者馬氏造之曰淡肉果肉字當是白字之誤淡白果即淡巴菰之轉音也又蚓菴瑣語曰煙葉出閩中不知實兆端於呂宋北方多寒疾關外至以馬一匹易煙一斤初惟南兵北戍者喫之明末徧處栽種三尺童子莫不食煙今沿而不改舉南洋諸島開園招工種植者眾多屬閩廣人收成後裝載出口得利甚溥輪船風行中外銷路極廣幾於徧地皆然無人不吸矣或曰煙之性辛可以去溼發散然久服則肺焦似不宜多食也至番藷屈大均謂來自呂

宋植最易生葉可肥豬根可釀酒兼可充糧食近聞粵多旱田冬季恐旱多栽此物以其足資口食也其銷售之多幾與煙草相埒云

小呂宋之華人日增

呂宋在中國東南洋與歐羅巴相去絕遠者米牙蘭航海東來建設埔頭百貨流通而華人之至其地者日眾聞邇來踵至者有加無已由美國與英國屬地禁止華人前往故流徙至此也蓋華人工作甚勤土人利爲所分華人之利即土人之害華人既來土人即無以自容其來也如蜂屯蟻陣不可遏止不將反客爲主總持工商各藝也乎若各項貿易與各類工作華人皆有其分則土人之計安在而又不能與之爭者則以其人眾而勢大工勤而利厚也各島華人至多者莫如小呂宋且恃與中國一葦可杭往來便捷服食器用皆由中國供之小呂宋儼一中華世界屋宇皆華式店肆皆華款所售皆華物店夥皆華人以及一切鞋匠鐵工水夫庖人染人修容之匠向係土人所爲者今悉華人爲之土人自此幾無所得食矣夫華人豈好爲舍彼適此哉由美國之土人強小呂宋之土人弱強者華人避之弱者華人欺之猶是土人而強弱攸分華人亦從而區別之觀時者可以知其故矣

美敎士爲近呂宋島人所逐

呂宋迤南大小十餘島皆巫來由土番族類有格羅林島與小呂宋近向不准各國敎士在彼傳敎敎士去美國之在該島傳敎者爲島民所逐美政府照會日答以向不接待敎士嗣美又備文駁詰日廷至今無回文想不允美廷所請也按

敎士之於亞洲可謂猖獗矣其實在歐洲之敎士殊無能爲也最嚴者莫如德俄俄於敎士除通都大邑外不准深入內地且限其說敎之時刻不得過半時德於天主敎之干犯國例者予罰不貸無可罰者則予監禁義則去年以天主敎士唾紀功碑事遂不准敎士出門敎王之令不出於王宮之外今日人又逐之矣日人雖不若俄德義三國拒敎之嚴其敢下逐敎士之令亦必有所恃而不懼其備文駁詰也然則敎士之猖獗護敎之國之要求但可行於弱國固不能行於強國也

小呂宋爲美人所併

小呂宋建城之地名馬尾剌昔爲西班牙所據者今則爲美國所併矣按美自華盛頓興硜硜自守不以兵力佔他國之

地未嘗遠及南洋近亦效諸國所爲亦謀得地以興利已得是島及時規畫一意經商以土產大宗若木料與麵粉之類運往發售是爲通商於東方之始人謂美初無意於東方者出美之意外人謂美自有其本意者美乃怡然受矣推美商之意極力經營欲使呂宋商務之大一如香港與新嘉坡今其稅則曾與西班牙立約遵行十年不事加稅聞各國均抽華人身稅美國不抽身稅且不加稅無惑乎華人趨之若鶩謂其有可謀生也以後商務暢旺可卜而知矣

噶羅巴應設一總領事

中國南洋萬島環列星羅棊布其種人統名曰巫來由按諸島歸併荷蘭由來已久以今攷之最大之島有四曰婆羅洲曰蘇門答臘曰瓜亞曰西里百四者之中各有大埠若昆甸

若馬神此婆羅洲之大埠也若日裏若亞齊若芒古魯若叭噹若巴鄰傍此蘇門答臘之大埠也若噶羅巴若三寶隴若泗里末此瓜亞之大埠也若望加錫則西里百之大埠也以上皆屬荷國皆爲華人流寓之區華人之憔悴於虐政訴苦之狀無歲無之似應在噶羅巴設一總領事而各埠選派商人充當領事惜荷人之不見聽也

五印度

蘇彝士河之股分售於英

歐羅巴東來海道率取道於地中海紅海其條支都城在麥加乃紅海北岸其河未開以前由回部亞剌伯之亞丁入紅海西北行四千里至麥西河之蘇彝士而港盡行旱路一百七十里方入地中海惟此一百七十里舟楫不能通東西水道不聯屬志略所謂恨不用刀截斷者指此也有法蘭西人力息者起而鑿之糾公司四十萬股力息經營籌度以九載之久迄同治初年大功告成英國當時有志未逮決其必無成理不及入股國人皆惜之埃及卽麥西也旋因國用支絀欲將股分售於英英太子過埃埃人以河股爲太子壽英人躊躇未敢決普相比思麥壯其志遂受之酬以金自是運河英得而預焉河處地中海門戶每年船隻出入英居其七諸國以英之購受此河多深錯愕有謂法人費無限財力英人坐而得之英將因是而謀土乎惜埃及君臣無遠慮空作怡堂燕雀也有謂善治國者如善奕英于有意無意間布茲間著英之所重者貿易斷不藉此股分以阻商船亦未必遽及埃及以招衆尤惟望日後諸國道出於此英已收利無窮果

不出數年商船之經過者日益股票之價已倍於前有非人所能逆料者矣

埃及請英法代治財賦之非

埃及爲土耳其屬國之一傳位照土例擇長老爲嗣不拘拘於傳子同治五年始令子孫世及不復守土例矣十二年土王許埃及主與各國立約通商並添設兵額主持埃及全權名爲土屬實則可以自專矣當其盛河工成則傳報各國來閲費用有餘及其季國儲絀則乾没筦庫之臣度支不足埃君請於英法兩大國願得心計之人爲理財賦於是英遣惠爾生法遣留瑟二君皆鉤稽精核素以善理財著名而埃及財賦之權遂爲英法人所掌大阿在手一授他人遂不可復回矣光緒七年埃及蘇丹人作亂聚徒數千勢張甚埃軍不

能平英吉利遣兵助勦初命大將戈登至二通先與叛黨馬地議和乃不遣大兵以議其後被其戕害後遣揭者拿統大軍征討之一鼓而平亂黨淨盡卽留兵戍之至今不撤者土耳其怨英人奪其保埃及之權遂遣使辨論促英撤戍英人應之曰俟埃及能保其國英兵卽歸土人不能競也夫埃及回國之屬王也利權一失已難收回奈何堂堂中國蹈其覆轍而不知亦用洋人爲總稅務司榷稅者幾二十年濫觴已久無有悟其非者吁可怪也

馬賽鐵橋長隄之興建

志略之馬克賽部在老海口本法蘭西南海泊船處其時鐵橋未興長隄未築商務未大通也自法人經營此口後在長隄之内建水柵四皆有鐵橋機輪開合甚爲便捷最後一柵

河面較寬鐵橋亦最巨中一樞紐鐵練盤轉橫亙水面機器房用一人以羊角吹之機器卽能吸水灌於橋下兩大鐵管練自運動河卽與之俱動矣新築長隄兩道形如曲尺用障海中風濤兩端一指西一指南長一千一百十丈以塞門土雜小石築成隄砌石街闊近一丈聞法人經營長隄鐵橋用費一萬二千萬佛郎謂之新海口而老海口遂僅泊帆船自築新海口後各國公司輪船以其停泊穩多集馬賽關稅大旺遂入至六千萬佛郎矣

地中海之增築礮臺

志略名海口曰巴拉爾亦曰直布羅陀地中海海口向未聞建有礮臺自英人踞有其地因山爲礮臺號稱奇構按礮臺皆石爲之中加三合土中護小城二重以洋鎗隊拒敵之近攻者礮城環護山麓上施礮下列兵房一連皆於其旁依山建樓房以處兵人家屬礮大者十八噸子重至四百磅（每噸一千八百每磅十二兩）由礮城繞至奇巴荅荅山西一角觀所謂山礮臺者蓋穿石爲礮洞上下凡三層所置礮各重五千四百觔子彈畢具環山三面曲折爲街石衞繞上下其南面臨海壁立千仞不設礮所至山西一隅而已聞其中鑿石爲議事廳寬廣十餘丈又爲石池一收山雨溜之足支礮兵一年汲飲一經布置遂爲今之重鎮矣

孟加拉種茶今昔之懸殊

中國飲食之品可以行銷外洋者除茶荈一物外他不多見洋人尤而效之攜其茶種歸擇地植之先自英印度始按印度種茶之地卽孟加拉東北之阿薩密也志略稱其歲得茶二十餘萬觔今據英商斯諦文生言在印度種茶三千餘畝

中國種茶每畝收二百觔印度可至三倍歲益有加近二十年歲出茶三千萬磅今昔懸殊已踰百倍之多觀其茶種植有方相地利因天時比萌芽而採葉而伐枝莫不日以煊之火以焙之水以潤之或藉人力或用機器皆有程度故其茶質雖不及華產而食香味皆佳舉杯一啜舌本留甘宜乎銷路之日廣矣中國之茶邇來采焙不精捐稅日重西商抑勒年年受虧向値五千萬金者今止値一千餘萬出茶之款日無起色後將難繼矣至加非一種質如紅茶而味微苦攙以白糖牛乳始覺和平西人嗜之與茶相等華人嗜者又過於西人此物在中國土性適與相宜胡不效彼所爲擇地栽種少收其利乃任其入口概從免稅財力幾何而不竭耶

意國

意國增益繭絲之利

國人有航海至中國者攜蠶桑之種以歸試植之與土性宜由是繭絲之利興焉嘗攷意國育蠶之家種桑有術而葉肥茂選種必良而蠶碩壯且察其僵之猶癩也藥而別飼之使不傳染此訣良得故傳之至今人樂道之事閱一千數百年而中國人不知以爲皆從粵東販往孰知梁陳之間已有之其由來者已久也近歲密蘭一地所產之絲尤盛漸與中國相埒游其地者見其村民多繅絲爲業女桑布野一律蔚齊高三尺許柔條初芽行數百路不絕供給蠶食沛然有餘其所出蠶絲甚多繭亦大小咸備雖不如華產之柔韌而做法勻淨非若華絲間有攙雜故列國爭購之而惟恐或後近議增稅將與法國換約奧國瑞士前立之合同尚未限滿難以議加如此每歲之稅可多得十五兆佛郎利亦溥矣

記意人進據羅馬都城

羅馬都城古蹟最多入教之徒如蟻各食教王俸糈其權勢足以懾服與國西士受教士之害者指不勝屈自意人進據其都首下逐教士之令舉教皇所轄地悉歸意政府僅予教皇故宮一隅雖有法助亦不能復振矣考意之始取羅馬城也羅馬尚爲教王所據其克城也死事者三十三人是年改國號曰意意國中興承數百已墜之緒起而振之越五年而始遷都於此其中蕩析離居之苦經營締造之艱在在留意兼籍教堂四十餘所藏書之多刻簽出六十萬部設書坊三區供人鈔覽爲涉獵之資亦博物之一助也夫意大里古稱聲名文物之邦名儒輩出與中國往來最早波羅馬哥爲元世祖所寵囘國後尋著一書備述聞見歐洲之人始知中國之大厥後利瑪竇熊三拔艾儒略等相繼東游以其格致輿地星算醫畫之學取高官著顯績皆意國人也近則人才稍衰來中國者並乏績學之士況自新造以來文教尚遜民間知書者少幸近日意之政府力求整頓國中徧設書院意欲挽囘風俗也

比利時

比利時專恃製造以爲國用

比利時北界荷蘭古時本荷蘭南部後遂爲自主之國按其地狹而人多立國之初僅四百萬人嗣是生齒日繁不及四十年已增加一百八十萬人都城人有四十八萬視前二十年

止有二十二萬之數幾幾乎又多三分之一所出之糧不能供食專恃製造通商以爲國用計通商製造之廠有二萬六千六百餘所需用之人約五十萬各廠進項每年有二千一百七十七兆法蘭克（合中國銀三萬萬餘兩）耕種之人每年每人可得銀一百九十餘兩工作之人則五倍之其他如紡織如屠宰如酒如煤如煤礦如絨如鐵廠如機器廠所入之款甚鉅售出之貨以煤爲大宗綢次之麻布乳油麥羊之類又次之工價有加計所獲已不貲矣或曰比利時人滿而不聞越境謀生者以其人各有生業遊手者少故出境者亦少耳

日耳曼

日耳曼爲歐洲貴種

日耳曼爲歐洲適中地似中國之嵩洛其人聰明闊達類能

讀書傳國久遠鄰國無敢吞噬之者相傳嗣王卽位議決七侯先置璽於黃金盒中議定方取出與眾人閱從無移易以其為貴種也夫貴為國主得以自立傳位不絕足矣此則兼及各國獨創歐洲未有之局日耳曼宴然受之若固有此非其所憑者厚必不能享安富尊榮若是考布法戰紀云昔英吉利國君為日耳曼人今英吉利女主之夫亦是日耳曼人蓋王氣所鍾久矣

土耳其

土耳其整飭軍士

土耳其回部大國也今則烽烟頻警奔命不遑岌岌乎有亡徵焉近聞其國主因懼義大利國欲佔奪德柏勒地方事近來大增軍額並整飭將士一若有一鼓作氣者然查土耳其

兵額名為七十萬人其實可以捐免又且僱人代替名雖有七十萬而到營實數不能及半且器械槍礮均不適用一旦驅之槍林礮雨中不潰卽散安能收臨時驅遣之效哉其所購二號大鐵甲托英國代購虛糜船費永不出海未嘗狎習風濤問以沙線暗礁則茫然罔覺常泊海口任其繡澀不勤加洗刷之力刮摩之功是有船一如無船也近都城海口又不建築礮臺並不預備對敵大礮易曰君子以除戎器戒不虞土耳其一無可恃蓋武備不修久矣今者聞敵生心方思整頓已遲不及事又況有名無實行間乏訓練之師臨敵少折衝之士又將何以固吾圉哉

法國

述法人葡萄釀酒之美

佛郎西土地平衍東南低溼多草木宜葡萄物產之最豐者為葡萄酒南方之民多以釀為業味最美按葡萄製酒續富國策言之綦詳矣近新嘉坡領事張觀察言前在葛羅巴與法國總領事坐談出葡萄酒飲之極甘據云若得中國煙臺等所產葡萄釀之更佳因默識於心不能忘今年督辦鐵路大臣電邀至煙坐中談及此事盛公謂曾試過惜無釀師可靠不果辦觀察回南後特延奧國名師名白勃者主其事卽寄書奧京購葡萄秧十四萬株兼向美國采辦有根葡萄二千株先後到煙自備資斧購地建廠招工開辦令其姪從白勃肄業凡種植製造之法悉心講求歲奉月俸五百兩以期有成蓋因製葡萄實有秘法不得此厚俸斷不肯輕以示人耳現已製成多種窖諸地下約不日卽可起窖出售其專利

仿泰西成案業已奏准專利十五年免稅三年查此物銷路甚廣卽僅銷中國海疆已有一千餘萬其享利無窮可知矣

法人令暹羅撤退丹國之軍

暹羅來電言法人以兵船脅暹羅索美江以東之地暹羅已從命而法國使暹之專使又令暹羅撤退所延丹國人觀於此而知敵國之心焉因知謀國之道焉八十年前拿破侖第一之勝普魯士則限其兵數十年以前俄國之勝土耳其則索其兵船智利之勝秘魯則限以不築礮臺不添兵艦不購槍礮今法之制暹羅則限以不用他國人才誠以得人則戰事可恃如阿用英將施且來雖以德之強兵為屢敗是也按丹國卽瀛環志略所紀之嗹國中國以為丹麥五百年前向以海泊劫掠各國為生曾劫英人入貢後漸衰微蓋其水戰

有足稱者計丹國盛時在奈虹船廠製造一船名撞頭鐵甲其船臨陣橫衝專恃鐵撞頭騰撞敵船一撞卽退船輪以拔鐵頭頭出而敵船沉矣泰西各國以此爲鐵甲之雄云船上水手皆習熟海道之人故所向無敵現暹羅延丹國人敎習士卒正合楚材晉用之意法人懼其蹶而復振故以是制之此則法人之遠識也

法人與暹羅搆兵

志略引天下郡國利病書云暹羅爲蠻方大國隔以安南緬甸與中國地界相接者僅滇省邊徼之一隅故自古閉關自守初不意法人先圖安南已得安南今又與暹羅搆兵現踞暹羅之呂汪及不林望兩處地方欲猶未厭必欲盡略其土地而後已也暹羅自知力不能敵特派專使於五月到美求

美排解美外部以爲法暹搆兵美居局外若兩國均願局外之國判斷美國自可代爲調處茲僅暹羅一國相求而法國並無願請調處之意未便與聞按法君拿破崙第一加兵於日斯巴尼亞英發兵援之俄加兵於阿富汗土耳其英亦發兵援之此非有愛於鄰封也以其屏蔽我國恐斯地一失而遂窺我門庭不得不協力以助之吳起之言曰兩人素相仇怨當其同舟共濟遇風其相救如左右手此之謂也美於亞洲無屬土而又自守安肯顧暹羅而取怨於法哉暹羅求美排解不得而法人又不肯罷兵不得不轉而從事於英懇英力爲保護卒賴其力得以保國至今國幾亡而不亡此非英人之力而誰力哉

記法人鑽地之新法

阿非利加之阿爾及耳法屬地也素乏水泉按其地近地中海最爲繁盛之區法人多挈家往居其地惟迤南沙漠橫亙一望無垠絕無片陰滴泉可少憩行旅因試以西人鑽地新法不論何處均可得泉鑿井務深不甚費力名曰亞低井蓋法人始創之於亞低地方也其地頗厚必鑿至五百尺或一千尺始及泉此與波斯國掘井至五十丈無水同然波斯人之所以得生者幸有海灣泉水湧出不窮此則必須人力爲之當法人初鑽地時回人頗笑之既而鑽甫畢水由地湧出約高五丈餘汩沸有聲回人乃復驚而異之異其得未曾有僑居是地者歆而甘之故至今侈爲美談今新疆一帶戈壁水草維艱經左文襄劉毅齋諸公經營擘畫鑿井於大道之旁者以數十百計行軍便於汲飲其智慧實不減西人也孰

謂古今人不相及哉

英國

英人分一船爲兩船之法

英人商船四海之中無處不到大利歸於商賈火輪船之製四五十年前始創爲之貿易四出而履涉重洋往往瞑眩作惡近有設法冀免此患者分一船爲兩以鐵條聯絡其間中有兩機器鼓動明輪長二百九十尺闊六十尺半時許可行十三海里乘風破浪如履平地更有四明輪船半時許可行二十海里者長三百五十尺闊四十尺內有隔艙長七十尺闊三十尺高二十尺以壓水櫃鎮之猝遇狂風巨飈船雖播蕩而艙內帖然頓使人忘渤海之深而羨乘槎之樂亦一奇也昔張居正之奉母歸里所坐之船兩旁植木數十株令人

忘其置身水國中此渡江船也今渡海亦復如是晏然不驚夢寐俱適神妙若此眞令人驚歎欲絕矣

英人勒令麻六甲國主之賠恤

麻六甲本暹羅屬國嘉慶年間地歸英吉利立爲埔頭近聞其地有殺人一事英國勒令其國主賠償國主久未照覆勢將用兵矣按麻六甲爲南洋小國華人流寓甚多久已歸英保護矣顧法人保護越南而旋滅之英人保護緬甸亦旋滅之泰西所謂保護者猶云係我之所有而管攝者也而保護之地與藩屬又不同藩屬之地則由我設官以治其民保護之地仍由本國之君治其民而我得管攝其國故泰西各國不以越南琉球緬甸暹羅爲中國屬地者此也麻六甲已歸英人保護英之滅之如發蒙振落列爲屬地則與印度治法

相同聞廓爾喀亦已歸英保護漸事羈縻不至於驟滅然終亦必亡不及二十年其將與緬甸越南同亡乎

論英船之出售德人

英國利歸商賈其商船四海流通取利甚普按道光二年始建輪船公司至十八年輪船始渡大西洋由此而抵南洋各島國近聞新嘉坡有一英國輪船公司有船十一艘向走曼谷與婆羅洲者已有數年今忽售與德商足見德國商務日興後未可量東方商務將歸其壟斷自新嘉坡至暹羅婆羅洲僅有德國船往來於其間矣不特與暹羅婆羅洲將船隻載運之大利盡歸德商卽尋常購煤購油及船中所需器用食物皆不向英商而向德商交易試觀去年德國購煤二三萬噸至新嘉坡爲其輪船之用今年運進之數當亦稱是可知此項貿易亦屬不少夫以英之不憚力征經營始有婆羅洲又以暹羅商務英居百分之九十八今乃置而不顧將所有載運之利悉讓於他人德人竟操勝算購而得之此於德人何尤然德國商務式廓於此間德之利卽英之害也

英人多佔屬地

墨西哥本西班牙所改建英國富商多出貲開礦廠近聞舊金山地名下金山者屬於墨西哥國英人於彼開墾者立有公司所墾之地已多英人謂得其地以屬英墨西哥其如我何昔英國之得屬地均如是也英之本國只三島今比於諸大國實屬地之多耳按墨洲全土始闢於日斯巴尼亞自後和蘭佔之法人佔之英人佔之其未爲各國所佔皆立爲自主二百年來滄桑屢變和蘭只存麥天那一隅法國只存濟

安那數處日國只存古巴一島而英國之屬地獨多近又垂涎於下金山古語云前人田地後人收亦謂此地礦產最多我不取人將取之極力圖維惟恐或後況此事可以自主何憚而不爲之哉

記鴉片之來自英

五印度全土歸英轄者十之七英人於沿海立藩部三曰孟加拉曰麻打拉薩曰孟買孟買產鴉片最多自中國盛行之後利市十倍所收稅餉居其大半由是倚印度爲外府不知此物流毒中國爲己甚也按英人專以鴉片毒華本國進口徵少僅作藥品國民吸者例禁極嚴近日煙土之行銷英國者每月約有三四十箱之多豈眞用以充藥料耶抑有暗中吸之者耶人莫能知其不能終絕可知矣夫以大毒之物賊

鄰本國則擅其大利彼都義士亦立會以戒其非物極必反英卒不悛安知賊人者不旋自賊乎語曰善游者必溺善騎者必墜夫創火器之利者亦還蒙火器之害中土木棉之利受自印度鴉片之害亦受自印度天道甚微報施若循環華民可哀英人抑可懼耳雖然猶大昔販氷豆毒土耳其土人嗜之數十年弱國瘠民正與鴉片同患猶大人無謂責我之不仁當責士民之不飲及土王亮連下八條之令通國建院六月設戒一年而其患遂斷夫土能戒氷豆而我不能除鴉片然則我亦盍自責矣或曰鴉片既不能除不若議加重稅以杜其來昔李傅相稍議加增英使威妥瑪即肆挾持非傅相以堅定持之幾爲所奪夫鴉片害人之物也泰西各國皆禁入口即再議加重御又不妨倘中國能照美國按磅收稅

十二圓視成本已三倍則入銀當一萬萬彼消繳不過必至大吃虧即可杜其來源但此事難行須俟武備增修以後耳

英人滅緬甸以固印度

英吉利有新闢之地曰阿薩密在緬甸西北本土夷也英人從東印度跨割有之遂漸次窺取緬甸緬人不服英以兵力逼之爭戰累年竟滅其國緬人皆懷報復之志未幾境內之蘇巴末圍地方土民負隅與英爲難又未幾英總管所駐之城名散獨淮所有官署俱被一炬康淮地方之橋梁堯淮至增德地方之電線均爲毀壞緬如果有人則以數百倍之衆制英孤立之防兵如齊人殲於遂矣英且憚之無如緬始非不勇卒爲礮火所轟力不能支亦終付之無可如何而已夫緬甸者中國之藩屬印度之藩籬緬人不修貢職於中國久矣英人滅之所以固印度也且緬甸可通西藏英人方求於西藏通商是又爲西藏闢一徑矣

論英國兵艦之多

英國兵艦極多其兵重水師而輕陸路水師衣常青近年海軍益壯鐵甲戰艦六十二艘薄甲二十九艘巡海船二百八十二艘共計三百七十二艘而現在添造之兵艦約於光緒二十年一律可成合新舊計之則鐵甲七十七艘薄甲八十八艘巡海三百三十六艘共計五百零一艘夫英之水師天下莫强乃猶按年加增如恐不及英人之志不小矣人所共知也而其用意之深非沈幾者則不能測請得而言之英國戰艦固多然極富之國如美者悉索其賦極力圖之十年後尚可企及至於藩部屬國布滿各洲先事布置處處有接濟

水煤之地未嘗匱乏此則地球各國所不能也而猶有長慮卻顧者何耶則以俄故也俄之水師不如英而陸兵則天下莫强焉以俄人陸軍之强但有一處發難即鞭長莫及惟以水師牽制之則俄有所顧忌而不敢逞蓋俄人用兵於陸所得而蠶食者其地無多其害不驟英人用兵於海恃其戰艦之强電信之捷一日之內可以同時發縱一月之內可以隨處交鋒一年之內而俄之海軍盡矣俄雖堅忍善戰不敢輕於發難者無非畏其兵艦之多也

英人查緬甸至雲南通商道路

緬甸一名阿瓦其都城距雲南省三十八程邇來英人以兵船入怒江口緬人奮力搏戰爲礮火所轟而毀初讓片土與英和好後則全境爲英踞英得地後自曼得來自怒江測量

道路以便興設鐵軌途中多遇險阻內有一處須駕橋長三十丈至五十丈始可免縋鑿之費又謂雲南之西崇山峻嶺皆自北而南順道而行無鑿險縋幽之苦果能興築鐵路數年之內即有火車達於滇境兼聞印度總督令緬甸英國商會遣人查勘緬甸至雲南通商道路擬於屯尼之東築一鐵路使由緬甸達於中國俾百貨流通云云此皆先事布置後可卜其有成也夫雲南一省地處邊鄙風氣未開縱有天財地寶閉置山谷間不得人以理終成廢棄今英人由緬甸以通雲南教人種植開礦風氣大開矣交涉之事定益煩擾當軸者宜何如審重待之

英人求西藏之通商

緬甸東爲後藏之邊徼英人已踞緬甸後求於西藏通商查

西藏距京都一萬四千餘里其境極西之阿里南地方距中印度僅二千餘里英人既得五印度竭力經營東南之緬甸現已明踞之矣近又請於中朝於西藏通商將來由緬甸印度兩境以窺藏中國之兵力鞭長不及俄雖派員偵探至再至三究以財力不及而止英則厚於力而雄於財窺伺測量先得要領徐開鐵路以底其境將來商務必大有起色夫西藏與緬甸毗連而實通商之要道蜀地殷富頗似江浙由其土產之富也現已聞通商矣顧泝江而上其行甚滯若由緬甸西藏陸路以達則英獨得之利也宜其汲汲皇皇圖之惟恐不及矣

英人治緬甸興自來取水之法

緬甸蠻部大國也西連東印度英人蠶食東印度諸部漸及緬界已而得其地而據之漸次經營思有以善其後逐物考較必使物無遺利查得境內低山可以種植茶葉兼種茄非現已試辦惟其地雨澤稀少未見滋茂先導水之來源兼以灌漑之法業有成效並興辦自來水以爲食用之需計自來取水一法先於都會處周審其源弗計遠近擇最潔者以鐵管置地中隨所在高下旋折旁引曲達吸以上聚諸池池必居高處否則易聚穢濁令人飲之必致疾也復自池散布諸方以達各家之外戶而後家各更以鐵管引入皆藉機器爲之視居人萃聚之多寡爲機器大小必相稱約需費一百餘萬此西人長技先耗多財後所取償必厚也按緬甸終古自安荒僻旁觀者亦以爲無可設施乃英得其地而商務農務以次而興百年後當繼香港而繁盛矣然則人力固足憑也

記英人製造耕田之機器

英吉利田土膏腴爲歐羅巴之上壤查其本國只三島一爲倫敦即都城也一爲阿爾闌一爲蘇格闌此二島爲英富戶之業富戶皆居倫敦而收其二島之稅故二島之業農居多有製造耕田機器迥不猶人圖成一紙彰彰可考其中有刀與耙齒轉側迭相爲用者刀芟草苗耙起草根用以分而壟之有屈鐵爲二十四巨鈎者鈎密排如人之肋骨所以約已壟之草而聚之又有單刀雙刀或三刀以起土者入土淺深各異其式諸具雖各有鐵輪關鍵而皆駕之以馬可代十數人之力有用六鋼刀以起土者兩端置火輪氣機繫繩牽之以自爲進退一人司之可代六馬之力有引水器機旁皮筒相續沉入水中機動則可行水至數里外至高之處有輪機

不燒煤而燒草者輪自轉草投火不須人爲推送其輪機較輕者單氣筒可代六馬之力雙氣筒可代二十馬之力無論單筒雙筒量地勢之大小用以起土引水極省人力可謂巧奪天工矣夫二島精於農事舉凡不能耕之地一經其手無不可以大獲雖曰人力之勤要亦恃器之利耳聞美國亦有耕種院凡墾地耘田刈禾麥誅草萊之事多藉機器以爲功謂其用可以代人力力省功倍也因論英人農田諸器故連類及之

德國

德國人盡爲兵

普魯士其國人盡爲兵凡二十以上男丁皆入伍學藝三年放歸每歲秋操閱賞罰之如遇戰事則備調用故德兵臨陣

向不失措者以習練有素也德主之練兵也安不忘危嘗出不意至駐防要地密觀士卒僅於數分鐘分時將卒嚴陣以待德主見軍容整飭無懈可擊心甚喜悅此與戚繼光備邊將士點名大雨猝至植立肅然無一人離伍者彷彿似之宜其戰功卓著也夫兵出於民民止四十一兆數非多也而通國皆兵則多兵矣且人人習於戰陣則精兵多矣精兵多則百戰百勝即遇煩難而措置裕如熟練於平時庶不倉黃於臨事故德介居俄法兩大之間俄法皆事兼併而德足以支持者兵强之故也

德人商務之日興

普魯士國都城曰伯爾靈大呢羽緞布帛山積磁器尤良遠客咸來貿易故稱西土大都會宜其商務之日興也考德人商務於英尤稱盛即英國士商司會計者半皆德人始則寄人籬下繼則自成一家另立門戶心計益工貲財益進利市三倍且有勝於居停者追論其故蓋由德國人無不學學無不精市井間商賈輩皆學校中肄業生也故人通方言轉商各國情無隔閡與其交易者咸得歡心事皆前知億中著著爭先不肯落他人後所以無往不利不若他國未讀貨殖之傳先操子母之權未有不顚而仆者然則欲商務之盛取法於德可也夫西洋以商賈爲國商務之興視乎其人德商致富其子孫則世其家英商致富其子孫即棄賈而官勢既相反力難與爭以英較德似德爲優也

記普國與意國立合同烹鳥妨農並美國芋糧入口之禁

普國治勒部可耕之田六萬九千頃常患人滿穀不足資故於妨農尤切聞其國富農環稟議院云我國田間有鳥專食禾稼之蟊蟲有功於五穀每歲春夏集於田秋冬之交羣飛過意大利循海島而南入亞非里加以其地氣候温燠藉以避寒也而過意時士人羅而烹之刀匕是供食者日衆恐種類因是而絕殊屬礙及農田請咨商意國共立合同示禁之後倘仍有果腹之謀即科以妨農之罪云云按鳥之功用等於中國之靑蛙俗呼爲田父者田父一名蛤李時珍曰大蝦蟇即田父也背有刺能食禾蟲春夏間禁人捕捉其例相沿久矣而洋涇濱居人多有嗜之者小民牟利犯禁者多如守土者會同租界各領事禁其買食苟買食無人將捕捉之風不禁而自絕又議禁美國芋糧暨芋皮芋袋販入本境按美

芧多蟲克拉墮邦產芧極甘蟲亦尤甚遂以邦名蟲焉德境芧田甚廣客芧多蟲蠹及本國故並禁之夫鳥能食蟲當存其種蟲能蠹芧貴絕其來二者俱申之禁令使民知稼穡可寶足見其國之留心農事矣

與德人論中國造戰船之始

普魯士國粵東稱爲單鷹國亦因其所書之旂而得名也販運之舟往來如織出洋者往往與其國人同舟邂逅相逢肝膽盡露絮語中問及中國亦有大船否答云自古有之如二千年間漢武帝作昆明池周帀四十里爲豫章大船可載萬人上起宮室此其明證也又問有大戰船否答云古亦有之如越欲與漢船戰漢遂治樓船高十餘丈又隋朝楊素在永安造大船一隻名曰五牙起樓五層高百餘尺左右前後置

六泊岸並高十尺容戰士八百人此又其明證也然此皆內地戰船而非出海戰船也蓋自泰西創興鐵甲戰艦鐵木兼施上無樓而內列礮將士宿於其中今日之時勢使然其制造亦日精一船之費動須數百萬金告成須四五載求其可以禦是船者惟水雷則造易而費輕足以制之按水師之用雷艇利戰於口岸但得數十雷艇固守口岸使敵國戰艦不敢輕來則足以固吾圉德多雷艇其志可知矣

藥水油作戰衣能避槍彈

普魯士都城曰百爾靈有軍器局貯大礮按其創造尤擅長於槍彈絕大之廠爲克魯伯愛森廠次之制作日精槍彈所及無堅不破弁兵雖有護身鐵甲均不能當顧有人作之於前應必有人禦之於後聞邇來閔寒埠有一人思得妙法新創藥水以此水油遍透戰衣槍彈卽難穿透經德國兵部試驗置此衣於三百英尺之外然槍擊之均不能透惟三百英尺之內彈之銳氣所及衣雖不穿人雖不斃恐亦難免受傷德兵部以爲可用巳令照造備用事本新奇古所未有然以電線氣毬等用推之當非誑語但使能阻槍彈之力則民生之劫數亦當少減或曰雲南深崖產一種草編之爲牌可禦槍彈又紀文達五種筆記言古董家藏器一片可以避槍或試之而不驗或並不敢一試大抵皆子虛之談未足見其有濟也惟藥水透衣一節可以禦礮庶幾近之夫來復之槍皆用純鉛取其質輭而能循來復綫以出之竊思其性既輭則遇硬於彼者必不能入如衣鐵甲卽可避之今果然矣然彈之尖稍鑲以鋼其圍稍小於鉛則仍能循來復綫以出而鋼

甲亦透此俄將軍之所造可恃而究不可恃與閔寒埠人所製略同故連類及之

德國與阿洲人戰始敗終勝

德國城內有武藝院敎擊刺舉國人盡爲兵習練之軍出征與國無人敢當其鋒故所戰必克而猶屢敗於東阿洲土人者何也查一千八百九十一年德兵爲土人所敗亡三百人兵官亦殁軍器悉失如是者非一次一處德人遂視爲畏途後知德兵之敗實因阿洲土人有英將施旦來爲之主謀發縱指示動中肯綮益以主客多寡之形故不能敵竊觀古今時勢信陵歸魏而秦氣阻季梁相隨而楚謀消此有其人而敵國不敢伐也今德不知阿有是人而覯此敗衂固所應爾業巳知受其播弄而不與爲讎反與之結好謀定後動而土

人遂不支乃知新練之衆不能敵久練之軍而將兵者非其人亦不能操勝算然則欲求制勝之術端在練兵練兵非易選將尤難阿用將得人固能破敵德陰與結盟亦識時務一轉移間反敗爲勝固在人意料中耳

德人請暹羅給一屯煤之地

普魯士爲西土顯國得寓兵於農之意每歲秋操閱賞罰之故其國兵多而强其通商於中國也不能無護持商務之兵艦欲駐兵艦必先覓一屯煤之地近聞德人思於檳榔嶼之北暹羅與巫來由之間請暹羅給一地屯煤謂緬甸與新嘉坡等處皆屬英國今德人所欲之地橫亙在英國屬地之中別開一境界按英國國都在中國之西北而所轄檳榔嶼新加坡諸地在中國之南前此侵犯中國其兵艦皆自南至者恃沿途處處有接濟水煤之地也德人此舉亦欲效英之故智也第不識暹羅果能給之否耶慨自鐵艦興後行船不恃風而恃煤煤盡則船不行當無事時隨處可以購煤不憂匱乏兵釁一開則隨處守局外之義煤不得市非得屬島存煤候用則船行阻滯必至呼吸不靈德人此舉可謂先得有備無患之道既籌駐師不得不先籌及此耳

論德國兵船之調赴智國

德國會城在萊尼河濱與西人通商販運之舟往來如織狎習風濤無瞑眩之患不獨商船爲然且令兵船出海至大西洋太平洋印度洋探測海水四時流向及深淺熱度隨風力之大小近又調兵艦一艘赴智國意兵艦中所有士卒類皆剛强有力人人負投石超距之能又取道日本不憚險遠以期其必達此何爲哉以智利不靖被亂黨以水雷連日轟毀兵艦一艘並壞兵艦一艘恐礙商務故至該處保護商民也按智利爲民主之國在南墨洲之極南歐洲大國均與通商英國貿易者居三分之二德次之蓋其地廣人稀風氣未開獲利較易故也德國派兵艦至智利當越大西洋過赤道而後能至否則由地中海過天浪山計程皆三萬里可謂遠略矣

記德國敎士之衰

普魯士昔日尙洋敎今則轉仇敎人倡議院更定婚制不主敎堂而統於官舊制人之生也報敎堂受洗禮稍長則授之以經將婚也敎人爲合其歡而聯其情其死也敎人送其喪而妥其靈始終不脫敎人之手而生也婚也葬也皆有重費幾爲之疲今則盡罷其制民受其賜多矣又禁談國政恐其播弄是非禍生肘腋敎王新冊君牧師無官於德境者遠之也故西士謂敎人猛如虎貪如狼德人搏而縛之翦其爪牙弭耳帖尾不復能肆凶殘又謂敎人盜竊事權久持大阿之柄德人奪其柄而反擊之已批其頰而扼其喉矣敎王昔倚重法人保護常駐兵船數隻未嘗或離自兵船撤去敎王已失所恃自是微弱不振矣夫天主敎始於普其盛時大權獨擅能廢立各國之君自德勝法而法不能護敎其權遂替至是法之各部亦厭之俄限制綦嚴敎王乃自貶欲媚於俄以求容乃時勢使然也

記德國添兵之舉

普國兵多而强額兵計十六萬五千內宿衞一萬八千騎兵

一萬九千礮手一萬五千七百步兵十萬四千別有兵壯三十五萬九千二百兵非不足也邇來又有添兵之舉其故何也蓋爲防法俄起見也按其地介法俄兩國素好多事又無高山巨浸之天險間隔敵人可以長驅直入兩面夾攻德國雖强安能首尾兼顧稍不振作卽爲敵所乘耳且法國與德毗連之一面礮臺相接鐵路相聯地底電線暗通消息若兩國搆兵德國卽勝亦不能闖入法國内地以法之礮臺足以阨要堅守也俄國與德毗連之地雖不如法國礮臺之多然其重兵駐守常在邊界自興築鐵路以來聲息相通遇有兵事立刻調集兵將數十萬人卽可越過德界是以德國熟籌形勢不敢一刻偷安先事圖之節節設防謂不如此不足以杜其兼併之謀也夫士會處楚人之乘我卒以全軍相如防

澠池之劫盟卒以全趙所謂有備無患也德之添兵得毋類是縱觀歐洲大局以强欺弱小國介居大國多被蠶食幾幾乎有漢陽諸姬楚實盡之之概德國介在兩大所處更難無事先料通國入伍之數有事則召各國駐防之兵兵不厭多多多益善猶復增益之如不及者非虛憍也凡以强國之謀固未有勝於此者故卒恃其兵力之强足以杜敵人之窺伺耳

荷蘭

和人怨德人之不賃福利澄埠

荷蘭有水無山利之所在刳木爲舟不憚遠行數千萬里其性喜貿易爲生通商船多至二千二百三號大獲利益聞其通商南洋各島獨早初租地設埔頭繼而全有其地因其地以爲利墾田種植鑿山開礦生產無窮邇年以來稅入益多國用以足然其嗜利之心仍無厭也光緒十一年德人創公司船往來亞洲與英法爭利自勃雷門放行以和之福利源埠爲寄泊之所既而比讓鐵路之益德與之立約改泊於昂物司和人頗以失利爲怨夫和之怨德者怨其已有成議而忽然改章也區區之利尚不肯讓於人況其大焉者乎吾以爲和欲興利莫如舍末趨本本國海灘之田淹沒於水久矣倘涸其水而出之招工復業以廣耕種此莫大之利也區區賃費曾何足比其萬一焉

西班牙

論西班牙鬬牛之戲

西班牙人膽氣粗豪好爲鬬牛之戲聚觀者如堵牆按此戲

由來已久今益盛行鬬法選健牛六頭兩人乘馬持鎗執轡從容以出以紅布蒙馬眼別有十餘人身擐鐵衣手執紅綢一方隨縱牛出各撩撥以侮弄之牛驟怒奮角相觗乘馬者徑前以鎗刺牛背牛暴觸馬腹牛馬俱仆執紅綢者導牛至別所所仆人馬再起與牛鬬牛背被槍三四次馬亦腹洞腸裂而殞人與牛鬬須勇士八八四人爲一列各持二尺許短鎗以刺牛頸鋒及陷入不得脫而其人不爲牛所傷方爲高手最後一人左持長劍右執紅綢出與牛鬬以劍刺牛腦直貫牛心牛乃吐血倒地每鬬一次牛馬之被觸死者必三四匹此中殘忍所不忍觀而國人好之舉國若狂每逢禮拜日申正開演戌正畢事至時往觀者不下二萬人可謂盛已夫火牛入壘田單嘗用之破燕是牛之有益於兵事者在昔已

然西人鬬牛之戲殆聞其風而起鬬場中勇士具備借以練習膽氣以備異日干城之用非徒飾觀瞻已也

葡萄牙

葡國創海電借資於英

葡國物產豐盈人多素封善釀葡萄酒爲本國馳名之品每歲售值一百萬磅故家有贏餘然昔之以富聞者今則以貧見告矣何以知之知其欲創海電而苦無貲近與英公司訂設海電由葡都達阿梭爾冀其消息靈通已立合同均簽押矣於是見葡之貧也又於是見葡之失算也不自設電而以授人因措貲無所出故借人之貲以成此舉彼固以貧而出此下策也揣其意設電以通屬島之消息固防他國之佔其屬島而欲以是維持之不知將來佔此島者卽英也以英人

佔此島而由英公司爲之告急其消息依舊不達呼應自必不靈甚且虛者實之實者虛之且聳島人以叛葡不以電告皆意料中事耳傳曰秦以杞子戍鄭鄭使掌北門之管而遂招秦以襲鄭焉此前車之鑒也葡人不以爲鑒昧然行之可謂失計之甚矣

葡人守礮臺之法

葡萄牙之都城建於河濱河岸礮臺守衛嚴密按守臺之法守者嘗逸而攻者嘗勞自法王興創設平行對壘及礮彈跳擊諸法則守者嘗爲攻者十破其九法王最後侵葡萄牙英使威令頓率兵救之周視其礮臺布置停當無間可乘而卽知其難破也蓋葡京里司本城在海角之端一面爲大西洋一面爲大固河適中擇地扼其最要者築壘守之其壘法凹字形制或斷或連有獨營有獨堡有堵壘有一面之礮臺礮能打貫敵來之路且可彼此相助其山坡用人力鏟直河道築隄壅蓄凡敵來行路俱使坎坷我則另作路以便疾行第一壘長二十九英里號令文報頃刻遍傳又作內接連一壘兩壘共長五十英里礮臺共一百五十座礮洞六百個法兵遍用各法攻打外壘不能破無奈退回反爲守兵所躡此守之可恃者也故西國于築壘一道專有此種學問又設掘築一軍從事鋤鑿測量繪圖等事隸之以拿破崙攻法之奇尚爲葡人所困陳規謂攻法不可恃皆守者失其智誠哉是言也

記葡人恫喝日人之無益

葡萄牙國王遣善操舟者駕巨艦南行遍歷南洋諸島國遂

立埔頭於澳門爲歐羅巴諸國通商之始近來推拓商務多置商形勢遂稱爲大西洋國近來推拓商務多置商船裝載葡萄酒橄欖油橘柚等果及礦鐵礦銅象牙羊毛之類又與東洋日本通商葡人在日本犯法葡員不思約束葡人日本遂以其國例治葡人兩相齟齬日人固早料葡人之無能爲矣葡自稱大西洋國其實地方民數不敵中國十之一國小而民貧其武備不齒於歐洲貧弱如此尚以大自居蓋亦恫喝一派耳不知遣使以後亞洲早知其國勢也今猶虛張聲勢庇犯法之民而不問置鄰邦之文於不覆且撤領事以示絕交方謂日本必不予違矣而日本卽舉所告於葡廷者毅然行之葡人至此方知恫喝之全無用也於是設法轉圜派員謝過商議約束已民之法蓋黔驢之技窮矣孫武子云勇

怯勢也強弱形也日本惟深知葡人之形故能因其勢而用之使葡人不得不從不以恫喝而止觀此可以悟交涉之道矣

奧國

奧匈牙利本匈奴別部

奧地利之匈牙利地在國之東界古時匈奴有別部轉徙至此立國按奧今之屬地曰匈加利者本匈奴種奧雖併有之而民心未服故奧匈各有議院各有官制未能畫一也奧王每年巡幸匈部一次以鎮撫之奧政虐匈民逞亂奧發兵禦之不勝請俄助方擊退土匈素親睦匈之亂黨多逃入土境奧俄索逃人土不與俄正未得土釁因與奧謀伐土英國聞之以兵船停達尼河口事遂寢英之出兵援土即援匈者非

同恤相惡之義實爲唇亡齒寒起見視秘魯援玻利斐亞幾至亡國則唇未亡而齒先寒者異匈國自是得安枕始免俄土交迫之慮矣

論奧國改造兵器

奧地利亞本日耳曼故土地產銅鐵按鐵以鑄兵器奧國近年守土標兵循仿布國章程民間不論何項人等年方壯悉令當兵且聞政府不惜巨款將所用之槍改造以求格外便利飭各軍改用毛塞式槍以符新製觀歐洲大局軍務日亟戰具亦日新昔之師行日數十里者今以鐵路調兵日行數千里矣昔之用刀矛弓矢者今一概易而爲槍礮矣匪特此已也德國以氣毬偵俄營之虛實俄亦擬以氣毬拒之英兵部遣人試驗氣毬新法欲於戰陣之際憑虛偵探過此以往將有以氣毬合戰者矣法日兩國已創行水底行船美國現亦興造然不過爲施放水雷計也今乃倣水底施放之礮大水有阻力礮彈之行將拖泥帶水而前豈能迅速豈能及遠即中敵船又豈能深入是必有善法避此數端然後可用也陸戰用氣毬高上雲端是陸軍不必交鋒於地面水戰用沉船匿於水底是水軍不必交鋒於水面鉤心鬬巧愈出愈奇殊未可以意計測矣

希臘

聽希臘自立爲國

希臘全地屬土耳者四百年近苦土政苛虐民不能堪羣起畔土兵爭十載英人乘間取之其後英法俄三國保護希臘聽其自立爲國復判斷土人割兩省地以畀希臘希臘既得

兩省地其疆圉乃稍廓自是力爲整頓謂富國以務農爲本現已墾熟田居十分之七所出土產以米麥爲大宗與英俄兩國通商均在黑海地界運出之貨由都城至海口六里造成鐵路以火車載之倍覺快捷計商船有四千七百二十一號行船水手二萬五千人黑海商船惟希臘稱最駸駸乎可與大國比肩矣咸同以來希土嘗以邊事構怨諸大國輒爲調停之近復起兵侵土疆諸大國不直希所爲各國兵船進封希各海口禁希兵船出入希君臣至是始知悔收軍還國不復從事疆埸矣

瑞國

瑞士治軍抱與國之越境

瑞士國山水清奇甲於歐土據險畫疆數百年不見兵革稱

爲西土樂郊近亦練兵自衛擬定軍制實額兵分駐四境以遏軍旅按瑞士爲眞民主國自昔列國分爭獨瑞士得瓦全者以眾志成城也其國本居局外法處其西奧處其東德處其北意處其南强鄰偪處不得不留心兵籍兵分三類一爲合眾標兵一爲留兵一爲團練老兵布置井井有條刻復擇地自守扼以重兵則各國不能假道出師有違盟約計其兵數正副各十萬人如正兵没於行陣卽以副兵補之復分其兵爲八軍每軍一萬二千五百人於軍内選可充鄉導者爲一隊用備進攻退守以瑞士環國皆山路多險峻也更選精習槍銃者爲一營各軍馬兵計三百七十二礮計三十六尊工兵計一隊約一百五十人御兵視用軍之多寡取路之遠近以定其數餘爲步兵制度規模當時推重且其治軍也悉

以布國爲法第練兵之限少布一年較速卽較粗耳若復精益求精將布且有瞠乎其後者不止自衛兼可抗鄰積久後動其勢一發而不可遏矣

俄國

俄人兵艦游歷太平洋

俄羅斯國綜其全土在亞細亞者十之六在歐羅巴者十之四地鄰近太平洋按俄國之在太平洋者現擬不用英煤因俄近日覓得煤礦出煤甚大無須外求英國其君臣沉幾觀變每伺鄰邦釁隙比鄰諸國皆側足而立時時防患之不暇固無有敢加兵於俄者俄則用遠交近攻之法以圖之遠交故通問徧於東西洋近攻故蠶食急於鄰國太平洋無屬地而兵艦百餘周巡不倦無非欲求諳習海線宏此遠圖驍驍

乎有馳域外之觀也所用水師員弁皆習格致學讀萬卷書行萬里路博覽洽聞多方取益士盡能謀將無不勇兵威所及無堅不破百年以來計其攻土耳其蓋已九次於斯其尚武好兵之心他國不及也

述狐貂海龍洋灰鼠之所自出

加匽五部其民善於硝皮如狐貂海龍洋灰鼠之類皆可製爲裘者也按狐之種不一羝黑而白者曰元狐產於北極之地者曰白狐二者俱推上品貂皮近東北者色黃近邊外者色紫黑產東北牙特庫境者爲佳舊傳人裸卧雪中貂就而溫之因而取之其說妄也海龍皮卽海獺皮也聞悉比薑阿產其皮最貴俄人得之攜往黑龍江市中發售價極昂洋灰鼠皮灰白爲上灰黑者次之俱出悉比薑阿地西北域記曰

俄羅斯皮毨（音燥 健貌）皮之屬有灰鼠卽鼲也按說文鼲出丁零卽今俄羅斯地然本草以鼲爲黃鼠而謝濟世指爲灰鼠似非彙觀諸皮苟不知所自出色何由辨況北地苦寒不得皮貨斷不足以禦寒威俄人擇其上者上貢天室其餘則售於恰克圖貿易場收利甚溥豪貴得此輕暖適體亦足顧盼自雄矣

論俄太子游歷日本之被刺

俄之嗣王卽位見弒其黨眾多防不勝防不料今日之難又發於外邦聞俄太子親帶水師兵艦四艘由歐洲往新金山新嘉坡西貢以及中國各通商口岸類皆致敬盡禮無敢生異心也後至日本游歷方其登岸爲巡捕名散茶者所刺適中其首傷不致命然亦不輕矣夫意外之變人所難防非積

怨深者必不敢作此妄舉俄與日爲鄰而俄人嘗侮日蝦夷島日本所管也俄人初約分屬乃自北而南漸侵其地十年前已盡據之今則竟爲俄有或日人不能平故以刺洩忿乎秦王政并吞六國而有荆軻之刺又有博浪沙之椎皆不平之氣使然也日本謀刺不成適以招釁其將何以自處耶

俄人取瑞典之芬蘭

俄羅斯國據亞細亞歐羅巴兩土之北境東與瑞典鄰按瑞典爲俄舊婚媾祖宗之復國非夫人之力不及此不思報德視若仇讎以土地之故血戰經年脅取其波羅的芬蘭省芬蘭昔屬瑞國者今歸俄殆將百年戶口益增樓臺矗起其繁華頓異夙昔遠望冰海天光帆影風景極佳令人有舉目河山之異焉其餘若普魯士之卑亞利士尻奥大利之打紐波

加西利波斯之加士卑仁海諸邦土耳其歐亞兩洲黑海近旁之扼塞要區以及高加索之宂雜回部碌碌者無論矣夫俄之强强在陸不在水近更興築鐵路闢地益廣由彼都達琿春在地球中當首屈一指云

補述北徼方物之異

加匽地腴坦宜稼產穀甚豐南寑在大俄小俄之南土脈膏腴產穀最多波蘭地蕩平如砥穀果俱豐小莪三部產葡萄柑橘實多加匽五部產木材波蘭部產炭按炭亦木所爲也故附於此俄羅斯東界之山產金銀義爾古德斯科出銀鉛鑛加匽五部產銅鐵西伯路全土西部兼產金銀銅鐵各鑛鐵尤多每歲得百餘萬擔泰西各國皆仰給焉波蘭部產煤加匽五部產番鹼總記作番⿰鹵見按⿰鹵見字字書所無仍當作鹼

爲是岡札德加部海鳥翔集亞爾干日爾部極北濱海之民皆短小以犬爲馬蓋與使犬諸部同俗波蘭部出蜂蜜阿斯達拉干部窩瓦河從西北來由此入裏海裏海產鱘魚龍疴慕斯科善釀酒人多沈湎義爾古德斯科兼產皮貨每年所得鉛與皮甚多足助國用加匽五部其民善於硝皮所售狐皮貂皮海獺皮洋灰鼠皮價皆貴重都拉部其民冶鐵鑄造各器足資利用至彼得羅以國人不善駛船變姓名走荷蘭投舟師爲弟子盡得其製海舶之法自是與西洋諸國角逐稱雄海上火輪船之製起於嘉慶以後今俄羅斯亦有之推之火輪車與火輪船同一機軸奇巧無有過於此者詳爲彙輯備述物之所自出首以穀蔬果品次以草木金石禽畜必區其種蟲魚必辨其形人力之所醞釀製造工商之所冶鑄

經營一一稱名辨物纖悉無遺正不獨屢貢土產如黑狐紫貂玻璃魚牙之屬咸露呈英以充庭實已也

俄人議開波斯之鐵路

俄於諸尼阿之東日日爾日部東距裏海跨高索山之南北本屬波斯嘉慶十八年俄羅斯戰勝割取之隸入版圖由來已久近俄人之富於財者向波斯議開鐵路於其北境以便與波京相通尚未謀於波王擬於動工時通知其事蓋早視波王無能不敢不從也夫興大功動大役不獨今時爲然也古亦有之古人君雄才大略若漢武者始非不銳意開邊後聞計程數萬里攜糧一二年之言憚而中止以其時鐵路未興之故今則鐵路興矣行遠無阻但須人力爲之勿中道而廢耳俄復堅忍耐苦節節靈通期於必達此無他漢武爲其

難俄爲其易難則西域人能拒之不使深入易則波斯不能禁其不來也

俄國遷農人於黑龍江

俄國撫有西百路全土南境抵外興安嶺與黑龍江接壤俄本重農久欲令其內地農人遷居於黑龍江今遷居者已有二千二百四十人祇以由奧德薩至琿春路程艱險船中供應惡劣病斃者數十人即已至琿春者幼孩亦多病殤俄人不安於其居殆水土未服之故久居則自然帖服矣按漢時趙充國屯田於塞外爲用兵計也俄人此舉非爲移民就粟直欲遣民種粟耕耨機器攜以自隨開闢此土傳之子孫世守其業無非欲踵充國故轍事雖創舉期於有成用心之深求效之遠於此可見近又鐵路舉行農民之徙來者日衆給地開墾進款日多穀之出口至英計二千餘萬石非其明效大驗耶

記高加索部之產石油

高加索部有石油出於巴庫自井開出創始日得五千餘噸以後漸多至三百三十萬噸昔以美國爲最多者今俄國又駕乎其上且用以代薪地不愛寶任有力者取而用之耳近來開闢利源聞又新獲一火油池銷場既廣不暇裝箱乃埋鐵管於地底從油池直達海口若流水之自來而於出海處築一極大之池以爲油櫃中經高壙油不能行則仿自來水搭法就彼添築一池吸油便上由是一氣貫注運會省而油道靈恣所取用無告消乏海口名巴屯水深二丈六尺其寬可容大船二十艘現因出產日多又將海口開闢可容大艘三十餘艘裝載出售與國可謂利之溥而思之精矣以視蘇門答臘紅海西岸所產止有此數者迥別矣

俄國疆域日增民數日益

俄羅斯外徼第一大國也當明之季年僅七千五萬六千方里耳至今日而增至十一倍蓋七百九十萬餘方里得全地球六之一焉其侵諸歐洲者則瑞典波蘭土耳其波斯等國約四百萬方里亞洲則回部最多基發霍罕甫穆哈刺黑龍以北則近年所侵佔者也近又注意於印度英人必不肯讓俄先與阿立約由陸路通商至阿京印度藩籬已撤阿疆宇必日蹙可知夫俄疆域之驟增其民數必日衆當我雍正初年民數只有四兆越自今已有八十五兆其所以增者非關休養生息蓋因地闢而人亦益所謂有土有人也夫土地人民有國者所貴也俄國胡以得此廣土衆民哉想其初力征經營不遺餘力已得長駕遠馭之規及其後幅員日廓徙民實邊通商與國四入役築鐵路由都城以達西伯路亞人不愛其力矣興大利造輪船由內地以出黑海貨不致棄於地矣行之多年坐收成效國之所由稱富強者端在此爾

論西伯路亞之鐵路

南俄有可薩部悍勇善戰其開拓西伯路廣土皆此部兵力也按西伯路亞距俄都甚遠先未聞造鐵路也自興築鐵路由彼得羅直達琿春閱數十年力闢嶇崎不憚險遠不達其地不止近則駸駸乎與中國連界矣夫鐵路之造所以便用兵亦所以興商務是以各國鐵路大都造於繁庶之區今俄國獨不惜鉅款造於不毛之地不毛之地所產無多安有大

利可興所用工人加至一萬二千名促期告成藉口通商其實志不在此非有狡謀何事僕僕爲哉計此路不日可成則由彼國京都達我邊界調兵運械不過瞬息之間聞俄從前運軍器出黑海則不以爲軍器軍事秘密固應爾爾明者已能逆覩之運軍器如此築鐵路更可知是其今日之東路已便於西路數倍現與中國和好待時而動不料中國與日人搆兵割東三省歸日力爲爭還其用意可知矣

琿春之讓俄人屯師

俄羅斯既興西比利亞之人傾心歸向俄人建礮臺以控制之琿春地係比利亞東南海口附近高麗東岸本中國屬地三十年前讓歸俄國俄地近北極土氣嚴寒海口常冰於操練水師駐泊兵船不便自得琿春之地以其海口屯兵船則

所入無阻而勢益强上築礮臺駐兵四千人按日操練如臨大敵三十年來極意經營已成重鎮現又造鐵路由彼得堡至其地此路約五六年可成兵士工匠共約六千名且設醫院治病以求迅速俄之汲汲爲此者無非思逞其大欲所謂實偪處此也按香港琿春兩地中國視之不甚愛惜一以與英一以分俄英人以香港爲重鎮俄人以琿春爲重鎮英人以之通商俄人以之兼併則俄之爲患尤甚於英中國之棄琿春較棄香港尤爲失算也琿春一城孤懸雖有兵弁其勢不敵彼德堡爲歐洲之俄京由此以鐵路通琿春將來調兵轉餉節節靈通竊慮此路一成高麗斷不能守高麗不守東三省必不能高枕無憂興言及此勢所必至不待戰而始知也尚其綢繆未雨哉

俄金鑛日有加增

西伯路全土地分八部俄設大酋駐此兼督鑛務凡産金之區由官丈量聽民開廠自行熬鍊送交官爐鎔化近日各金鑛所採之黃金分載十三馬車運至俄都經錢局提淨笵爲金磚歲得淨金九十七萬九千二百餘萬約值銀二千餘萬以十分之九鑄錢幣以十分之一作器皿制器利用各適其宜可謂富矣按京北奉天黑龍江興安嶺一帶産金最旺西伯路亞即毗連之省故採金如此其盛也推之越南臺灣均産金沙越南金沙由山澗中流出土番依山畜鴨中國戍兵購其鴨宰之腸中每有金沙蓋因金鑛流出之沙爲鴨所食故也土番不知寶重任其閑置山中無從採取法人偵知之遂謀得其國招公司承辦將來礦沙盡露混沌鑿破同於阿

洲亦可與俄同享無窮之利矣

俄羅斯嗜茶葉與大黃並重

義爾古德斯部産皮貨互市在恰克圖口彼以皮來我以茶往中國隨地産茶無足貴也而西北游牧諸部則倚以爲命按西人記貿易事云茶葉一項惟俄羅斯每年銷售最多故中國茶商往彼都開茶店者金龍招牌近今如故又以中國大黃爲上藥查名醫別錄大黃生河西山谷及隴西八月中采根火乾病熱者得此物盪之立愈俄人沾病非此不治尤珍之

記俄之土産銅鐵麻布木料爲多

俄國物産最多者曰銅鐵曰麻布曰木料今日所出尤盛按西伯路全土西部産銅鐵各鑛德波爾斯科産銀銅鐵鑛麻

布需用不少產布厄爾口城內用以織帆售於各國木料不止產加匽五部總記日阿羅義斯多樹少五穀商販阿占牙爾糧食俱由商舟運至舟不回帆卽拆鬻為薪以材木賤也故論者謂銅鐵產於山開鑿始得麻布成於人紡織始成不若材木自生自植取給尤多然貴者無失其為貴賤者不失其為賤雖日貴賤懸殊要其制用利器則一也

美國

美人木植之入口

美國地產以材木為最多山多杉木冬夏常青故名其地日洼滿譯言綠山也近聞其國商人與華人擬合夥運木板至中國出售美國木植杉木以外松林尤多自華盛頓至覃壩三千里悉屬松林四望無際土人結廬伐木斲削成材由火

車運至通衢取之不盡收利無窮此事若成又奪中國之利矣按自美國洋布入中國而紡織之業失自美國煤油入中國而榨坊之業失自美國洋針入中國而工藝之業又失今又加之以木植則中國之材木又將廢棄而不用所以然者外國用機製工緻而價廉中國用人工笨而價費也近聞中國方興織布冶鐵諸局欲少收回洋人之利然非局無冗員糜不虛耗未必能與洋鐵洋布相持上海紙局其前車可鑑也

美國懾義國水師之强

㚉尼亞本意大里大島其戰船皆屯泊於此所造最大之戰艦名薩那者計長英尺四百十尺闊七十七尺容一萬三千八百六十頓洵足為意大里兵船之巨擘也故水師之强至今猶足懾人聞美人橫殺義人一案美義兩國因此案之故幾乎決裂現在美總統已有轉機可望調處按美國與中國華工一再燔逐中國照會不為操切以前各案絕無辦兇手者其卹款不過十之一耳美國侈然自肆心輕手滑乃以用之於中國者又用之於義國大受挫辱經義廷詰問美初不肯卹償浸至義使絕交離美義始轉圜今而後庶知公法條約之不可違乎聞諸道路美之急於轉圜者實懾於義國水師之强非美所能敵也美國兵艦有名擔大羅杜意留義大利者其礮係一百噸為各國兵艦所未有美自揣兵力不能敵故不敢始終妄行也然美國經此番挫辱後因知交涉之難遂為補牢之計添造新式鐵艦二艘思與義國水師相抗亦可謂能自立者矣

美國麥麵一物出口之多

美國與英人平後銷兵務農特設農部專司稼穡之利於荒土播遷之後又慮穀賤傷農為之開水道浚內河增分支鐵路俾易於轉運故出口之貨麥粉尤多現在美國之麥粉運入中國者每年約十萬桶皆不納稅所入之款且至三萬萬圓日有增加可謂百姓足矣嘗讀漢書紀文帝之世大倉之粟陳陳相因至紅而不可食今則移食於他國合海外為一家有無相通米粟之多不置無用之地其謀國也不可謂非計之得也視越南緬甸暹羅米粟雖多而未興鐵路利權之操於人者不同世嘗謂古今不相及豈其然乎

述美國鹽湖之勝

美國水土平良山內所出者石炭鹽鐵白鉛居多按大鹽湖

地近柯林乘大車者由達省至鹽湖城車中人皆欲往游據云其地有湖在山之高處計長二百七十四里闊一百六十五里居民多煮鹽爲業有竈百七十座取湖水煎鹽最旺煎水四桶得鹽一桶故謂鹽湖猶中國鹽井然夫鹽本天生供人炁取美國鹽湖之利利莫大焉美國然推之各國何獨不然聞英國有一鹽地有一見方英里鹽厚七十尺每畝有鹽二十萬頓足供天下八百年之用又聞噶羅巴三寶壠埠煮海爲業歸甲必丹掌握無不富埒王侯合而較之其利之溥可知矣

美人之售棉子於中國

米利堅各國地平衍膏腴產棉花最良亦最多英佛諸國咸取給焉按美國設種棉會館迄今已及百年稱其會曰賽棉

華百年大會洵盛舉也美國之視棉花如此其重宜其棉花遍行地球獲利無算中國近亦多購其棉子種之一在漢口一在趙州散給民間布種種棉之法廣爲諮詢咸稱王瓜能生之地棉亦能生其土宜燥則北方天時地氣似亦相宜惟人工甚勤尚須時時芸草去蟲種方滋茂查美國棉子中國之購者多矣而終不及美者則人事之不齊也其殆如生質之美者必進之以學乎

述美國百年大會之期

華盛頓與英血戰八年後聽其自立爲國北境荒寒之土仍屬英人南界膏腴之士悉歸於頓時乾隆四十七年事也按開國至今正居百年是爲光緒二年其官民先期聚議曰我國地大兵强宜舉一極盛事以誌不朽因擇美國費里地費

城仿歐洲賽會例創設大會布告各國廣集天下寶物古器奇技異材互相比賽以誌其開國百年之慶會基於城西北隅飛莽園內基廣六千五百餘畝圍以木城爲門十七內建陳物之院五所一爲各物總院一爲機器院一爲繪畫石刻院一爲耕種院一爲花果草木院基址之廣闊營構之奇巘局度之恢宏陳物之美備五大洲中古今無兩五院計用洋錢四百五十萬圓此外另造大小房屋一百五十餘處則有美國公家各物院女工院各式其餘馬車房巡捕房與夫照像館酒樓飯店并各項店舖咸備此皆賃與民間設以便游客者又建輪車鐵二條凡夫煤氣燈自來水處皆有取給不竭以上共計洋錢四百萬圓統計築地建屋一切費用共洋錢八百五十萬圓落成日定期開會游人各國皆有男女參

半日以數萬計我　國在美肄業幼童一百十三人亦與焉隨其師劉雲房鄺容階二人自哈佛來費城觀會見伯理璽天德於總理會務公署彬彬有禮握手甚歡於此益見兩國敦好之誼焉

論米西西比河築隄之費

米西西比河米利堅大河來源甚遠大如中國之黃河頗受水患每值水溢決隄沿河被水人民城郭村舍田園盡成澤國層見疊出無歲無之一千八百八十八年即光緒十四年築隄經費共美錢三十萬餘次年又費六十萬餘而終不免溢決傷毀民財以百萬計本年該省擬大修隄因需款甚多尚未議定興工云光緒十年御史劉以中國黃河屢決奏請仿美國治米西西比河之法以列陣圖治之當奉　旨飭查

查覆在案中美相隔四萬里傳聞失實以爲美國必有善法以治河可以一勞永逸而不知河患之至今未息與中國同而其費用之鉅尚過於中國也夫交涉之事機器之用中國向鄙夷而不屑講求故才智之人不用聰明於其中遂覺遜於外國若治河之法中國所歷代講求者豈有所不及哉自神禹不再作而河患遂不休然而中國尚有神禹其人者外國乃並無之中國人才實勝於外國在有以陶成之也

論巴拿馬河疏鑿之難

按美公司所開尼拉孤河道即巴拿馬界分東西洋之地也志略云地梗山脊疏鑿不易先是法人勒伯西往年開歐洲之蘇彝士河達地中海商船便之獲利甚鉅遂以其術試之巴拿馬費銀數千萬圓工不成而中止美公司乃以相距不

遠之尼格拉孤國興工開挖冀奪其利而享其成業已數年所需用項爲數甚鉅均由該公司籌款接濟近因金銀價值相懸大遠銀根遂緊竟致無法籌款所刻出借券無人承受經費遂竭不得已停工巴拿馬河經一再開挖卒不得通豈天之限東西洋不欲人穿鑿耶計其地僅百里以百里之峽而以人力開通竟爲山横梗其間費盡貲財莫收其效西人至此技亦窮矣故經是途者由西洋至東洋必踰陸地而過舍舟登車約行兩時許費如許周折方到否則疏鑿能開輪舟飛渡瞬息即至何便如之也

論秘魯之辨古阿那

秘魯膏腴之土蔬穀皆宜按此地通國大農戶不下數百家田土寥廓自南自北約五百里其用以糞田之物曰古阿那即鳥糞也近託得佛來司專辦此物令月供四十萬所兒每一所兒約銀一圓聞其人新以化學之法分辨其質可用他物質配製而其實不盡鳥糞也以此培田因土所出國之公帑官俸咸取給於斯焉蓋秘魯土產以此物爲大宗約歲值銀三百萬磅現軋奈江存儲古阿那有三百萬噸照數銷售尚可支十年之用其蓄積厚矣聞其利始行於本國繼且遠行於與國互相仿效取利尤溥近英國撒里司白里平原之地土本磽薄自得鳥糞肥之而百穀滋生可見轉移之妙天下無不可耕之地矣

墨國禁金沙之出口

墨西哥本西班牙所改建富有銀山礦徒所萃前所開掘之礦久已停工近復設英墨公司開挖至今其間極美之礦地

有二曰黎阿特綱曰法祖格距都城六十英里礦銀值二萬六千五百四十三磅向運美售煉美商利之自美國加徵入口稅墨國因自設爐以煉遂知自煉之利較售沙尤厚竟不運美美政府雖允免稅而墨國已禁出口按美於今日可謂專利無厭也加墨國礦沙之稅而反失利是所謂自侮人而人侮之矣墨國礦利與美同而向不自煉以利授人西人謂墨人最嬾實定評矣今乃如夢初醒實由美國加稅而致此所謂困於心而後作也

美國查破水雷之法

美國火輪船極多往來江海如梭織因地產石炭之故以火輪必須然石炭木柴力弱不能用也近來整頓海軍製礮造船尤注意於水雷一物夫水雷種類甚多考究甚易而施用

甚難其自轟與轟人分別祇在呼吸之間較之施放槍彈其難百倍善用水雷者專自船底及入水處墊發以數千兩之水雷而破數百萬兩之鐵艦一轟卽碎卽貧弱之國亦易購置設防美廷現查防水雷之法惟有以鋼網圍船如裙水雷之來但觸鋼網而不能入此法惟學習之乃可用耳大美國前此之忽於海軍嘗受歐洲强國迫脅之苦今則學習有加先派員赴歐洲船廠試鋼甲驗鐵網旋收到定造之水雷正在分發各艦備用而水師人員諳習施放水雷者其人甚鮮又與水師學堂分班學習每班六人十日更換周而復始皇皇焉如不及可謂知所務矣詩云迨天之未陰雨徹彼桑土綢繆牖戶其斯之謂歟

美國新創博物院於山場

美國夙昔地曠人稀獸蹄鳥跡交於野今則胥歸馴養於博物院中具見焉按美國新創博物院於山場宅以石砌成不甚高敞以其因山勢爲周阹以棲豢鳥獸不專於院中故也入院門見一鳥如鶴僅一足獨立甚穩鸚鵡兩種綠翅紅頸白嘴其色之鮮畫工不及野牛與尋常牛同惟脊上有峰如駝獅與法日所見形同惟軀幹甚巨如牛猴種甚多小者僅五寸許頭如鴨卵目灼灼視人似有知識鱷魚大者一尾長八九尺平臥碎石上小者長一二尺游泳水中形如蜥蜴惟蜥蜴之皮光而澤此則有刺如疥癩耳聞其善噬雖獅虎不能敵院外各廠狐狸猞猁豪豬豺狼虎豹象熊鹿鴟梟孔雀鶴鸛分棲狼形全是犬惟尾最巨鹿如牛角之長者五六尺新脫角者頂上茸如茄皆往來於草地巨象二共一院豪豬披毛如骨簪作白黑紋虎尾作黑斑爲一字紋豹斑爲星紋熊所棲之地另依石崖鑿壁爲之穴如巨室外圍如鐵欄有黑白二種其形如犬最巨者幾如牛鴟鳥面如貓惟其口仍嘴耳孔雀之雌者尾爲花翎有時展其尾則圓如輪其翎滿輪層疊相間謂之開屏彙而記之所以廣人之識見耳目也院中種魚處魚類鋸魚一種唇之上生成一骨兩邊爲鋸紋烏賊魚之大者其足長丈餘蝦頭如大甕其鬚亦長丈餘蟲類則大如螣蛇小如蟻蠓無不具備禽獸以外更有蟲魚略舉一二以概其餘昔夏王鑄鼎象物傳之至今侈爲奇觀美之創博物院殆師其遺意耶

智利求美國之造幣

智利國山産金銀銅鑛每歲得銀八十餘萬兩故夙稱富庶

按智利都城曰山的阿哥其海口曰伐不雷速伐不雷速海口到都城輪路智利能先築之其財用足可知矣邇來內亂蠭起智廷以經費缺少求美國代造銀幣二萬萬圓日內已帶回國亂黨已偵知將於巴拿馬截搶云墨洲之亂黨亦知公法之不可犯也前之求槍彈於美者美廷不允雖僥倖購成而終繳還今之智廷求造銀幣於美者亂黨雖欲搶掠必待於出境之後蓋於出境之後既非美國所轄之地則美國不能問也或曰巴拿馬實箇郎所轄之地獨不畏箇郎之問罪乎答曰此大小强弱之見也智利國勢小於美而大於箇郎弱於美而强於箇郎故美敢問罪而箇郎不敢問罪也春秋之世秦師襲鄭過周而周人縱之過晉而晉人要之一縱一要迥然不同此已事也不妨引以爲例爲其大小强弱之

不同也

美人免麥出口之稅

美國士田膏腴產麥之多甲於諸國惜出口道滯政府爲之浚蘇山梅里河以利之由是河出口者一年之內計值銀一萬零二百一十萬四千九百四十八圓向來英屬卡拿大商民運貨過此一律免稅近因英屬官待美商船苛刻總統遂創新例徵收英商之稅云按外洋好興大工工之所至利即隨之如埃及之蘇彝士河法國之馬賽隄先不惜鉅費以待償於異日迨功成之後稅之所入足以敵一小國若美之蘇山梅里河向所未開浚也內地出口之貨諸多未便至是浚之運行無阻似專爲利民而起其用意微異耳至於因英之苛待美商而亦稅英商船以報之出爾反爾奚怪其然天下事未有逆來而順受者美人此舉第如其道以還之復何疑焉

論美國煤之所值爲最鉅

米利堅全土所產煤鐵鉛錫金銀極多其致富之道悉由於此按六者孰爲大宗以煤之所值爲最鉅次則銀次則鐵又次則鉛錫金金之所值不及煤價之半證以前所開礦之利以煤爲最重信不誣也夫煤爲木化聞古有大林沉埋地下經千萬載堅壓而成此質矣煤之所出從地面至地下多者九層少者三層向下一層必較上層堅固歷時之久暫爲之美國律例開煤主人先於未開采時探知其煤層若何形勢呈請國家撥給煤層若干面積有一定之界限分塲采取雖地之寬狹不同而隨所向而覓之百不失一故開出之煤獲

利無算稅止抽二十分之一法至善也由水路運出運費亦輕銷售幾遍地球各國中國居多約十之八值銀尤鉅然西人游歷中國者咸謂中國產煤之富各國不如且云一省之煤可以敵英法德比各國之煤然則中國之寶藴藏於地者固極天下之至富也宜擇礦苗最盛處仿美國而開採之先集巨股一歸商辦以官輔之示以大公持以大信而後利源可闢遠利源盡闢復何患財用之不足也哉

美國假道秘魯取智利

智利在玻利非亞之西南西距大洋海沿海一帶土田肥沃與秘魯搆兵自勝秘魯後厖然自大近聞美國與智利齟齬一事外部已商之總統總統已諭商議院時論多以智利海口實爲天險不易進兵將欲假道秘魯由陸路而入將來戰勝即脅智利所踞秘魯之地還秘魯以爲酬此意不知能行否尚待審慎而發云竊意此美廷之計也如此則智利增一敵秘魯既可復讐而又復還所失之地自願假道視晉假道於虞以伐虢旋師滅虞劉璋藉先主以拒張魯卒以失國者迥別此策果行而智利危即未行而智利亦先自危安得不抑然自下降心以相從哉查智國水師雖不敵美而智亦向英法定購兵艦籌戰之道先時豫備美越國鄙遠未能決其鞭長之必及也

美人禁止呂宋票之入境

呂宋建城之地名馬尼刺人稱爲小呂宋向誇富盛今則貧弱藉開票爲養命之源其法售票之款提出四分之一以充國稅（如收銀十萬兩則以二萬五千兩歸公）其餘除費用外分作一二三四五

彩給得彩者其彩票之屬何號惟臨時始知之其法如鬮中之掣簽分卷不用簽而用珠珠置兩空球中一爲號數一爲彩數每球一轉則一小珠出如此球所出之珠爲一號彼球所出之珠爲頭彩則一號得頭彩此球所出之珠爲二號此球所出之珠爲無彩則二號空矣其轉球之人童子一人凡有票者均准往觀故無弊端而多購之者然收十萬金而但以七萬五千金爲彩又除費用則購票之所得彩者已多其票始近被中朝者繼遠及美國近美紳以發財票害民傷財立例禁止不准信局代寄不准銀行兌銀有入境者一經查覺全罰入官按例懲辦云按美國前已禁呂宋票入境矣茲又復申禁例例嚴於前而又渾其名何也蓋法國巴拿馬開河公司以費竭而中止擬開彩票以繼之德國經營阿非利

加洲費無所出亦擬開設彩票美廷防其流入美國也故爲先發制人之計渾其名曰發財票以各項彩票皆不外其名也且不欲明明言之而開罪於鄰國也不剛不柔而不可奪交涉之道如是其庶幾乎

記美國之能整頓農務

美國土脈膏腴五穀皆宜按美國土產五穀本國用之不盡必能出口行銷方不致棄於地亦不致賤而傷農世嘗謂外國逐末而忘本其言不盡然也英法各國地狹人稠無本可務自不得不逐末耳若美曠土尚多自應務本故其國運出五穀爲最多古人謂賤穀傷農知其傷農必思所以調劑之法非空言可調劑也美可謂能調劑矣爲之疏通轉運出境即以羨補不足之意也而彼此均獲益矣嘗攷地球之上穀

價之賤首推越南暹羅計銀四錢易米一石由其商務不講商船全無故運載出口之利全歸他國而穀之價又爲他國所壟斷宜其貧也

美園主願僱華工

米利堅其土膏腴宜五穀蔬菜果實皆備聞斐市那埠各園因百果成熟需工孔亟甚愛華工僱工者每日願出工貲一圓五至一圓七角而苦人數不多洋工亦一圓五而火食在外且不受約束故園主願僱華工也美國各公司皆喜華人而惡埃黨而華人之勢卒不敵者未嘗入籍不操保舉之權也或曰各公司亦操保舉之權美之官紳何以媚工黨而不畏公司乎答曰鐵路製造蔬園果園此數公司者每一處用人多至數千少亦數百而保舉之例向按名而投籌縱使各

公司盡爲投籌度美國之公司計數當不過千耳而所用之工黨則千倍之公司之勢只抵工黨十之一耳美之官紳何畏哉審勢量力欲美之不狥工黨不禁華人必不能矣

墨西哥革除教堂免稅之例

墨西哥本西班牙所改建昔多殷富今乃苦貧按墨國定例天主教堂產業一概無稅因此墨國入天主教者均將產業托諸教堂以免納稅國庫收稅日短經費日絀現墨戶部擬請議院革除此例而煙葉煙絲等物均加稅云余嘗歎墨國之貧也今乃知其治道之不善也天主教向不安分前西班牙之亂亂黨運軍火均用教王封條使不得查此明證也產業免稅則入教者多矣即未入教者亦冒名入教矣通國皆入教則直無入款矣國用何賴焉查墨戶部大臣即駐美公

使羅美魯也駐美最久蓋十餘年矣熟於交涉之事又熟於美國掌故故毅然改章否則必畏敎士之狹制而怯懦不敢行矣

巴西獨允減美國商稅之二成

巴西都城建於海濱商船蟻集爲通國大埔頭海門廣闊商旅羨爲樂土近因美國與其國訂立報施條約美國貨產運入巴西較英國之貨產稅則已減二成按此卽一體均沾之意也巴西已減美國入口之稅則英國亦應援一體均沾之義以求一律減稅惟意雖同而其實不同耳蓋巴西之獨減美國貨產入口之稅者所以報美國之減巴西貨產入美之稅也有所施者應有所報不得無所施而求其報也且不得求其施而不言報也雖然此國勢相敵者之所言所行也國勢不相敵則雖言而不能行或且不敢言此弱國之所以益貧也

海國公餘雜著卷一終

增益瀛環近事

竊謂徐中丞作瀛環志略一書成於道光末年[illegible]採輯皆五十年前事也逮五十年以後之事故實缺如須[illegible]後[illegible]續之方徵具備乃續之者有薛丁二公精心校核極費經營各訂成一冊待刊惜先後殂謝未及梓行爲宇宙間留一憾事余不敏爰取南洋各島西洋各國有關時務者摘錄其事於左略參以己意非敢謂事盡於此不過假此以見一班云煜南識

海國公餘雜著卷二

嘉應張煜南榕軒著　弟鴻南耀軒校

增益瀛環近事

目錄

海國公餘雜著卷二

嘉應張煜南榕軒著　弟鴻南耀軒校

增益瀛環近事

普法之戰

案普法之戰其端爲置君爭立而起以西班牙欲迓德世子爲王法國阻之德王聽命莫不謂兩國相安矣詎意變生旦夕師出倉皇皆耶穌會人之口足以興戎也且其時適値各國監督集議新章於羅馬推敎王權加萬國令出惟行怒德人格阻其敎嗾法王伐之而後惟所欲爲故議未决而普法之戰事遽生誰兆其端不歸之敎人不得矣興師之日法師雖多取之各路常額征調常稽乎時日普兵雖寡訓練常在民間一召而勁旅卽集以此相較優劣分矣論火器法用紗

士鉢而普則用得斯來論戰事則法嫻日戰而普則兼嫻夜戰論得人法用巴彥而普則用畢士麻三者皆不及普故連兵數載法王率其子親臨戰陣戰皆不利普則始終銳氣不衰法將麥馬韓與普軍大戰於蒲門法敗入塞段城普軍三十萬人合圍之麥馬韓股傷不能戰維模顯代之全軍崩潰俘馘數十萬死傷不可勝計普攻益急不得已降之普乘勝長驅直搗法都如入無人之境圍巴黎城一百三十二日思解城圍者不乏剛必達輩乘輕氣毬衝出重圍糾合民兵六十萬以商犀統之與普兵屢戰雖不能勝然法之有以自立實賴二人之力普亦見彼國有人始允其和償兵費五千兆佛郎割兩郡地以畀普及普得地後普王巡行茂士舊戰地徧觀營壘指顧四周日某爲進兵處某爲合圍處某爲陳兵受降處民皆呼萬歲名震與國普亦不料其事之竟至斯也迨事定功成核計兩國死亡之數有戰死有病死有傷重而死者德軍死事者計四萬零七百四十人更有逃亡者計四千人共約四萬四千人法軍死事者計十三萬八千八百七十一人更有逃亡者計一萬一千九百十四人共約十五萬人德軍受傷者計十二萬七千人法軍受傷者計十四萬三千人法軍更有足重繭不良於行者一萬一千四百餘人甚矣兵凶戰危天之所以必禍戎首也推原禍端實由於敎敎人之罪其可逭乎

俄土之戰

光緒丁丑俄國第九次伐土論者謂近年戰事之大和款之難其勢其情倏忽萬變者莫如此役吾得而言其略焉俄羅斯者中華北地徼外之國也自彼得羅遷都海濱水陸皆操形勝疆土益闢俄羅斯近世之强定自彼得羅始俄羅斯雖分四大部而大勢則東西兩土西伯利其東土也海東波蘭其西土高加索地雖在亞洲而與海東部牙錯亦西土也其全土在亞洲者十之六七在歐洲者十之三四東地雖廣漠多荒寒不毛其新舊兩京名都大邑腴地沃壤皆在歐羅巴統計俄地東極大東洋海島西達黑海綿長二萬數千里南界印度北抵冰海一片聯屬幾無寸土隔絕其間而首尾包我中國疆土以海與地合計得地球廿六分之一以土地計得七分之一幅員之遼闊亙古以來固有莫之與京者也土耳其本韃靼種類舊游牧于葱嶺之東奉回教輾轉西徙入買諸後阿多曼招集種人攻奪買諸回部遂爲土耳其人立國之基後東羅馬取君士但丁爲都城三土遂全歸統轄紅海地中海南岸諸國舊屬阿喇馬者皆納土稱藩阿喇伯亦輸款爲屬國復東取波斯建爲大藩極一時之盛合三土計之縱橫一萬二千餘里亦可稱泱泱大風也俄固强盛土豈弱小也哉俄土立國同跨歐羅巴亞細亞兩洲本有黑海亙隔風馬牛不相及自俄南開高加索斯藩而與土之東都接壤北取波蘭故地而與土之西境毗連土耳其本回部大國據膏腴擅形勝豈肯遽爲俄下而俄則恃其土廣人衆既欲肆其西封非土是圖將焉取之乾嘉以來與土耳其開兵端

初則勝負彼此相當繼則俄勝土北厥後俄日盛而土日衰逐鹿紛紛干戈無已以迄於今今則益加甚焉狡焉思啟頓渝前盟謂當年黑海之役英實主之後以女配英后次嗣蓋欲使英疑忌中消開釁無自而或得專力於土法則爲普所敗自顧不暇而土失兩援俄以爲天賜也時不可失於是赴英都會意君再晤奧王三見普王卑躬屈節僕僕風塵名保護歐洲太平實則欲亟行其志耳意若曰西巴士多卜魯之役先君賫志以終寡人老矣子孫之强弱難必天下滔滔有志者成東括太平北盡冰海西包大洋南越印度合南極北極扶桑昧谷而一人帝制之何不自我作古土固逼處吾圉國又自斃有釁不取將必有起而圖之者然則俄王圖土之意蓋亦寤寐不忘而審之熟矣於是陳師鞠旅屯兵土境上分兩路進兵其在歐洲督兵者俄王之弟親王尼格拉也土則以冶度路應之在亞洲者亦俄王之弟爵臣美格拉也土則以亞夫悉達禦之陸路則用火器水路則用戰艦兩國各不相讓旗鼓相當光緒丁丑俄亞洲兵與土軍開仗於巴東之阿得汗城俄初敗後勝竟踞其城越日又攻巴東礮臺不克久而後得土元戎亞夫悉達駐軍依釐士扼中守禦俄軍不能遽進遂攻嘉士城嘉士者土之安危所繫也俄軍晝夜環攻屹然不動復得統軍由依釐士進兵而嘉士城中亦整甲突出夾攻之俄軍節節退敗精銳幾盡遂長驅攻阿得汗城俄守將度哥洛富力戰陣亡城旋復又收巴東已失礮臺浚濠增陴連營據守俄軍退於境上增師益壘以拒土俄之邊境及薩沙士諸屬征服進兵攻領軍亞夫昔達大營於依

釐士路士兵迎敵敗之於巴東續添新兵十餘萬悉衆進逼
凡士四面犄角營壘如加西晏西釐士的斯各處分兵同時
攻擊使其彼此不能應援而中軍士多機利甫兵最驍雄由
搭釐進擊依釐士大營大敗土軍奪得大礮三十二門俘斬
兵士五千餘人軍械不可勝紀土左翼領兵芝富吉失去大
小營十座棄營走爲俄兵追及士兵在阿氊裏及山的波仁
險要處建築礮臺力禦追兵未幾阿氊裏山的波仁各營壘
俱被俄兵攻下俄領兵士多機利甫復悉力進攻依釐士大
營士兵力戰擊退俄軍逐北二十餘里至山的波仁乘勝攻
士多機利甫營卒以衆寡不敵未克亞夫昔達後收隊而還
仍駐營于依釐士隘口俄之美里嘉甫一軍攻陷巴東乘勝
進攻嘉士先爲士守兵擊退奈俄兵衆多前隊死傷後軍繼

進愈逼愈近亞夫昔達爲士多機利甫一軍所綴勿能救俄
兵遂取嘉士礮臺城圍始合用開花大礮轟擊城中攻之勢
强而守之勢弱外兵蟻附登城入其守陴將士猶督兵巷戰
經時已久城陷美利嘉甫進嘉士城安撫軍民收殘卒此亞
洲進兵大略也俄之歐洲一路兵入魯馬尼亞經魯都直抵
多納河口安營士於多納河中多設鐵鍊攔河諸物兼安放
水雷俄軍夜渡先用木排繩網爬撈水雷潛使奸細燒其攔
河鐵鍊諸物土軍並起攻俄失利俄軍乘勢攻路西吃城外
礮臺統兵官岳善等先登蹲伏河干以前隊槍礮擊土軍而
招後軍之未渡者畢濟聞土路西臺駐精兵五百俄軍水陸
環攻以礮轟其城晝夜不輟城中市廛樓閣悉成瓦礫俄軍
因連旬攻此城不下分一軍出些里司的路據布里扶拿爲

大小各軍後路總管並分軍攻法那申拉申拉境有巴肯山
要隘其山横亙五百餘里爲士京北面屏藩俄軍乘勝而進
直抵巴肯山士迫架隘口駐營士王以軍寡孔亟特用阿士
滿蘇利文諸將以禦之以二將均非土産破格用之也蘇利
文者土王先使率邊師防邊未盡所長及俄軍抵巴肯山飛
檄調其赴亞魯里安總統全軍蘇利文至軍詳度形勢曰俄
若于渡河之後乘其鋭氣以二十萬衆長驅大進據山奪險
吾則前不能拒後不能截則君士但丁危矣今俄在吾山北
分屯據地而前隊孤軍獨進分兵則力單且既三抽四撥布
里扶拿大營輜重所在其勢必不能固可遣精兵襲其後路
撥其本根大營既挫軍心惶惑二十萬衆可不戰而擒矣密
令領軍阿士滿率精鋭八萬潛師直搗大營其時俄軍尚未

置壁壘敵至猝不及防死力搏戰卒不能支軍士潰散殆盡
新築礮臺悉爲土軍所據俄人巴肯山之兵土軍截於士迫
架隘口山路窄狹處僅容一人一騎兩軍死鬬傷亡之數相
埒及布里扶拿敗俄軍自行退走土兵追兵逐北遂獲大勝
乘勢克復申拉及山北諸小城進擊法挪圍之三匝俄軍乘
勢力戰突出重圍土軍追逐及于些里斯的部之思士度華
距多惱河三百里而遥俄人聞兵敗急遣後隊援軍進駐思
士度華漸次招集成軍築壘以守當是時土國軍威大震當
適中扼要之卑釐刺地方建築礮臺與思士度華之俄軍對
營而壘烽火相望卑釐刺本金城湯池得阿士滿統軍守之
土國遂恃以爲北面長城俄統兵尼格拉濟河戒於衆曰此
役敗衂之由由於兵勢之分耳兵勢一分則力薄天下豈有

孤軍深入重地而能全其後乎向使當時合兵而進風馳電掣使土京防不及防必可操全勝耳願君等熟計之時思士度華俄兵日增與卑鼇戰閱三禮拜巨礮往還轟擊無日不聲震天地軍士委塡溝壑卒未得手一日有工程局老卒隨其帥周巡曰此所謂驅血肉之軀而與鋒鏑爭衡不可恃也須用常法平行壘長圍久困使城內水泄不通堵其外援絕其餉道待其自斃然後一鼓可下也蘇利文總督諸道駐軍法挪爲卑鼇刺諸軍聲援旋奉命東征復調赴西北蘇利文謂其屬曰今我朝東暮西疲於奔命一朝卑鼇刺有急鞭之長其及馬腹乎遂軍於密告芝與卑鼇刺相去遠矣土庭當事者慮路西吃城兵勢單弱又調治度加利督辦路城軍事而卑鼇刺勢益孤俄自定計用常法築壘攻打日益衆又築

長圍四面皆有極高望樓用遠鏡窺敵阿士滿以大勢已落豈可坐以待斃出隊日流涕誓師曰今日之戰非爲國家出力爲藐躬爭死生也各宜努力奮厲無前先衝破第一重圍再向第二重圍衝突爲圍之長塹所限正當俄軍兵勢厚集處前不得出後不得歸遂各捨命死鬬阿士滿正在指揮力戰爲飛彈所傷由是軍士悉解體而全軍陷入圍中阿士滿知事無濟不得已豎起白旗令全營兵弁將卒約六萬人盡數釋械投降是日卑鼇刺城陷設當阿士滿屢勝之時俄軍一蹶未能驟振土之四路軍萃合一處正可覆其未完之巢乃按兵不動待其攻而應之及俄築長圍事猶可爲蘇利文總督諸道正當先其所急乃調赴西北致失大援及兵臨城下始議出戰倘於未築時而防之嚴守之密仍于礮臺溝渠

間合力同心若前之晝夜轟擊使敵不得施工何能築成隱壘乃計不出此一朝事急而拱手他人是土之敗土之自取也於人乎何尤或曰土國將帥本多楚材晉用今土庭內生猜忌天下未有權奸在內而大將成功於外者且西國生有釋降之條死無褒忠之典人情誰不樂生而惡死豪傑英雄多爲此累何獨責一阿士滿者況阿士滿以十萬之衆敵俄軍四十萬當此之時戰士茹血天地震怒其志可嘉其功亦偉然吾正以此爲阿士滿惜焉回思布里扶拿得勝以來三戰三捷功高蓋世幾使俄人魄褫魂銷不敢西向而視曾未幾時降心低首一轉瞬而汗血全功付之東流撫今追昔可勝慨哉俄軍既得卑鼇刺軍威大震從此勢成破竹迎刃而解矣蘇利文晝夜馳援及至卑鼇刺城陷三日以敵軍殊甚

將有直迫土京之勢而閫外之勢要在一人鞠躬盡瘁特于亞隸亞拿步尼及士追架各隘口扼要設伏置重兵以死守土廷以當此敵兵壓境力難與敵惟有請英國轉爲求成庶幾可免覆亡英則始覬覦而動今見事棘不能置若罔聞先以電音請于俄曰今則勝負未分似宜見可而止可否許成早賜裁奪俄以電音覆之日如君所約俄人自接英電音後進兵益急率四十萬衆兼程赴敵其勢若飄風疾雨迅厲無前土之巴肯山北諸險有領軍美士其扼險以守土兵踞山巔以高擊下槍礮環轟俄則蛇行鼠伏冒煙衝火拚命爭先並有悍兵攀險縋幽踰山越嶺緣崖驅殺鏖戰三晝夜土軍腹背受敵死者無算美士其力竭降俄在土國四匹馬隻輪無返而俄兵之斃於是役者三萬餘人前鋒奮勇殆盡焉俄軍

得此隘口進取西及波里直抵亞路里安去君士但丁五百里亞部城寬闊無險可守蘇利文將大營軍民徙屯于羅都備接連至君士但丁護城外礮臺分為九營首尾聯絡以拒俄或謂蘇利文向稱能軍既不及援卑蘆剌敵已向士迫架進發士之安危在此一舉為蘇利文計急宜督率重兵繞出敵前合士迫架將士因險設壘密柵重營拒敵衝突或堅壁以老敵師雖俄人懸軍深入士有必死之心而以險遏散以主待客勝敗尚未可定乃計不出此而反退於無險可守之地以拒俄何哉煬帝出塞旌旗千里法尚曰心腹有事首尾不知俄以四十萬眾蹈險競進蘇利文果知兵以法尚之說待俄則此四十萬眾勢將奔走之不暇又何能斬關奪險而渡險平也哉此蘇利文之疏也俄人既許英行成而飛馳疾

進不肯稍緩須臾以為敵軍屢敗心怯膽喪我軍乘此銳氣深入長驅以摧其枯朽若得于一二禮拜內攻取士京必可與土自立和約豈可玩寇縱敵俾敵人得為之備諸國環為之謀乎此俄之所以握操勝算而亦歐人用兵之故智也英人聞俄軍之進而不止也恐其兩路合兵直抵土京據其城郭籍其民人私自先行立約即發兵糾合眾國先進黑海陝之達得尼河去君士但丁二十里而下椗焉勸土俄兩國和土業已與俄定約俄仍秘而不宣欲擅私利之獨得英則索約愈急立詞頗直一若條約一日不定和約一日不成既而彼此罷兵言好英撤戰艦而出達得尼河俄亦捲甲而返各國分地皆得如願以償而去伯靈一會實有苦心調劑焉此役也始則俄之謀臣猛將視土如草芥而布里扶拿之敗幾致不可收拾土則狃於屢勝因循自誤而俄軍蹶而復振卒雪其屢敗之恥土之社稷幾瀕於危即我中國近事以觀和張兩帥圍攻金陵逆賊困守孤城已如釜底遊魂乃奮其牙角蹈瑕乘隙一旦大營潰散癰破毒流禍及江浙雖其仍歸翦滅而百萬生靈罹茲大劫事已不可挽回可知兵凶戰危帝王不得已而用之古人謀定後戰動出萬全聖人臨事而懼好謀而成其慎重為何如也然則土之一敗塗地將若之何曰事在人為耳少康之有眾一旅句踐之甲楯三千安見不復大禹之業而雪會稽之恥而況土也者撫有三土甲兵人民較之德奧法意未嘗不可以並駕而齊驅歐洲一隅國雖日蹙而亞阿兩土大有可為茲甲兵休息之後起殘暴而噢咻之以樹藝畜牧飽其民以營伍調練强其民以涵育薰

陶化其民山川既阻丁壯日繁皆足固國家藩籬土雖蠻夷夫何嫌于鄙僻耶不然强雄錯立各圖自利以土視之則諸雄國皆俄類也豈獨俄哉若不以此時亟為之圖及至土崩瓦解大勢既去宗廟社稷悉成邱墟而君臣始唏噓雪涕曰天亡土也夫殆亦晚矣是則土之為土蓋亦曰謀所以自强而已夫土其小焉者也

俄人爭黑海之舉

俄自彼得崛起注意水師兵威所至潛奪土耳其之黑海口黑海者俄土兩國交界處也俄自得斯口之後駐兵艦築礮臺於其上守之自以爲土無如我何也乃傳世至尼古喇士發兵掠土爲英法所破礮臺兵船破毀殆盡於是立約定盟以黑海爲諸國所共有許諸國貨艘營業其中禁俄兵艦不得駛入其所分界限卽以但尼河一帶爲局外公共之地河濱小邦皆任自主各國均可將各小國保衞不能侵越其權如逾此盟卽爲公法罪人各國必當共伐此約既立土國稍安俄人守盟不變逮普法交戰之時俄之勢寖强矣頓背前盟再築礮臺於黑海之濱兵船則徑入其口又在吐亞拍塞地方興造埠頭兼築避風船澳土王知之驚甚咨照各國各

國以普法方在有事皆圖自防故未暇兼顧也俄不特入其口兼侵其地王懼舉但尼河濱一帶沃土盡以畀之英人不服整頓兵馬將出而爲難各大國以戰事之有害商民共出議和合英俄土三國重會於法國巴黎斯京城將前立之約詳爲改正而俄亦不得占但尼河一步傳至於今尚無異議故土耳其之得以僅存者賴有此約也俄人既不得志於西封行將轉從事於東方矣

俄人跨黑龍江之舉

按咸豐十年俄覦英法內犯乘間請黑龍江地允以大礮相易與恭邸面定條約始遣大臣成琦等往勘分界遂議自烏蘇里口而南上至興凱湖以烏蘇里江及松阿察河作爲中俄交界其二河迤東之地屬俄羅斯迤西之地屬中國自松阿察河之原踰興凱湖直至白棱河自白棱河口順山嶺至圖們江口其東皆屬俄羅斯其西皆屬中國蓋實讓與地二千七百里而俄界已漸偪吉林矣俄乘回人之亂竊據伊犂必不肯輕易退還或有獻策者曰莫如明與定約收回黑龍江以西地與之互易處置亦最得宜蓋以名而論則伊犂地方饒沃形勢阨要不可不責俄人交還而以實而論則卽如曾

星使劼剛續議條約凡伊犂膏腴要害之區亦已多歸俄國管轄而我所得僅一空虛無用之城而已是曷若以伊犂讓俄令俄交還黑龍江以東雅克薩尼布楚諸城而爲國家維持根本地乃其策不果行又爲崇厚所誤得一空城失地五千里卽改約收還南境帖克斯川究竟無多蓋自是所佔地益廣矣近又於西伯利亞興造鐵路於軍務商務均有益聞琿春鐵路現已工竣從此達黑龍江境內向多空曠之地一片荒涼人跡不到此後轆轤銜接所有金銀銅鐵各礦均可開採琿春地方得此易爲接應必將成爲重鎭於商務大有起色且此鐵路成後海參崴卽便爲俄國屯水師之地如調兵至中國不過數日路程離黑龍江地尤近按俄人日經營於中國毗連地方興造鐵路業已至黑龍江大有窺視東三

省之意東三省爲我國根本地迤北一帶處處與俄相接一旦有急防不勝防夫俄不有事於天下則已俄若有事於天下東則中國當其衝中國防之之法非自造鐵路不可是宜由山海關起至奉天省再嚮東北至吉林省之伯都訥又東偏北沿混同江（混同江雖爲俄據而沿江以東尚爲我地）而至三姓再西南沿瑚爾哈河而至甯古塔由三姓仍沿混同江東北至黑龍江會處再沿黑龍江西北而至黑龍江城則一旦琿春有事近運甯古塔三姓之兵以遏其前以伯都訥兵爲策應遠運黑龍江城兵由陸路直擣其巢穴而令其首尾不能相應我更嚴守圖們江北岸之長白山南岸之朝鮮各要口（圖們江口雖爲俄據而北岸爲長白山南岸爲高麗界非俄地）以防其乘虛而襲俄人雖强而我以逸待勞無有不勝矣

俄人爭伊犂之舉

按伊犂一城爲天山南北關鍵商賈輻輳物產滋豐實上腴之地也俄人趁中國有事蠶食諸回部開疆拓土占踞伊犂但以保護疆界民商爲言原約中國平定西域仍行退還迨左帥平定西域在軍次致書索還俄卽肯退還其索取兵費必多原在人意計中中朝遣崇厚往伊犂與其酋高福滿面議圖志具在崇厚平時略不省覽全昧地勢險要祖宗寸土不可畀人厚意所注專在得伊犂一城惟恐其不歸還聽其種種要求任情許諾僅僅歸一伊犂空城而伊犂所轄九城河南山北所屬膏腴之地大半劃歸俄人已失疆土五千里是俄人向所日夜求之不得者一旦得之欣喜實出望外無怪乎高福滿不待御批徑行歸俄會辦崇厚亦持定約歸國

報命上震怒擬改定約聽俄暫從駐紮伊犂俟改約已定然後交割特遣曾紀澤詣俄定議紀澤與俄外部再三申辯外部則據成約爲辭不肯相讓幸俄君還都諭令外部無與中國爲難於無可讓中再行設法退讓云云卽將原約中伊犂西南兩境分歸俄屬南境之帖克斯川地當南北通衢尤爲險要必令歸還遂舍西境不提專爭南境相持不下始允歸還然猶欲於西南隅割分三處村落其地長約百里寬約四十餘里該處距莫薩山口最近勢難相讓疊次爭辯方將南境一帶地方全數來歸塔爾巴哈台界務查該界經明誼分定有年崇厚來俄以分清哈薩克爲言於是議改考之輿圖已占去三百餘里吉爾斯諗知必不肯照原議始允於崇厚明誼所定兩界之間酌中勘定此畫界大端也至償款一端

崇厚原許五百萬圓核減一百萬定議至通商則原議由嘉峪關許俄商西安漢中行走直達漢口之事經駁詰始允仿照天津辦理松花江行船至伯都訥將此條徑行删去綜觀界務商務償款三大端逐日爭辯事經三月方見就緒俄幸允行公同畫押蓋印定約而歸論者謂伊犁一役羣言崇厚誤國之罪實多而紀澤轉圜之功不少出使如紀澤可謂不辱君命者矣

俄人之釋稽夫

昔俄國世祿之家田畝廣闊每畜世僕數千謂之稽夫不令納地租而令供使役（俄國世族弊政）承種期滿即給以所耕之田統計俄民爲稽夫者不下二千二百萬之多其主往往虐待之婚娶不得自便一惟主人所命勢迫刑驅動遭鞭撻有小過不加審察即行充發邊遠永無還期蓋其異於黑奴者幾希相沿數百載欲一旦驟爲變革殊覺其難故英人云欲俄除去耕田之稽夫蓋亦能言之而不能行也彼得羅素懷革除猶豫不決業經三世今王嗣位悍然行之除舊政布新政計戶編查約有二十二兆人思脫去稽夫之籍俾作平民若不得一良法將無以善其後也俄王再四躊躇下令稽夫先繳身價十分之二餘八分俄王爲撥帑代償盡復其身價其代

償之銀慮無以歸款即以王產私田分給耕作分四十九年以租償之如齊民頭捐之數（即戶口捐）如是者凡二百萬人四十九年後帑銀繳足其土田即爲其人自有而不復出租也是爲恆產於是俄國諸城隙地可耕種者無不踴躍從命矣夫以數百年相沿之舊制一旦更張之初亦覺其不便然千百萬苦虐之稽夫易而爲躬耕之小農樂利所溥吾知不數年而俄將大受其益矣彼布國之興亦由於此（布國分授民田因以致強）司且及嚇登白爲相變革舊制使民各受一田躬耕自給而風俗丕變政化日隆遂臻強大豈不休哉

俄英通兩國之好

俄英兩國向稱輯睦通商有年俄產油麻英賚工作造成後又轉售與俄兩有裨益近又與英爲婚非徒爲結二姓之好蓋欲堅兩大之盟也按俄英婚媾向未嘗聞也自今日始俄王嫁女於英命駕至英謂宮眷臣僚曰吾女于歸今三月矣吾甚思之吾往視之此俄王之托辭也俄英爲國相去萬里若風馬牛然不相及也而外部屬疆之在亞細亞印度者南北天山駸駸乎幾於犬牙相錯矣兩國恐將來有越界之嫌欲免臨事之難不憚先期修好俄王至英結納之際容色謙和其心愈下在英宜通好無間而猶有不滿於俄者惟恐其於亞細亞開拓邊疆直逼印度觀五十四年俄伐土耳其英人救之將兵攻俄亦此意也俄今王亞林三得第二有蠶食

亞細亞之志基發之役雖許行成而驅策其王有如僕隸如英人之於印度勢成騎虎不扼其喉反爲所噬也刻英俄東界議置阿弗干尼士坦爲間壤以分隔之然係紙上空談俄未必以婚媾之故臥榻之側容英鼾睡也或曰此過慮之詞英俄之好方新縱疆埸交迫亦可保數十年之安況俄王苦於用兵通商是務前王米克拉斯善保四境告絕鄰邦今王卽位反其所爲商旅往來絡繹於道罷傭奴爲傭工計口授田設塾教讀且營造輪路之車前王以爲一時權宜今王以爲萬世之利其意不忘開拓可知也夫俄之陸地多於海洋以致不利舟楫英之海洋多於陸地以致屬壤孤懸論二國所得之地遷民人實荒壤以遂其滋生蕃息日踰富强則同操勝算近復結婚媾通好會至英爲視其公主也館於温薩行宮擬駐蹕旬日而後旋都從此兩無猜嫌邦交益固則亞細亞印度兩地必無震動事矣

俄人背英法日之盟

俄虎狼之國也闢地日廣進款日增近雖置成添兵未嘗加稅然一見利有可圖卽不知義爲何物試思同治八年俄將加支可夫謂英欽使日大國誤於傳聞疑俄欲假道波斯從阿吐累特河以窺印度我國雖無是心然大國之疑敵國之懼也請君與盟自今以還我俄兵有築礮臺於河上者有如川流乃誓墨未乾而俄兵已屯於河上矣越二年俄伐機窪恐英有責言先遣使告英日兵臨機窪以討不服然土地是利願與大國盟乃使臣甫歸而阿梅大雅河已非復機窪所有矣巴黎之約不准俄船行駛黑海俄以衆怒難犯奉命唯謹乃法被德蹶而俄船之往來黑海如梭矣且於黑海之東吐亞拍塞地方築避風船澳兼築礮臺名日克刺洵稱天險欲入其境必先墮其礮臺而能墮之者誰耶又創設一大埠自羅斯打夫城營造車路至考克斯山南境以通波斯暨中亞細亞故於黑海輪路所經之處設立埠頭轉運水陸易舟而車實通商之關鍵也其謀利可謂不遺餘力矣俄近又與日本交通矣夫日本之敢與中國爲難所恃者俄之密盟耳乃向之助日本者今且轉而圖日本且强迫日本復遼東之地於中國必聯合德法二國使日本不敢不從而日本亦大有不利然則日本雖猖獗亦不過盛於一時其衰有可立待者孰謂俄之盟可恃乎哉

法國之易君主爲民主

歐洲之國分三等日君主日民主日君民共主民主者位傳賢由國人公舉於議院擇衆所推戴者爲之主日伯理璽天德譯卽總統之意由衆而定以七年期爲一任任滿卽去與常人等如今之法蘭西是也考法主爲普所擒輸德款多逾數千兆民生憔悴極矣莫不歸咎於主之黷武所致也咸思易君主爲民主初在濮杜軍次衆推大臣爹亞漸攝國政及爹亞辭位衆復推大將軍麥馬韓遂擁國位於是民主之議起持七年首領之議聚訟盈廷初無定論拍利也抗言日識時務者爲俊傑拘成格者無遠謀事至今日因時制宜計無便於民主而議院采訪使不以時定國家大計築室道謀宜其議論多而成功少也經久始定其議而定麥馬韓聞麥首領諭衆之詞日法易民主可以閉關休息保累世之安故其出巡西南兩邑百計牢籠民生凡陳說地方利弊及財貨之盈絀者輒温語答之然送迎者雖載道半皆貌合而心離七年之中人情洶洶有如寇至都城爲之戒嚴尚爾伴遂乘機謀得國且既易政爲民而當國皆主王政貝羅利公亦然滋物議動羣疑莫此爲甚波旁阿艮之黨近雖復合而拿破侖第三客死於英其黨又分爲二波旁也阿艮也拿破侖也斯三者皆王族也而百姓鮮愛戴之忱大臣無擁立之志天之所棄誰能興之近幸德款旣償戍兵歸國忍辱負重弔死問孤可謂勇於悔過矣而民情嗟怨見於歌詩追論兵事之興歸咎於置君爭立圖取威定霸之虛名受喪師失地之實禍君辱國危爲天下笑其變易竟有如是者死事之家每值合

辰令節奠酒招魂父哭其子婦哭其夫悽慘之聲徹於宮寢首領爲之罷朝賀焉首領追念舊事徐布新章誠以法人心好動惡靜固多事之國也已爲民主其權乃散而不壹庶窮兵黷武之風可以稍戢矣

普皇之統一日耳曼

昔燕昭王之破齊也能用樂毅越句踐之滅吳也能用范蠡二君皆以創霸名普皇威廉第一舉無遺賢是燕昭王越句踐一流人也考其即位以來數十年中皆能勤修國政日益强盛得寓兵於民之意訓練特精一旦卒以專征所向無敵伐丹馬敗之割其膏腴之地伐奧復敗之去其共主之名卒也爲俄皇前驅深入法境擒拿破侖法人割地輸幣以和威名震於地球幾與英俄相匹敵斯人也不特國人歸心即日耳曼列邦皆屬焉向聞日耳曼分南北二會南會推奧北會推普爲盟主自同治五年普勝奧後推普爲南北盟主夫盟主曰南北直不啻統一歸之也日耳曼尙如此列邦可知矣自普稱帝後舉一切水陸軍政賦稅章程各邦商務以及鐵路電報有關軍務者均歸普皇統制列邦互相爭競並由普皇剖斷權力所至中外凜遵在普皇若固有之也聞之西人謂威廉第一無甚本領不過賴其所用數人以有大功自以睥睨一世不知君人者不必自雄其才智惟知人善任而才智乃宏當是之時畢士馬克嫺於外務用掌外部兼爲首相毛奇長於治軍用爲大將欒敵精於訓練用掌兵部富列打力普魯士郡王智勇善戰用統大軍祇須能用此數人而霸業始基諸此矣然則德皇正不必自用其本領斯所以爲絕大本領也

西班牙之蕩平湯高鹿

湯高鹿之稱兵也特加特敉徒之衆進逼馬德里城蓋欺其君幼小母后攝政將以奪其國而有之所用之將蘇馬拉加勒頗沈鷙有謀類皆一時人傑故屢次進戰輒勝女主亦善將將所用世的巴魯捍禦有方可稱勁敵相持已久二將云亡卒見破於世的巴魯師徒潰散出奔法國蓋將留其身以有待也世的巴魯恃功頗驕恣兼賴英人力得留左右輔政時值多艱國人分黨相競見迫於那爾淮士解職奔英與高鹿奔法同也那爾淮士得政後能用禰林嚴以御衆有作亂如高鹿者輒誅鋤不少貸女主倚以自强女主年已長成始納其從弟亞魁施斯佛朗士爲夫赦謀反及誹謗者政從寬昔時從高鹿謀叛敉徒陰謀襲取事幸不成卒與國人意見

不合遂國而去奔法其子亞豐蘇從焉未識其時與高鹿相見否也國人乃迎亞斯達公爲主是爲意大利國之次子卽西班牙之王也召各黨魁置之當軸高鹿亦乘間由法返國號召舊徒樹旗起事屢與官軍戰王爲高鹿黨所狙擊僅以身免王召諸臣而諭之曰予以微眇之躬德薄能鮮諸大臣推擇謂可謬託以疆土而卽王位歷有二載今國亂未平民生日蹙用是憫然諸大臣毋以予留重予之辜其更計宜爲民上者卽退位於是議院會集計事改爲民主國遂用共和政體推共和黨魁福基那拉爲伯理璽天德共和黨作亂變亂刑政至爲大臣所不容高鹿黨勢亦張共和黨旋平於統領而高鹿弄兵如故後國人念舊立前女主長子亞豐蘇爲王按亞豐蘇寓公於法游學於英在外六年今適有迎立之舉其時軍事未平各路軍士無不願立前王之子且都中之大臣水師之宿將皆不約而同輸誠推戴首領以軍心已變卽日旋都諗知中外同心迎立新主曰天與之人歸之矣遂避位而去亞豐蘇善用人磨里由斯能見其大用以將兵古巴島民叛率兵討之漸次底定而高鹿聞風懾服亦漸漸解散於是乎告蕩平焉

西班牙平客塲濟訥登卡洛斯之亂

西班牙昔稱金穴今則日就衰弱亞墨利加諸籓國皆叛客塲濟訥登卡洛斯二地尤稱猖獗同謀不軌互爲聲援閒客塲濟訥之城爲亂黨所踞官兵頓於城下者累年兵非不多器非不利蓋以將非其人勞師縻餉近得卡首領指揮軍事悉合機宜已墮其外郛而摩羅二部帥刻復駕巨艇出口巡洋斷其接濟未幾其魁駕奴門西亞鐵甲船遁去餘衆悉降是役也官軍大集三面進攻城中復爲之應恐賊計窮併命有死之心也獨缺城之西面縱賊遠遁亦窮寇勿迫之意也刻調其得勝之軍合勦登卡洛斯餘黨蓋登卡聚衆三萬日費千金軍糧器械究從何來大抵勒索民間攘劫淫掠靡惡不臻而敎主間道潛通傾貲以助以故日益橫肆帥衆攻爾

波亞城旋圍三覃得城將軍摩利訶納斯帥師救之因兵力未足屯於距城北境四十中里亂黨二萬五千人踞山爲營以高臨下屢傷官軍官軍退保三覃得城攝政大臣塞蘭那以將軍之屢戰不利也檄調歸國下令親征探聞賊衆攻比爾波亞尚未能下按亂黨計三萬人官軍與之相埒而塞蘭那以力敵勢均難期必勝俟兵力大集而後用之可一戰而定也其罷將軍兵柄不責以師徒暴亂持久無功而謂其力疾從戎命其歸養亦可謂善於保全者矣塞蘭那率理威拉與羅馬兩將全軍攻之兩將受傷官軍傷亡者甚多登卡之黨雖退守而未失險因賊壘費數月之工築成極堅固也塞蘭那見登卡難平且與兵部議事不合故辭職以康卡代其任登卡堅守土堡一時未能即拔分命將軍摩利訶納斯帥

兵一萬二千自賊壘之東攻愛斯搭拉城因此處有登卡之軍料局也後爲官軍擊敗亂黨已散因首領辭位乘機復起滋蔓難圖前此猶無是勇猛也又亂黨能用汽車路之鐵條包於土堡之外如是則土堡受礮彈之轟而不致坍塌兼運軍械至營中假道法國法人未嘗阻之亂黨得此所恃抗拒官軍官軍在北鄙屢屢敗績塞蘭那長子用兵號稱宿將身率勁旅攻之宜可以得志矣無如進攻之時先一夕大雨如注塗滑不可行抵堡人馬已困憊堡內突出攻之三戰三北嗣以糧盡益無鬭志康卡憤極督率將士親臨前敵旋被礮彈傷股殁於陣復命兵曹查瓦拉爲將軍統其衆按查瓦拉無謀無勇老師縻餉曾無一矢以相加遺登卡黨相戒曰無犯查瓦拉若易他帥吾謀不能逞矣其爲敵所輕如此西班

牙軍與登卡餘黨兩軍相當久持不決既而登卡黨置礮攻破以侖城方慶得所憑依不圖將軍羅馬忽率萬人間道而來登卡黨懼而遁登卡黨連年動衆迄無所成部下軍民以爲口實故急得一城以雪其恥兼之山內嚴寒幾於冰天雪窖冀得以侖爲屯兵之所故遂併力圖之官軍倉卒進攻登卡防禦無及死傷三百餘人自以侖退屯山谷天氣嚴寒多凍死者西班牙自是分道出師共期蕩平巨寇將軍臘色爾那分統其衆計七萬人摩利訶納斯遠近徵兵中以禍福之詞激成忠義之氣不逾年而得數十萬衆塞蘭那臨衝督戰登卡之黨夜間劫官軍營官軍小挫退走宜命城濠城內軍應之反敗爲勝軍勢益振朝廷念軍事未平將才難得復命堪坡士治兵以爲後勁堪坡士黨於阿耳分所行至中途兵

變塞蘭那檄調北境中路各軍合攻堪坡士各軍亦心變首領知事不可爲卽日旋都遜位去按塞蘭那素稱文武才頗得人望在位一年而登卡之黨仍如故也逮阿耳分所嗣位人皆忻然相告謂班境之承平可望登卡之黨慴於新主兵威漸爲解散聞新主傳檄巴西等郡云國家爲民除暴罪在渠魁餘無所問爾民如誅首惡歸朝廷該朝廷亦不强爲異同無苦此檄一本至公亂黨得此旋聞革面洗心歸降恐後而亂黨於是乎底定

英俄人探北冰海之役

嘗記漢書云胡貉之地積陰之處也積陰則離日愈遠北冰洋日所不能正照者則海常冰路途阻絶測者難之英派輪船二號往測北冰洋有謂此舉爲多事者或曰此格致之一節也譬如行路一步雖不加遠而千步差一卽不能達况大利所在皆非目前所能知也夫預審其利推算無遺者此工商之業非學問之資也國家不惜巨費相與有成俾國有通儒商民亦蒙其益一燈之照明及四隅非此之謂歟故格致會人尤重其事探還者皆出國門郊迎以待嗣派總兵勒爾斯尋北極選能任寒者三百餘人挈之以行歷二歲始還國言至北極之八十二度尚見地土過此皆冰海矣其始舟行積冰中測度冰之厚薄有至三十六丈者再上抵八十三度

則舟不能行鑿冰爲道凡兩船三百餘人牽倚以北每日約行三里許遇冰山矗立無路可通或崎嶇行一二里許凡行兩年餘不見日者一百四十餘日隨行兵多病者死者四人計窮而返始知病之由以無從得水果而咎兵部不多儲果汁以行仍決計再往探之必以窮竟冰海爲期又奧人乘小輪船開行八月至北冰洋凍不能行嗣後逐冰順流自北而南行七十九度五十一分前臨高山望之隱隱約離八十三度至此冰益堅進退俱難今年五月遂舍舟乘冰車南行二十四日遇俄船趁之徑達挪威同行二十四人亡其一所言與英略同俱言冰上亦有居民鑿冰爲屋以雪爲門入則封之獵鳥獸爲食衣以鹿皮亦薦其皮以寢其獵魚鎚冰深至十餘丈魚得冰竅以噓氣則羣聚穴中製鐵爲刄累長竿鉤

取之用魚油爲薪夜則然以爲燈其居遂冰窟遷徙以憑獵取魚獸若蒙古之游牧然亦窮荒之異聞也

紅海地中海之開通

新開河者地名蘇彝士舊本亞細亞阿非利加一線相連處廣約三百里以隔斷地中海紅海之界昔人航海者至蘇彝士即疑爲海之盡處不知北逾三百里更有地中海西出地中海更有大西洋也此河未開西人市舶東來者率由大西洋經阿非利加之南入印度洋經蘇門荅剌南入巽他峽至南洋繞道三萬餘里咸豐六年始議溝通法人里息躬承其役欲使地中海商船以直達紅海商之埃及總督總督𨓏之蓋督固於里息友善也於是里君回法集貲每股五百箇法藍每法藍合洋錢二角得金錢一千六百萬開辦之始惟英國直決其萬無成理以其地浩浩皆沙非土石之尙易從事必隨開隨合不肯入股不料里君已先籌及一面相度丈量先建機器取水法埋鐵筒地下接他處淡水備工人飲食已得始事要領遂於八年興工用絶大濬機六七十具事畚挶者日嘗二三萬人復患沙易流合就他處取黃泥壳類於兩岸鎮壓之同治七年告成歷十一年之久費十萬萬兩之鉅成河長二百八十七里寬一百九十二尺深二十六尺落成之日埃王傳報各國臨視意大里王奧王皆至法王遣其后至而設行宮於江次甚盛事也因其地本埃及之地收稅甚鉅議歸其王三分之一嗣埃王以千二百萬金售之法人安南之役法因餉絀將股票出售與英者亦復不少利權遂漸歸與英掌握矣初英人悔其不入股者現股份逾於各國坐享無窮之利幸何如也今計其河身不甚廣僅容過火輪大船亦間有闊處兩岸設電線置電房相望凡南船先入隘處電房即電

知北船令停闊處俟南船過隘然後南行若北船先入南船亦如之因不能疾駛兩岸積土沙易於下潰常有數船取泥以爲疏濬過者悉按載頓數稽征聞河初成時稽征甚重每載貨一頓征法銀十佛郎又二分佛郎之一載客一人征法銀十佛郎今卽稍減矣去歲所收計金錢二百二十四萬一千歲費外尚大有贏餘以爲開河公司之利西人紀載云周匡王之世有埃及國法老尼谷者欲溝通此處興工十二閱月死者十二萬人而工不成今竟能溝通之宜西人自詡智力勝於古人也

大西洋太平洋之開通

按巴拿馬在南北亞墨利加之連界東爲大西洋西卽太平洋界隔兩海闊六十里久思開通免行船紆遠之險據瀛環志略云米利堅人謂赴粤買茶由此路可近三萬里因其過峽處太險且汪洋數萬里無添備水火之處卒亦罕有行者又謂能將此土開爲海道則東西兩洋混爲一水掛帆而西直抵中國之東界便捷甚矣然地梗山脊疏鑿不易人皆難之不圖同光間竟有能開通者法人里息與各國會士集議於巴黎擬於明年元旦爲中亞墨利加巴拿馬開闢水道之期此河若成自東自西可近二萬里屆期里息親涖工次破土興工掬土一握爲萬衆倡蓋以里息曾開通蘇彝士水道故也當開創之初英人僉以爲不可賴里息力爭遂開千古未有之奇各國人士以巴拿馬形勢與蘇彝士略同里息既

克立功於前必能著效於後是以借重里息董率其事預定通工人役約六七萬人工竣約七八年其地旅居者多華人是役也趨畚揭而赴工者計一萬有奇巴西黑人之數亦稱是興大役起大衆建大功當拭目以俟其成至於經費之籌約七百五十兆福蘭先撥二兆以餽於委內薩瑞拉國以水道所經之地乃委人屬地也更預籌四百兆以爲興辦之資豈期經辦數年耗費不貲迄無成效遂已中輟繼有米利堅人集款興工旋於一千八百六十九年開辦先與瑪居南部立約卽於彼處山脊鑿通闊約六里計費約須七千萬金期以十五年一律深通既通之後歲收商船利銀科倫比亞得十分之一美國收足工本後科倫比亞得利十分之二分五

也平時商船往來由美國保護遇有軍事則不任敵船亂行通用銀錢卽秘瓆合英銀四喜林貿易則用法國福蘭格五福蘭格爲一秘瓆其銀錢非本國打造稱量之具悉照法國制量地則用英國碼也卒之用觀厥成行輪者已近且便省卻許多路費孰謂開河道易而開海道難哉

南北亞墨利加之交戰

咸豐十年間南省兵革禍作推原禍始蓋由釋奴按美爲英屬之際英以南省地荒常往非州購買黑奴敎之耕種美人雖以爲非甚至藉詞以畔英然畜奴之利可以致富此輩又蠢如鹿豕不妨任情凌虐之所產棉米黃煙本賴黑奴種植及創機器軋花之法用力少而程功多苟畜數奴馴致巨富所以相沿成習竟有販奴以爲恆業者南省幾無一家不畜奴北省隨之而獲利初雖鄙薄漸亦不以爲非英人之僑寓者溥治田產亦復尤而效之敎士有化導地方之責乃亦與民爭利南省人或贈奴與北省敎士卽謝而受之敎士如此其餘概可知矣夫黑白同爲人類而白之待黑不啻犬馬揆諸天理人情豈不大相背戾無如積重難返雖有賢君欲革此弊奈違梗者多急切無從措手平常之人有議及此事者則羣起而攻身命爲之不保故通國黑奴約四百萬懸懸迄無釋放之期孰知爲日旣久北人天良發現必欲去此惡俗而後始快於是嘖有煩言並有加利生者開一報館專論其事眾皆感動又立釋奴會糾合同志多至二十餘所而南人視之則儼如仇敵焉每當聚會時輒突入喧鬭甚且遷怒黑奴大肆焚殺自是南北互爭垂三十年之久而成效未睹所以然者歷任總統南人居多卽非南人聲氣亦相聯絡事不果行職是故耳及北人舉林肯爲君蓋林肯志在釋奴者也而南人大震遂不願與美合爲一國嘉祿利拿省人首先發難爵爾嘉等五省同時響應未幾斐節尼亞等五省亦相繼解體此十一省約有中國十二省之地白人六百萬黑人三

百萬大勢洶洶别欲自成一國是時北人初不爲意及賓已渙散乃命將出師直抵斐節尼亞大戰於抹拿殺北兵潰至是始知厄險然誓必平之令民間投効不旬日得勝兵百萬共議周恤耗費務使南人不復反而後已南人雖勝然糧械不足轉運維艱林肯君隨發封口之旨斷其接濟而南人大困有長江一道日蜜雪雪皮者南省之天塹也江口有埠日紐屋梁旋爲北人奪去江防喫緊而東西隔絶賴斐克斯婆一礮臺以竭力守禦總統格蘭脫君時爲總督攻克此臺駐以重兵而南人益困其時南都在烈七門北提督馬克賴蘭率師進逼南提督李拒之馬别運機謀不戰自退南軍遂趨間道擬攻北都然卒未能得志既而北軍易帥轉戰而前所難得者李以孤軍力保危都猶能出奇制勝乘間深入北境

吉帝思波之役連戰三日終於覆敗格蘭脫躡其後謂可一戰成擒矣乃李收拾殘兵掘濠設伏苦戰浹旬互有傷損論其將才實當世所罕有也北軍雖漸逼南都然垂數年之久仍未能下格蘭脫於是傾營而出四面環攻李軍不支乃降南都之主聞警先遁是役也用兵幾及五年至是全境肅清黑奴盡釋且著永禁買奴之令大亂敉平林肯君毫無喜色亦不究其既往之非詎料事定數日入場觀劇突遭南省匪徒行刺遂薨於位嗚呼惜哉

印度之尊奉英主爲皇帝

英吉利本海西數島土地褊小僅擁王號不敢妄自帝也自有印度國日富强其部落一百四十有八迄於今大半爲英所芟滅即幸而獲存者蓋十之二三耳然亦遣官置戍納土稱藩國政不能自立名號空存塊然守府而已英則曲意撫循不耀威而施德潛移默化遂使印度上下臣民中心悦服延至光緒三年咸以其女主維多利亞賢議尊之爲英吉利女王兼印度帝后也久矣而議院士庶以君民共主先王之制也曷可廢且頌君德而勸進非盛朝所宜有事遂寢此時有主議者曰俄人耽耽印度我于印度以力經營今日之所以畏我而事我者安知異日不以畏人而轉事人乎亟宜乘時帝制印度庶有以示上下尊親之義而國中仍舊制便由是申前命于印度而印度臣民歸嚮喁喁僉日固所願也謂

今日之印度疆域南北五千餘里東西四千餘里爲方里者一千一百五十六萬二千七百二十三民口二萬五千三百九十四萬一千三百一十口陸兵共二十二萬五千八百七十三人（歐洲兵僅八萬餘皆土兵）分駐各部各海口地產北以鹽爲最多南以鴉片爲最多歲稅二者居三分之二地稅僅居其一可謂盛矣十七日爲印度帝后生日印度諸王皆集會北印度之德列城行慶賀禮遠至西域諸回部及布達拉廓爾喀布魯克巴克什米爾之奉佛教者及南洋之暹羅并遣使稱賀而布達王親至爲印度一盛會列象至千餘所轄地皆施放大礮歌萬年曲放煙火大赦罪犯一萬五千九百八十八名有爲債務禁押者欠一百魯比以下概行釋放所欠之項由

國帑償給其推恩可謂至隆至渥無以復加正不獨倫敦一地官民稱慶夜放燈火爲其國主像眉目口鼻冠縫衣褶皆以火中呈現之而已或謂英主英倫三島稱君主而又稱五印度后似其君權在印度較重其本國所以仍稱君主者以數百年來爲其民所限制驟難更張之故而要其權則無分彼此也

羅馬教皇之衰

天主教布滿各國民無智愚國無强弱奉令承教尤以羅馬教皇爲統宗聞教皇之言曰上帝委教王天堂地獄之管鑰凡入我教者即登天堂不入我教者即歸地獄假此以愚弄其民絕不聞有教養之政也但謂敬事天主即可獲福藉端斂財巧設名目以七十五年爲萬福之慶傳檄監督轉行各境謂信教諸人齊趨羅馬懺悔前非赦爾往罪按此例起於元代後於五十年爲一期復改三十五年爲一期近改二十五年爲一期凡本境人禮拜三十日每日詣教堂施財贖罪外國人禮拜之期爲十五天相沿至明季以迄於今教王以享利無窮而恐遠人憚跋涉而不前也復變其例令屆年在本國懺悔將詣羅馬之資斧準路之遠近折繳教使轉獻教王亦可贖罪云其所得金錢可謂宏且富矣自法與奧搆兵與布交戰屆期不克舉行貲財亦稍稍匱乏矣兼之法爲普敗法人調其護衛教王之軍回國義國遂乘機入其都城盡奪教王轄地自是教王束手惟命教王簡派駐瑞使臣循舊例也而瑞人以教王失羅馬無一民寸土安用此爲竟遣之歸羅馬城教堂之籍歸於官者四十餘所教王不敢再爭教王盜竊事權久持大阿之柄意與立約歸教之人聽其自治餘不得過問教王不復有爲僅能自持教務而已夫同一教王也當其盛獻贈之資絡繹而來民亦得沾其餘潤藉以存活者不少及其衰婚葬之費革除殆盡民乃得以自主不聞復有所拘制識者觀其盛衰之由亦可以知世變矣

美人英人之採金

按漢以黃金爲幣上下通行而開採之法書缺有間近數十年宇下五大洲所用既廣所產益旺美國嘉邦舊金山之採金始於道光二十八年英國南洋屬地新金山之採金始於咸豐元年以上二處初採時一處所獲之金有歲值銀六千餘萬者近已少衰而五洲各國現在各處歲入猶統值銀一萬四千數百萬美英所產幾幾居三分之二採取之金以淘金爲宜舊金山之沙長千三百餘里寬一百餘里金之在山凝於沙石分支交互都成脈理山水衝激挾之下趨石塊重而沈下中壅爲沙上浮爲泥層層有金唯在下者結最厚人持鏟一斧一舂一鏟以取之斧以碎之舂以淘之豆金漉以

水屑金甚微則滲以汞合而蒸之汞化而金凝已淘採之初人日所得值銀百兩故聞者麕集始年萬五千人其明年增至十萬人後人愈眾金沙亦瘠每沙一噸淘出之金少猶值銀二錢一人終日之獲可扯銀一兩其有竭津而淘者獲金雖饒而置機戽水非擁厚貲集眾力不辦沙既瘠而淘者稀遂議從沙傍高山探脈開硐鳩公司以採之凡開山採礦鑿石搏沙磨礱淘洗合汞烹煉用機器數十座用工役數百名費殊不貲又礦石每噸約可得金值銀六七兩方不虧工本迥不如淘金者日獲雖微猶可自給故舊金山開山之七十九公司少嬴多絀英之新金山採山者鮮淘水者眾蓋鑒乎此也至其辦法舊金山居者稀少至自他國者皆聽往淘採不爲限制既流寓日眾始人限十五丈不得占人現採之地採畢往他處亦如之每處停採不得過五日若開山礦人限

三百丈始得礦者倍之集公司者各以應得之數予之每處停採不得過一月有逾限聽他人接採之所得之金官不收買聽人市自爲交易立法簡畧人人樂趨又地氣温和種植蕃蕪流水不冰淘金者終歲不輟且耕且牧招集日眾英之新金山其法同其地氣又同兩處併收耕牧之利今且十倍於淘金焉

舊金山之禁阻華人

英報載華人傭工於西洋者約二十萬人計在美國者十三萬人其性馴良易於駕馭工值亦廉土木之役勞苦備至有非西土所能者是華工大有造於西洋也乃爲窮黎所忌合民工二萬二千二百十一人聯名環稟議院以華傭泛海而來者日有所增土著窮民爲之歇業請禁止之聞其事上議院白來實主之因其挑唆美民不許華工入境也美民怨華工取值太廉攙奪工業甚於怨華民之敗壞風俗白來迎合衆情創立新例顯背條約即派采訪三人往勘其事孰料刑司之勘獄也以華人之言爲不足證迹其菲薄華人之由以土著工人身價甚昂不敵華人之廉視之相形見絀以故貧賤者妒而譏之華人遭此阻抑天壤甚大幾於無地自容情

殊可憫也或有言美國限制華民之事事非無因查銀行匯票總簿華民每匯銀至廣東者多則一千五六百萬圓少則一千餘萬圓四年扯算每年洋銀入中國者可一千二百萬圓然則僅就舊金山言之耳他如古巴秘魯其商傭所得之銀輸回中華者奚啻數倍蓋近年通商以出入貨相準華銀每歲流出外洋者約二千餘萬惟出洋華民商傭所得以之相抵尙覺有羸無絀通盤籌算恐華人源源而來勢必喧賓奪主此限制華人之舉所由起也乃其中亦有起而非議之者曰牧師花勅嘗環游地毬一周考察敎務游畢而返述其所見陳於國中曰美國違約禁止華人至美一事爲無識者所爲無禮之尤凡我美國人民當同深痛惡羞對中國者也又有上議院臣海加耳議及華人至美國之事不依中國與美國所立之和約而來未出洋之前已有西人與之川貧而立一合同至美則與奴僕無異其事不合應與首領商議禁之毋再苛刻其人亦有足多者然則公道在人心勿謂美無人也

英人之開新金山

新金山者在亞墨利加地其地叢林大木陰翳參天英人欲開通其道以便行旅往來莫如作火輪車爲最要其時有人名馬斯孟者勸用木路以通火輪車作書一卷論其事其說甚爲有理按新金山爲英人新得之地樹木極多必先去之乃可爲種植之地故木價甚便宜而開路之料俱現存於路旁取給不窮宜無有阻之者或有疑木條不能耐久不知此事英人普剌薩會行之於倫敦矣聞其在倫敦相近處作鐵路長約七里内有極斜之處又設一遠路其徑約爲一里所用之木條俱爲六寸方者其火輪車重十三噸所牽五坐客車各重二噸每日行十點鐘至十二點鐘來往俱爲運客平常之速每點鐘約行七十五里共行十一月毫無危險此種彎曲不平之路若鋪常用之鐵條則斷不能成此事此其明效大驗倫敦然推之新金山當無不然也今將鐵路與木路比較則木路之價約賤一半又如平常鐵路之火輪車其價鐵路十分之一又木路所用之車其原價與修理之費約賤一半又如平常鐵路之火輪車其價洋一萬圓每年修理之費約洋二千圓木路之火輪車有人連用九月每日行十二點鐘而修理之費洋一百圓又鐵路之面相磨既久祇能將鐵條翻用一次若木條則爲方形而可翻用四次又如成木路所費之時候約爲鐵路三分之一故新金山等處急於用火輪車此亦爲要事總之此法尚未興旺之日大半因鍊鐵之廠阻之之故兹將木路之益處分爲八事一能速成二成費太省三木條之價比鐵條减少一半四銷磨甚少五能易行彎曲之路與斜路六甚穩當如正輪忽斷則輔輪能受車體之重七車行時不搖動而不發響八因各項之費用小則運客之價可便宜而主人易於得利也有此八益胡亦何憚而不開也自新金山開後所得礦金用之以招商勸工而舉國鼓動遂爲諸國之開先華民來此地者接踵雪梨美利二省傭工尤衆獲利甚厚英設總督巡撫治之蒸蒸日富遂不可遏矣

意法兩國之鑿山通道

法國與意大利亞國交界之處有一帶高山名亞力伯山又名孫義山如能設法令火輪車過此山則兩國之鐵路可通内有一處長二十餘里爲火輪車不能行過者無奈何欲開一大洞通過此山但此山之質爲硬石不能依平常開洞法而有直立通風之洞故必設新法一千八百五十七年有人設一新法用汽機壓緊空氣而用管引此氣至作工處之開石機氣内令其行動此管雖長數里而所通之空氣仍有運動機氣之力又此氣在洞内放散之後令洞内常有洞風以免惡氣之弊病山内通洞時必在兩端並起漸漸相近至能相遇爲止如不用最細之法最靈之器而測繪全圖分毫不爽則山中作工兩來之人永不能相遇故周圍之山上擇三

處立記號便於測繪之用以後詳細測繪其山之體記其各數則知所要開之路長約五十萬尺又洞之南口比北口高七百八十尺此兩口俱在山上之高處所需用之器具與材料必先送至山上甚屬辛苦至一千八百六十一年初行用開石之機器第一年内每日夜祇能開路十八寸較之人工用鑿所開者更少此因機器不靈之故第二年所開深者不多第四年共開三千九百六十尺自後每年愈開愈多而南北兩端相通所差者不過數寸而已此大洞之外另有數處有小山隔住亦必開洞而所開之洞共長二萬餘尺其開洞之法大半用火藥轟開之力總之法國與意大利亞國其鐵路相連之處長約一百二十里開此路所費之銀約洋銀一千七百五十萬圓此路未開通之先有人設法在山邊開鐵路可直行過此山不必定賴山洞所用之鐵路與平常之法不同鐵條用三根而車有一個平輪與中間之鐵條相切則斜路與彎曲之處俱能行過有數處必在路上搭蓬帳以防下雪塞住此路火輪車之前有一耒冬日用以去雪而開路以便車行開此路之費每一里約價洋銀一萬三千圓其火輪車之價亦在其内此路已成而多彎曲之處每一點鐘車行五十里至八十里而上山所以亞力伯山有鐵路兩條一通過山之心一通過山之面有要事而必欲行速之人則過山洞之路遊玩之人看山水則過山面之路山面山心路已不同故過亦不同任人之自便而已

英法擬鑿海底通道駕飛橋行車之役

法與英僅隔一小海約距七十里之遥天氣晴明兩岸可以相接昔時有人擬於海底建高大鐵窿道以便車馬往來兩旁悉用燈火無殊白晝惜其事未果行也今復議建橋梁以鐵爲之用鐵墩三十二座上用鐵鍊爲路高五六丈寬約二三十丈橋之中間安置車路可容兩車往來左右綽有餘地以便於行人過客橋之兩旁開設舖舍約當路程之半別設酒樓旅館以爲行客憩息餐飲地橋下海水淺處約有十丈其橋離水約四五丈橋下並可容海舶出入鐵墩之上安置夜燈船行過此庶無防礙但興此鉅工所費不貲約需銀五千萬兩若果能行他日落成眞海上一奇觀也按鑿海底以通道駕飛橋以行車二者皆非易事通道之役英人已有集公司而爲之者惟英之水師提督深以爲不便謂英與法相距祇隔七十里一海峽耳設使一旦用兵艨艟對擊鎗礮轟攻亦爲堂堂正正之師無所畏於法也今若海底通道則彼或潛師暗襲將奈之何非置十萬重兵不能守也是亦老成持重思深慮遠之言哉

英人之禁黑奴

昔年有販阿洲黑人爲奴者經英國上下議院集商禁止出資數千萬悉贖之還盡行遣釋法至善也積久弊生奸販復作故英兵船之在阿非利加者向僅五號近因土人往往擅賣黑人與他國爲奴添派兩船往來稽察本月十四日議院詢之水師兵曹兵曹答之如此又英外部近得阿非利加來文備言擅買黑人爲奴之弊計惟由東海開通火輪車路徑達内地則棉花橡皮芝麻油芭蕉油及各種香料俱可懋遷往來利源日濬民各有業自不復藉販賣黑奴爲生計矣此説若行其裨益於黑人者不少使駐金岸督臣嚴定奴隸黑人之禁四境土王悉受束縛又遣格致士立分斯屯往阿非利加黑人之處查考各事無非欲保全之意征阿珊爲其虐待黑人也阿珊與英和英並敕阿珊毋虐黑人蓋黑人皆畏威懷德宜乘機利導使之望風向化前曾禁其掠販黑奴嚴防出境彼將羊豕其人以供大嚼是救之適以害之也敎之數年紀綱粗立俾狉榛之儔被薰陶之化我英即束兵退耳炎蒸瘴癘之鄉原非利其土地也用心忠厚可謂無微不至矣美亦有同心者議事上院森訥耳當時申奴隸黑人之禁其人亦有足多者可見好善人本同情正不止牧師花勒而已

秘魯之禁豬仔

粤東澳門有拐誘華人販出外洋爲人奴僕名其館曰招工覈其實爲圖利粤人稱之爲買豬仔夫曰豬則等人於畜類仔者微賤之稱豢其身而貨之惟利是視其售至秘魯者其刻薄爲尤甚聞秘魯國有人來信云其國內大農戶約有二百家田土寥廓自南至北約五百里每一大家用華人一百五十八至千人不等視同罪人敲撲之飢餓之甚至殺害亦有之有一處用有刺之鞭人受此鞭流血滿體有已受重傷之華人不能作工在彼處作乞丐者然此猶係耳聞而非目見之也若劍華吳君出使秘魯之目見情節愈眞親覩寮中人困苦異常及寮主苛虐之狀有一寮主殺人尤多筆之於書尤足令人髮指問華工之口食止麵蕉少許食不飽也問

華工之寢息則鐵環其手轉側皆難寢不安也又其甚者稍惰則用鞭棒擊之偶逸則放惡犬咋之華工至此種種受其荼毒進退維谷呼籲無門惟坐以待斃而已吳君遂據實以告諸星使前亦有委員數輩來查一切供張均由商具而於弊政究未詳告故華工依然困苦世安得有幾吳君哉然吳君查察雖力回告星使星使告諸秘廷秘廷殊深抱愧亦思設法援救無如積重難返釋放未能卒付之無可如何於是華工不堪受此苦況九死一生再逾十載華工定無生還者矣噫

俄皇美總統之被刺

大凡被刺者必有主使未聞有無故而推刃者環顧歐洲之大凡民人謀殺官長及其國主者意法西班牙諸國恆有之初不料又見於俄美二國按道光五年俄王尼格拉嗣位兼波蘭王至光緒六年有尼希利斯黨作亂會王出游要而弑之聞是時正曾紀澤出使俄都駐俄七月有奇商酌約章終得就緒實賴俄君顧全友誼而相接以禮始終不衰令人心感且其爲君慈惠愛人德政甚多特以剛斷不阿嚴於去惡遂及於難各國惜之回憶前十餘年俄王之父亞林三德因釋奴事各世爵富戶多貧因而觖望數日前俄皇宮內拾一匿名帖云汝莫以前日行刺爲倖免雖去他國終不甘心且不惟欲弑汝即他掌權重臣亦視同几上肉耳查其紙非宮

外物事遂寢一日王出巡回車還宮尼希利黨人伺於中途擲火毬車下炸傷俄王當夜即殞如昨日也不踰年又有美總統林肯爲奸人刺殺一事按林肯平時素惡行奴特不敢輕爲禍首適總統滿期議院公舉林肯登位林肯已立執意禁奴所有部内傭奴盡皆釋去不惟釋之且能官之謂凡黑人年逾三十才且賢者準其一例選舉人多稱之南部蓄奴之家起兵與之相抗聯絡諸家自立一國曰會盟國師行濟江又交通英國英國潛以軍器濟逆林肯知之發謀封江口先斷其接濟南人始困又能擢格蘭脫爲帥用兵如神先攻其礮臺即逆將名理者忍摯善戰格蘭脫專與之戰相持許久卒能削平銷合盟逆國之名仍合爲一僞行軍僞總統被擒治罪捷報至京歡聲雷動舉國方將爲林肯君賀適林肯

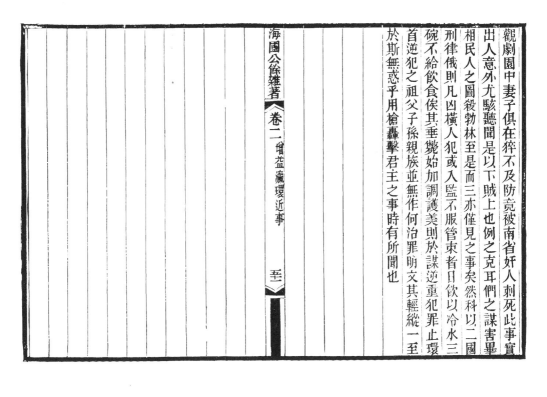

觀劇園中妻子俱在猝不及防竟被南省奸人刺死此事實出人意外尤駭聽聞是以下賊上也例之克耳們之謀害畢相民人之圖殺勃林至是而三亦僅見之事矣然科以二國刑律俄則凡凶横人犯或入監不服管束者日飲以冷水三碗不給飲食俟其垂斃始加調護美則於謀逆重犯罪止環首逆犯之祖父子孫親族並無作何治罪明文其輕縱一至於斯無惑乎用槍轟擊君主之事時有所聞也

希土之構怨

希臘歐羅巴州古國自皇古至於周秦稱極盛聲名文物比之吾華鄒魯按希臘疆域與土耳其界自并入土耳其人苦土之虐政嘗思自立為國畏土强不敢發至嘉道之間希臘人始起兵叛土數與戰不勝道光八年希臘請援於俄羅斯俄以兵十萬入土英吉利法蘭西恐俄人之得志於土也乃合兵抗俄明年英法兵迫俄與土和反土侵地并令土聽希臘立國於是希臘亡二千年至是復為國咸同以來希土嘗以邊事構怨諸大國輒為調停之間去歲保加利亞與賽爾維亞交兵希臘因起兵侵土疆諸大國不直希所為且恐與兵搆難撓歐洲大局於是英德俄奧意五國議會兵船於希臘海疆以退希臘兵惟法不欲以兵船會但告駐希使者使

釋土希之圖月前五國致書於希云五國兵船已集於貴國境上惟貴國於八日内罷兵則五國兵各自返輪不然各國之兵易集難解將進封貴國之海口矣惟貴國圖之希臘不報亦不收軍蓋恃法為援也月初五國駐希使者皆束裝出境以示失好現聞英之鐵甲三艘意之鐵甲三艘德鐵甲一艘奧鐵甲一艘俄鐵甲二艘并水雷船小礮船鋼板巡船共十餘艘已進封希臘各口禁希臘兵商船出入五國之兵非欲戰也欲希臘勿與土戰也希臘君臣至是始知悔亟亟焉謀弭兵不敢言戰事矣

瑞士之能自立

歐洲王政諸國皆以瑞士爲民主小國各國奸民倚爲逋逃藪聚訟於其間乘隙返國兵事遂興故法奧欲分裂其地法西奧東至一千八百四十八年法奥皆有内亂他國亦多變故不遑用兵而瑞之執政復長於治國律明政修各國莫之敢侮與之爲難者惟敎王與耶穌會暨萬國工會三類耳按瑞士雖多敎士而賦性清明不受蠱惑工會諸人欲挾持富人平分其利而瑞人力斥其非又能開通輪道徑達意大利洞山通穴所費雖需十五兆佛郎不憚其難而中止可謂勇於進步矣待各國恩禮有加各國咸派員至其國會議養恤戰士公法暨會議亞勒巴麻船款兩項均有成議矣西國書信往來向無定費而道途之遠近貨物之重輕種種不同欲

得劃一章程價廉而行久無弊者咸向瑞士折衷焉議已定畫押永無改悔瑞都設立總局歲費約計七萬五千而送信之價則以國之貧富大小分爲六等第一等歲費五十分第二等歲費二十分第三等歲費十五分第四等歲費十分第五等歲費五分第六等歲費三分總局收齊次第給發此後道出各國不復納稅惟比利時地當衝要文書絡繹公議籌款以津貼之布置周詳咸稱至善邇來又會議萬國公法於日内威城瑞士内地斟酌盡善各國相從並無間言其見重於歐洲有如是者

比利時爲自立之國

按比利時初隸荷蘭部繼發憤爲自立之國與荷構兵猶未已也後偕荷人至英立約講和荷人許其自王由是列國皆以與國視之始立之王爲賴烏布耳第一經營布置實賴總理外部郎貝爾芒一人故三十年來事事皆臻妥協今王第二爲太子時曾游歷中國伊隨之行行至上海聞前王得病而返然於中國風俗敎化耿耿在心恆不能忘嗣立爲王任爲心腹一如前王倚毗其人學問素優於天下各國之大局均能精心研究折衷至當嘗論舊金山新金山之土人日强一日數十年後必各自霸一方不復服屬於美英美英之勢當稍衰而中國又多兩强國之交涉應付當稍費手又曰方今地球各國名相以畢士馬克爲第一蓋陰以自況也佐君

出政井井有條一切軍國重務皆伊主之侍郎喜梅但畫諾照行而已入其都城閎整精潔在歐洲有小巴黎之稱觀刑部衙規模閎壯爲歐洲冠觀萬恩尼織紗廠所織摺扇衣料手巾披巾之屬均極細緻而歐洲婦人皆珍重之行銷歐洲各國爲比國土産一大宗觀德稜廠製造軍械船礮不亞於英德諸國價較各國爲便宜其餘學堂悉聽民自行入塾無强勉拘逼之勞標兵平時四萬人有事一聞號召立可得十萬人電線鐵路四通八達縱横交互殆如蛛網非留心經濟者必不能有此作爲聞此邦多産馬馬皆肥碩臕健有重至一千五百斤者較常馬高大倍之皆壯馬也郎貝爾芒牧民如牧馬然人皆賢之不意比國一小邦昔時常驅犬拉一車今則馬車載道赫奕輝煌得列於與國之數矣而且軺車四

出與上國冠蓋相往來駐滬者有爾來廷駐京者有米師麗皆極一時選風氣蒸蒸日上以此見賢者之有益於人國如此

英法助土攻俄之戰

事有可已而卽已者況經人排解爭端從此可以息矣俄皇崇希臘敎而土人抑之遂發兵趨土邊境此無理取鬧宜英國君主致書直斥其非且命土人嚴拒之也俄皇怒先奪土丹牛波江畔一省會而踞之土王恃有英法兩國之助乃決意與俄人戰英法二國亦發兵船屯於黑海邊之髮腦海口英命喇格蘭爲將法命勝雅瑙特爲帥遣使約戰俄有兵四萬人駐斯巴斯土撥地方扼守險要又有兵船多艘於該處海面游弋聲勢頗壯而英會同法土二軍亂流競渡直逼其營於山巓爭先陷陣俄兵死傷相繼遂奪俄營壘進逼其城時俄兵已布置周密無隙可乘乃築長圍困之安設大礮於南首山上紛紛向城中轟擊七日不休俄亦能軍蹈瑕抵隙

以馬兵一隊往攻土營土猝不及備俄兵直越土營攻英英兵官嵌伯老成持重嚴陣以待直待俄兵進前始發礮擊之俄兵於是敗總兵羅嵌恃其驍勇直沖俄營俄亦整隊不動以多擊其寡英兵以是敗二軍倏勝倏負均稱勁敵已而俄命親王率全隊齊出直逼三營而陣時値大霧迷漫三國之軍未辨虛實但聞呼殺聲滿天地幸喇格蘭整靜命人自爲戰不爲俄所乘經半點鐘久又得法派生力軍九千援應俄親王度不能勝急命退師然已傷亡不少矣俄皇計窮有人獻開掘隧道之策者促命速開英法土知之亦效尤不少讓迨隧道成兩相逼近幾可接談俄隧名曰馬辣尅夫英隧名立延蟲二軍各向隧道進發怒突狂衝俄力不支大敗而遁俄隧遂爲英法所據俄皇力竭旋卒于軍世子嗣位三國乘

其喪合力攻之立破其城並燒燬城內民房兵壘殆盡俄兵船則嗣皇先命鑿而沈之當是時也英法土屯兵於開米啞一帶計衆二十萬俄新皇知不能敵決意命使求和英法二帥察知其情非僞遂亦各願罷兵命俄國從此不許威逼土耳其俄國在黑海之兵艦不得過額別有加增黑海之濱不許再造大礮臺俄皇唯唯如命不違於是四國公訂和約相率振旅回都英國之威名由此益盛而俄之氣燄亦少衰矣

德人心羡荷人之撫有南洋羣島

蘇門答剌島以東大小島以數千百除呂宋羣島屬西班牙婆羅洲之北屬英吉利巴布亞島之東南屬英吉利東北屬德意志西爲土番胎墨爾島之東半屬葡萄牙餘皆屬於荷蘭蓋荷人善於操舟能行遠利之所在雖數千萬里嘗不憚親征焉攷荷蘭本國褊小計爲方里者十萬六千三百九十四而南洋羣島屬地爲方里者六百又三萬一千二百一十九並較屬地大於本國爲五十倍過之又其地所出有米有棉花有色木有煙有梗楠有胡椒有香料藥材兼有黃白金金鋼石橡皮靛靑諸貴重之物嘖盈充斥取材不盡荷之國用仰之民口共二千五百萬而駐兵不過三萬羣島之民翕然帖然數百年來未聞叛亂雖荷人善於馭遠亦島夷安於

積弱無揭竿之志耳論者謂德意志雖處歐洲中原而東西兩洋無尺寸腴壤以爲藩屬荷蘭近在西鄙舊本日耳曼諸侯今既列爲大邦廣撫屬土未免啟德人之覬覦德之兵力亦足以并荷但恐英法諸國執公法而興問罪之師也然德人固未嘗須臾忘南洋羣島嘗見德意志人所作南洋羣島圖於荷之屬地爲特詳其用意可知矣

日本薩長土三藩勤王將軍慶喜歸大政廢列藩封建改設郡縣諸事及琉球之役臺灣之役西鄉隆盛之亂開拓北海道之役

按日本立國二千餘年禁港不與外夷通自孝明即位英美船先後踵至堅請互市始與定條約非王心所願也既而大臣家倡攘夷之令徵兵諸藩守衛京師薩長土三藩同謀勤王厥後長人礮擊美艦薩人與英人戰互有勝負卒之力屈請和償兵費三百萬始罷兵通商如故大君辭職天皇親政改從西法卓然能自樹立布之令甲稱曰維新明治元年詔開兵庫港陸軍取法於法與德海軍取法於英海陸軍有士官學校專以敎師兵者凡夫地之險要器之精良一一有成書繪以圖貼以說圖說所未盡者以土木肖其形一覽可知

不啻聚米之爲山也又有操練場小隊每日習之間數月一大操君及母后妃后或臨觀焉戎服督隊容肅而儀簡一一規仿西人諸藩奉行無敢梗其議惟德川氏慶喜意見不合上表辭大將軍印促召入京不至起兵江戶大舉侵闕詔削其官爵拜二親王爲帥授錦旗討之兵威所至慶喜勢窮請降入寬永寺待命宥其死罪屏居水戶而舊藩邸第危樓廣厦皆没入官或爲官舍或爲民居其荒涼者鞠爲茂草矣二年罷警蹕喝道改置議政院議員以議地方事亦略仿泰西上下議院之意以諸藩充之材武以薩摩爲最維新之際其國英傑首倡納土撤藩故功臣居十之六長門次之以今攷之其定封藩院一制之例廢公卿之稱祇存華族士族兩類所設官制有三院九省之名三院者曰大政院曰大審院曰元老院九省者曰宮內曰外務曰內務曰大藏曰司法曰文部曰工部曰海軍曰陸軍省置卿輔分其屬專其事而受成於大政官史館式部電線鐵道圖書農商等局皆分隸於諸省因時定制煥然一新又廢東京京都大坂以外諸府並爲縣一如秦皇改置郡縣故事初置三府六十縣者其後歸併六十縣爲三十六縣以蝦夷爲北海道北海一道舊屬松前侯今割分十一國初令諸藩分任墾闢後專設開拓使治之以其土人不事耕種日以驅狐貍捕鯨魚爲事現聞土人種類祇存數千合之後來踵至者當更實繁有徒也四年分命工部大輔伊藤博文爲副使聘問歐美各國又遣大藏卿伊達宗城來中國結好朝議遣使修報遣何張二使往焉至日本宮偏殿見日主西服免冠拱立殿中親遞國書進退皆三

鞠躬循西例也五年攘琉球於中國改爲沖繩縣冊其王尙泰爲藩王擬一等官列華族按琉球鄰近日本自古不相往來獨源氏大日史載尙寧王始服屬事近時日人好事者穿鑿附會又謂王族源爲潮之子甚至疑開國祖天孫氏亦爲其裔多方牽合無非思掩其滅球之迹六年彼因琉球難民爲生番所殺藉端挑釁兵抵臺灣初與大吏議不洽七年又遣使議臺灣事勢在必得大吏不能折之以理怵之以威反以數十萬金賠款了事十年鹿兒島賊起西鄉隆盛爲之渠魁隆盛者薩人也剛很好兵慕秀吉爲人廢藩時以勤王功擢陸軍大將臺灣之役西鄉實主其謀役罷議攻高麗執政抑之去官歸薩設私學招致羣不逞之徒今春以滅賊鋤奸爲名倡亂是島九州騷然日本悉海陸師赴討閱八月始平

死傷數萬計費帑至五千萬計十年中所行無非革故取新以富國爲要務越至於今又因朝鮮之亂與中國背盟遂至失和開戰彼族長驅直進逼近京邑始與議和遣相臣至春帆樓定約而歸姑從其約亦足見　聖主如天之量也

高麗守舊黨之亂

光緒壬午六月初九日聞朝鮮國王李熙猝遭亂軍之變圍逼王宮王妃被難大臣被戕國王雖不見廢然幽閉不能與外朝相接朝臣涉外交者搜殺無遺人民率奔走山谷以避迹其禍亂之由咸稱衅起兵丁索餉而激之使變者皆出自李昰應蓋昰應以太公攝政陰結枉尋利泰二里諸軍以爲羽翼經人彈劾漸作家居昰應憾於失權陰養無賴期尋禍亂者久矣或密藏火藥於王宮而放火者數次又以暴發藥焚殺藎臣國王皆隱忍不發後國王復使其子載冕握兵柄冀其轉圜或可弭亂乃此次亂軍初起先赴伊家申訴不出正言禁止竟置亂黨不問國王無如之何暗中遣使告變中朝中朝遣吳長慶等率兵往辦不動聲色將載冕誘拘南別宮以水兵數十人守之俾亂黨無從推戴然後部署一切先往枉尋里捕其黨羽直擣巢穴其地兩面高山中列街衢瓦屋鱗次分扼兩頭俾不得逭生獲亂黨一百五十餘人次詣利泰里亂黨聞風遠颺亦獲二十餘人是役所獲者共一百七十餘人第戮其首領脅從罔問旋生致昰應以兵護送至瀛洲輪舶解送直隸保定省安置宣示其積威震主謀危宗祏之罪仍優給廩餼終其天年後國王顧念天倫疊懷定省以李昰應年老多疾乞恩歸國便於孝養爲辭嗣於十一年八月間釋其還國父子相見如初是時亂黨業已剗除淨盡當無有死灰復燃之事矣

法人圖越之役較俄人伐土之役尤狡

法之于越也猶俄之于土也越之富良江名紅河者猶黑海兩河之要也我之護越也猶英之庇土也以百靈之約相形則紅河水道即不照黑海封禁亦只准商船往來乃法人恃強逆理既得嘉定曾未幾時復圖東京既得東京復攻南甸既得南甸復攻北圻意欲浚富良江而窺我滇粤此我之駐兵北甯畫河爲界者猶英之保土國亞洲屬地即所以自保印度洵爲至當不易之正理若任由法人開埠東京則紅河之險盡爲法有我不得而問之保勝孤懸關外不第滇粤之門戶將恐多故而保勝之設關收稅法豈能始終守約而不渝乎越南爲入貢之邦其江河通達之便中國尚未行利用之權法竟于東京海口設埠通商設土之黑海兩河俄羅斯

獨自設埠通商不惟保護之英所不許吾恐德奧意法諸國必將起而掣其肘也且彼不過以土爲阨塞之國耳若爲其藩屬或其國連界猶將不止于此而已昔年普法啟釁英人以比利時魯星勃連英境函致普法毋擾其境兩小國得以獲安者皆英庇護之力也我朝于越南興滅繼絕推亡固存歷更三姓載在典籍播之史書昭如日星爲萬國人所共覩均在咸豐八年法人圖越之前法人尚有何說之辭即其于同治十二年與越續約第三款内載從前與何國相交往來通使今應仍舊不可變異是其意明知有一中國在但不肯明言耳其咨總理衙門者亦即此意故自同治十二年越與法國定約以後迄今貢獻不絕仍無變異不然越南果爲自主之國法人何必多此一舉也乃此次議和後彼與越立約聲明凡我所頒詔冊悉行繳還誠若是則我何必出此無名之師以自取人欺津門第三條猶日與越南改約不插入傷礙中國威望體面詔冊既繳威望體面何在前者置越不問猶得存此虛名而出師護越以後併此虛名而無之吾不知爲何說也塞邦布部雖日自立而春秋尚有貢獻中國猶戍屯兵人以爲百靈之約多便私圖吾以爲百靈之約猶存公道非夫人之力不及此世風遞降可慨也哉

秘魯智利之戰

秘魯智利昔爲西班牙屬國今則自立爲國兩國犬牙相錯固宜同其好惡恤其患難得唇齒輔車之義而後可相安無事乃忽啟釁端者何也戰事之興兩軍相見於海上兵船交尚而兵船尤以鐵甲爲要稔知秘魯購鐵甲礮輪船六號一名英納弃騰卻一名阿得歪伯一名永甯一名佛多利阿一名羅阿一名鑾格茄伯按鑾格茄伯在美國廠購到有活礮臺磨旋開礮置五百磅彈大礮三等自頭至尾包裹鐵甲甚厚臨陣時船可沈下出水六寸許敵礮不能及而行駛如飛上有熱滚水管開其關捩則滚水沖入而敵不得上尤爲奇搆智利定鐵甲船二號在英國定造的製重二千噸鐵甲九寸厚每號礮置六門用來福重十二噸若以二號較六號宜其多寡不敵矣然智利乘秘魯不備蹈瑕彌隙鐵艦竟被擄去而秘魯不支矣今智利自亂聞亂黨亦有兵船名意打達在美廷造者私購槍彈爲美國地方官扣留後私行駛回本國而美艦追之不及亂黨自知理屈卽將該船與所購回之槍五千桿解交美國收管亂黨失所依倚正在躊躇適智國輪船二隻載兵入衞亂黨乘其不及防竟擄其一其一船爲其窮追幾不獲免而卑沙瓜一城失守沿海一帶口岸俱爲兵船所封道路阻絶勢難復振而智利亦不支然則講求海軍首貴得人若不得人徒恃船堅礮利巡防稍懈多爲所乘適以藉寇兵而賫盜糧有國者尙宜留意云

馬達格斯之戰

按馬達格斯加島在印度東南方田土肥沃穀果豐碩清勝爲阿非一土之最自古聞未屬於人法人垂涎已久乘間抵隙屢謀取之必期得地而後已也東征之日水陸兩軍由馬賽登舟進發其總統水師者聞爲杜甘司恩先押近造快船在孛來斯地方當水師營務督辦及查驗委員之面加足機力出海試行水鍋二十個祇用十二爐中每一平方法尺之地計燒煤一百七十五啟邁機器得馬力七千四每鐘速率得十七海里有半合中國五十六里有零此增船之數也抵島時又示諭軍中一謂爾等曾與余共事於阿洲北圻等處爾等之功績曾余目擊矣若者爲弁領若者爲水師若者爲陸兵皆極好之勇士也余於爾等甚爲放心而爾等亦儘可惟余是賴今茲之役或甚艱辛然或不至曠日持久爾等素遵約束素勤操練志堅力卓自足以克敵致果耐苦卻病所有預防熱氣之應驗良方早經安排妥貼俾爾等免沾疫氣而爾等亦當力求潔淨調攝得宜并於一切卻病之法敬謹照辦其各勤乃職慎毋忽蓋軍中無甚病者斯爲督帶有方是則區區之意也一謂爾等至彼處待土人不得異視須知彼等皆係法國所保護其身家財產爾等皆不得干犯其人若來並無惡意爾等當以友朋相待卽被獲於行陣之間者一經拋去軍械爾等亦應秉公接待善爲撫循余固不准我兵倚勢横行虐待該島之土客人等倘土客人等能爲我國出力余益必優待而給賞倘爾等有不遵號令不守營規漏洩軍情則當按所過失之輕重以軍律嚴懲爾等其知之委

曲周詳何等體恤實足令人心感戰事有期法水師卽會同陸路兩軍提督梅石然首先奮戰奪得麥羅服愛要隘及盎扒利拉發一路將敵軍分兩路截斷敵人盡向東南遁去所有大礮快礮及衣糧一切委棄無算法兵死者一人傷者五人而已從此島人震懾其威不敢復謀抗拒遂偪之立約歸法保護甫八年耳乃遽佔其所屬之島弱肉强食習爲常矣

英法埃及之事

埃及爲土耳其屬國之一傳位照土例擇長老爲嗣不拘拘於傳子同治五年始令子孫世及不復守土例十二年土王許埃及自主與各國立約通商並添設兵額主持埃及全權名爲土屬實則可以自專矣今王依思梅勒會有內亂無款可籌借法國之債頗多貸英富商金亦不少其借貸英法兩國款項不以興辦鐵路礦務學校耕農有益之故而耗費於玩好礮械可緩之事以致隨貸隨盡無可償還英法以其度支不足乃各派能員代爲經理於是英遣惠爾生往法遣留瑟二君皆鈎稽精核以善理財著名蓋財出於土閒彼國中向稱沃土後被海水浸潤已變爲磽招人耕種無敢受者爲之引河水設溝渠經畫許久依然變磽爲沃租稅有所從出

國用或有不足復湊巨款以貸之意至善也乃埃及王不以爲德而斥退兩國經理之員大有賴債之意英法執政大臣以下莫不忿怒此興師問罪之端所由來也加以土人聚徒作亂埃軍不能平英率兵往討定亂並詰責王斥退之罪本爲印度起見並爲富室貸金恐其本利拋失故不憚勞師糜餉極意經營法之意亦復如是埃及因兩國交偪其勢不支可知也厥後分割兩地以獻以蘇丹分歸英國以馬他牙歸法國抵兩國所貸之數財賦之權仍令英法人所掌留兵戍之至今不撤土耳其怨英法奪其保埃及之權遂遣使辨論促其撤戍應之曰俟埃及能保其國兵卽歸土人不能競也蓋埃及自此益弱矣

法人之滅越南

順化本越南國都城爲阮氏世守咸豐同治間越南殺敎士之案起法兵艦始往攻不克而還轉而經營西貢蓋西貢口停泊極難土人云此口有七十二灣與大沽彷彿其盤旋極狹處祇容一輪法人於此睥睨已久竟得入焉凡啟釁兩次割地六省名之曰科琛米蘭（譯言中國交趾也）分二十小部東西五百七十里南北五百里爲方里者十九萬三千七百四十民口一百六十三萬九千七百七十七其地近海多陂澤所產有棉花烟葉甘蔗凡有用之材木頗多而以稻米爲尤盛法人以西貢爲會城設總督治之通商立埠有公所五曰廣幫潮幫瓊幫嘉應幫閩幫凡華民五萬而分居法屬各省者尚有二十餘萬人出口貨無稅惟米有稅西貢北地爲東埔寨國土音轉爲金邊國又因地產棉花土名高棉國而地圖遂寫爲高蠻國西貢至東埔寨輪船二日程光緒六年法人以計誘東埔寨爲屬國復東侵及占城其略地益遠矣九年法陽借保護之名而陰行翦滅之計攻新河窺丹鳳所往無敵即懷德一敗猶復益增兵力駕四大兵輪攻順化海口阮說督兵力戰數日海口不守法入都城國王脊遁旋立阮福昇嗣位外寇内訌王是乞降立約十三條其首條以驅逐劉團爲名專力於北圻滇粵門戶又嗾奸黨調張登憻入都以阮仲合爲北甯總督仲合即前時通款法人者也敵計甚毒幸不果來而登憻見放彈騶敵關走然張雖不遁城豈竟能守耶越明年東西兩京盡歸淪陷即有猛將守臣力圖恢復大局既去卒亦無濟已餒若敖之鬼誰存趙氏之孤禾黍西風

徒傷憑弔矣

英人之滅緬甸

緬甸一名阿瓦蠻部大國也爲我　國南海屏藩蓋緬地在孟養之南木邦之西木邦境内有波竜銀廠桂家致富之所也孟密西南有寶井思歪創業之地也西人著作豔稱緬甸之河產金沙山產銀銅煤鐵寶石之礦又石油自石縫流出取之不竭石油卽隋油近人呼爲煤油南洋諸島產之而緬甸所產尤佳其餘所出之產如胡椒棉花荳蔻煙葉象牙燕窩海參紅木香料諸物不可勝紀英人垂涎非一日矣其地又與印度相界適一旦疆場有事英人有不長驅直進而覆其國哉無如深入緬境土地惡劣瘴癘頻生軍士多死者將退師反聲言直擣阿瓦緬軍氣沮遂輸金帛請和並割沿海底馬撒及古剌西北之地與英戰勝而反割地此固英人意料所不及也咸豐二年英人以其土官橫征大甚理論不改遂率兵船至郎坤一戰勝之復取北境全土統計前後所得緬甸之地名爲英吉利緬甸置三大部曰北古卽攏古古剌之舊疆也曰阿剌干古剌西北之地也曰地挪悉林那馬撒之舊疆也三部各置長以隸於印度自是緬人之海口伊洛瓦底河兩岸市鎭貿易頓減國窮蹙日甚延及光緒十一年英吉利以法蘭西之并越南也尤而效之亦滅緬甸觀法人之取越南也先取眞臘六省英人之取緬甸也先據沿海三部西南海形勢往往在南而不在北故自南起事者輒勝阮光平以順化勝阮福映以濃耐勝莽瑞體以古剌勝豈非其明驗歟

暹羅勉以自存

按暹羅國舊號扶南相傳已久自乾隆中爲緬所滅其遺臣鄭昭旋復國子華嗣立受中國冊封三年一貢著有明文載在禮部者也聞近日爲王者非鄭氏子孫故朝貢久不至且與泰西立約遣公使駐各國居然立於自主之邦在　聖朝撫綏四夷初無利其尺土一民之心來則厚以懷柔去亦不加羈絆使果能自主未始非西南之屏蔽較之他族處此固自有辨然法蘭西據其東英吉利逼其西攝乎兩大之間而數十年來殆哉岌岌猶能勉强圖存者豈無故哉其王係華籍所用將相漢人居多閩粵兩地之民護衞王者紛至數十餘萬耕屯貿易上下一心近更廣購兵輪精槍快礮延聘德人敎練增築西式礮臺地居瀾滄湄南二江之中春夏間江水盛漲平疇得水禾輒大熟歲收豐稔出口米販至閩粵及南洋各島者常至七八百萬石之多民氣綏靜國尚可爲乃法人因眞臘邊界未淸狡焉思逞相持數月卒能成和不至如越緬之滅亡一旦者在法固虞英人之議其後也蓋英之國本在五印度取緬甸卽以保印度彼暹羅者又緬甸之屏藩也苟歸法人必爲俄有縱橫海上權利已分而新加坡一隅英國經營百年爲南海往來之鎖鑰暹爲法滅卽可由湄南頸地另鑿新河息力商途將成虛設不止暹京商務横被攘奪而已故暹羅一國中國邊防所由係亦英人大局所必爭況暹地華民極衆業已陰得英援又聞暹王遣太子游歷各邦回國盡仿泰西兵法思步日本後塵彼鑒於緬越往事脣亡齒寒行將自及不得不奮發圖强也

咸豐末年天津之役

北塘地勢險不亞大沽明代已設礮臺康熙道光年間皆修葺之迨僧王督辦海防營度於大沽北塘之間已二三年用帑百餘萬金僅成南北三礮臺有備無患法至善也咸豐九年夏五月英人率洋輪十七艘闖入大沽海口旋分步兵上岸王先布置已定開礮擊沈洋船數隻殺登岸洋兵數百領隊官殞焉餘悉南駛當時固恃礮臺以取勝也懼其報復益宜加意增防會有言宜縱寇登岸擊之者王心韙其言遂撤北塘之備移巨礮於大沽南北岸礮臺心非其事者御史陳鴻翊阻之幕僚郭嵩燾爭之皆不聽至十年英法聯兵復至大沽口懲前敗不敢闖入徐瞰北塘防撤遂移嚮北塘先拔木樁繼據礮臺率馬步兵上岸洋兵執槍先以七百人試戰

王馬隊三千王始敗馬隊被其槍擊者殆盡洋兵水陸並進南北礮臺前後受敵南礮臺先失北礮臺僅存王諒難支守適奉密旨退防後路王遂移兵通州繼而屯朝陽門外　天子巡幸熱河恭親王留守京師與英法議和事經兩旬約始定英法兵始退去說者謂王於是役也狃於去歲大沽口之捷誤聽人言撤防又有樞臣密主其事王遂決計行之及此番躬親戰事精銳耗竭始悔縱敵登岸之非計而事已不可挽矣論者又謂此師爲換約而來乘大沽挫敵之後得一諳洋情者善爲迎距則八年原許之款或可探其重者抽去一二彼未必不從即使仍用前約其愈於十年所定之款不猶多乎惜乎當日無其人也

英法兩國之換約

庚申八月英法兩國稱兵犯順都城戒嚴天子親幸熱河以爲集兵控制之計留恭親王等與之議撫逮撫事大定然後換約而去竊謂夷兵雖衆而强其意不過藉以脅和並無利我疆土之志也八月廿九日夷兵入城時親見其事者謂彼兵約萬人薄城而上其氛甚惡九月十一日英國換約自安定門至禮部門外綿亙十餘里步步爲營約萬餘人器甲精嚴居民皆閉戶不出如有異志則此二日已可占據都城惟所欲爲矣換約之時細窺額爾金等面容皆懷疑懼知英人未必不畏我密謀故嚴爲設備並非別有意計也至十日法國換約則便覺坦易禮部門外至安定門並無一兵惟禮部門內羅列千餘人自衛而已計開城至退兵共十九日該夷

未傷一人未燬一屋故此次夷人內擾我國之虛實固爲夷人窺破而夷人之虛實亦爲我國窺破夫以萬餘衆人入城而仍換約而去全城無恙則該夷之專於牟利並無他圖其所注意者惟在商務一節而已且通商一層本與中國兩有利益所慮者以通商爲名而志在土地人民耳就今日之情勢論之危至於擁兵入城尚不足慮此後豈有再重於此者乎彼處漢奸雖多此時爲彼設計亦祇在要求圖利一邊竊以爲夷人不足慮者此也

天津教堂之案

按天主教徒所崇奉者惟耶穌耶穌立說以和慈爲宗近者禁黑奴有會禁鴉片有會犹於虐人之事害人之物尙欲禁之豈有殘酷至此挖眼剖心而恬不恠者此必無之事也同治九年天津教案起哄傳教徒拐幼孩挖眼剖心用以製藥人言藉藉譌以傳譌倏忽間聚衆數千燒燬教堂毆死教人豐大業並拆毁仁慈堂處燎原之勢幾不可遏　上命大學士曾國藩查辦比入津境攔輿遞稟者紛訴此事詢以有無實據則辭多恍惚迨嚴加訊究而其事益虛所以專疏特辨此說之誣祇就燒毀倡首者武蘭珍王三數人駢誅結案而置挖眼事於不問當時物議沸騰咸以爲國藩能平巨寇而不能抗禦教人平日威名喪於一旦幾爲公論所不容閲世

以後人咸諒其心之公忠並知其事之妥協者蓋巳保全和局而原案外並無所讓也夫事必求其公就案論案足矣况挖眼製藥萬無是事不得牽扯以入案然後此案乃可歸結卽舊說有烹食小兒之語（見於前儒顧炎武所著郡國利病書）此無稽之談不可爲訓正不得謂昔人曾有是言而遽信之且聞津案初結之時總理衙門嘗照會各國使臣修改傳教章程俱經該使駁回由今思之其中各條有暫難遽行者如限定各堂華民入教之數撤去女教士女塾卹孤局及非教民子弟不得入男塾之類是也有可以辦到者如某教士詆毀儒教凡有教堂聽華官隨時查看堂中所收嬰孩悉報明地方官教民有訟教士不得狥庇之類是也與其未必能行而悉爲所阻不如擇其可行而先爲商辦因勢利導但盡一分心力必有一分補救庶於教事有益則風不起而波自平薪不添而火自熄矣

雲南馬嘉理之案

昔曾襲侯出使至倫敦大書院輿地會聽敎士馬嘉諦游歷四川貴州雲南之事講罷奥公因署會中首領起爲頌辭余亦贊辭數語言地球各國漸聯爲昆弟之歡歐洲有人游歷中土以考察利益之事亦中華之所甚願吾尤喜馬敎士所云長途六千里未嘗一遇輕慢之士横逆之人不料閱時未久竟有馬嘉理由緬入滇被殺一案按馬嘉理英繙譯官也由英駐京大臣以印度派來中國游歷攜有中國蓋印護照俾沿途所過都邑不得阻攩宜無有變生意外者豈期行至騰越廳屬之蠻允地面猝遭强暴掠其資裝並戕其生此光緒元年正月十七日事也旋遣大臣查辦始悉被戕係因野匪索取過山禮不遂致被殺害緝得匪犯而通凹臘都等十

一名歸案懲辦不特此也十八日又有柏副將被人持械擊阻等因查都司李珍國主謀業已褫革待質定讞案關重大不比尋常況馬嘉理係我和好之國所派職員復經發有護照遭此戕害其同行之員並被阻格未免大傷兩國睦誼若不認眞辦理恐無以慰死者之魂並無以平生者之氣業經大臣分别科罪旋據觀審參贊囘音請現在帶案候辦之人毋致懲辦等語請　旨定奪滇案於是乎結嗣後遇各國持有護照之人往來内地於條約應得事宜務必照約相待妥爲保護若不認眞設法致有侵陵傷害重情即惟該省官吏是問並於各府廳州縣張貼告示使之家喻戶曉洞悉中外交際情形以後衅端自可不作

福州烏石山之案

按天主敎創自外洋明萬歷中利瑪竇東來徐光啟舍家爲天主堂而其敎徧行於天下未爲害也雍正初立法禁之西人頗絶跡焉道光時用廣東巡撫黄恩彤言開各省天主敎之禁而敎士之來自西方者絡繹不絶其徒遂蔓延於福建時值厦門開口日也繼遂請添設福州碼頭以一隅不足駐足必得會城而後可以大啟其敎也自督撫俯從其請而烏石山之敎堂建焉俯瞰全城極其形勝遇講經日遠近敎民奔赴惟恐或後敎民與平民遇事齟齬平民多被敎師欺壓訴不得直遂有燒燬一事欲辦此案初頗棘手然能據理力爭亦不虞其逼也夫敎案之迭出由於敎師之無忌憚敎師無忌憚由於屢次得志每出一案旣懲罪犯又獲賠款查覆

各國皆無治罪賠款之例預擬一議此後中國再遇敎案但治其罪犯不得再議賠償此薛太常之移牘也又有所謂延請狀師者查中國通商口岸遇有華洋交涉等件各執一辭爭論不休各可延請敎師案照西律評斷此丁中丞之别識也二公皆有卓見不屑俯仰隨人各行其是總求於民生有益於國體無傷視向之劉徐唯諾不敢稍拂其意者有天淵之别矣

福州烏石山英人得逞之由

道光壬寅四口通商之議起四口者何江南之上海浙江之甯波福建之厦門廣東之澳門只准設一馬頭而福建獨有添設一馬頭之請在英人意必有所屬也英人所必需者中國之茶葉而崇安所產尤英人所醉心既得福州則可以漸達崇安此間早傳有欲買武夷山之說誠非無因若果福州已設馬頭則延建一帶必至往來無忌其弊將有不可殫述者時在籍紳士許有年等聯名稟阻但使當時督撫極力陳奏必可上邀　諭旨下洽輿情俾英人知中國之不可以非理妄干自當帖然心服乃劉撫軍據情入告不嚴拒之反俯順之其失策在輕許李領事之請蓋李領事初欲於城外南臺起洋樓南臺在城外河下繼欲在城內白塔寺附近地方賃屋居住爲民所阻中止其後建造房屋卒得所請英人遂相挈入城與大小官吏相通謁聽其所爲而曾莫之阻且佔據烏石山名勝競起樓閣按烏石山積翠寺爲會城最高處實擅形勝一若金陵之鍾山臨安之吳山嶺南之觀音山然直踞會城腹心俯瞰全城在目雉堞連雲環拱如畫積翠寺尤極幽雅英人托足其中爲之建牙旗鳴鼓角見聞所及城民震驚此事誰爲爲之劉公鴻翱兆啟於前徐公澤醇釀成於後類皆束手惟命不敢有違而奏疏諱之但言給與城外破廟興造明明在會城內而曰城外卜築明明在積翠寺側而曰破廟其善於飾辭熒惑　天聽如此無怪乎閩省士民憤怨時林則徐家居尤爲閩文吏所忌後經御史參揭徐劉皆去任家居而樓閣之輝煌至今如故過者見之莫不疾首痛心而嘆當日督撫輕許之失計也

英俄議阿富汗北邊之界

阿富汗立國既久道光四年內亂其族類各據偏隅而阿富汗一境又分爲三曰喀布爾曰侯勒特曰堪達喀爾喀布爾本阿富汗所治王强則兩部服之否則各據地自王近數十年來印度之地盡屬英吉利西土耳其斯坦葱嶺西裏海東各回部也高加索斯裏海西黑海東之地也之地盡屬俄羅斯波斯阿富汗介在兩强之間波斯以俄人之窺其西北也常事俄阿富汗以英人之扼其東方也常事英於是英俄交忌互攙波阿之邊侯勒特又介在波阿之間阿母河以南切要地也俄人思得之以逼阿富汗咸豐六年俄使波斯襲侯勒特英人虞其遂取之也急遣兵船駛入波斯海灣掠加剌格島取布什爾在法爾斯部郎瀛環志略之亞不支爾聞其地有海口爲通國大埔頭忽被英取波斯西南震動俄不安也兩國兵釁遂開後經法蘭西王拿坡侖馳書說英俄弭兵乃立約許侯勒特爲自立國至今俄人常有窺侯勒特之意而英人則常駐兵戍之同治十二年英俄始議阿富汗北邊之界彼此不得相越至光緒十年始克成議東自阿母河源西至科遮沙里河南屬阿河北屬俄又自科遮沙里西至塞拉階斯爲波斯東北邊地爲直界界南屬阿界北屬俄聞去年又改議至今尚未定也

俄人修鐵路中國亦宜修鐵路

按俄人南出之路被英人間阻其計已窮遂肆其志於東略自查查東北至謀夫又東北至查周渡阿母河又東北至布哈爾又東北至撒馬兒罕已次第造成鐵路仍將拓修此路東北經伊黎塔爾巴哈台之西又東北繞金山之北又東逾外興安嶺又東循黑龍江之北至白壘羅斯科之東渡黑龍江泝烏蘇里江南上達於圖們江口約略計之所歷萬餘里攷光緒十三年至十四年所成查周至撒馬兒罕之路約八百里以斯比計欲成此工當在十年之後然俄人於圖們江口亦修造鐵路漸次西北期與西方之路接東西並舉成工必速此路若成吾華之北與西與東三面均爲俄之鐵路環繞彼則處處可以運兵處處可以屯餉即處處可以犯邊竊恐將來防邊之亟甚於防海矣節節而防之必有防不勝防之害不如亦修鐵路以通兵餉其路當東自牛莊海口東達奉天又東北達吉林依松花江而下泝嫩江而上西北達齊齊哈爾又西逾內興安嶺達呼倫貝爾傍克魯倫河而西達庫路又西達烏里雅蘇台又西達科布多又西南逾阿爾泰山達布倫托海又西達哈嗒爾巴哈台又西南達伊黎轉而東達烏魯木齊又東南逾天山達土魯番轉而西南達喀剌沙爾又西南達喀什噶爾總計亦萬餘里於是置製造軍械火藥局於牛莊擇各處卡倫要害築礮臺屯精兵通電報一旦有警不難以瀋陽之雄軍救烏孫之急用于闐之寶玉犒遼海之師又何俄患之足虞哉且新疆及外蒙古各部所產或礦石或氈毛均可運出海疆富國之計胥在乎此

新簡出駐各國使臣領事之案

夫出使絕域周秦前未有聞也蓋昉於漢武之詔宜與將相相提並論其矜重爲何如哉必其識量膽略裕於平素溫文博物足以肆應沈靜寬裕足以有容而又達人情通事變批郤導窾從容游刃而悉滅異同於始萌燭利害於機先然後勝任而愉快也夫以西國之素重使才而僂指近百年來自璧斯瑪大意郎加且高弗巴末斯東等寥寥數人外猶難其選矧吾中國從古不與外人相聞問未讀其史未習其語一旦遠涉數萬里而謂於其政敎風俗之本末可以周知必不可得是在敎導於其先也同光以來添設通商各口彼公使駐於我朝者接踵我亦宜遣一介往是以大臣則有全權之命隨行則有參贊之員矣第簡放東西二洋諸國皆有車輪馬跡焉膺是任者斌椿宜垕爲之倡首繼其後者實繁有徒如郭嵩燾薛福成劉錫鴻張德彝孫家穀陳蘭彬何如璋李鳳苞黃懋材鄒代鈞宋育仁崔國因王之春馬建忠黎庶昌輩類皆一時之選駐紮彼都遞國書獻頌詞皆彬彬有禮而於彼國之政敎財用法律兵實諸大端亦嘗鉤考參稽粗知梗槩焉逮還轅報命立說著書即據此以表見於世求一熟察夷情不辱君命能改約如曾紀澤者曾不多得紀澤能轉圜俄君之廷並知崇厚輕許失地之罪一薰一蕕相較不啻天淵膺是任者當何如上副朝廷之委任下慰商傭之企望哉至領事之設刻不容緩中國領事之駐外洋者因地制宜在美則有舊金山總領事有紐約領事在日則有古巴總領事在秘魯則有嘉里約領事在日本則有長崎橫濱神戶三

處領事有箱館副領事多遣參贊諸員分攝其事但使商傭兩相安即云稱職南洋各島較之東西洋尤與中國切近華民往來居住或通商或傭工或種園或開礦不下三百餘萬人其中應設領事者頗多新加坡向設一領事官今改爲總領事而檳榔嶼一埠副領事亦添設焉其餘荷蘭所屬之地應專設領事者三處英國屬地四處法國所屬地一處或以就近領事兼攝倘彼有不從或就其所用華商一人充當甲必丹爲華民素所仰望者飭其兼充領事應無不從總之中國能設領事實於華民有裨與出使有同情焉成案具在固不難一考而知也

鎮南關之役

光緒十年法人不靖於上年十二月大股自船頭來犯攻谷松陷諒山本年正月初九入鎮南於時玉科戰歿履高重傷軍事亦孔亟矣所恃者蘇元春所部及陳嘉六營尚完尤幸先調王孝祺馮子材二部協勦先後趕至關子材素著威名以所部全紮關外建議築長牆東西二嶺間獨以廣軍當中路以孝祺軍屯於後以爲犄角王德榜軍屯油隘專備抄截布置已定諜報法人將由扣波繞出南關以北且斷唐馬兩軍歸路馮軍先扼其要突出擊之敵敗遁二月初調蘇軍還中路助戰法軍揚言將以初八九日犯關馮定計先發制敵卽於初五夜出關襲敵自五鼓戰至初六日午刻破其二壘斃賊甚多初七日法率眾併力攻廣軍營壘以槍隊擊中路

馮王守長牆激厲諸軍曰法若再入關兩軍有何顏面見人誓與俱死合力拒戰卽失去三壘不敢撤軍初八日復大戰賊來益眾礮益繁子材居中蘇元春助之王孝祺當右陳嘉蔣宗漢當左諸軍合力死鬭短兵火器雜進相持許久幸孝祺已將西路賊擊敗親率軍由西嶺抄敵後與陳嘉等合擊而德榜抄截之軍亦自關外夾擊東嶺之背遂將昨日所失三壘全數奪回其遂能如此者由德榜清晨出軍甫谷截援賊爲二奮擊大勝賊餘眾敗走獲其騾馬五十餘匹所馱皆鎗礮彈碼麵餠洋銀之屬斷賊接濟故也法鏖戰兩日彈碼已盡而後收隊軍火被截惶懼無措頃刻間礮聲頓息遂大潰眞法兵黑兵被我軍斬殺殆盡餘匪數百逐出關十里而還初十日子材親率十營出關收文淵收諒山收屯梅計克復越南一省一府一州擒斬法酋六畫至一畫數十法提督尼忌理亞重傷法之精銳盡殲矣法人自謂入中國以來未有如此交之受鉅創者是役也僉言法二次犯關非得馮王蘇陳蔣諸將帥堅忍耐戰必不能取勝其得力也尤在定邊軍截其後路斷其軍火方能奏此大功否則此戰若再不利大局將不可問矣

海國公餘雜著卷二終

續海國詠事詩

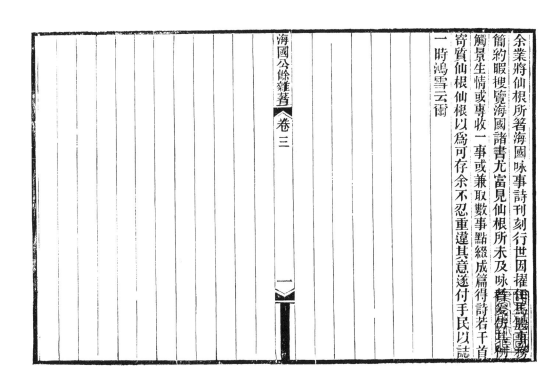

余業將仙根所著海國咏事詩刊刻行世因擢任馬廳事務簡約暇搜覽海國諸書尤富見仙根所未及咏者爰倣其例觸景生情或專收一事或兼取數事點綴成篇得詩若干首寄質仙根仙根以爲可存余不忍重違其意遂付手民以誌一時鴻雪云爾

海國公餘雜著卷三

嘉應張煜南榕軒著　弟鴻南耀軒校

續海國咏事詩

目錄

海國公餘雜著卷三

嘉應張煜南榕軒著　弟鴻南耀軒校

續海國咏事詩

日本按日本之號始於唐咸亨在東海中東北限大山其地東高西下有五畿七道三島一百七十五州統八百八十七郡皆依水嶼其水土氣候與吳越相似以故人物秀麗敦尚儒釋與中國同文字其先惡天主教今乃宗西夷法一變其風氣泱泱乎稱大國焉

縷縷香煙散作雲笠縫殿上御爐薰早朝元日臣僚賀丹陛偕來再拜君笠縫日本殿名

毬子團綿作女兒絡成五色綵紛披相拋恰好逢春晚勝負分朋決一時女兒團綿爲毬絡以五綵每於五月間分朋以角勝負

不用堅魚斫膾鮮祗聞蔬筍喜登筵冷淘慣吃家常飯恰似清明節斷煙東人日食冷淘筍脯果乾卽便下箸尋常人家間日始一舉火

埋香木母寺旁墳豔影花光兩不分惆悵春歸三月半名流上塚至如雲木母寺梅花極盛其旁有一墳名梅兒聞梅兒於三月十五日化去故名流賞花爭弔其墳

豆州老樹半參天長夏渾忘午日圓諸省郎官多乞假盡攜眷屬濯温泉豆州有温泉諸省郎吏多避暑於此

黃菊曾栽帝子家齊開五六百枝花賞秋折柬延賓宋分韻吟詩手競叉御苑栽菊數百盆每盆開花有至五六百枝者

按期每月拜觀音十八良辰喜一臨檢點衣裳香氣襲相邀女伴入叢林日俗每月十八日拜觀音

素面無須傅粉香雙眉如畫遠山長閨房亦尚蛇盤髻也學甄妃一樣妝日本婦人尚盤蛇髻

迎妻造屋賦宜家鵲預營巢蝶戀花一笑春濃含荳蔻又開產舍號生衙古迎妻必造屋名曰妻屋生子每別築產舍曰生衙

尋訪花間到小樓士夫多作狹邪遊深川自是黃金窟費盡黃金善散愁深川爲藏嬌之窟士大夫多流戀於此

揚弓店裏住雛鶯待射人來結錦棚一箭當心郎命中肩頭戲拍笑聞聲妓所居曰揚弓店結綵爲棚曰射所客射中其的戲拍其肩以爲笑樂

燈光照徹野貓家官妓傳觴月未斜休道酒闌情意倦新聲復事奏琵琶長崎官妓室懸琉璃燈諸妓各賽琵琶中國所未有

駿河坊下水迢迢畫舫周游興更饒預囑船娘招阿菊水明樓上豔名標東京駿河坊名流畢萃之地有妓名阿菊者尤豔絕築水明樓於其上非預囑船娘以招之大不易得

梅泉古墓本劉家旁植寒梅已著花酹酒有心來此地尋香多駐美人車劉梅泉墓所崇福寺後植梅數株花時妓人多來酹酒焉

飛集園林見海烏黑身紅嘴態偏殊相逢未必曾相識人面魚傳市口沽

海烏紅嘴黑身人面魚產於日本不多見

既作龍牀又木貓機能使動善鏤雕畫魚一種尤奇絶不用丹塗用白描

日人韓志和巧作龍牀木貓諸器近日畫家畫魚用畫龍法以墨作水以空白作魚渲染尤覺生動

日來灑掃俗塵蠲鋪地花氈分外鮮展盡屏風張盡幞安眠知是夜來天

日人居室每日必灑掃數次至展屏風張帷幞則就寢矣

門庭闃寂若人無花木繽紛竹石俱客至有誰供茗椀但聞拍手代呼奴

日人門設常關行其庭闃若無人客來呼童點茗但聞拍手之聲

神妙如生入筆端高懸粉壁詫奇觀分明一幅雲中月正面何如側面看

平秀吉卓著戰功兼嫻繪事其畫雲中月側面視之尤妙

腳疾奇方擅遠田別傳據腹入香川年來染毒防官妓眼覷橫陳鏡裏天

遠田善醫腳氣疾香川別傳腹診法近西醫預防官妓傳毒於人遣官醫用鏡窺測有患疾者則引而遠之

纏綿悱惻訴哀音賣曲謀生巧覓金人似楊花太無賴曲終殘月照衣襟

設肆賣曲者爲楊花所奏曲多男女怨慕之辭

因山疊疊作梯田兩度收成稻植蓮自是此邦多雨水不憂荒旱屢豐年

日本瀕海多雨因山爲田梯級雲上不憂荒旱

手擘輕絲用女工宵燈相對影搖紅明霞錦本西京出巧比天孫樣不同

日本纖絲皆用女紅明霞錦光耀芬馥西京所織尤佳

陳刀夙擅正宗名一試頭顱不作聲改作礮槍非所尚火光四散大縱橫

正宗刀內堅外柔切鐵如泥自兵法改用槍礮名刀並廢置不用矣

手攜扇子好珍藏摺疊標名製自良贏得名家書畫在泥金紙上有餘香

摺疊扇肇自東人上糊泥金紙扇面經名人書畫者東人尤寶藏之

前導先拋滿路錢白衣送葬綵衣旋他時寒食東風節折取花枝插墓前

撒錢而行日買路錢喪家初用白衣葬易綵衣遇掃墓則折花枝插其墓旁

迺來絶句孰傳名詩集人多著晚晴終讓作歌傳侍宴青宮皇子播先聲

侍宴詩始於大友皇子近則七絶擅場者盛傳栢木昶晚晴堂集

斯須服色易匆匆跡斷梅花繡袴褌聞得輪船新后至選婚不復重菅原

菅原氏爲梅花易服色繡衣不復見是花矣又今王聘英王女爲后

勸學頻聞入校來賜衣偏厚出羣才孰知禮敎嫻儀節女塾先時小笠開

各出藏金延師敎女子校中勤慧者得賜衣服又有小笠原氏禮世習女禮開塾設敎最爲通行

五月天中氣候新節逢地久祝長春一番賜宴豐明殿三百人多侍從臣

五月地久節是皇后生日賜宴豐明殿者多至三百餘人

尋常犀齒露天眞笑口開時白似銀今日緣何牙轉黑始知已嫁女兒身

長崎女子已嫁則薙眉而黑其齒

天逢九一愛新正人祝安居葉插盤笑指兒童解嬉戲每逢高處放風箏

西曆歲首在我長至後十日兒童多放風箏

眩人珍玩器從新六月牛王勝會辰秋末採茶歌四起兒童又迓大明神

六月十三爲牛王勝會九月晦日送迎大明神

算光重化四門開西學人誇創局恢衍得緒餘師墨子西來法本是東來

此邦專以西學敎人其機巧不出墨子一書彼能竊其緒餘而得之耳

重疊花茵置坐隅地衣慣用飾氍毹好奇不惜多金買又事人間未見書

西國進口貨多以氊草爲大宗富貴之家必用地衣又近世文集朝始上木夕已渡海東西二京文學之士每得奇書則珍重從衍誇耀於人而贋鼎紛來麻沙爭購亦所不免

名園春曉試鞦韆三五雛姬半少年別有走繩竿上女肉身偏自號飛仙

日本戲法有打鞦韆走索諸戲

琉球按琉球一名流虬在日本薩峒馬島之南周環三百六十島南北四百餘里東南不足百里舊分山南山北中山三國故稱中山王王尙姓居首里土瘠磽産米絕少用中國文字修職貢甚勤近爲日本所滅夷爲郡縣號曰沖繩可慨也已

禮崇天使快郊迎預搭天橋引入城雲髮錦衣來侍宴行觴若秀錫嘉名

天使册封國王其國預搭天橋跨城而入成禮而後貴戚子弟宴使臣行酒謂之若秀雲髮錦衣頗極纖麗云

髻綰烏雲敢憚煩預除胎髮已成婚見人不使容顏露秉禮名邦示國門

女生不剃胎髮成婚後將髮削去惟留四餘綰一髻於前又見人則取幅巾以蔽面下用細褶長裙覆足其國門額曰秉禮

肄業成均學校開賽官子弟四人來承恩特賜閩中戶三十六家作楫才

中山遣賽官子弟四人來肄業帝嘉其修職勤賜閩中舟工三十六人以便貢使往來

人家多半植棕櫚繞屋森森樹影疏一派綠陰濃密處飛來海鳥作巢居

琉球産棕櫚極多人家處處有之

趁墟人返自山阿一路斜陽照眼多休笑宴賓無酒盞先時入市買紅螺

人家宴賓行酒以小螺杯爲侑

東風吹綠草離離路上荒郊作古碑松檜滿山陰匝地麒麟高塚拜歡斯

郊外有墳園一所是前朝葬歡斯部落處也

不知代處只知王人盡呼爲可老羊三十六間容小住鬬鏤樹葉護山房

其王始歡斯不知代數彼土人呼之爲可老羊王所居舍其大三十六間用鬬鏤樹葉覆之

黑髮回環綰髻雲絕無粉黛麝蘭薰只知用墨鯨纖手創作龍蛇鳥獸文

婦人用苎繩束髮從頂後盤繞至額以墨鯨手刱爲龍蛇鳥獸之文

錢穀誰司遏闊官厥田沙礫苦荒寒金銀酒海磨刀石誰謂

殊珍上貢難
厥田沙礫墝閩官爲司錢穀所貢之物金銀酒海磨刀石諸器

圜堞重重望儼然王宮高建在山巓水光噴出石龍口取吸多人號瑞泉
王宮建於山巓圜堞儼然池水自石龍口噴出號曰瑞泉

尸婦爲神素著名歲寒松栢節長貞能知前事從王說敵憚威名即解兵
俗敬神神以不夫者爲尸降則素著靈異故國有不良神輒以告鄰邦謀犯境輒易水爲鹽化米爲沙尋即逸去

妝成莫笑出門遲言赴今朝賽會期一路衣香聞不斷拜神爭入女君祠
女君祠禱祀極靈賽會日婦女畢集

島夷學問遍遐荒瓦屋三間祀素王無怪王居宮闕壯瑤函玉笈富縹緗
島夷向學皆知尊崇先聖

耿耿星河月一彎聲聞蜥蜴出窗間朝來卻上樓頭望遠送青青馬齒山
琉球蜥蜴多盤窗間馬齒山是此邦勝地

貴家妻偶出城闉馬上高容戴笠身女僕相從止三四提壺攜榼不多人
名族大姓之妻出入戴笠坐馬上女僕三四相從

習靜禪關久未開吟成七字擅名來推敲不出天王寺一个詩僧號瘦梅
天王寺有詩僧號瘦梅道人賦七夕詩擅名於世

龍蝦海物重人間爨器由閩買得還市用金錢歸日本也如宋季小綖環
海錯龍蝦味如閩越國中爨器皆由閩越往地產貝最多獨用日本錢如宋季鵝眼綖環將十折一

萬松院裏好徜徉中有山僧話劫桑性嗜唐人工格調白雲紅葉播詩章
萬松院僧不羈喜吟詩曾作句云黃葉落三徑白雲歸數峯人爭傳之

愛養人間異色貓小眠花下喜依蕉織成素布供人服鳳尾春秋不易凋
琉球樹之大者獨有鳳尾蕉四時不凋可織爲布人不高大惟愛養異色貓

安南

按安南古越裳地秦漢俱入版圖隋唐以來或棄或取至明尚然迄無勝算東北隔富良江西交瀨江廣袤圓方二十九萬方里與中華滇粵接壤部順化離海十八里其東京城在河濱距海三百里居民比順化更繁爲貿易之埠蓋其國之精華也文字與中國同土田肥腴穀果豐稔產五金藥料比爲法

人所制法人自同治元年奪據下安南三省六年又奪得三省爲今西貢等六省光緒十一年越南歸法國爲屬國國君徒擁虛器遷地圖存良可嘆也

李阮陳黎四姓王幾更世局幾興亡干戈屢動中朝討城郭猶存地未荒
李公蘊陳日煚黎維祺阮福時四姓相代爲王

交易人紛萃市商日南諸郡產名香瑞龍腦貢唐天寶妃子承恩賜上陽
日南有香市商人交易諸番處又天寶中交阯上貢瑞龍腦上惟賜貴妃十枚

出市相逢天假緣載歸心已醉嬋娟試場首選乘龍壻得國都緣美少年
安南國王陳日照原本姓謝爲閩人殺人走邑邑與交阯鄰近境有棄地每開市則其國貴人皆出爲市國相爲國之壻有女亦從而來見謝美少年悅之因請以歸令試舉人謝居首選因納爲壻其王無子以國事屬相

相又衰老遂以屬壻以此得國焉

鑿開橫石便行船交廣于今路坦然人謂風雷假天力高駢原本好神仙

安南高駢鑿開本州海路以水中有橫石梗舟行咲人以利竟削其石交廣人至今稱之或言駢以術假雷電以開之

仙艾盈山著雨濃春深花落水溶溶羣魚吞得過江去一上龍門便化龍

艾山在蒙縣山上相傳有仙艾每春開花雨後墜水羣魚吞之便過龍門江化爲龍

矗立天琴出海隅夜聞陳主笑相呼合同安子飛昇處海嶽名山第四圖

天琴山在東海邊相傳陳氏主游山夜聞天籟聲故名又安子山爲漢安期生得道處宋海嶽名山圖以此爲第四福地

結隊爲毬五色施戲抛兩兩號飛馳作歌男女來相會將老春光上巳時

上巳日男女集會結綵爲毬歌而抛之謂之飛馳

銀圈飾頸髮蓬蓬女子相逢道路中喜食檳榔不離口絕無羞澀露脣紅

女子頭上飾以銀圈喜食檳榔故脣紅

樵徑稀踪路頓迷爛柯山頂與雲齊深巖絕壑無人到但聽猩猩狒狒啼

交州有爛柯山獸產狒狒猩猩

酒樓聚飲合仙邀畢遊園見象調屈足乞錢由鼻拾喜從檻側購香蕉

西貢碼頭有酒樓曰合仙又花園中有象一頭見游園者屈足乞錢以鼻拾取就檻側購香蕉食之亦一奇也

圍城百里褭霜華禾稼經秋盡吐芽隴畝巡行看不盡四人舁網號翁茶

諒山城一名圍城百里內有霜土人於其時耕種謂之霜耕又呼官爲翁茶出入四人舁網而行

道途罕足半藤蘿草木滋生蔽地多此去畏天關上路冊封使者怕經過

鬼門關一名畏天關草木蔽天幾不得路

重譯人旋鳥道通食供薏苡味無窮沿隄共識皇華使駝紐新頒玉印重

薏苡仁可避瘴氣使人多食之

上下思交各一鄉氣噓蛟蜃路迷茫山空葉落稀行跡卓午人纔見太陽

上文下文上思下思皆州地名其地多霧寅時卽迷漫四野土人謂係蛟蜃氣午前不見日

西向黎城對二山左鞍右傘勢回環民間兵食供常慣搜粟時看校尉還

黎城左鞍子山右傘子山又安南兵食概取諸民

六尺金多買地基銀苗旺處利無貲宋星廠地人滋事牒解回家問始知

宋星廠銀礦極旺有州人黃姓在廠滋事安南王牒解廣州曾訊以所得幾何而遠走徼外渠對曰利實不貲礦旺處畫山僅六尺先索銑值六百金始聽採

親戚相隨笑語喧各張一傘蔽晴暄新人不著鴉頭襪跣足偕行入壻門

娶婦之家延親戚一路相隨各張一傘咸跣足偕行

畧行日午正當天遮蔽驕陽戴笠圓赤脚女人多上市手攜荳蔻換青錢

市中女人戴圓笠

耳聞順化治兵輪議事邀王出國門難得識高阮宗室集兵一戰冀圖存

法駛四大兵輪泊順化口要王出議事宗室阮說阻王不行集兵突擊之戰一晝夜殺傷相當

國門宵遁去匆匆甘露邊隅暫寓公回首故王妃尚在止歸潛把一書通

兵敗阮說奉王夜遁於廣治府之甘露地時故王阮福時大妃在宮召后妃作書脅王歸太妃潛函止之

遠避兵氛三猛山勤王有衆濟時艱煥棠敕授宣光職三百枚金犒賞還

說奉王遠避三猛山閩煥棠擁衆據保樂州說檄之來授以宣光布政使並給三百枚金犒賞還

豔說劉錡得士心紙橋一捷報佳音統兵大帥行間戮願贖頭顱二萬金

淵亭紙橋一捷五晝授首法人願出二萬金贖之

重賞能頒十萬帑持歸原檄誤家奴傷心失律人長戍城北空聞獻地圖

北甯之役徐曉師遣家丁韓齋文檄淵亭戰賞銀十萬金僕將原檄繳還兵是以敗又曉帥獻安南地圖

赤盤羅列夜焚香手挈銅環貌若狂患病人家延治鬼魖婆高唱韻琅琅

魖婆善唱曲越俗好鬼延以治病席地列米盤焚香起舞搖銅環琤琤有聲

勸人且進掌中杯曲妹當筵侍飲巵酒後歌喉纔一囀紅牙按拍唱新詞

歌者娛客曰曲妹仿古官妓所唱多古樂府

不少詩人筆若仙閨媛秀出句尤妍梅庵公主眞風雅詩集曾聞著妙蓮

妙蓮爲國王女弟曰梅庵公主著有詩集

子山石刻仿唐初石上留題問孰如記作平甯靈濟塔兼傳人說漢超書

廣安安子山有詩刻石書是唐初人又諒山靈濟塔記爲張漢超書

滿壁鐫詩繞綠蘿三青古洞枕巖阿不徒銅柱擎天立漢代猶存馬伏波

諒山有三青洞鐫詩滿壁又銅柱相傳新息曾立於此

輕裘緩帶自風流駙馬翩翩號粉侯姬妾滿前僮八百豪情坐鎮北圻秋

黃駙馬佐炎督軍北圻姬妾數十家僮八百極一時之盛

水流屯鶴黑兼紅匯入三歧港口中此地維舟千百隻榷關收稅喜流通

瀘江綠水洮江紅水沱江黑水三水匯於屯鶴是謂三歧爲商賈往來之所設關收稅

峯巒聳拔五行山時見猿猴出樹間足駐上台探石窟洞天福地署仙寰

五行山極高峻時有猿猴往來樹杪山中有上台寺有石窟題曰洞天福地

一線羊腸路渺茫深箐幽暗日無光噬人飛蛭紛無數不獨山前有馬蝗

入天篤路一線羊腸少見日光沿途飛蛭噬人馬蝗尤多

敢獻金人一代身登庸伏罪感皇仁罷兵不入阿南國策用唐黃二藎臣

莫登庸侵奪四峒朝議使人諭之登庸服罪願獻代身金人遂罷兵

誰栽老桂大山巔此品無多頗值錢列入醫方除膈症但餐少許可延年

石地山有大山爲通國之鎮其巔有老桂其値五百易一士人云得眞者以醫膈膜立見功效

竹篠當寺掩重重時有山僧對面逢煮茗呼童供過客不知可是密雲龍

竹篠交互中有一寺住中國僧極風雅煮茗傾談列品茶小杯如半卵

寢室留香自足誇昔傳百粒助情花此邦亦有紅飛鼠合藥偏宜富貴家

紅飛鼠茸毛肉翼雌雄伏花間得其一則其一不去婦人採之以爲媚藥

獨殊好尚女人家白齒朱唇莫漫誇最愛黑雲堆積墨合將顏色比寒鴉

俗貴女賤男以黑色爲美

九眞交阯地徵祥鹿雉曾聞貢上方復有羚羊能碎石至堅休論侈金剛

宋元嘉末交阯獻白鹿漢光武時日南九眞貢白雉又高石山出羚羊角而中實極堅能碎金剛石

子處皆雌號野婆道逢男子背爲馱腰間一印常珍護剖視文原異蚪蝌

邕有獸名野婆其羣皆雌無匹偶每遇男子必負去求合嘗以手護腰間不置剖之得印方寸瑩若蒼玉字類符篆不可識

鹽醢多收蟻子忙虔留貴客出家藏炎天不乏波羅蜜生食香甜味最長

古載交州溪洞酋長多收蟻卵鹽爲醬非官客親族不得食又波羅蜜大如木瓜五六月熟味最香甜

暹羅

按暹羅與安南緬甸幅員相接北與雲南西藏廣西交界以海爲界東西約三千里南北相距共有九十萬方里都於曼谷土沃產豐風俗强悍習水戰仿泰西兵法思步日本後塵彼實見緬越爲英法所據唇亡齒寒行將自及不得已竭力圖存除此亦無善策也已

曉日臨窗影上紗王僚肅立靜無譁捲簾忽見宮中女治事君王始坐衙

王坐衙治事先見二宮女捲簾臣僚皆合掌叩頭

出巡街市耀光明晝燭千條侍女擎擁後標槍成一隊絳綃仙子內家兵

王出巡宮女子執巨燭自成一隊雖白日亦用燭然又有宮兵執標槍以爲內兵

織金五色彩衣輕足著花鞋手繡成不信閨中柔弱質亦能跨象道中行

暹羅在廣東南婦人粧飾略如中土衣服五彩織金花幔曳地皮舄紅黑分明又其主女主柳葉王行乘象婦人亦能乘象

香油香水氣流馨盥洗先供饋小瓶紫赤白黃分四色堆盤餅餤實充庭

王先遣人送香油香水以供盥洗入宴日並設草菓盤一上列紫赤白黃四色之餅

布衣雜色服雲霞金鎖王珍不浪加每値嫁期先五日女家作樂異男家

男女通以朝霞朝雲雜色布爲衣惟金鎖非王賜不得服每婚嫁擇吉日女家先期五日作樂飲

喜用嵌冠在上頭異常寶石有誰侔一九尤重紅鴉忽照眼還如五月榴

紅鴉忽寶石明瑩如石榴子

羣僧迎送入門中一片歡聲笑語通拾取懷中春一點貼郎額上認猩紅

暹羅婚娶羣僧迎送新壻至女家僧取女紅貼男兒額上日利市

願慰私心遂所求惑人心志馬來由閨中少婦癡情甚不惜多金買降頭

暹人善作降頭婦女尤篤信其術

絶無忌憚任人嬉風俗何時得轉移列女傳還頒百冊始知閨範不忘規

婦人私華人恬不爲怪又貢使回時賜列女傳百冊

秦晉歡聯兩國婚人非吾耦不須論未諧姻事羞成怒忽報鄰師入國門

鄰國東蠻牛求壻不許即發兵破其酋

色分白黑貢猿熊小國傾誠使盡通王姊亦輸金葉表兼將方物貢中宮

王貢白猿黑熊及方物王姊亦遣使進金葉表方物于中宮

日出漁船繫小湄生魚競買貫楊枝就中揀取神靈物喜得支牀六足龜

其國有六足龜氣能吸蚊

不愧眞修鍊行尼情根割斷女蘿絲皈依我佛人皆慕半分家貲作佈施

人盡居寺持齋受戒富貴家尤敬佛萬金之產即以其半佈施

持齋素食不加餐誰似山僧耐苦寒通國善營三寶寺至今傳說祀中官

其國崇信佛敎又有三寶廟祀中官鄭和

居然鵝鸛習成行水戰原來至擅場大將裹身周聖鐵堅剛刀矢不能傷

暹羅習水戰大將用聖鐵裹身刀箭不能入聖鐵者人腦骨也

生存華屋葬山邱手植青松馬鬣秋最苦貧人無死所羣鴉啄後付中流

富貴者死有葬地貧者移置海濱任羣鴉飛啄頃刻盡謂之鳥葬

作成逆旅好姻緣夫壻明知意坦然嘖嘖反誇吾婦豔丰神如許動人憐

婦私華人則夫畢觴共飲反誇口於人曰我婦美爲華人所悅也

鮮花折取助嬌妝有約同時禮梵王攜得降眞安息品佛前長爇一爐香

降眞香安息香皆暹產

銅錢滴滴盡歸公傾瀉成模樣不同鐵印印文留在上舉行一國盡流通

所用銀以鐵印印文其上無印文者以私銀論罪

紫瓜甘蔗並椰漿作酒人家味自香宴客鯉魚多上席蠏膏獨不見含黃

以甘蔗紫瓜椰漿造酒味亦香每宴客黑鯉魚最多獨不見蠏

人好樓居近水邊豈眞雞犬亦皆仙黃琉璃簟綠籐蓆偷得餘閒自在眠

民多樓居以綠籐蓆竹簟聚處其中

城門相去祗三重圖畫飛仙著色濃王出隨行先婦女金花手捧步雍容

城門有三重相去各百步許每門圖畫飛仙菩薩之狀前隨婦女數十人手捧金花而行

邇來海客到山隅匙箸驚看入畫圖拾到百餘雙返國不知原是木花鬚

滿山悉是黑漆匙箸其處多大木仰窺匙箸大木之花與鬚也因拾百餘雙還之肥不能染

翡翠潛居樹上枝求魚類不出山池蓄人持網身藏隱每伺來時誘一雌

翡翠自林中飛出求魚於池蓄人持網以樹葉蔽身籠一雌以誘之伺其來則罩

緬甸

按緬甸暹羅安南三國皆在南洋與印度交界都城在阿瓦有部落四十八戶口四百萬風氣與暹越略同今爲英人所據南藩盡失噫可慮哉

王居壯麗露崇垣偶擊金鐘靜裏喧歌曲昔傳名十二樂工皆用老崑崙

王宮設金鐘一寇至則焚香擊之以占吉凶又其曲名十有二樂工皆用老崑崙奏之

祝髮僧居尙幼年婆羅籠段服殊鮮民間涉訟誰分剖但使焚香跪象前

民七歲祝髮上寺衣用婆羅籠段有一巨象高百尺訟者焚香跪象前自思是非而退

嗜好天生勝酒漿飯餘常愛嚼檳榔緋紅一笑噴如雨咳唾隨風氣亦香

緬甸男逸女勤每飯恆嚼檳榔

髻戴金珠眉掃蛾身穿裙子號青婆女人裝束殊方異青氎城中覷面多

頂作高髻飾金珠琲衣青婆裙披羅段又其國以青氎爲城周一百六十里

提兵七百救阿禾與敵相逢隔一河象八百頭騎萬匹寇兵無數不驚多

阿禾告急忽都等率兵與緬遇一河邊緬象八百馬萬匹忽都僅以七百人擊之獲勝

遣官納款大公城榮錫王封報緬平銀印虎符相繼給來朝人謝賜衣行

納款後封爲緬王賜銀印並錫世子虎符來朝入謝帝加賜衣以壯行色

緬人情願屬中華詣闕來朝遣洛霞從此源源貢方物牌符冠帶賜頻加

緬甸頭目那羅塔願臣屬中國特遣洛霞等貢方物帝以金符信符冠帶賜之

首惡生俘解至天加恩賜宴敞華筵論功喜獻思機發分地酬庸予麓川

馬哈速遣路猛獻思機發帝賜宴並以麓川地給之

少倚娘家一少康洞吾突起拓封疆自收岳鳳爲心腹半壁山川霸一方

莽紀歲被木邦孟養所滅其子瑞體奔匿洞吾母家及長有其地兼併諸蠻復得岳鳳爲助專霸一方

天波出走主同行一紙書先入緬城駐足預營河上屋獻來新麥免呼庚

明亡沐天波偕永明入緬緬人迎之預營河上屋以居並獻新麥

開花砲子滿城飛心怯兵威不敢違始借通商終滅國誰憐鄖子已無歸

英人攻緬緬降禁其王不得有爲

一望平疇墾仰光米糧出口稅無量此間新建甯陽館萃聚多人是粵商

仰光爲英人新開地客商多新甯人近建甯陽會館一所

南洋各島

新嘉坡

按新嘉坡古柔佛國即滿剌加本暹羅屬地明天啟崇禎時爲荷蘭所奪至國朝道光年間英吉利以萬古累島易之戍以重兵生聚敎訓遂爲南洋大都會迄今出西洋爲必由之路地氣和暖閩廣人居此爲多西夷輪船薈萃於此購易煤米誠出洋之要區也

護政司官置一員畢奚繼軌衆稱賢出洋婦女窮無告保護生還返里天

星洲華民政務司凡中國窮檐婦女被奸民誘拐出洋俱歸保護送其歸鄉任是職者前有畢麒麐後有奚爾智爲尤者

小隱星洲數十春未聞枉駕見要津從遊弟子多高足出使諸邦記稷臣

曾君錦文人品高尚卜居星洲在兵艦巡洋過埠未嘗與曾從之遊者如羅君稷臣拜出使大臣之命其尤著也

錦繡成堆信手拈等身著作逐時添又開新報天南館執筆人間是孝廉

澄海邱君菽園孝廉工詩又著書三種行世近復開天南新報館于星洲流行海內人豔稱之

檳榔嶼

按檳榔嶼前本荒島自英人到此地方稱爲新埠並作胡椒丁香園種園者多閩粵人英人設監督收其出入稅並撥敘跛兵二千駐防其地與新嘉坡相犄角稱雄海島焉正不止山水清秀已也

往署華民護政司奇書喜閱未嘗離少游嶺海能諳語通事無煩再費詞

英員辛達士少游粵東嘗讀中國書見客能操粵語無事通事也本任新嘉坡巡理府未幾檳城華民政務遺缺英廷調君往署

棐几湘簾淨掃除枇杷門巷訪仙居著名角妓欣相見黑膩

豐肌笑媚豬

檳嶼妓室棐几湘簾布置閒雅游其中者見妓肌膚如淡墨色類皆款留殷勤手捧銀盤以檳榔進

山泉飛出響潺潺浴室新開數十間浴罷頓驚寒氣襲振衣起趁好風還

檳嶼一曰庇能閩是閩人語其山頂有泉可浴人在其中營浴室數間方池開廣可容數十人凡過客泊舟者多在此試浴寒氣襲人儵然脫去塵垢幾許

地闢名園任意觀小猿異鳥足盤桓許君風雅人皆識宦跡曾推甲必丹

許君擁貲鉅萬構名園所蓄異鳥小猿極多人極風雅少壯曾爲甲必丹

出沒波濤狎若鷗翻身落水不知愁水中撈得高擎手無怪銀錢客子投

嶼中小兒俱善泅浮出入波浪中狎如鷗鷺遇洋客投以洋銀擎兒於水中撈得之高擎其手舉出以示客

廣購田園土克安歲時仍用漢衣冠身穿補服來相謁繾綣情輸出使官

王君文慶居此已三世置田廬長子孫而歲時祭祀俱用漢衣冠聞前星使過此頂帽補服曾來謁見足見其心念本朝愛戴不忘矣

呂宋

按呂宋居南海中爲千絲臘屬國千絲臘即西班牙計其地有三千里有奇南北東西相去二千餘里與海相距亦數千里內中外三湖各廣三百餘里土番戶口不下數萬與中華閩廣相近向由法普兩國立君同治年間彼此爭立釀成巨亂普卒破法所屬之島一原名蠻里剌島明季改爲小呂宋

預收兵器設謀奇事起曾無寸鐵持簿錄姓名人入院聚藏一網打無遺

酋言發兵侵旁國厚價市鐵器華人貪利盡出而鬻之於是家無寸鐵下令錄華人姓名合三百人爲一院入即殲之

機易山頭礦本稀樹生金豆妄言非物原有主人難占越境

官來反見譏

時和等入呂宋酋問天朝欲遣人開山山各有主安得開且言樹生金豆是何樹所生時和不能對酋大笑

虐役華人大肆威鞭箠士卒伏危機刺酋竟有潘和五駕得輕舟載寶歸

其酋征美洛居待華人操舟者至酷時有哨官潘和五起刺殺其酋盡掠其金寶甲仗駕舟以歸

夙聞海上立奇功相助官軍定伏戎況復入朝貢方物紗羅彩段賜加隆

官軍追海寇林道乾至其國國人助討有功後朝貢帝以助討逆賊正賞外有加賜

有鳥同羣性最靈能知大義海冬青得禽睛待鷹王取餘肉均分帶血腥

其地產鷹鷹王飛則衆鷹從之或得禽侯鷹王先取其睛然後羣鷹方啖其肉

望衡對宇兩家居配偶先時訂定初直待成婚好時節雙雙

同詣講經廬
漢人娶番女必入其教禮天主堂

婆羅洲
按婆羅洲島於古無考宋明時始通中國入貢封王其地長二千七百里闊二千五百里統計之方約一百萬里戶口二百萬荷蘭初到此洲欲據之土番以毒草漬水上流荷蘭受毒去後卒於海濱立埠頭四諸部皆聽命焉

東西分領二王居遣使來朝進國書方物極多誇海島珍珠
瑪瑙及車磲
婆羅國東王西王各遣使朝貢其貢物不出珍珠玳瑁瑪瑙車磲

男女同行各佩刀睚眦見殺即潛逃但期一月無消息依舊
逍遙會爾曹
其國男女皆佩刀而行與人不睦即刺殺之奔走他所一月之內得獲論抵一月之外出者不論

花蕉作布不停揮女子先時備嫁衣祭用犧牛原見慣記曾

背上屢騎歸
女子解織花蕉布其地有禮拜寺每祭用犧

徒行從不用肩輿侍者相隨二百餘一握繡巾頭上裹任民
瞻仰莫生疏
王出入徒步從者二百餘人頭上常裹一繡花巾

敵人來擊震兵威出走山林棄國畿藥放上流從下注雄兵
毒殺喜重歸
佛郎機舉兵來擊王奔國人出走入山

圓目黃睛狀似猱黑人充貢入皇州生平最怯廚中火一著
烟薰淚欲流
婆羅國以黑小厮充貢其人圓目黃睛猴狀如猿猱一著烟眼淚長流

吃齋但解飯雕胡永禁花豬入口無飼爾長生香積寺一生

從不受人屠
其人崇釋教惡殺喜施禁食豕肉犯者罪死

食器人多葉用蕉情移青色汝州窰最珍磁器添圖畫喜作
龍紋水墨描
初用蕉葉爲食器後與華人市漸用磁器尤好磁甕畫龍

巨象王乘出市衢執盤繡女作前驅臨流更自饒風致坐視
輕橈撥水珠
酋著繡女數百人出乘象繡女執檳榔盤以從或泛舟則用橈以刺水更饒風致

遥聞銅鼓擊聲喧買物人來坐地繁當意置金持貨去市中
交易不交言
商人持貨入村擊小銅鼓爲號置貨地上相去丈許其人熟視當意者置金於旁主者遥語欲售則持貨去否則懷金以歸不交言也

夫婦情關兩姓聯行同攜手坐同肩紛紛左右捧盤盒翠繞
珠圍簇滿前
華人自相婚配甲必丹夫婦攜手而行並肩而坐絕無拘束左右執盤捧盒者滿前風俗使然也

一曲春風夜度娘溫柔鄉裏喜尋香閒花寄語休輕採酖毒
貽人恐中傷
瓜哇女人有毒中國人接之非病即死

一襲衣裳六幅裙樽前對舞兩相欣天然配偶從中定一結
同心繫不分
男女則兩相欣悅則對舞以定匹偶

笑將茉莉喜相遺但嗅花香不敢私堪笑女人沽水洗生憎
髮短冀長時
女悅華人持茉莉相遺憚法嚴不敢私有私者輒削其髮女若髮短問華人何以致長紿之曰用華水洗之則

長競買船中水洗之

恩信孚人惆遠游不令外出擾商舟如何忽變澆漓習稟性都由買哇柔

酋待商人以恩信有子不令外出恐擾商船其妻乃買哇柔酋長之妹生子襲位聽其母族之言乃多爲欺詐

樹心釀酒號加蒙美釀非徒稻秫工客子宴闌酣醉後倩人扶掖過橋東

加蒙樹心可造酒又善釀秫爲酒愛敬中國人見中國人醉者則扶之以歸

置酒王宮喜結褵舉觴珠串坐中窺副王索取婆羅拒返國來攻出六師

柔佛副王子送子到彭亨就婚其妹壻在坐手中有珠副王索取不與副王歸國起兵來攻彭亨不戰自潰

區分食器判高卑王用金銀眾用磁攜手牽羊婚事重兩家匹敵耀門楣

王用金銀爲食器羣下則用磁器無匕箸婚姻亦重門閥

宣勤大庫吉甯仁王室抒忠竟殺身一樣彭生同報復家家崇祀目爲神

吉甯仁爲柔佛大庫忠於王見殺王弟後王弟出門墜馬死人以爲殺吉甯仁報自是家家祀之

盡載貲裝作賈賓回鄉遣使告家知若教先事無人接依舊揚帆出海湄

巫來由出海貿易必盡載貲裝而行船回則使人先告其家必使其親迎接妻妾覩到然後回否則以爲妻妾所棄即便揚帆而去

鐘鼓樓中日月新求婚大國善交鄰代持門戶男依女不重男人重女人

酋所居旁列鐘鼓樓地與柔佛鄰自與結婚姻無侵陵之患婚者男往女家持其門戶故生女勝男

稅重無如賣酒家細民嗜飲盡揄揶澆愁把盞愁難斷空說前村有杏花

酒禁甚嚴有常稅然大家不飲惟細民無藉者飲之其曹偶咸非笑

護行勇壯各持槍民見王來合掌忙爭訟有人持燭入言王今日坐朝堂

王出有勇壯數十擁護而行各持標槍見者咸蹲身合掌王坐朝堂決事爭訟者咸持畫燭一對而退

蘇門答臘

按蘇門答臘長約二千餘里中有大山綿亙日萬古屢迤東窪下林莽穢雜道路難通部落之大者日亞齊西人稱日亞亞珍東日錫里再東日霸里與錫力隔海相望大亞齊西盡海轉西至海島之南面日小亞齊迤東日蘇蘇再東日叭嚐再東日芒古魯東盡海轉西北入峽口峽之兩岸日舊國即三佛齊國中別一島日岡甲諸部皆巫來由族英荷分據各海口道光中英人以此易麻剌甲遂全歸荷轄矣

三分鼎峙夙稱神空氣皇天后土新下等原來殊上等四山各佔一金身

巴丁族中人多愚昧謂世上有上等大神一皇天一后土一空氣其下等四神各佔一山人間禍福皆此四神主之

迢迢海角塔三層閃閃紅搖不滅燈司夜有人添夜火風來常怯冷于冰

海角有塔燈一所闔司其役者常怯海風砭骨

坐賈持籌握利權闤闠交易日中天地攤亦有華人擺莫笑區區少本錢

擺地攤者名日巴扯

野馬奔馳萬木叢自生自長此山中高枝喜見獮猴挂口嚼山桃一顆紅

此地有馬山野馬成羣未易攫取

花邊今日漲荷蘭國課終須藉此完加水平分兩相匹一元

竟作兩元看
荷蘭花邊極少一元可換英銀兩元

兩邊茂樹列千株中道平平白石鋪來往佔人多似鯽馬車終日任馳驅
入沙彎口兩邊樹木特茂

錫塊成團掘一山泥塗取出敢偷閒陡聞價似春潮長一本幾同十倍還
錫價近今極貴繳工人自此起家者極眾

會館宏開土木華梁姚李鄭四名家諸公好善捐銀餅洋米連航運海涯
鋪律五屬會館近今始建

樓高四丈壯王家木板周圍四面遮獨有降眞香一樹遠聞香氣勝蓮花
土產降眞香甚妙名曰蓮花

海舶西來那没黎帽山平頂路無迷叢山淺水珊瑚樹琢取枝柯等璧珪
浡里國帽山下淺水處生珊瑚高三尺許

五印度
按印度爲天竺轉音古稱佛國地大物博繁庶與中華等東印度川滇接壤尚宗佛教中西北爲英人所據改從天主教惟西印度宗回教昔誇佛國今亦凌夷興言及此可勝慨哉

愛植仙花小院東採花揉汁喚家僮私心欲博檀郎喜染盡春葱透甲紅
少女好種鳳仙花用以染指甲作赤色

沿途賣技說衕衕口度番歌抑復揚漢曲兼能粗解唱異鄉人聽更悲傷
有女稱衕衕者妝飾倩麗口唱番曲又復善舞宴飲侑觴亦有能唱漢曲者

項環瓔珞耳垂璫短短春衫淡淡妝薰遍沈檀衣著體經過街市氣猶香
印度女人短衫項遶瓔珞耳垂寶璫焚沈香以薰衣所過街市經時香氣不散

碧桃和露種瑤宮人面花容比較同惆悵花顏易凋謝落花如雨怨東風
白面國其女儀容雅媚美豔易凋

畫眉祇許在窗東出外隄防更覺工遮蔽全身人莫見宛同新婦閉車中
白面國其男將女嚴禁閨中若出過市則渾身蓋蔽

一水恆河護聖城朝朝赴浴日初生樓臺廟宇今荒廢僅剩浮屠半級橫
恆河水相傳可消罪孽故每晨男女來浴者可數千人河上有古廟遺址瓦礫堆積里許僅存浮屠半級

嬖姬夢妲返淸虛回廟新營縹緲居所費不貲財力竭國傳一再遂爲墟
印度王有嬖姬曰夢妲有殊色早夭王哀之築墓宮側上建回廟廟制奇麗玉壁金階所費不下萬萬歷二十二年乃成然已財殫力竭一再傳王社遂墟

塔頂平臺白石鋪纍纍荒塚没春蕪環岡廬舍椰林雜一幅丹靑著色圖
敷嗽巴島環岡廬舍萬家中雜椰林濃翠紛披如著色圖岡陰有一圓塔塔頂平臺包社人死後陳屍之所

奈兒河畔水茫茫築壩誰爲捍一方貞女殉身人仰慕咸攜香楮拜娘娘
埃及有河曰奈兒嘗罹水患有貞女願築壩禦此水災將合攏入水以殉眾塑貞女之像建設壩上名曰奈兒娘娘

地分孟買作妝奩歲納金銀敢謂貪煙稅更敎加鉅萬提封休怪錫諸男

葡王以女妻加祿第二世遂以孟買爲奩資加祿與印度公司約遂納稅銀十金磅又富人沙遜進鴉片稅數百鉅萬其后借賑濟爲名錫以男爵

相傳世業本同科互結婚姻附蔦蘿配合尊榮無與匹貴家門第重婆羅

士商農工各分品類世守本業始得互相婚姻一出其類卽謂忘本門第以婆羅門爲重

地號開來江面遐船橋作費斂商家行人一度一羅比稅重無如是馬車

此江名開來上作浮橋以船聯成之名曰船橋每一馬車過浮橋英人收稅洋銀一角

千株椰樹綠陰稠種植何人利倍收不讓森森千畝竹提封共羨渭川侯

是地多椰子樹每歲每樹稅洋銀八圓有椰樹千株之家卽爲殷富

此間地僻獲貲艱市肆寥寥只數間鞋店獨開三十載主人鄭姓籍香山

梅琍商務獲貲艱難多一家卽便閉歇惟一皮鞋店來此三十餘年矣店主人鄭姓籍香山

一水程途隔海通棉花洋藥利無窮連艘運出科耶埠出口惟玆是大宗

錫蘭與南印度祇隔一海峽南印度棉花洋藥各項砌由多得林出口運至科耶埠然後轉運中華

欲得從禽縱獵場圈圍數十大村莊驅人出走空家室子弟遷居老是鄉

沁得省土王暴虐其子弟欲得獵場往往燒燬民間數十村莊而圈爲禁地

多喇王兵四散歸歸降膽破格雷飛全輿戸口三千萬令出惟行不敢違

本加利省爲多喇王所轄有海口日卞英人於海口設一商務公司忽被佔據英遣將軍格雷飛一戰破之

將軍三戰定烹齊勁旅咸稱異等儕西氣死人眞勇悍咸來租界作巡街

烹齊有一種人日西氣死人殊勇悍英兵三戰而後服今中國上海等處充巡捕者多是人也

石破天驚事有無全家並嫁出僧徒紀年五十偕三歲老少同歡配幼雛

印度孟俄地方有某僧竟以全家女子嫁與一現年不過十齡之小孩計所娶者共十八人年齒老幼不齊其最老者已五十歲而最幼者則僅三歲

俄羅斯按俄羅斯乃古烏孫族部舊國本在祁連燉煌間故俄羅斯人自稱爲老羌卽何秋濤朔方備乘所載也至海國圖志云卽古時額利西意大利之東北邊有在亞細亞洲者有在歐羅巴洲者有在墨利加洲者東抵海北抵冰海西界歐羅巴洲內部落南界中國蒙古索倫幅員五十萬方里戸口有三萬八千三百五十六口原都建於大俄莫斯多後改建於東俄之彼得羅精華所萃盡在歐羅巴洲境內其東

都與中國相首尾延袤二萬餘里議邊防者尤宜加意於斯焉

中華延接部居東高據三洲地勢雄鐵礮臺成尼瓦口法王攻取卒無功

俄據亞墨歐三洲之境都城在尼瓦河口有鐵礮臺最堅法國合諸國攻之卒無功而還

勝境天開又一方桃紅柳綠映池塘下流巨浸歸諸海泛泛商船載大黃

過苦另山卽俄界不乏桃紅柳綠掩映池塘閒頗似中華光景有湖名日白海爾有商船載大黃茶葉售諸其地

漸染華風嗜好移哈屯每自侈嬌姿生平喜戴通花草換出貂皮與獺皮

俄婦人每喜通花草易以皮毳殊珍重哈屯蒙古謂夫人也

童男童女兩相關私約桑中密往還苟合未容終作合假將

江水洗羞顏
俄之律令幼童與女子姦重貰之配爲夫婦
游園有約備行廚路出城西莽耳鋪婦女搴裳橋上過鴉頭
不著露雙趺
城西莽耳鋪花園雙橋長十餘丈
宛然窮袴作昭陽扣子釘皮護女郎直待嫁時親手解此身
珍重付檀郎
俄之第五部有高斯索山最高女多妍麗防閑最密以皮束下體加釘鈕扣俟嫁時夫親解之
冰鞋踏踏足難停生怯循梯下小亭成塊作宮標異式嵌空
四面更瓏玲
冰鞋以鐵爲之看冰者登一亭循梯而下寒氣逼人又女帝安那宜萬常造冰宮於湖旁點火其中光輝燦爛
大開戲院是皇家進點先聞菊部譁今日鴻池演故事傾情

雁女貌如花
皇家大戲院演戲戲名鴻池
誰爲遷居徙海灣美人恩重本如山卻因病劇尋靈藥親上
蓬萊採得還
公主因遘疾醫云水土不服乃遷海灣居之
迴廊曲折檻橫斜誰築園居半富家地近海濱涵水氣白蓮
開徧百枝花
阿爾喀的亞花園地近海涯亭榭橫斜迴廊曲折四圍繚以花木蓋皆富豪築以逭暑者也
游園信步踏蒼苔雌狽相逢了不猜生小有兒藏腹袋時時
伸首覷人來
萬生園有雌狽一生小狽藏於腹袋見人來時伸首出覷之
院中鼴鼠大於牛聞出冰洋骨尚留馬主自來多奉祀人家

屋脊塑驊騮
俄俗凡屋脊多塑馬佛書云北方爲馬主其殆謂此與
飾人臟腑入眸青並具陰陽體二形蠟館更增女兵隊兜鍪
銅甲立亭亭
蠟人館飾人臟腑亦有人具陰陽之體者廊下更塑女兵隊兜鍪銅甲栩栩如生
毫揮一幅灑雲煙誰擅丹青點綴妍聞道內庭供奉慣翰林
承旨是挨田
俄翰林承旨挨田善圖畫
運河深濬達舳艫裝載儲糧入國都一事至今傳盛德佃田
艱苦釋餘夫
俄濬深運河貰糧始免起駁之苦又能省釋餘夫民尤稱盛德
日日操兵出敎場軍中毛瑟放彈槍紅心七次俱能中喝采

人皆萬口揚
俄兵日演敎場立放毛瑟諸槍紅心如卵大能擊中其心七次者爲最
崇樓高峙在園中洞壑陰陰石剔空蓄得魚蝦一方水唼花
逐隊戲西東
阿克注黎穆園有樓周圍嵌石作洞壑其用玻璃蓄水養諸魚蝦
人重金閨價不低十年待字尚深閨孰如額勒河西女價作
中宮異小妻
額勒河西地生女最美其價甚貴出嫁於人往往爲國后
魚子鵝肝嚼齒牙朱門延客興偏賒酒闌跳舞還尋樂父女
相依本一家
俄俗延客茶會極其周摯茶後婦女往往相纚跳舞爲樂
女軍二十自風流戰鼓鼕鼕擊未休爭上戲臺演馬戲不忘

武備在阿洲

皇家戲院有演馬戲戲法女子二十人黑人步隊亦數十人相與爭戰事

彼得城中賽馬場方池闌隔在中央連鑣躍過嘶風馬三尺餘高數木牆

賽馬場中爲方池內置木牆五六堵高三尺使乘馬盤旋一周連躍而過如履平地

赤青氣色辨分明七月生殊八月生自養無方須共養出貲堂上育孩嬰

論生育七月生者可活八月生者不可活於色氣赤青者辨之俄都有富貴家自養無術賴人共養出貲育嬰堂以襄善舉

樹膠如斗復如拳製造咸傳器物堅一作雨衣尤得力霏霏大雪禦寒天

樹膠大者如斗細者如拳可以作諸器物其尤得力者作兵士雨衣且能禦寒

建成會館在俄都聯合諸邦客不孤聚首堂中時作樂戲拋毬子賭摴蒱

會館爲英商所建凡各國之旅居俄都者皆可出貲入會以資聯屬聚會之日堂中設有擊毬鬬葉諸事

免罪翻嗤敎士身力言天主不能遵此公識見眞高卓不愧西洋敎習人

俄敎習瓦習禮論事極有見解謂西洋各事中國無不可行惟天主敎斷乎不宜較敎士來勸入堂免罪者識見迥別

屯兵邊界夜吹笳久戍征人已及瓜風雪砭人寒徹骨未知何日始還家

德奧界上凡頭等礮臺五皆屯重兵

蠟丁文古寶瑤瓊書庫珍藏數十楹只許內觀無外出晨昏不斷是吟聲

樓有石碑四五甚古問之皆蠟丁文字只許就近取觀不得攜之外出

瑞典

按瑞典即瑞丁又作蘇以天國東至俄羅斯西連那羅爾亞國南枕地中海北界諾魯威亞國暨冰海長約二千七百里寬約一千里戶口二兆八億分爲二十四部建都於斯德哥爾摩奉天主敎風俗與英同

紛紛茶館設通衢鈎致游踪半女途咸道佳人似佳茗不徒酒國重當壚

航海述奇云瑞都中茶館其夥計率多女人

地少崇安半阜原松青樺白種滋繁閒過搭子頭邊路芳草青天近水村

瑞典地多產白樺青松窪地多草墩俗名搭子頭

主君設席大臣陪敬酒擎杯復覆杯始識兩君修好禮不圖親見異邦來

君后主席大臣陪席執杯獻酒三爵畢而仍覆之者卽古禮爲兩君之好有反坫也

從禽一矢喜相加出獵郊原渴思奢便具酪漿給軍士定多絡秀在民家

瑞君好游獵聞其君民一體隨便可入民家具酪漿給軍士

延賓親手問平安禮數從優笑眼看也有知詩貴公主推原世族出荷蘭

瑞君后接見天使慰勞甚切后爲荷蘭公主素知詩

棄同倣屣舊河山羅馬來游不復還酷好斯文無別物異書飽讀出嫏嬛

地理備考云基利斯的那女王癖好文學遜位於外戚加爾祿斯而遠之羅馬游學尋不復還位

宮名王母隔河洲小大輪舟載往游願效微勞貲不索蕩舟竟去不回頭

都城外有王母宮偃小火輪渡往游回時舟子云顧劝微勞不索値收渡貲蕩舟旋去

鑿山開道上千盤南郡新開鐵路難槍子銅筒標各種局開製造任人看

南郡新開鐵路鑿山開道爲工甚鉅又製造局造槍子銅筒各種

雲陰連日晚雷喧驟雨翻盆浸短垣大似黑龍江上景水生新漲没沙痕

四月間多雨漬垣水浸大似黑龍江風景

平原莽莽練兵場距遠騰高法最良生力工夫媚擊刺寳刀出匣鋭難當

瑞有練兵場所練騰高距遠之法最良刀劍擊刺其技尤精

普魯士按普魯士一作博魯斯一作破路斯南連俄羅斯與地理亞日耳曼佛郎西等國北及巴得冰海東至波蘭俄羅斯國西連綏林領墨等國幅員三十二萬方里居民一千三百萬丁同治九年聯合日

耳曼諸邦以破法人才奮興遂爲歐洲霸國

酒造皮兒製夙工殷殷國使問王公歷年久遠周花甲出甕依然色尚紅

近日日本擬造皮兒酒遣其國使取法於德德酒凡十餘色其紅酒有陳至五六十年者

水陸交衝入廓倫迢迢河上度來因長橋一路平如砥印漏霜華轍迹新

來因河有長橋爲水陸交衝之地

瘦削肌膚已十分殺蟲誰爲奏奇勳起生莫謂無人識第一馳名是寇君

柏林醫生寇赫善治癆症以藥漿殺蟲奏效如神

香水聞名産寇倫嬌人膏沐助妝新造成琥珀釵無價生自波羅的海濱

寇倫爲德國巨鎭地産香水甲於歐洲又波羅的海生琥珀

新婚有事怯從軍戀戀恩情手待分難得素封年少子挈然舍去策功勳

普法戰紀云有富羅連者素封子也將婚聞徵兵之令下慨然從軍合卺禮畢即去

古事何曾問仲舒夫人識解本非虛紀年空自傳前代僞撰居然論竹書

德都書樓正監督里白休士之夫人論竹書紀年僞撰

名稱女子福來林也解行觴也解音酒館歌樓隨處有相逢邂逅便談心

普國稱女子曰福來林有聽樂飲酒之所

揮鎚技試屋加民表質能完巧絶倫頒賞無言人代取厚酬烏克一千銀

屋加民工巧絶倫在製造廠德皇往游該處見一大鐵鎚爲屋加民管理試其技以一表置諸其下屋加民運

動機器鎚表僅一分許不過德皇喜以表賞之屋加民呆立克君代取其表厚酬以烏克一千銀

不忘武備厠兵曹膂力剛强意氣豪轟擊有聲人咋舌引拳立見碎胡桃

德國官兵素稱有力人人負投石超距之能間中作戲不忘訓練放一胡桃於棹上引拳擊之立碎見之者咸爲咋舌

官銜名片兩平分世爵相連盍一芬總統夫人媚筆墨著書垂暮豔名聞

稱男人必稱官銜稱女人之有爵者曰某爵夫人有官者曰某官夫人凡男女大半加一芬字則世爵相連之字猶法國之特也德之世爵嫡派支派世襲罔替故幾無人不爵即無人不芬矣又德國故總統格蘭脫之夫人以著書名

口噴煙氣散空濛斗大如杯二尺筒只有宴時漸休歇祇應

同坐近顏紅
德人嗜烟將相皆銜二尺長之大烟袋斗大如杯惟宴會時男女同席禁不得吃也
摶人用土擅雛童道遇王妃召入宮刻石後來稱妙手雕成
遺像九年中
王妃遊市中見幼童以土摶人命入宮教養及長爲刻石妙手後妃病覔石雕妃像九年乃成
高挂青帘賣酒樓倏來工匠大蓬頭華妝挾得妻和女皮酒
團圞飲一甌
普國有酒所每有工匠蓬頭垢面挾其妻女華妝而來皮酒一大甌男女合飲之
時遇偏災樂助將王妃國后首爲倡閨房也解捐衣物市價
高擡也不妨
國有偏災命婦閨房相約成會或出針線首飾或出衣服雜物函招相識來會擡價勸售笑語詼諧勉效市井亦所不惜國后王后亦樂倡首

主君嗜畫善臨摹出照天津屬邑圖持此贈行嫌物薄兼賫
磁器出宮廚
使人赴茶約國君出所照中國天津等處畫贈之又於佳節日遣人贈茶器
犒兵王后跨驪黃激厲青宮用鐵槍直使蔚藍天一色軍中
爭看號衣忙
王后路撒跨馬走伯靈街衢以犒兵士又世子用鐵槍與法人戰所著號衣皆藍人號爲蔚藍天
雙目無珠號瞽仙詩心如水濯愈鮮生平著作媚歌咏今尙
希臘按希臘昔爲都爵機所據今乃自爲一國聞俄柝林定約之後俄人勒令土人割膏腴之地兩省以畀希臘希臘雖自主然小國也已得兩省地其疆圉乃稍廣云
流貽廿四篇
國初時希臘有一瞽者名日和美最長於詩
香帕遮身蓋薄綿梳成鬟髮貌如仙女郎低按紅牙板度出

珠喉一串圓
萬國地理全圖錄云女梳其髮爲巧髻身蓋薄綿帕男女悅歌喜樂
日耳曼按日耳曼卽那馬尼共爲三十餘國在歐洲之中比佛蘭西廣大而蕃庶宗耶穌敎能讀中國書昔爲列邦自普破法後尊普爲帝遂爲一統之國
爭說郊天卽位儀七侯商酌不嫌遲預先置璽黃金匣定議
方敎取出時
定選立皇帝之法議決七侯先置璽於黃金匣中議定方取出與衆人看
誕同生日遇良辰女子稱呼彼此均一樣豔名標茉莉不妨
花卉比佳人
日國生子女凡遇同年生者通國皆同名試看日署館人之女名茉莉律師之女亦名茉莉其餘可知矣
婦人亦解矢公忠身赴疆場勵戰功馬上跨鞍顏似玉詩歌
板屋賦秦風
外國史略云有危難不避死亡婦女亦勇於赴敵

本自無心作帝王天生貴族夙鍾祥法英二祖傳中替遠逐
爲君出故鄉
日耳曼西人稱爲貴族法英二祖皆出是邦
怯寒就煖炕工家一礶傾頭水潑花卻取鐵鍬數枚贈絕無
修怨把恩加
帝微服入炕麵工家就爐取煖工人妻逐之把礶水傾帝頭上帝還營遣侍臣贈鐵鍬數枚曰今朝潑水聊以相贈
鏡光能造巧從心妙訣無傳秘自深善造敍鈿無棄物握來
成塊掌中金
日人善作鏡英公使欲得其法秘不肯洩又其地多產金掘井常得金塊
金絲擘後又銀絲組織成文製服宜裁作宮袍好模樣淺藍

色恰映玻璃
曼人以金銀絲織錦又善製藍玻璃

瑞士
按瑞士即綏沙蘭東北俱界奥地理亞西界佛蘭西幅員萬五千方里戶二百萬三千口部落二十有二各設頭目不相統屬高峯插天終年有雪山水雄奇遠遊之士多往探焉

諸峯羅列似兒孫上峙高山特立尊五百年來兵革息始知海外有桃源
諸峯高插霄漢萬山拱衛風俗儉樸數百年不見兵革稱爲西土樂郊

土耳其
按土耳其跨歐亞兩洲爲國其都城建於歐洲之羅美里曰君士但丁素宗回敎地南接希臘北連俄羅斯東及黑海西抵亞細亞海隅廣袤方圓三十萬方里居民八百萬丁爲印度屏蔽比年屢與俄人搆兵英人遣兵調將陰爲庇護不可謂無深意存其間也誠恐土國一破實逼處此英亦不得安枕矣

新人幾輩作新妝黽勉同心事玉郎身世只容依短榻夜來未上合歡牀
土人多娶妻臥憑短榻未聞有牀

生來從未識花香爲在軍中氣不揚練得步兵摧勁敵氣眞一鼓作誰當
蘇爾旦練步兵一隊優其廩給不許娶妻

闃若庖廚久斷炊計年匝月有齋期捐除異味饒蔬筍只合禪參玉版師
每年必有一月齋期

問孰徵蘭入夢新妃生元子掌長春紛紛粉黛如雲盛侍妾徒充數百人
王之妻妾數百人初生子者爲王后

孤雛居處本無郎歲遺多男配合忙到底鬚眉勝巾幗一朝

蠶食失封疆
新唐書拂林西濟海有西女國拂林君長歲遺男子往配焉今亦爲他國所并其地爲土耳其所屬

香通鼻觀氣霏微人嗜洋煙信不違欲遣煩襟無別物又持杯盞飲咖啡
土人嗜烟如命又阿斯曼好飮咖啡

女兒妲地產嬌姿淪落風塵質自卑販賣朱門作奴婢一生辛苦有誰知
女兒妲地所產女子饒有風致多販賣與人作婢妾

遺聞口述到英官北國佳人色可餐姣好孰如猶大女娶妻當作麗華看
漢官李大廓云猶大女人姣好娶婦得猶大女則以爲戚施在室也向之爲猶大舊部者今則歸併於土耳其矣

記曾侍寢沐君恩君去徒令夢想存零落宮花少梳洗玉顏無不老長門
土王姬妾嘗數百人遇王逝嗣王即將前王妻妾統禁宮中

國書遞進下通情近事兼聞說女英傾聽土王心慰甚連稱不負使人旌
土王善待俄使以俄使善爲修詞並及女英近事故也

洞壑幽深阿臘山舟隨水漲到巖間人家住在翠微上雞犬皆仙隔世寰
阿臘山洞壑幽深水漲則巨舟泊於峯頂其地未嘗被兵戶口獨盛

民情猛悍住山巔一語睚眦即控弦惟有遠方佳客至獨持杯酒與周旋
黑坐義民情悍猛睚眦必報遠客來則待之厚

意大利

按意大利卽古之大秦乃歐羅巴腹地精華其地周萬五千里三面環地中海一面臨高山土地肥磽州郡繁多尙天主教有教皇掌理列邦教事昔爲一大統今亦式微然聲名文物猶爲泰西望國

鬚髯活現躍龍蝦百鍊精銅鑄一家終讓鏡光臨水面敵舟燒盡戟沉沙

博物院有銅鑄龍蝦諸物又幾墨得鑄一巨鏡映日注射敵艘光照火發數百艘一時俱燼

三百山程數洞天火車過處把燈燃逼人寒氣山頭雪五月披裘信果然

入意境三百里之山中間轟鑿之洞數十里火車過處燃燈火山頂尤多積雪寒氣逼人五月披裘信矣

舊部都蘭復米蘭儲君分治四民安稱雄國主收全境一統規模土地寬

意君奮發有爲攻取兼并遂得意大利全境

沿途引水見高牆片瓦毘連仰合張聳立通衢尤表異絕無滲漏歷年長

羅馬地沿途皆引水高牆牆頂以仰瓦合瓦砌成水筒層層遞引取水嘗在三百里外山上牆在通衢尤聳立從無滲漏亦一異也

庫中寶器久搜羅瓦硯銅瓶什襲多掘出始知崩背物紀年三百信無譌

古器庫所存皆崩背掘出之物巨細不一銅與瓦器居多

宜人果品讓婁蘭堆滿朱櫻赤玉盤入口一枚耐咀嚼幾同啖得蔗漿寒

夫婁蘭司之櫻桃如李實一枚入口卽耐咀嚼

嵌石會開作技奇磨礲經見白如脂喜將名畫堆嵌上花卉如生帶媚姿

嵌石作爲意國絕技擇鮮豔各色美石礲以鑢錫磨以砂石摹名畫之稿而堆嵌之可以象生尤以花卉爲樂

曉風殘月唱詩歌楊柳纖腰一搦多誰似女郎年二八媚人一轉是秋波

其人民纖腰好詩歌其女郎眼光尤妖冶

男多賺配囹艱難觀技如荼赴保安越境果然成匹偶才人無數嫁邯鄲

萬國史記云羅馬王羅慕路設保安場以男多女少撒伯尹國女多王設一計遣使請觀雜技撒伯尹不痞挈美姬赴之少年數百人齊起盡奪美女而去

遣聘無須下鏡臺妝奩本自岳家來錢遺親戚增聲價咸道東牀有異才

羅馬娶妻金帛出自岳家必使妝奩充足增其聲價

開窗目注碧霞師隱約離宮遠可窺但見樓臺最高處風中搖曳有旌旗

碧霞師居飛替嵌宮中開窗遙視見意王宮中一國旗風中搖曳

荷蘭

按荷蘭歐洲小國也然荷雖藐然小國能首梗非理之教緣是坐大至于南洋爪哇婆羅洲島一帶俱歸管轄其闢土不可謂不廣矣

連棚影戲說花英火燄光中面目呈聲到夜闌猶未歇渾忘漏盡已天明

紙影戲一曰花英

海牙城外枕長河兩岸堤高映綠莎傍晚估船爭泊處帆檣入畫望中多

海牙亦荷蘭城名

夜色皚皚月照空登樓四望目無窮千船燈火從中認遙見光騰海口紅

登樓四望海闊天空海口紅燈於入夜見之

五金鍊氣色芒寒魏得初聞作煉彈戰後議和操勝算斯人眞不忝登壇

魏得初作煉彈是當時善於用兵者

胎骨成形月不同苞含荳蔻坼春風懷中試問君知否暈得羞顏兩頰紅

生靈院內有小兒胎骨一具自一月至彌月各有標識

樓居鎮日淨無塵過訪頻來客子身奉得煙絲兼火酒主賓款款話前因

荷人性喜潔房屋時時擣滌客至則奉以絲煙餉以火酒

心關愛女異常施尼特蘭城作嫁貲得配上公阿爾伯門楣生色喜軒眉

腓立第二以長女嫁上公亞爾以尼特蘭作貲裝

比利時　按比利時歐洲小國也初與荷蘭合一已而分立爲自主之國考之地毬中比利時僅一蕞土而其民則最爲稠密其近年國勢驟興且與中國立局通商蓋其人長於製造於礮臺工程尤爲著名願中國設領事於其國即未設領事或設招商局於其國以輪船往來運貨而其國商會亦設公司於上海承辦軍械價較各國稍爲便宜云

鐵軌修成萬里遐比人夙昔擅名家一朝延聘來中國指日安排走火車

中國近議修造鐵路特請比人主持其事

雲路高騰上九霄此邦多產碧天嬌寄書來往如期至不怕程途萬里遙

碧天嬌鴿名比利時所產尤佳皆能帶信往還如期而至

法蘭西　按法蘭西古曰俄爾比與英吉利對峙僅隔一港並近荷蘭東界那馬尼國意大利國南抵海並比利里山西抵大洋四圍非山即海形勢崎嶇土產五金羽毛紗呢鐘表製造精巧俗尚武勇爲歐洲

強國焉領部落八十一小部落五百三十俱奉加特敎昔爲君主今改民主議凡七年一易君與美國同

皇皇新敎盡逃逋捕獲中途付守廚炊火生涯充苦役往來舟艦作人奴

路易棄新敎見新敎人出奔捕得送諸軍廚房爲奴

福蘭巨費建梨園部曲紛紜鼓吹喧罔取戲資任民視曲終不復有煩言

建戲園之貲用三百萬福蘭部曲衆且千餘鼓吹者約百二十人許民共觀不取戲資

樹色湖光入畫圖此方勝景古來無畫船簫鼓游人聚鬢影釵聲半麗姝

萬生院樹色湖光殊勝美人游園者多在此

白英一種產三山顏色光明重世寰聞向紀功坊裏過石人石像峙中間

白英石產自三山紀功坊石人石像咸取資焉

店開羅苐貨蕃滋通國公司萃在斯股份任人隨便入按時取息不愆期

巴黎羅苐大店是通國公司集貲所設者無論何人皆可入股份按時取息

廣厦人來盡敎徒紛紛開局賭摴蒱金錢浪擲輸千萬豪興依然一寄奴

敎徒作廣厦任人日夜聚賭

避雷有法製良精一任喧豗大作聲倚柱任敎人小倚讀書作字了無驚

法人製避雷柱

勃蘭提酒夙馳名開甕香聞氣味清沽飲酒人三五輩十千市價喜評衡

勃蘭提法國酒名

地變亞金水有源泉流如沸氣常温振衣差喜逢新浴吹面涼風一陣喧

亞金地有温泉法王常於此行浴

湏用多財素不羈家儲從此想中虧未能節省猶揮霍無怪波旁控法司

法國波旁支裔以其妻不節於用揮金如土將家財儲蓄日見虧損控之法制司禁其後來揮霍庶不至流於飢餓也

照徹燈光入鏡光一雙交頸戲鴛鴦無煩人力機能轉行樂閒皆是鐵牀

妓院有一室上下四方六面皆懸巨鏡鏡中燈影愈明並有機器鐵牀一具用時無須人力其機自能鼓動當日逍遥軍製瞠乎後矣

石塘對岸水如油擲一長繩繫兩頭背負木棉從此過行如平地俯長流

法人都比工緣繩技嘗於石塘對岸繫一長繩離水約二十丈緣繩而過兼負木棉一捆於背而行既抵彼岸復攜小車一乘而回觀者靡不嘖嘖稱奇以爲得未曾有

戲園繞出待驂騑招與同車共載歸主坐在前賓在後頓忘讓位禮終非

法京有大名爵某由戲園回家值富銀行家兄弟二人同歸見某車未至則請同坐已車然二人已先進車坐於向前之位而留向後之坐以坐爵老某初忽其事不以爲失禮旋轉念及之則牽車繩令馬夫停馳而出兄弟詫問其故答曰背馬坐人耳覺其鬱鬱欲病

品評名畫出廚中人物樓臺刻劃工苑本幾人宗北宋臨摹多半付顏紅

法畫工人物樓臺刻劃精細多宗北宋苑本入畫院臨摹者女子居多

小妹嬌姿號琭玲芳巾笑掩兩眸青戲拈同治聊相問省識銅錢見未經

耶克斯有妹琭玲姿容妖冶舉止娉婷能以巾裹其目令人以物授臺下觀者而知其處臺下人手握銅錢一枚與以示之能知鑄錢之年歲並其輕重大小屢試不差余戲拈同治錢握掌中試之則曰此錢銅質而新鑄字未能識恐非我西國物也其術亦殊靈矣哉

對舞蹁躚盡綺年半身悉袒露香肩雙雙更有童男女手執花枝態益妍

跳舞麗姝悉袒半肩執花蹁躚而集進退疾徐極有法度更有童男女雙雙對舞流目對盼媚態橫生亦殊可觀

馬達蘭街結伴游茶寮到處喜勾留宵來燈火非常盛聚飲人登魯武樓

馬達蘭街有茶寮專食加非格里街有酒樓曰魯武以烹飪名於時夜來聚飲者每至達旦

石鋪馬路在中央桐蔭楊陰覆兩旁銅管夙儲自來水街塵淨滌午時忙

街道正中走馬車兩旁所植之樹或桐或楊每數十武有自來水銅管值辰午間取之以滌街道塵

女兒巢樹捕歸來馴養依人末座陪笑取青蛙頭數十手中剝食了無猜

女孩向樹巢中居住誘捕以歸爲之梳洗給以衣裳閉一室中馴其野性養豢已久始令侍坐客隅賞以珍錯皆搖首不欲食忽離坐奔赴門首池塘中捕青蛙數十頭向客剝食甚適

野燐攝取小瓶留一滴兼資橄欖油新造自來燈耐久遠經六月燄猶浮

法都新造自來火燈取野燐如豆大置精潔玻璃瓶中滴橄欖油少許光芒迸射可經六月之久

放槍火燄向空流刻木爲人得自由馳馬走繩諸樣戲市中更有狗兼猴

法都有木人點火放槍
及狗馳馬猴走繩諸戲
萬山叢裏鑛煤俱鉅廠宏開科魯蘇特有法民司內德造成
機器拓前模
法國煤鐵之廠最名者曰科魯蘇在萬
山中司內德設廠於此造成各種機器
難解圍城乞外援繫書鴿足代人言沿途設站知無數藉報
軍情不憚煩
法被普所圍乞援之書皆由鴿
爲之傳遞又於沿途設鴿站
舊王城軌迹徒遺街市繁華異昔時到處地中留十畝問名
爭道拍來思
法京早無城僅存城門舊址凡街市皆
中留園地數畝或十數畝名拍來思
幼婦盈門爛若雲白邊衫服綠邊裙瞯人一射黃眸子秋水
盈盈對夕曛

航海述奇云法國幼婦家有
喜慶皆綠裙白衣黃眸子
義泰廉兼馬達蘭二街茶館好盤桓多傭幼女雛年齒一任
遊人仔細看
馬達蘭義泰廉兩街前後一帶皆設茶寮
售茶者多傭幼女男女羣集往來如蟻
十八雄臺次第登地無雉堞問誰憑廛居列肆如蜂密屋上
高樓七八層
李圭環游地毬說云巴黎城無雉堞
城外砲臺十八座列肆密如蜂房
華服長裙炫豔妝陪賓爭赴杜家堂兩旬酒宴兼茶宴咸目
中朝使者光
斌椿使巴黎爲杜大臣招飲見夫人各官夫
人赴宴無不長裙華服飲茶酒兩旬回寓
鐵函排列石闌東內貯圖書信不空就購有人來此地士夫
絡繹值途中

沿途石闌長亘數里其上皆置鐵函中置
圖書充牣其中士女就購者絡繹不絕
大淸公所建京畿贈與他家不復歸閒煞畫梁雙燕子舊巢
猶是主人非
大淸公所昔年賽奇會時中國
所築以賽會者近已贈於法人
育蠶有會創郎都黑點先覘受病無全恃顯微鏡一具洞窺
癥結注淸矑
法人郎都近創育蠶會則用顯微鏡測
視蠶身凡蠶身之有黑點者即先去之
賽馬場開大道橫桃花叱撥一鞭輕試從壁上遙觀望腰裹
親將月旦評
賽馬場極宏敞開賽日士
女如雲爭登臺作壁上觀
獨善持籌費齒牙玉容坐櫃掌生涯但求貨物消售易軟語
商量喚大爺

法都店夥皆孃娜婦人賓主連稱模四約譯
言即大爺也如無女子即經年不銷一物
女郎乘馬疾如鳶馬背連跳數十圈觀者滿前咸叫絶昵人
正是破瓜年
法國戲馬館徑數十丈有美女郎年可十五六衣鮫鮹
立馬背馳驟連跳數十圈仍卓立馬背觀者咸拍手叫
絶
綠裙掩映白衣裳瘦怯身材作巧裝喜慶筵開欣赴宴酪漿
羶肉滿華堂
法國幼婦家有喜
慶皆綠裙白衣
葡萄牙
按葡萄牙歐洲小國也初遷至北非洲闤市貿
易旋立爲國繼求新地于東方遂乃先佔印度
地波及于澳門及日本沿海地今葡日就衰弱從前
所有之屬地不歸于英即歸于荷蘭其僅存者如中
國之澳門及相近印度之地及瓜哇
等處統合計之僅中國一府地而已
宮院三年始告成里長三百六方程深居笑語王非力要法

何如始贅英

京城內建大宮院長三百六十里三年方竣工王非力始贅於英及是再娶法王女

注池山頂有清泉水管通流勢接連宴會定期先放管爭奇獻巧在堂前

山園內所造水法尤妙自山頂由高而下每於宴會之期放水管通流爭奇獻巧於斯堂之前

主賓交坐面山堂暑氣潛收夜氣涼堂上氣燈千百出令人銀海眩生光

國主夜宴面山堂放出氣燈千百照耀如同白日

旅居淪没痛天涯厚待商人禮有加行李一肩官點過代詢親戚寄還家

商船至或有死而無主者收其行李訪其親戚還之

來往情先彼此關預將心事告慈顏閨房見面無相避眉樣

私描月一彎

男求淑女先詢其父兄結好往來素熟然後告知父母初無聘定之禮

青州門外露祟垣濠鏡依然作外藩昔日繁華今困瘁僅收屋稅藉圖存

濠鏡之請自葡人始初來廣築樓臺極爲饒裕今則生計日益貧困僅以屋稅爲養命之原

英吉利

按英吉利一名諳厄利一名英吉黎自古不通中國明天啟時始有聞國在歐羅巴之西其王所居日倫敦好勤遠略舉凡舟車所至皆立有市埠窺伺人國此有心人所爲深思長慮也

地有高臺勢莫攀盈城彤勢眼中還鐵橋亦復成班閣望見獅奴塋上山

新坡兒士有高臺可盡見倫敦彤勢班閣又有鐵橋長五十丈可望見獅奴塋山聞是山爲英倫敦最高之山

五層高豎稻孫樓積穀招商四季售載滿輪船販中國周年三十有餘舟

商棧積穀樓五層皆白石爲之歲遣輪船販運中國凡三十餘舟

房開餑餑大街旁鎮日薰蒸餅餌香計用三千人數眾匣封貼字抑何忙

倫敦餑餑房爲生意一大宗其和麪印餅皆用機器只封匣貼字每倩人工

廣延紳士集多貲闤場中坐美姬購取一端價三倍佈施半爲美人貽

貴紳婦女陳雜貨邀國主與其事選其美者當肆坐貨皆百倍其價往游者必購取數端而後可出以其所入惠養病民

路阻長河漾碧漪巨橋誰建達迷斯銜波一隊鷺如雪白羽皚皚耀水湄

路經達迷斯河河上有橋甚長河中白鷺無數一望如銀

翹瞻魚館闢玲瓏位置天然度地工一角山凹三面水游行

蝦蠏紫兼紅

亞魁廉魚館魚數不一各就山凹爲池注水蓄之有紅蝦紫蠏游行其中

艾皮珊地馬如飛男女來觀興倦歸一聽筒聲吹徹後線毯在手不停揮

英都春秋佳日至艾皮珊跑馬游人如蟻歸途皆買吹筒男女對吹眾女子於車內擲金錢紙毬左右相退擲爲樂

何事銀絲鬐上盤明明黑髮未凋殘獨奇蘇格蘭人婦綺歲翻同壽母觀

英都婦人少艾而白髮者十有二三詢係蘇格蘭人髮本黑染成以爲美觀

刺繡工詩色色全金鐶約指想夫憐輕綢作服新花樣妝束隨時變萬千

英女能刺繡工詩成婚日壻以戒指插新婦之指即爲夫婦所用衣服或輕綢或洋布隨風依時百變千換

籍住青樓半麗姬長衣帶束小腰支貴家更自成妝束舞袖蹁躚唱柘枝

　　國多娼妓衣長曳地上窄下寬腰間以帶緊束之欲其纖也有盛宴則令少年美女盛服歌舞富貴女人亦幼而習之

眼光一瞥瞷行人回視朱門獨立身挑撥春心兩相照更加親愛接香脣

　　女子在門首過路男子嬉笑無忌皆以口吸自己首背如其意則接吻

園囿經營富貴家孰如海舶大清嘉過橋見塔瞻君像小憩游踪駐馬車

　　倫敦富貴家皆有園囿不及海舶之寬內建一塔極奇麗爲塑今君主贅壻遺像

桅頂排班習禮儀海雲士廠視雛兒誦經聲與琴聲答高踞中央聽教師

　　海雲士船廠看幼童立桅頂排班以迎後各就位誦耶穌教經教師高踞中央撫琴節之

漆布爲衣手任披書能耐久用羊皮繡花一譜傳中國纂輯成篇重女師

　　英國書多用羊皮其書衣以漆布爲之故經久不壞至中華閨閣之繡譜彼國得之且纂輯以成一篇其他可知矣

揀選諸員議院開不圖公舉到閨才一猶未字一出閣道蘊依然出世來

　　英京來客有言下議院此次公舉之期有一婦人業經出閣有一女子猶未字人皆爲民間所公舉

哥拉斯谷一名區壘閣層樓入畫圖奇絕婦人真碩大重權五百一肥軀

　　哥拉斯谷蘇爾士最著名地也聞一婦人碩大巨腹彭亨權之得五百餘斤

結褵禮拜事多端一幅丹青炫大觀妝點神情皆酷肖主君俯視倚欄杆

　　英吉利有畫一大幅繪其太子娶俄公主結褵禮拜故事左首高閣英君主在焉

熱茶待冷遽傾盤男女同時笑作團鄉客失儀王代掩效尤偏易不留難

　　英主請鄉人飲茶鄉人將熱茶傾盤待冷而飲在坐男女無不哂笑英王見其然則將己茶傾盤飲之以遮鄉客面目致旁人不得哂笑

不少金閨議事才院門今日喜初開兩行肅立排仙仗親見君王點首來

　　新歲君主親臨議院名曰開會堂百官先至環坐見君主至皆起君主環向點首坐

挈榼提壺賣酪漿清晨入市喚聲忙一枝橫擔雙肩荷半是貧家女子裝

　　每日清晨街衢喚賣乳酪挈榼提壺類皆女子牽用橫擔垂於兩肩負之殊不費力

行雷橋下響清泉噴雪跳珠顆顆圓試與尋源從石出飛流陡落萬峯巔

　　英拉杜有圖曰倫伯靈名勝所也譯以華語爲行雷橋謂橋下泉聲之喧有若雷耳其泉發源甚遠長計十餘里閒從石竅中怒噴而出遙望之作白練一匹匯歸一潭以承水潭底石齒巉露須下踐潭石面壁立觀乃盡其妙蓋此山之奇蓋以飛練著名也

咏物言情伊底羅自成韻語牧童歌無人村落諸篇什把酒臨風試一哦

　　英國伊底羅善咏物言情如牧童歌四季詩及禮拜六晚農夫歸家之狀生民流落苦寂無人之村諸篇什今傳於世

條條鐵帶勢從寬兩岸分釘繫一端當作浮橋渡軍士長虹互處畫中看

　　英軍渡水之具用鐵帶根根相接分爲兩條一端釘於北岸令善泅者拽一端釘於彼岸若長虹然

腿肉全吞食量洪五瓶酸果霎時空諸賓定避君三舍健飯廉頗拜下風

英國領事官一日宴土酋會食酋名惹惹將腿肉全具俱食盡并其骨亦且舐偏旋取酸果連罄五瓶極贊其味之佳食量之洪得未曾有

庚郵無阻往來便信局通行海外天五十年來期適屆慶成茶會設瓊筵

倫敦設信局適屆五十年之期特設一茶會以慶成

內府蒐羅萬卷儲播犂爾士有藏書別饒堆架新聞紙創報人徵肇事初

播犂爾士藏中國書甚富又都蘭部多蓄新聞紙不忘創造起事之人

白雷登口好遨游避暑人升海上樓三面紗窗四圍水迎涼換氣到清秋

白雷登海口富紳避暑在此名曰換氣

鮮花供養墓門前林立豐碑姓氏傳誰似詩人白思士扶犂遺像尚依然

白思士英國詩人石刻其扶犂遺像於墓前

生辰咸祝老年華中外傾心合一家壽享長春人不老合將名字比名花

維多利亞享國長久生辰日中外敬祝不忘又花名維多利亞國人以女主名名焉不以爲嫌

絕無一个打魚舟不向中流結網求泰晤士江橋上望游鱗常見數千頭

英國每年自二月至八月禁漁人取魚泰晤士江邊無一打漁船

戲館如雲到處逢負牌招客容留踪徵歌菊部爭相赴入夜開場九點鐘

倫敦戲館三十餘間負牌招客往看每夜九點鐘開唱坐客常盈萬人

別有華茶種海天淡紅深白間黃煙年來緬甸歸全地又闢財源象作田

印度出口貨以茶葉黃煙爲大宗緬全境歸英在光緒十年

家貲計定兩情通密約成婚野店中一樣衣裳別民婦原來女伎不從同

男女婚配兩情投合偕走客居成婚又始定女伎衣飾別於民婦

亞墨利加米利堅合眾國

按米利堅即阿墨利加洲分南北中有一峽相連南曰南亞墨利加北曰北亞墨利加方圓七十萬里南及大南洋北至冰海東及大西洋西及大東洋與中國相對足底自古無聞前明泰西有精於格物者曰閣龍始尋得之西洋各國往開新地彼此紛爭英人尤酷虐部民華盛頓崛起聯合各部驅逐英人始創立爲國其君由民舉四年一易其都城曰華士盛頓示不忘也

爲他梗敎縛阿陶執付囹圄定理曹欲脫幽囚思贖罪積金特許等身高

比撒羅起兵入秘羅擾阿陶因阿陶梗敎縛置一牢阿陶請積金高等己身以贖罪

舉國人皆拜日精君稱印客久知名此邦昔號黃金國問價還同與土平

秘魯號黃金國稱其名曰印客

遠來中國購茶秧發給山家種植忙十二萬株芽怒放雨前時節揀旗槍

美人購中國茶秧十二萬株植之收成特富

親朋送葬白衣冠三尺孤墳土未乾生恐牛羊來踐踏團團圍住石欄杆

墳前圍石欄杆以防牛羊踐踏

冬夏青青不改顏高撐杉木勢難攀有人築屋來林下上覆濃陰是綠山

山多杉木冬夏常青故名其地曰洼滿譯言綠山也

擺樹經秋子可收療飢作餅味殊優土人生業漁爲事長狎風濤一木舟

擺樹其脂如糖秋收其子作餅甚美土蠻非漁即獵鑿木爲舟可載四五十人

運皮河口日中沽換得藍珠與白珠貿易場中多女子任人調笑較錙銖

運皮至其地行沽易白珠藍珠等物其俗交易多以女任人調謔不爲意

核桃橡木鬱成林種植千家費苦心更有樺皮堪作瓦蓋廬風雨不能侵

木多栽核桃橡木覓利孔多更有樺皮可代瓦蓋屋

石炭生饒米利堅資人利用火同燃舟行水國車行陸臯臯濃飛道上煙

米利堅所出石炭極佳米人行火輪船火輪車嘗用尤多

同一昂藏七尺軀投荒萬里作人奴團蕉爲屋居貧甚歲歲長栽淡把菰

古巴島粵人在此種煙葉煙葉一名淡把菰

觀象臺中測渺茫何如鏡裏認陽光紅黃紫綠成殊色都在烏絲界裏彰

觀象臺上用顯微鏡以窺日則見日色紅黃紫綠較然可分各色中又各有烏絲界

遺墓臨江對水涯外圍鐵檻內多花官民到此咸瞻拜塚上旗懸十丈斜

美國格總統之墓對面臨江外有鐵檻內多花皆每年人所送者上有竿懸美國旗往來官民到此玩覗一月

多不忍去其遺愛深矣

開迷解鬱散煩襟消遣多端體會深藥餌無方借絲竹詠陶偏易變初心

養瘋院其法深于體會患顛狂不出開迷解鬱二端有時藥餌所不及爲之設絲竹以娛樂之有久而漸忘其舊而化解者

七級高樓建水旁樓倉取米自船倉不須搬運資人力片刻能收萬六糧

波苻樓樓倉建河干高七級于五級樓上設吸米方筒自樓垂於米船之倉取之而上一時可收萬六千石

瀑布懸空滾雪飄流隨巨練過飛橋木兜人坐凌高頂幾訝隨身入九霄

瀑布懸流所過處作巨練以通飛橋人坐木兜而上幾疑身到雲霄可望而不可即

天氣溫和熱似烘園林果實大滋豐芭蕉橘柚波羅蜜風味依稀似粵東

木西格國地氣極熱土產果實若芭蕉橘柚波羅蜜等物頗似粵東

金山海口大潮來有客憑闌眼界開數十水獅聲勢壯遙知出沒浪花堆

金山海岸觀潮水勢壯闊有海獅數十出沒其間

會館頻開六處同粵商貿易在其中多年作客萍踪聚桑梓天涯語本通

金山爲各國貿易總匯之區粵人居此者不下數萬遂立會館六處外國呼之爲唐人街

獨營精舍費多貲鐵架藏書敢自私略似甯波天一閣不容人借只容窺

富人古博爾獨力建大書院藏書之室鎔鐵爲架有人專司只許觀不許假略同甯波天一閣之例

一織洋氈一鑄錢氣爐有事各無偏水機造紙尤精妙渣滓

蠲除色倍鮮
織氊鑄錢各用氣爐及水機造紙去其滓而取其精故紙色光潤
蕉黃橘綠品堪誇椰子含漿沁齒牙猶有里人勤種植木盆
戴首賣新瓜
此地產黃蕉綠橘椰子青時其中有漿味酣如酒鑿孔吸之亦能醉人有一種黑奴望之不似人首戴木盆向過客賣瓜
城西拍格大林園樓閣連雲樹木繁結伴女郎游未倦歸途
直待日黃昏
費地里城西北有園林午後馬車絡繹不絕游者女多男少拍格譯言即園林也
捕房演戲女兒身麗服華妝亦可人何事楚囚相對泣傷心
玉體竟橫陳
紐約捕房有一處羈婦女七八人貌美衣亦麗共處一方作楚囚對泣為赤身演戲故在拿辦之例

女優嫋嫋習聲歌人在燈前豔影多服作輕綃裙曳地百人
解舞學天魔
紐約戲園燃煤氣燈不下千盞女人七八十人服輕綃跳舞
教訓嬌娃僅十齡女師廿五示儀型身居書塾莊嚴甚鼓瑟
聲中拱立聽
紐約書館女師二十五人所訓之徒皆十齡左右女師鼓瑟各徒獻詩排班進退悉循規矩
恰是臨盆十月期接生先事召男醫獨知經絡工調護謹視
周詳產後兒
美國接生用男醫恐女婦無知傷其經絡也
曉日沉沉未出天人忘老至汲清泉洗來百遍容光發恍似
翩翩美少年
有一島其泉甚異日未出取水洗百遍老容可復加少

身穿花布足沾泥背負雛兒任笑啼時向車中人對笑車夫
休怨阻輪蹄
美國細呢地方女子穿花布衣赤足奔跳或遇過路輪車對人嬉笑管車者亦無如何
含尾翩翩取水蛇河邊吸飲灌田家有時救火心尤急又向
高樓撥水花
按此蛇產於美國有一農夫養二千尾敎之工作用口一吹其蛇齊至河邊中推一條為首自沉於水其尾搭岸上第二條即含其尾由是次第接含長三百尺取水灌田又能救火
悉心籌畫變章程國計民生核算精出使又嫺交涉事行旌
久駐日人城
美國使臣科司達年已六十前二十年前曾出使日國蓋於交涉之事三折肱矣
追憶恩情淚眼枯王妃築造報前夫祇餘塋墓身同殉石柱
高擎廿六株

茅索蘇王塋墓係王妃追念其夫而建造者以白石砌成石柱高擎二十六株工將畢妃旋殂
疏通海界費多財山脊崎嶇塞竟開省卻程途三萬里落成
還待米人來
巴拿馬界東西二洋之間此地若鑿通路程至中國近三萬里此事聞法人經始米人落成
萬里長征苦未還紅顏流落舊金山琵琶一曲含哀怨誰贖
蛾眉返漢關
美國近有教士數人上書於舊議院長謂中國流娼在西金山者計三千餘係奸民牟利專賣到此當嚴禁云云
駐年有術想丹成壽算綿綿慶此生獨怪婦人妝飾異鑿唇
作孔納貓睛
職方外紀云伯西部人年壽綿長婦人妝飾尤異以髮蔽前後頤及下唇作孔以貓睛寶石嵌入為美
皮肉乾枯具體形胸前尚挂小銅鈴游仙人去三千載坐像

今猶列在庭（秘魯赴美國大會有大櫃一內貯枯骸數具毛髮未落坐像如生胸前掛一小銅鈴云是三千年之遺屍由內地挖得出之）

居官權勢握諸男巾幗如何不得參選舉大非公道事上書議院逞雄談（按美國女子安安尼創議後爲刑司所刻議薄罰聞英國亦有婦女進議院同參國事語頗創聞）

粤東省城西湖街富文齋承接刊印

海國公餘雜著卷三終

瀛海論三卷

〔清〕張自牧撰

《瀛海論》三卷，清張自牧撰。自牧（一八三二——一八八六）字笠臣，號謙之，湖南湘陰人，由諸生官至浙江補用道、加布政使銜。此書約成於光緒初，記事止於光緒二年（一八七六）。有楊彝珍、羅汝懷二序，羅序稱其博考載籍，證以聽睹，援古證今，疏通知遠，袪疑解惑，足以破愚。書中概述寰宇各國史地，尤詳於美國、日本、英國、俄羅斯等國。又將「洋務」問題歸納爲八，主張於西方事物區別對待，頗見晚清士人之思考。據天津圖書館藏清光緒十三年蒲圻但氏刻本影印。

瀛海論

光緒丁亥四月
蒲圻但氏校刊

自道咸以來海疆盡多故矣博帶褒衣之夫足不踰戶限往往侈談控馭之策詰以海外疆索與敵情輒茫然不能置對羅江荷笠者竊憤慨之爰鉤稽諸海圖島志為瀛海論上下三篇舉茫茫九萬里之遠向渺莫澈其里域者悉為部畫州區燦若眉列洵足備要荒之掌故廓海宇之見聞而其中又言欲攘外莫亟修內不得為積威所劫以自餒彼所製諸利器固足奪造化稱神奇我即師法其所製以制之彼自不得負其所長以抗我至若古先聖帝明王相傳之道如日月麗天江河行地終古莫之或改烏容以誕而不經之異說亂之況天聦人事倚伏相乘彼已知邪說之害道與美酖之病人兩者皆舉以為大戒是即向化者機也迎其機而禁遏之夫豈不可以已乎予讀而歎曰世之言綏邊者匪戰則款紛紛置喙多以臆為言從未有知彼知已經畫及九譯之外因其治宜其民用以立西南之紀而維中外之防如斯編者苟當軸者取而見之施行若猶敢梗聲教怙其恩如驕子之侮慈母則吾未之前聞光緒丁丑仲夏移芝叟楊彝珍拜手序

漆園有言六合以內論而不議六合以外存而不論夫以其思騰天潛淵其口傾潢倒漢顧難於論議何哉蓋目所未覩耳所未聞心所未通而論之議之不顧其情之妄辭之誣且率世之人皆出於誣與妄而其害遂中於天下國家故聖人惡利口之覆邦家者又曰知之爲知之不知爲不知所以深戒妄言之貽誤於世乃今笠之父直舉六合內外而論議之則又何也夫瀛海之爲糾紛轇轕者幾一世矣其始失於未得情勢而操之太蹙繼此日益蹉跌大氐皆執振弱洒恥之常談而不自度量卒至弱愈甚恥愈增則胥動以浮言指爲鬼蜮傳

述種種惡狀傾動天下冀人人忿而誅之究所爲毀其室戕其軀者不過數見曾不足損其豪末而耗吾之金幣者已數百萬矣侵尋不已錮蔽愈深笠之父乃博攷載籍證以聽睹分別部居不相雜厠其土地之廣隘勢力之强弱皆較若列眉焉至於援古證今疏通知遠視至怪之爲至常識至難之皆至易所以祛疑解惑者甚至而安邊綏遠之道即具其中於以知角技鬬智之無庸矣昔吳江計氏作籌南五論世頗稱之然彼所論域中耳非耳目不及之地也學術之弊也經芟其繁傳束之閣簡陋極矣矧夫山海紀異之編輶軒絕代之語或舉世未之前聞一觸於事則人皆予智不求其端不訊其末競逐聲影羣焉一辭叩所以然莫能相喻語曰流言止於智者無如智者之不數數覯也然子思子曰好學近智釋之者曰好學非智而足以破愚是故智在破愚破愚在學學在好古敏求不此之務以終於愚又不安於愚馴至爲誣爲妄且阿隨他人之妄與誣而爲之羽翼則愚之甚矣是編眞足以破愚矣亦惟好古敏求之士乃足以讀之某根居士羅汝懷序

瀛海論上篇

天生烝民各從其類無懷葛天以前民至老死不相往來無所謂中外也有聖人起作之君作之師教以人倫禮樂法制相維而人道以立就文物昭著者推爲華夏三代以還庸蜀羌茅微盧彭濮淮夷徐戎赤狄白狄錯處九州之內禹貢荒服職方蕃國漢唐宋史籍所載列於朝貢者大抵去中國不甚遠今泰西人所稱亞細亞也其間如昆堅丁零點戛斯骨利幹大秦等國在今歐羅巴之域然重譯偶通傳聞髣髴史臣約略言之以參王會之盛耳有明中葉西班牙葡萄牙荷蘭自歐羅巴航海西來攘據南海諸島而泰西之人遂接踵於中土此虞夏商周漢晉唐宋四千餘年來所未有也昔騶衍九州之說山海十州之書閎大不經荒杳無據自利瑪竇陽瑪諾湯若望南懷仁穆尼閣柰端輩相率西來而後地球九萬里畫方計步運於掌上四大土之國喁喁嚮風矣就地球全體言之在東半者中國爲最大泰西人舉俄羅斯東境及東方朝鮮日本琉球諸國南交越南暹羅南掌緬甸及南洋羣島西北布哈爾漢月氏波斯漢安息愛烏罕漢罽賓俾路芝漢烏弋山離基發即機窪諸回部西南五印度漢身毒極西阿刺伯漢條支迤北土耳其之東中

兩土附之其地北距冰海東距東洋南距印度海西距紅海地中海黑海統名之曰亞細亞夷語無義可譯姑就所稱者舉之爾亞細亞之西北爲歐羅巴西南爲阿非利加三土相連阿非利加視亞細亞之半歐羅巴視阿非利加之半亞墨利加別居地球之西分南北兩土視亞細亞相若阿非廣莫荒昧僅東北隅近印度海紅海地中海者有埃及一曰麥西努北阿阿北西尼亞等國稍通聲教常受役於歐羅北亞墨大國有米利堅一作美利哥即花旗小國有墨西哥南亞墨有巴西孛露一曰祕魯智利玻非利亞金加西臘等國米利堅於乾隆中始立國地廣人衆通商最盛勢與歐羅巴諸大國抗衡華盛頓爲創業之主乃不以位傳子孫分國二十餘部每部設統領而以伯里璽天德主之爲合衆國四歲一易退位者與齊民齒民無常奉而百年無爭戰之事風土略近中國流寓多華人克累弗尼亞省尤衆世所稱西金山也孛露於前年始通中國而相去益遠地小而貧華人往傭者輒虐遇之英俄日本皆以爲非近亦無續往傭者阿非亞墨二土之興衰皆非邊防之急也今之談邊防者東西南三洋而已亞細亞東境爲東洋距中國最近南海羣島爲南洋爲西洋入中國孔道歐羅巴爲西洋東洋

以日本爲大國自西漢時通中國隋唐宋屢入貢元人伐之無功明代復通貢然數犯邊　國初通國書定銅船采買之制同治中始立和約旋有臺灣生番之役仍臻和好其地距山東閩浙不遠華人浮海而往所至成聚近日效法泰西機器輪舟車及鍊兵開礦諸務勢寖强然能禁鴉片煙天主教不入其境嘗改用歐羅巴文字國人弗便仍用華文而以倭音讀之別有倭字就華字減筆成文行於國中地近高麗琉球已與高麗立約顧欲臣屬琉球亦地勢然也同治十二年使臣瑣意西馬十三年使臣柳原前光先後入　覲外國黜稱之歐

羅巴幅員在四土爲最小黃海注其中（即波羅的海）黑海界其東地中海橫其南大西洋海浮其西烏拉大山亙其北俄羅斯都於黃海東岸彼得羅堡坿西岸者爲瑞國（一曰瑞威頓一曰瑞典即藍旗）其都曰斯德哥爾摩（一曰斯叨克浩母）瑞國之西爲瑙威（一曰挪耳瓦一曰哪威一曰諾魯威亞）其都曰格里士特阿拏坿南岸者爲嗹國（一曰丹馬一曰大尼即黃旗）其都曰哥卑的給迤東爲普魯士東部（一曰布路斯即單鷹旗）其都曰伯靈嗹國之南普魯士之西爲日耳曼（一曰德意志）列國歐羅巴之中原也普魯士之南日耳曼之東爲奧地利亞（一曰奧斯瑪加即雙鷹旗）其都曰維也納奧地利亞之東南枕黑海接亞細亞界爲

土耳其（一曰都魯機）其都曰君士但丁土耳其之南小國曰希臘（一曰額里士）都於雅典曰亞德納斯日耳曼之南曰瑞士瑞士之南斗入地中海曰意大里亞列國（一曰伊達里亞一曰義大利）日耳曼之西北臨大西洋海曰荷蘭其都曰亞摩斯德耳登（一作俺木士特爾坦一作安持提）荷蘭之南曰比利時其都曰不魯舍拉斯（一作比律悉一作木蘭洛士爾士）日耳曼之西比利時之東曰普魯士西部兩部夾日耳曼之左右蓋普魯士本日耳曼所分之國也（今普國合日耳曼通稱德國）比利時之南普魯士西部之東南瑞士之東曰法蘭西（一曰佛郎機）其都曰巴黎斯法蘭西之西南曰西班牙（一曰日斯巴尼亞一曰以西把尼亞）其

都曰馬特（一作馬德里地一作莫珠爾勒得）西班牙之西臨大西海曰葡萄牙（一曰博爾都噶亞）其都曰里斯玻亞（一作力士門又作德門）法蘭西之西北有倫敦（一作蘭頓）蘇格蘭（一作師古泰又作斯哥西亞）阿爾蘭（一作爾蘭又作一爾蘭大）三島鼎峙海中曰英吉利倫敦者英吉利之都也凡歐羅巴之民貪而勇君臣上下雞鳴而起孳孳爲利利之所在父子兄弟不相顧勞苦艱難無所避一藝之末一器之微竭畢生心力赴之精益求精巧益求巧專心銳進而不知止其天性然也各國以俄羅斯爲最大英吉利法蘭西普魯士皆强盛勢足相抗土耳其奧地利亞亦大國而衰弱特甚俄普英法壘相雄長

其餘小國數十。星羅棊布。錯雜其間。諸大國皆有鯨吞蠶食之心。而互相猜忌。合從連衡。頗似春秋列國之局。嘉慶中法蘭西王拏破侖弟一。肆其雄心。滅荷蘭。廢西班牙。取葡萄牙。兼併意大里亞。瑞士。日耳曼。割普魯士之半。奪奧地利亞藩屬。圍墮都。燒峨羅斯舊都。橫絕四海。蓋楚靈王吳夫差之流亞。自墨斯科敗後。亦近於乾谿甬東之辱。嘉慶十六年法人攻俄兵潰於墨斯科諸國合兵攻之二十一年爲英所俘流之荒島道光元年死。嘉慶二十年各國大會於維也納。各反侵地。修好息民。視葵邱衣裳之會。宋虢弭兵之盟。敻然大矣。英議員烈畬得之言曰一千八百十四年英美定約於干特以爭財致衅至三十三年各遣使公議其事遂息三十

五年法土失和就正於德國而解六十三年英與巴西不睦而比國解之六十八年土希爭屬地而德國解之皆不煩一兵得使臣會議片言而釋泰西情勢如此論語曰使於四方不辱君命詩曰控於大邦誰因誰極使臣能執義正辭賢於擐甲荷戈遠矣漢詔求使絕國之才至與將相並重有以夫峨羅斯東境西北利八部。界中國之北面。西連高加索五部。迤南鄰印度。遠包中國之西面。迤北則波羅的海東五域三十七部。東峨五部國都在焉大峨十九部加匽峨五部小峨三部南峨十五部再西則波蘭十四部。波蘭八部益以白峨六部又跨海逾壘頓峽。據北亞墨利加之一隅。曰監加札。隸西伯利部。西伯利高加索二部在亞細亞域波羅的海東波蘭二部在歐羅巴域康熙中擾我索倫諸部。再　予國書未報。復由荷蘭附書諭之。乃通好罷兵。立碑定界。通商於車臣汗部之恰克圖。即西伯利部所屬義爾古德斯科之甲他城。庫倫大臣所司。彼以皮來。我以茶往者也。其後日益南向。道光中自高加索新藩脅降西域回部。布哈爾諸族。通波斯以噬印度。漸與後藏相近。倘未接壤。屢與英吉利血戰於雪山南北。亦未能得志。咸豐中兩次請地。自黑龍江以東。雅克薩。尼布楚。諸城。烏魯木齊以西伊犂。庫車。阿克蘇。諸城。皆割而有之。而喀什噶爾。葉爾羌。諸城。乘機竊據。附庸於峨。同治十三年。以重兵降回部之基發。通道於巴克達山。至北印度之克什米爾。巴克達山有三路達印度一越印度之庫施山而達喀布爾計千六百餘里一徑達印度之排紹蹴耳計千五百里

一出庫施昆崙兩山之間達克什米爾計六百餘里而喀爾墾特即廓爾喀之樊籬。迫矣。近英吉利立約。以愛烏罕即阿富根爲界。峨兵不得踰此而南。峨人未之許也。又東得日本薩莫蝦夷之地。以科爾立十八島易之。更跨東海繞出高麗之東。開采煤鐵。頗享其利。駐兵黑龍江界。將營造火輪車路通中國。特以通商日久。歷二百年未嘗開釁。康熙中。郎中圖理琛曾至其地。三十二年。使臣義茲柏阿朗迭義迭思一作雅蘭布來朝。

召見。　賜坐。賜食。嗣後俄人遊學於京師。間有入貢者。

同治十二年。使臣倭艮戛里。十三年。使臣布策來。皆

召見光緒元年使臣索思諾福思齊等來訪茶市見陝甘總督稱其志在永敦和好殆信義之國歟英吉利倫敦五十二部蘇格蘭三十三部阿爾蘭三十二部三島廣輪不過中國一小省其屬地西得北亞墨利加東得印度迤南得南洋諸島越海控馭皆在數千萬里外前明時初得北亞墨利加廣土萬餘里頓至富强後以重稅暴斂民不堪命而叛乾隆四十年華盛頓（一作瓦新敦一作兀興騰）崛起割南境爲彌利堅國血戰八年而國定英人僅保北境荒寒之土五印度在緬甸之西兩藏之西南地方數千里明時葡萄牙荷蘭經營其地立埔通市船擅

印度海之利　國初英人瞰而奪之康熙七年在東印度之孟加臘買地建館築礮臺日臻富盛乾隆十七年遂舉兵滅孟加臘乘勝兼南中諸部有爲英所滅者有聽其置吏僅擁空名者有受役屬爲藩國者僅廓爾喀（東印度國）克什米爾（北印度國）新的亞（中印度國）信地（西印度國）等數國尚能自存餘皆隸英版矣英人建藩部四曰孟加臘（一作榜葛）剌曰麻打拉薩曰孟買曰亞加拉孟加臘之東北緬甸之西北有阿薩密部本土夷崇佛教英人據爲別部東距騰越猓夷緬夷隔之南距前藏狢狁與布魯克巴隔之去中國咫尺南印度之南海中大島曰錫蘭古狠牙

脩地嘉慶時英人滅之循海而東阿喀剌朗谷兩埔取之緬甸再東據有新嘉坡（即息力柔佛地）麻剌甲（即滿剌加）檳榔嶼（即新埠）三埔其地偪近暹羅又於南洋之極東闢大荒島曰澳大利亞又名南亞細亞世所稱南金山也其地自爲一土約二萬餘里荒曠無人英人墾而闢之未得十之一也（近人以此土比亞細歐羅阿非亞墨稱第五大州）別島曰搦日倫敦（又名新西蘭）爲自古人迹未到之地太平洋之飛幾島亦舉國稱屬焉由倫敦往澳大所必經也又有獅山諸地在阿非利加西界特墨拉拉諸地在南亞墨利加南界蓋遙領之屬地遠矣道光十七年國主威廉第四卒兄女維

多利亞年十八嗣位即今之女主也（贅日耳曼列侯之子阿里巴一作博雅那爲壻早卒）英國向通商於粵東乾隆二十七年特允英商伯時購運湖絲四十年有商船遇颶飄入粵洋厚邺而歸之五十八年國主若耳治第三遣使臣馬戛爾尼（一作麥加尼）來朝

上御澹泊誠敬殿受之貢天文地球儀器二十八種值

萬壽聖節

上御含青齋受賀　賜賚豐渥命侍郎松筠送至粵洋嘉慶元年入貢二十一年使臣司當冬（一作噹蝦土）來朝道光中以鴉片肇釁迄咸豐時復有違言旋即通好同治

十二年使臣威妥馬來賀
親政與美使鏤斐迪法使熱福理荷蘭使費果蓀及日本俄使同 覲見於紫光閣邦交益篤矣倫敦三島壤地褊小山澤之利開闢殆盡聯邦（即美利堅）既失倚印度爲外府兵餉皆賴焉俄人闢地日偪又間遣希臘教（俄國所奉之教）入印度英人患之近年專務加惠於印地遣貴戚大臣鎮撫之光緒元年其太子往遊拊循其人英主稱徽號以印度綴國號之下殆將有東遷之志歟法蘭西地方二千餘里建八十六郡近年爲普魯士所敗割茂士城以西七城以講其人精於算術機巧凡火輪車自來火鎗礮大半皆其所創風俗勁悍負氣好勝尤長於用兵號令如山萬足一步前者已死後者繼進火器之利冠於泰西嘉慶時其王拏破侖第一百戰無前威行西土後以弗戢自焚咸豐時與英吉利合兵來津門議約未成遂至開釁旋立和約同治中其王拏破侖第三與普魯士搆釁血戰數年爲普所虜其時適天津居民有攻殺教人燬大業之獄 朝廷命諸大臣赴津議事法人方肆其要挾而國都已爲普人所覆乃草草成約而去法主既禽（同治十二年歿於英之霄塞思德爾）其大臣爸亞等復與普和乃改用彌利堅之俗不立君以首領統治國事同治

十年踢矮士（即爸亞）任首領十二年麥馬韓代之麥馬韓者拏破侖第三之大臣有惠政嘗與普戰兵敗不能死君亡不能救又從而代之而國人皆以爲賢近日拏破侖第三之子魯夷拏破侖與法前主波旁之庶子尚件爾皆謀復立國紛紛未能定也七八年前據安南海口屢戰屢勝已得六埠之地上年爲安南將劉永福所敗禽其大帥安將軍旋復求成於法蓋越南文弱之國終非其敵也近日法人已駐兵順化（越南都城）扼富良江復營埔於暹羅矣普魯士東西二千共八部本日耳曼所分之國地小於法兵亦弱於法其君臣勵精自强遂能破法蘭西割其愛勒塞斯洛脫七城之地（一甕士二地顛荷鋒三必齒四發勒剌坏克五士得喇士伯克六施來施塌特七新伯拉薩克普人毀施發二城存其五）德意志三十六列國奉爲主雄視四方峨英土墨皆憚其强盛修好無間近國如荷蘭比利時遠國如波斯日本越南皆慕而納交焉歐羅巴自夏時有異人曰摩西創立十誡教人其後瑣羅門約翰遞有演述漢元壽二年耶穌生於羅馬既長遂傳天主教歷數百年有保羅者別立希臘教有路易者別立耶穌教三教鼎峙互相攻擊而皆宗天主今俄羅斯額里士行希臘教英吉利瑞典嗹威大尼荷蘭行耶穌教法蘭西墨斯瑪加意大里亞比利

時西班牙葡萄牙行天主教惟天主教有教王各國皆
尊禮之法蘭西尤甚教主橫恣嘗劫制各國君后莫敢
何獨德國大臣畢士麻克惡之盡奪教主之權繩以官
法故教至德而窮萬國公報云教人猛如虎貪如狼德
意知搏而縛之翦其爪牙獮尾帖耳不復能肆凶殘又
云教人久持太阿德人奪其柄而擊之批其頰而扼其
喉矣德之強盛畢士之功為多語其相業亦泰西之管
夷吾也畢士亦人傑也哉同時意大里亞相蘭渣塞勒
亦以力奪教主之權致其君為合眾國之主有大勳乃
以籍教堂七十二所入官為教人所齮齕竟引疾而去

則畢士之得行其志亦視德主蜚里特威廉之能任賢
弗貳耳意大里亞為歐羅巴古一統之國漢書謂之大
秦其後衰微嘗為土奧法所併屢滅屢復嘉慶時維也
納之會定其國為九[大國四曰羅馬教主踞之曰多斯加納曰薩爾的尼亞曰拉布勒士]
[小國五曰巴爾麻曰摩德那曰盧加曰摩納哥曰勝馬里虐]道光二十八年薩爾的
尼亞王威克安耳依馬努嗣位能中興其國咸豐十一
年遂為合眾國復故號取羅馬都之結好四鄰稱強國
焉雍正初教化王伯納弟多遣使來賀
登極自稱伊達里亞國其時教化王之勢甚強九國皆
為所屬也舊都羅馬義主既合九國之眾與教王同都

而居頗能收教王之權矣奧地利亞盛時日耳曼意大
里皆其藩屬今則儕為與國嘗為盟長疆域三千餘里
亦大國也瑪加本其坤庸近合為一國矣土耳其本回
部崇瑪哈穆特之教[一作摩哈麥六朝時阿剌伯人回教之祖]與泰西殊趨
其土分東中西三土東土五部古巴庇倫西里亞[即西女國]
[一稱如德亞國]猶大諸名國故地與中土買諾六部皆在亞細
亞域內西土八部都城所在[羅美里亞部都城曰君士但丁在黑海峽口與買諾]
[隔海後漢書大秦傳言飛橋數百里可度北海是也黑海地中海由此峽相通]俗無彝倫政無
綱紀屢為峨人所陵英法普諸國相與維持匡助之同
治十三年國君以荒淫被廢其從子紐來嗣位光緒二

年紐來有心疾大臣立其弟哈米國人不服又以教事
搆兵屠戮慘酷鄰國皆惡之勢岌岌矣瑞國處窮髮之
北瑞典二十四部挪耳瓦[即挪威]十七部時分時合北負
冰海貧瘠特甚丹馬國更小地形從日耳曼北出如人
舒臂與瑞國南境遙相逼拒[作凹凸之形]國分五部有加的
牙海峽為波羅的海要隘希臘本古名邦今為新造之
國地分十部國小而治文物為泰西之冠諸大國亦尊
禮之[古希臘十二國今西土耳其全境新希臘則雅典一部古亞德納斯之南境也]西班牙三
土四十九部國勢弱於法蘭西而地相若明時航海得
南洋呂宋地遂成大國屢與各國搆兵康熙十七年曾

入貢道光中女主依撒伯爾拉立屬地多叛同治中所
屬古巴島復自立爲國大臣廢女主而迎立意大里亞
世子阿馬得牙在位二年其前王之從子登卡洛斯遜
奉依撒伯爾拉之子阿耳分所既而自立戰爭屢歲阿
馬不安於位遜歸意國人遂仿瑞士之俗爲民主之邦
編爲十七國呂宋古巴皆與焉依撒伯爾拉改嫁法王
子多勒多光緒元年國人迎立阿耳分所屬國復合而
登卡則儼然敵國矣葡萄牙小國處西海之濱附於西
班牙地分六部明隆慶時航海至廣東乞租香山濠境
隙地疆臣林富代請許之因立埔頭於澳門遂爲泰西

通市之始其後營廣土於南亞墨利加建巴西藩部旋
亦自立爲國康熙五年國王若望遣使臣麥德樂入貢
方物四十餘種九年國王阿豐肅即亞方蘇第六入貢十七年
表貢獅子五十九年使臣斐拉理入朝
召見於暢春園之九經三事殿　賜坐賜茶雍正五年
貢方物乾隆十七年國王若瑟表貢自來火器等物十
年使臣巴哲格來朝
土御乾清宮見之瑞士分二十二部不立王侯推鄉官
理事近交權於德力黜教黨立爲合眾之國國勢方興
未艾也荷蘭比利時本一國所分東爲荷蘭十一部西

爲比利時九部亦時分時合順治十二年荷蘭入貢通
市康熙二年定貿易二年一次三年助克厦門金門有
功六年使臣卑獨攀阿閏入貢二十五年使臣賓先芝
巴入貢乾隆五十九年
特免貢使所帶出口貨稅同治十三年比利時使臣色
而能仕入朝荷蘭澤國好勤遠略明時嘗踞臺灣屢犯
閩浙鄭芝龍嘗焚其舟後臺灣爲鄭成功所得荷人受
創甚鉅不敢報也南洋島嶼荷蘭佔據最多近與亞齊
屢戰不勝卒與聯和諸島騷然漸有鞭長莫及之懼德
國寖昌偪近肘腋荷勢且入爲屬國比利時西面附庸

尙無足重輕而南島夙爲荷埔者若隸於德則東道關
鍵皆在其握英法所必爭也南洋諸島國呂宋在臺灣
之南再南爲西里百島西里百之東北爲摩鹿加再東
爲巴布亞大島西里百之北爲蘇祿再西南爲婆羅州
唐婆婆登婆羅門明浡泥吉里地悶文萊等國由厦門趨七州洋過昆侖而南
爲噶留巴梁毗舊唐闍婆元明爪哇等國再西爲蘇門荅臘大小亞齊
在焉巴蘇兩島相望海口之峽曰巽他即舊港地爲歐羅巴
西來要道蘇門荅臘之東北有長島爲新嘉坡麻喇甲
稍西別一小島爲檳榔嶼明以前諸島國屢通朝貢與
滇粵邊徼安南暹羅南掌緬甸諸國同列藩服迨歐羅

巴人航海遠來，其始以重幣購片土爲埔頭，泊舟立市，傳布其教。盤踞既久，徒黨日衆，漸而攘其賦稅，漸而劫其君長，漸而奪其土地，馴而致之，不勞而定。或遇有機會可乘，則以大兵燹之，飈馳電擊，等於拉朽摧枯。百餘年間，島夷翦滅略盡，惟蘇祿以彈丸僅存。於是葡萄牙踞香港（即濠境），西班牙踞呂宋，荷蘭踞西里百、摩鹿加、婆羅洲、噶留巴、大亞齊諸島，而巴布亞荒島亦墾而闢之。同治中，法蘭西侵佔安南之嘉定省，英吉利侵佔緬甸之朗谷，設分埠，而中國南徼處處與泰西交涉矣。昔漢人謀通大秦，屢爲安息所遏，桓帝時始得一通，竟不能

瀛海論上篇　五　蒲圻但氏校刊

再至。明時，歐羅巴人航大西洋海，繞阿非利加之南，過大浪山（即岌樸，一稱好望角），東泛南洋諸島而趨澳門，水程約七萬里。道光中，由直布羅陀海口東駛入地中海，至埃及之蘇爾士登陸，易火輪車至紅海，復浮舟出亞丁，入印度海，泛南洋，入巽他峽，至新嘉坡，經安南，達香港，計程可減其半。同治季年，法蘭西與埃及鑿蘇爾士，開新河至亞勒散得，由是三萬里海面一葦可杭。光緒初，英人購買此河，遂專歸英轄，由倫敦四十日可達津門，則火輪之神速也。南洋地近閩廣，華人流寓日衆，逾年呂宋、亞齊之人逐西班牙、荷蘭所置吏，自立爲國，由是南洋島國駿有勝廣求六國後之勢，而歐羅東道漸有戒心，競請中國於新嘉坡、金山等處設立領事，保衛華人，亦所以羈縻之，防其揭竿而起也。近聞英人謀開鐵路，由印度以通雲南，殆有改趨西道之志。光緒元年，騰越外徼遂有土番攻殺英探路使者馬嘉理之事矣（同時土耳其涉納利革亂民戕德法兩國使臣，土國以銀四萬磅卹其家，其事遂解。又威支尼斯之獄，英人爲古巴人擊斃者白人十、黑人九，西班牙卹之，白人人給銀五百磅，黑人二百磅而已）。峨羅斯北部亞爾干日爾部人長三尺，以犬爲馬，以鹿爲牛，古之僬僥氏也。南亞墨利加南服有巴他峨拏部，一曰智加，人長丈餘，古之鄋瞞氏也。以其不通中國，故不具論。

瀛海論上篇　十六　蒲圻但氏校刊

瀛海論中篇

今夫數千年未經見之事數萬里不相知之人一旦盤踞於腹心之地往來於堂闥之間此古今運會一大變局也今士大夫談洋務者大略數端曰　國體也異教也西學也語言文字也火輪車舟也水陸兵法也火器也海防也閒嘗綜而論之三代以後中國莫強於漢莫弱於宋漢與單于爲兄弟屢立盟約（中郎將王駿使匈奴班四條因收宣帝時所爲約束封函還此換約之見於漢書者）持節之使軺車四出當時不以爲辱而終能受單于之朝蓋文帝天地之量武帝雷霆之威先後濟美至宣帝乃收其成功此固非賈生痛哭

流涕長太息者所能知也宋人日日奪中國爭獻爭納斷斷不已而國勢日卽於弱卒至求爲小朝廷而不可得就往事衡之而一切書生議論皆可息矣古者天子諸侯相見有拜手稽首之禮其辭曰伯父叔舅陪臣來聘王有燕享且以公卿往報之不聞有議其損威者境內之列侯且然況絕國之人與我本無君臣之分者乎耶穌天主之教傳入中國好事者指爲巫蠱厭魅及采生折割諸妖術又苦無實據萬口詆諆而無如之何蒙以爲此不足辨也西洋三教同出一源（耶穌爲洋教卽天主教路得爲西教卽耶穌教保羅爲希臘教）蓋墨氏之本旨而緣飾以桑門天方之

說煦煦爲仁孑孑爲義兼天下而愛之撥遂萬物以利之無君臣父子夫婦兄弟之倫而一以朋友之道處之博施尙同而昧於本末親疏之道耶穌以濂水寶血普救世人所謂摩頂放踵利天下者也火器殺人如草窮極兇殘而獲囚未殊者從而療治之宋襄公之仁義也雖然晚近士大夫重利輕義骨肉親戚之間一粟一帛較算必精耰耡德色箕帚誶語而偶有贏餘則好爲博施振窮之善舉往往醵數千百萬金之資以贍夙不相識之鰥寡孤獨而其親族故舊有不免於飢寒者厚所薄而薄所厚顯背聖經自蹈堯舜猶病之誚舉世方且

翕然稱之以爲好善樂施是墨氏之教本自行於中國耶穌其小焉者也彼不過扁鵲華佗張陵寇謙之之流能以其藝爲人療疾如古之良醫巫耳教王在歐羅巴有大權如兩藏之有達賴班禪近其氣燄已漸殺既入中國其勢更微教堂之建不過如天方之有清眞寺及釋老之寺觀而已今天下各行省流寓之人各立會館祀其鄉之賢者歲時羣集酬酢有事則聚謀之泰西人去家數萬里而來與其本國之人立一廟以祀其本國之神爲歲時聚會之所此人情所宜有者西俗好以利陷人海濱罷民藉入教以誘其財者有之從不聞衣冠

士族靦然從其教者。此亦何關輕重。而煩吾黨之辨論哉。近年翻譯中國書籍。漸通華文詩易四子諸經。英法。德。瑞士。各國兒童多能誦習。不及百年。吾教當遠被於西土。中庸言凡有血氣。莫不尊親。殆其時也。今天下競談西學矣。蒙以為非西學也。天文歷算。本蓋天宣夜之術。彼國談幾何者。亦譯借根方為東來法。疇人子弟類能知之。大戴禮。曾子曰。如誠天員而地方。則是四角之不揜也。注方員同積員者必不能揜方之四角今地周為天所揜明地在天中天體員地體亦員也。髀經云。地旁沱四隤。形如覆槃。易乾坤鑿度云。元氣隤委孕靈坤。俚積土形不騫。搠天極有地極。成人極。靈天

有大極。地有大壇。坤母運軸。爐灰經云。天元氣練十周為正。土塡圓塞化。蒼頡云。地日行一度。風輪扶之。書考靈曜云。地恆動不止。而人不知。春秋元命苞云。地右轉以迎天。河圖括地象云。地右動起於畢。利瑪竇南懷仁輩。所論地球渾員。及天靜地動之說。實根於此。墨子云化徵易若鼃為鶉。動物之化五合水火土。離然鑠金腐水離木。金石草木之化同重體合類。異二體不合不類。此化學之祖也。以百物體質之輕重相較分別品類之同異西人淡氣輕氣養氣炭氣之說仿此均髮均縣輕重而髮絕。不均也。均其絕也莫絕。即西人金錢雞毛之喻一少於二而多於五。說在重。非半弗新。倍二尺與尺去其一。

此重學之祖也。臨鑑立景。二光夾一光。足被下光。故成景於上。首被上光。故成景於下。鑒者近中。則所鑒大。景亦大。遠中則所鑒小。景亦小。此光學之祖也。亢倉子云蜺地之謂水。蜺水之謂氣。此汽學之祖也。經言地載神氣。神氣風霆。風霆流形。百物露生。此電氣之祖也。關尹子言石擊石生光。雷電緣氣以生。可以為之。淮南子言黃埃。青曾。赤丹。白礜。元砥。歷歲生澒。其泉之埃上為雲陰陽相薄為雷。激揚為電。上者就下。流水就通。而合於海。鍊土生木。鍊木生火。鍊火生雲。鍊雲生水。鍊水反土。及夫頓牟掇芥。磁石引鐵之說。頓牟即琥珀泰西人初講電氣謂之琥珀氣又

謂地球乃一大磁石有自然電氣中國之言電氣者詳矣。至於圖一中同長。方柱隅四讙。圜規寫攴。攴體八觚即割圜之義方柱見股。句股也攴股二字阮本皆作支古文通用重其前。弦其軲。法意規員三。以上皆八線三角之祖神機陰開。剞劂無迹。城守舟戰之具。蛾傅羊坽之篇。機器兵法。皆有淵源。墨言理氣。與管關莊列諸子互相出入。韓非子。呂氏春秋。諸書備言墨翟之技。削鵲能飛。巧輗拙鳶。班班可考。泰西智士。從而推衍其緒。其精理名言。奇技淫巧。本不能出中國載籍之外。儒生於百家之書。歷代之事。未能博考。深思乍見異物。詫為新奇。幾欲含所學而從之。亦可哂已。西人言理。莫精於氣土

水火之說即釋氏地水火風之旨而其源實出於周易四象蓋乾坤坎離先天四正之位以巽從乾以艮從坤以震從離在天爲雷在地爲火以兌從坎氣入土而生萬物草木金石五蟲皆地所生而稟氣於天此萬物之體也既生之後則草木金石五蟲各含水火之質此萬物之用也西人言器莫精於十字架蓋奇偶相交之形周之成規折之成矩彌之成角剖之成弧制器之用備矣先儒相承河圖洛書中宮五數皆作十字綫特未闡其義耳惟其具天地之全體兼水火之大用故能驅治譎觚奇衺之有害於世者周官壺涿氏掌攻水蟲若欲殺其神則

以牡梏午貫象齒而沈之午貫者十字也漢書方術傳謂之禁架古之巫醫皆有是器耶穌殆得其遺法當操十字以行其術耳而湯若望龍華民輩乃詘爲受刑之具或又疑爲窺天之器則西人之陋已凡醫巫有神術者往往不得其死扁鵲華旉趙炳費長房之類是也耶穌爲人所殺殆亦由此但不必詘爲釘架之極刑耳周禮保氏教國子以禮樂射御書數爲六藝六經諸子論禮樂之微通於性命九章之奧窮極造化而樂與數尤相爲表裏漢人讖緯宋人性理皆由此生各就所見引而伸之遂成一代之學

仁廟欽定律歷三書推闡律數至精至詳王氏錫闡梅氏文鼎江氏永戴氏震諸儒皆能探賾鉤深發明理數舉所謂西法者悉融會而發明之且有更精於西人者今欲制機器測量萬物運用水火誠不能不取資於三角八線及化氣電火諸藝術然名之爲西學則儒者動以非類爲羞知其本出於中國之學則儒者當以不知爲恥是在乎正其名而已泰西文字本於佉盧史記大宛傳漢書西域傳皆有畫革旁行之文墨子經上篇云讀此書旁行此尤文體之大可據者今其字各國不同俄羅斯波蘭賴丁哀斯脫希白來德意智奧斯瑪加義大利法蘭西各有文字而大略相近推英字爲宗以二

十六字母分攝諸音合數音而成字惟法字只二十四母亦猶

國書蒙古書之體西語緐重有一言而累十餘字者其所稱名物與中國縣絕非通其語無由知其義也希臘爲文學之邦而其人罕至中國英法之書大抵實義居前而以虛字綴其後言之不雅馴非通其文亦無由讀其書也古蠻貊之隸掌與鳥獸言蓋天籟之自然中國以字隸音諧聲居六書之一外國以音隸字音變則字從之而變遼金元史策所載人名官名至　國朝而更易過半蓋年久音變以今音詁古語勢不能吻合非必古疏而今密也泰西入中國不三百年而譯音已屢參

差今宜但識其名物實義之淺近可據者以中國字母爲主就西字二十六母參合坿證之以反切之法通合音之未備俾粗通其字義言語不至爲寄象狄鞮所欺足矣原不必殫精竭慮以深造乎侏㒧之文也火輪舟之制不過數十年（乾隆六十年塞明頓創造嘉慶十年富拉頓造成）火輪車更出其後（嘉慶五年德微的創造道光七年斯提反筍父子造成）懋遷輸轉坐致富強日本波斯皆慕而效之今峨人輪路自彼得羅堡（峨都）東北越多木斯科痾木斯科至恰克圖復規畫黑龍江伊犁等處英人輪路漸至印度緬甸達雲南兩藏之外法人經營安南暹羅亦有開輪路達粵西之議近上海

吳淞口亦造輪路環中國四面皆將有金輪鐵軌焉論者多以爲憂蒙攷古有指南車飛車其制不傳火輪車本唐一行水激銅輪自轉之法加以火蒸氣運名曰汽車運載百物能縮跬步於千里絕迹飛行自是通商利器法人盛時嘗爲輪路以偏普及其衰也普人卽由輪路伐之適自敝而已且鐵路平蕩稍偏頗立敗投卷石覆簣土卽不良於行數年爲之而不足一夫毀之而有餘非杞憂之所亟也輪船機軸與汽車同引重致遠尤利多載中國設局仿造兼購外國之船用財逾千萬度支苦之泰西以商爲國本一切大政商賈皆得與左傳

陳懷公朝國人謀從吳楚子產對韓起曰先君與商人世有盟誓蓋猶有春秋遺風其電線火輪舟車本爲行賈而設兵船火器皆以保衞商人故民樂爲之耕織煤鐵皆取資於機器富商大賈競出財營造貲易集而力易舉爲其有利於已也人情各謀其私其謀乃精陰符經曰天之至私用之至公蓋合百姓之私以成王者之公也中國官與民勢分懸絕氣扞格而不相通仿造輪舟機器皆官任之而民無與其事勞而難成蓋未嘗與民同其利也（希臘人希羅初造蒸汽機而未知其用明末法人高斯國初英人吳斯德侯始明用法康熙季年塞法利繼之其後牛國民始以蒸汽轉輪武德補其未備而火輪機軸器具乃全以汽機代紡始於阿克來以汽機代織始於德克來今蒸汽火機通應百務徧行於泰西各國）

抑又聞之中國謀生之術如農夫紅女百工其爲道也甚迂而收利也甚薄先王之治天下使民終歲勤動而僅能溫飽其身故曰民生在勤勤則不匱又曰民勞則思思則善心生所謂家給人足者誠欲其勤而得之非欲其佚而致之也今舉耕織煤鐵之事皆以機器代人力是率天下之民習爲驕惰而坐擁厚貲其有不日趨於淫侈者乎南畝之農夫北山之礦工及夫挽車操舟者流數千百萬之人畢生胼胝於其中一旦爲機器所攘奪失其謀生之業其有不相聚爲亂者乎泰西機器之行未及百年

而大亂屢見殆由此也大抵機器初興能頓致奇富行之既久物以多而價賤其利仍歸於薄近年泰西商賈日形消耗輪船電線之利皆遠不如通商初年之盛老於航海者皆能言之凡世間機巧便利之事斷未有能經久不敝者今如海濱各省商民嗜機器之利或糾貲仿造或與洋人合辦凡舟車耕織煤鐵諸務可一切聽民自便目前實能驟分洋人之利更歷百數十年仍當以利薄而廢民間農工商賈之趨向有莫之爲而爲者至於腹地各省與洋人夙不相習則亦何必開此向來未有之風氣狃一時弋獲之利而詒他日無窮之憂乎

兵輪船水戰有方圓橫直諸陣奇正開合變化不窮其撞截抽擊諸法仍卽握奇八陣而小變之錐船專以攻堅鐵甲船能拒火攻最稱時尚然大水雷亦能毀之且笨重遇撞易沈順治時鄭芝龍焚荷蘭夾板船其時尚無火輪道光時台灣官兵焚英吉利輪船其時尚無鐵甲近日英國鐵甲船兩次遇撞而沈一次爲海盜所毀德國船廠已於同治十三年停造鐵甲當更有新式踵出矣泰西練兵極精步伐止齊有山苞水流之勢儼然節制之師乍見幾詫爲不可敵然嘉慶二十一年窩爾德祿之戰法兵大潰英人追斬二萬級道光二十一年興都哥士之戰英兵大潰峨人逐北數十里同治九年師丹之戰法兵大奔德國俘虜萬餘人是歐羅巴域中合戰何嘗無狼奔狐竄轍亂旗靡之事其入中國獨能整齊致死其故有二一則去國數萬里言語不通道里不識潰敗卽無可逃匿人人有必死之心故其氣直前不撓韓信背水而陣蓋亦迫之使然一則中國本未與之鏖鬬道咸時一再失歡然或交綏而旋解或聞礮而引卻非眞有伏尸百萬流血千里之事也惟其人堅韌耐勞苦心志專一王子貴人與士卒同甘苦英主之子丁保羅一曰恩波爾爲俄主之壻其貴盛可知乃初充測蘭

地船水手繼擢蘇爾坦船船主近始擢副提督蓋必能極水手之長乃得爲船主能盡水軍之技乃得爲兵頭三軍之中無倖進者故上下一心可同生死軍律之精嚴自非內地土寇及回苗諸番可比苟非有百鍊之兵斷不可輕爲嘗試耳自古治兵首重嚴整書教誓詩常武周禮大司馬及管子孫子所言綦詳泰西練兵適與古合但當自責以今人之不如古人正不必自諉於中國之不如外國也管子爲兵之數存乎聚財存乎論功存乎制器存乎選士存乎政教存乎服習存乎徧知天下存乎機數兵未出境而無敵者八泰西用兵實能備此八者若但師其聚財制器服習機數四端猶未能窺夷吾之全也至於火器雄猛愈出愈奇後門新式靈

捷異常似天下無可守之城矣然殘普魯士攻把的加
雷城登卡洛斯攻比爾波亞城用克鹿卜大礮（一曰克虜伯）
經年不下甚至西班牙攻登卡土堡亦不能克同治中
粵匪據金陵安慶九江諸城官軍用洋礮攻之亦迄無
成功其後金陵之克仍用中國穴攻之法拔之惟時洋
將戈登華爾輩皆在軍中未嘗不歎我軍之驍武也從
前失和彼嘗陷我甯波廣州天津等城亦非關巨礮轟
擊者按泰西人紀載云火礮創於中國元末日耳曼人
蘇爾的斯始仿爲之其後元駙馬帖木兒威行西域歐
羅巴人有投麾下者攜火器歸講求練習盡得其妙又

變法爲鳥槍明時佛狼機（即法蘭西）至粵東鳥槍遂傳入中
國是火礮本由中而西也史稱元以紅衣火礮攻金蔡
州則蒙古亦先有火器彼師我法而能精之遂高出我
之上亦我之恥也（今各國著名之槍英用馬蹋呢亨利德用茅塞嘰用彼耳打奴美用林明敦法用勒格拉瑞士用法德利又有水雷魚雷以電氣磨之於水中發火防海利器中國皆能仿造大礮德用克虜伯英用烏里治亦皆購而得之）沿海起廣東迄東三省袤延萬里廣
州廈門甯波上海鎮江燕台天津牛莊及內地九江漢
口洋人皆有埔頭租地搆樓屋積貨財婦子聚居已二
十餘年輜重既多當不敢輕於發難各國在西土本多
猜嫉之情其入中國互有牽制之勢當不能聽一國獨

有所逞（上年日本攻台灣生番英公使力爲居間亦慮其擾亂埔市也）又彼越海遠來
志在牟利非有覬覦土地人民之心繇此三者言之則
海防非所亟也然彼之圖南洋羣島圖印度諸國其初
皆租片土立埔市日積月累而卒遂其囊括席捲之謀
英人專有印度而法嗹蔔之埔自若也荷人專有葛留
巴而英埔自若也西班牙專有馬呢刺（呂宋大埔）而法埔自
若也印度如商德爾（法埔）痆襪（葡埔）西林不爾（丹埔）諸埔不下
二十餘處當英人大舉攻孟加臘時不聞法丹諸國起
而救之也英人經營澳大里亞荷人經營巴布亞皆越
海數萬里不憚荒穢而墾治之會謂數千年文明富庶

之中華獨不足以動其豔羨殆未必然矣惟彼國善於
用兵而慎於言戰我無瑕釁可乘亦斷無輕舉妄動之
理古人言戰勝於朝廷折衝於樽俎非謂盡弛邊防也
惟我政事修明紀綱整飭潢池無盜弄之變遠邦自無
窺伺之心若處處設防兵日日修守備則晉士蔿之無
戎而城明太祖之沿海置戍民情俶擾而不安財用浩
繁而難給得毋爲遠人所竊笑乎

國朝重熙累洽二百餘年闓澤入人者深道咸之際文
武百執事之臣安嬉泄沓馴致瀛海揚波迨削平粵捻
苗回諸逆以後武備聿修大儒骨鯁白首耆艾魁壘之

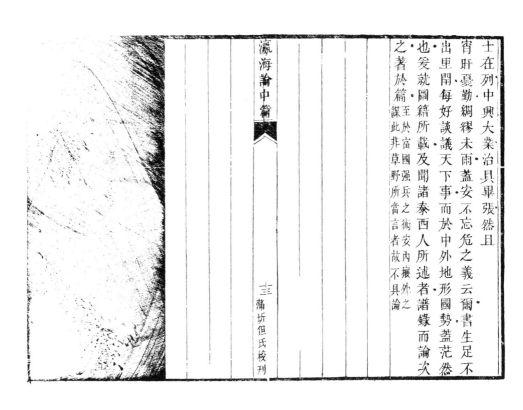

士在列中興大業治具畢張然且宵旰憂勤綢繆未雨蓋安不忘危之義云爾書生足不出里閈每好談議天下事而於中外地形國勢蓋茫然也爰就圖籍所載及聞諸泰西人所述者譜錄而論次之著於篇至於富國强兵之術安內攘外之謀此非草野所當言者故不具論

瀛海論下篇

客難曰八紘讋慄胥受憲於明堂九譯睢盱詎抗棱於華夏姦人既導以倨驁志士發憤於倒縣堂堂中國顧無喋喋佔佔乎曰通商條約載外國使臣入覲拜大皇帝同治中三次遣使出洋見其國主進退三鞠躬而已蓋入境問俗禮從其宜我有拜跪之禮故彼來則從我之俗彼無拜跪之禮故我往則從彼之俗本無所謂詘也蕭望之曰荒服來服無常宜待以客禮讓而不臣班固曰接之以禮羈縻不絕使曲在彼蓋古帝王之待外國但論事理之曲直不責儀文之隆殺也

國初通書日本通使俄羅斯皆不列其國於朝貢之班殆深得讓而不臣之義釋羅剎之俘受土扈之坿殆深得使曲在彼之義可爲萬世法已

客又難曰孿鞮久者金繒葉護賓勞粟絹千蘭出物啟駔儈無厭之求流離耀庭奪閭閻有恆之業關市之通殆尾閭之漏也曰前代邦交有所謂歲幣者今無是也自通商以來海關之稅日增漸至千數百萬兩有裨於度支者非淺鮮矣夫豈漢宋所可擬乎至於市舶之來中國絲茶藥餌所貨懋遷之盛亦前代所罕聞但見其益未見其損惟印度以鸎粟蠹我即外國亦羣斥其非

矣說者謂阿芙蓉之毒能使勤者惰強者弱厚者醨廉者貪馴而致之將使中國強毅果敢之氣日漸消磨而俯首帖耳聽命於人南洋印度之遭吞噬皆先以此餌之故不勞而得漏巵之說其小焉者也即以漏巵言之今鴉片歲漏千萬金出洋而商民未覺其困者以絲茶所貨足以相當耳近年日本印度南洋羣島皆務植茶及蠶桑之利西國本有蠶桑而不能如華絲之精近則東南洋漸能講求矣光緒元年意大利於昔昔里島植茶數十年後外洋絲茶足以自給中國將有坐困之勢此漏巵之所以不得不塞也誠宜明著爲令凡耆煙者不得登仕版列士籍隸軍伍責

成各部院督撫學政提鎮嚴察所屬誠使朝無耆煙之官學無耆煙之士軍無耆煙之兵其餘農工商賈則姑置之不動聲色而其風可自息此其權操之在我而不必期之於人者也內地自植罌粟或謂姑藉以敵洋產究竟種砒酖以代菽粟如之何其可也

客又難曰言語不通則情志難孚也耆欲不同則趣向莫測也華夷交錯草野致駴於雕題主客相猜蘭闍何悅乎彈指訶陵毒涎之可畏羅刹捹面而懷慚理有固然勢惡容已曰綏遠之道先求所以安之彼去國遠來誠欲世世昌樂永保其利斷無陵我之心乃或者無端

而縱恣之使日長其驕奢又或者無端而鄙夷之使日即於疑忌則處之者未能得其平也漢文帝與單于書曰天不頗覆地不偏載使兩國之民若一家子元元萬民下及魚鼈上及飛鳥跂行喙息蠕動之類莫不就安利避危殆故來者不止天之道也古之帝王約分明而不食言於戲此文帝之所以爲文也與嘗讀

高宗諭刑部讞英商哨獄諭旨伏見

聖心公平毫髮必當而燭微見遠若豫知百年後之有洋務者詩曰惟此聖人瞻言百里可不敬讀而深思乎

乾隆四十一年十一月二十四日奉

上諭刑部奏駁李質穎咨稱革監倪宏文賒欠英吉利國夷商哨等貨銀萬餘兩無還問擬杖責未協議將倪宏文改擬杖流監追一案已依議行並明降諭旨將李侍堯申飭李質穎交部察議令將倪宏文查產變抵仍勒限一年監追再照部議發遣如該犯限滿不完即令該省督撫司道及承辦此案之府州縣官於養廉內照數攤出幷傳朕旨賞給該夷商收領歸國以示體恤矣此等夷商估舶冒越重洋本因覓利而至自應與之公平交易使其捆載而歸方得中華大體若遇內地奸民設局賒騙致令貨本兩虧尤當如法訊究乃李質穎僅

將該犯擬以薄懲而欠項則聽其自行清結所謂有斷無追竟令外洋孤客負屈無伸豈封疆大臣懲惡綏遐之道幸而刑部奏駁朕始得知其詳爲之更正若部臣亦依樣葫蘆照覆其錯謬尚可問乎中國撫馭遠人全在秉公持正令其感而生畏方合政經若平時視之如草芥任聽地棍欺陵而有事鳴官又復袒護民人不爲清理彼既不能赴京控訴徒令蓄怨於心歸而傳語島夷豈不輕視督撫鄙而笑之且或慮粤商奸惡至呼籲仍復成空將來皆裹足不前洋船稀至又復成何事體且朕此番處置非祇爲此事蓋有深慮漢唐宋明之末

季多昧於柔遠之經當其弱而不振則忽而虐侮之及其强而有事則又畏懼而調停之姑息因循卒致釀成大釁而不可救宋之敗明之亡皆坐此病更不可不引爲殷鑒也方今國家全盛諸屬國震懾威棱自不敢稍生異志然思患預防不可不早杜其漸英吉利夷商一事該督撫以爲錢債細故輕心掉之而不知其關係甚大所謂涓涓不息將成江河者也朕統御中外一視同仁如内扎薩克諸藩恭順誠服其輩行本小朕皆撫若兒孫每至必歡欣踴躍與舊滿洲蒙古之執役無異而新附之準夷回部年班來者朕亦必聯之以情待之以

禮厚其餼賚而遣之衆亦莫不懷德戴恩幾與内扎薩克相等皆内外臣工所共知者即如伊犁與哈薩克易馬一節辦理亦須妥善或哈薩克所驅至者本不皆善馬原不妨如法擇而取之若既是可用之馬即當按其所值與之市易始能經久無弊設或所給緞疋輕薄暗減其價致所得不償所售哈薩克貿易已非一日皆能悉其底裏口即不言而心豈能允服即違立法通市之本意其流弊且無所底止朕每以此廑懷該伊犁將軍不可不實力妥辦以裕永遠之規若聽其日趨日下而不知返朕一有所聞惟該將軍是問恐不能任其咎也

又如朝鮮安南琉球日本南掌及東洋西洋諸國凡沿邊沿海等省分夷商貿易之事皆所常有各該將軍督撫等並當體朕此意實心籌辦遇有交涉詞訟之事斷不可徇民人以抑外夷即苗疆番境諸省亦當推廣此意妥行若仍視爲具文再有此等事件一經發覺或經朕訪聞及爲言官糾劾必將該將軍督撫重治其罪不能似此案之僅予議處也將軍督撫皆朕委任之人惟當善體朕意毋怠毋違自可寓久安長治之計即我世世子孫敬體朕訓守而勿失億萬年無疆之慶詎不在是耶此旨著傳諭各將軍督撫一體遵錄並著入於交

代令各後任永遠遵行勿稍玩忽並另錄一分交上書
房俾皆恪循罔懈欽此
客又難曰孔攻異端孟距邪說二氏既興闢者尤力傳
韓程朱皝皝遺則彼教橫流匪辯惡乎息曰摩西十誡
本非挈軒善惑之倫演而為耶穌為保羅為路得亦自
成其為外國之教而已史記太公作八神將一曰天主
祠天齊元狩二年收休屠祭天金人如淳曰祭天為主
是天主之名起於中國流入匈奴又輾轉而至西域殆
耶穌所託始也明季士大夫喜言西學好與海客遊而
恥稱其教迨　國初乃有李祖白蘇爾金之事楊光先

憤激呂言遂抵祖白於法厥功偉矣今之傳教者既無
利瑪竇湯若望之譎才而從教者亦無庫爾陳袁安臣
之富貴本無所庸其辨也夫楊墨亂道禍中於師儒佛
老妨政權達乎君相數百年後猶有尼翟並稱者有戎
服聽講者有捨身持齋者辭而闢之宜也今之教堂畀
能惑吾卿相師儒乎彼攘攘者皆亡籍之游民耳嘗敬
讀
世宗佛日諭旨而知同異之辨矣雍正五年四月八日
諭內閣九卿等曰今日為佛誕之期恰遇西洋國使臣
上表稱賀兩事適然相值故於在廷諸臣奏事之暇偶

將朕意宣諭爾等知之向來僧道家極口詆毀西洋教
而西洋人又極詆佛老之非彼此互相訕謗指為異端
此等識見皆以同乎已者為正道而以異乎已者為異
端非聖人之所謂異端也孔子曰攻乎異端斯害也已
孔子豈以異乎已者概斥之為異端乎凡中國外國所
設之教用之不以其正而為世道人心之害者皆異端
也如西洋人崇尚天主夫天以陰陽五行化生萬物故
曰萬物本乎天此即主宰也自古以來有不知敬天之
人乎有不敬天之教乎如西洋教之敬天有何異乎若
云天轉世化人身以救度世人似此荒誕之詞乃借天

之名蠱惑狂愚率從其教耳此則西洋之異端也朕意
西洋立教之初其人為本國所敬信或者尊之如天儻
謂立教之人居然自稱為天主此理之所無者也釋氏
原以清淨無為為本以明心見性為功所以自修自全
之道莫善於此若云必昧君臣之義忘父子之親棄置
倫常同歸寂滅更有妄談禍福煽惑凡庸藉口空門潛
藏奸宄此佛教中之異端也儒者守先王之道讀聖賢
之書凡厥庶民奉為坊表儻或以詩書為弋取功名之
具視科目為廣通聲氣之途又或逞其流言邪說以動
人之聽聞工為豔詞淫曲以蕩人之心志此則儒中之

異端也卽如巫醫二者雖聖人之所不棄然亦近於異端而巫以祀神祇醫以療疾病皆不得不用者至村巫誘人爲非庸醫傷人之命此卽巫醫中之異端也安可因其異端有害於人而不用藥乎不獨此也卽一器一物皆以備用乃位置不得其宜或破損失其本體便成異端矣子疾病子路請禱子曰某之禱久矣蓋子路之禱異端也夫子之禱正道也同一事而其中之是非邪正分焉是者正者卽爲正道非者邪者卽爲異端故所論只在是非邪正之間而不在人己異同之迹也凡天下中外設教之意未有不以忠君孝親獎善懲惡戒淫

戒殺明己性端人品爲本務者其初創設之人自然非尋常凡夫俗子必有可取方能令人久久奉行也至末學後人敷衍支離而生種種無理悖謬之說遂成異端矣與其教有何涉乎中國有中國之教西洋有西洋之教彼西洋之教不必行於中國亦如中國之教豈能行於西洋如蘇努之子烏爾陳等愚昧不法之輩背祖宗違朝廷甘蹈刑戮而不恤豈不怪乎西洋天主化身之說尤爲誕幻天主旣司令於冥冥之中又何必託體於人世若云奉天主之教者卽爲天主後身則服堯之服誦堯之言者皆堯之後身乎此則悖理謬妄之甚者也

西洋人精於歷法國家用之且其國王慕義抒誠虔修職貢數十年來海洋甯謐其善亦不可泯蒙古之人尊信佛教惟言是從故欲約束蒙古則喇嘛之教亦不輕棄而不知者輒妄生疑議乃淺近狹小之見也總之天下之人存心不公見理不明每以同乎己者爲是以異乎己者爲非遂致互相譏誹幾同讐敵不知人之品類不齊習尚亦不一不能強之使異亦不能強之使同且各有所長各有所短惟存其長而棄其短知其短而不昧其所長則彼此可以相安人人得遂其用方得聖帝賢王明通公溥之道而成太和之宇宙矣

客又難曰派分玫瑰開彼國之殺機香浥芙蓉盜吾民之生氣憤昇眞於亭午濂水騰紅慘歎霧於艮辰魔煙閃碧狂氛四煽百物亡精而悲四士一呼萬姓裂眥而覩怨毒之於人甚矣夫豈法制所能禁口舌所能解乎日我　朝自順治中許荷蘭通商海國源源而來洋舶輻輳粵東垂二百年其時初無兵船領事之保護從不聞有華民仇視洋人之事卽今日高麗安南等國來者士大夫相與款洽情好無閒惟其無相猜之跡故有相愛之情耳推原中西失驩本不越煙教二端康雍時講求天文算法仿鑄火器（命南懷仁製洋礮）未嘗不師其所長洋

使來京。召見。賜坐。賜食。藝術之士。得與燕居侍從之班。且時從　皇子諸王遊。遇有訟獄。讞斷尤極矜慎。其於柔遠至矣。獨烟教二事。禁之綦嚴。許洋人建天主堂。惟禁華人入教。雖寵任如湯若望南懷仁輩。不少寬假。蘇爾金之罪。明降諭旨。陳瑪祿之誅。載在會典。雍正以後。禁鴉片尤重。惟其處置得事理之平。斯中外相安耳。夫販煙傳教。惟英法有之。他國所無也。英法徒恃其兵船火器。挾持地方官。思以壓制華民。而不知民氣之不可遏抑也。愈激則

愈烈矣。使中國之人。於洋人聞聲相惡。兒童婦女。皆有切齒之心。在英法實有自取之道焉。而華人不能辨別外國之種類。遂舉泰西各國。一例視之。近年每遇英法兩國一有責言。致沿海各口二十餘國之商民。皆皇皇然憂禍變之不可測。是不惟中國之殷憂。抑亦泰西友邦通商全局之大害也。英國設立普仁會。所以厚民之生也。鴉片罔美酖耳。仁者忍爲之乎。印度頻年大祲。英人傾國以賑之。糊口計食。常虞不給。正惟沃壤皆植罌粟耳。倘能改樹五穀。何至擁五千里之地。一百五十三部之眾。而嗷嗷仰食於人乎。是鴉片者。又英國之大蠹

也。同治時普法戰事。教人實肇其端。拏破崙爲教所誤。國破身俘。爲天下笑。𡊮相安得拉識法人甘爲教奴。西班牙論法人視與國如仇讐。力庇天主教。居天下之惡名。受其實禍。美國論法國三次大亂。死亡數百萬人。皆由於教。是洋教者。又法國之蟊賊也。西洋自禁民者煙。東洋南洋亦有禁者。英人不相強也。基發大臣烏墨拉以鴉片殃年各國。皆舉以爲戒。英不能徧行其烟於萬國。而獨加諸中國可乎。泰西三教。截然不同。法之神甫不能行天主教於英俄。猶之英之牧師。俄之教長。不能傳耶穌希臘之教於法也。印度拒額力士教入境。德國

逐耶穌會男女三萬人。葡萄牙籍教徒六千人。財產入官。西班牙以山外教人助登卡爲亂。籍教黨五萬五千人之家。義大利封天主教堂七十二所。錄其產。羅馬王遣教員駐瑞士。國人毆而遠之。法人無如何也。法不能徧行其教於萬國。而獨施之中國可乎。各口洋商。供億教堂之費。歲至數百萬金。因行烟傳教之故。中外相猜。各國皆駐兵船自衞。費且千萬。於外國庸有利乎。且夫畢士麻克。泰西之名相也。功業震耀瀛寰。實創禁教之令。而荷文羅式令非斯贊之。（英相格蘭斯頓亦著書力詆天主教理）各雅泰西之名儒也。嘗來中國。謁孔林而歸。主阿斯福書院

講席廣譯五經四子之書教授其國人尤諄諄以販烟
傳教爲非義秉彝之懿好中外有同情矣原英法之本
意販烟以牟利也乃自烟稅列於條約而懋遷之局日
衺傳教以和衆也乃自教堂徧於寰區而仇殺之案日
棘官師雖强顏爲周旋士民益搏膺而憤嫉且波及於
不行烟不傳教之各國是亦不可以已乎誠欲中西之
長久相安惟有集萬國公議之勸英不販烟法不傳教
至於愛護洋商保岡互市之責則中國自任之恪遵我
祖宗成憲厚待遠人曲爲體貼多方保衛使有賓至如
歸之樂其機器軍械輪舟及開采煤鐵凡可以致富强

者皆中外合力爲之推至誠以相與示以廓然大公中
國之士氣既平友邦之交情自洽各口洋商立罷教堂
之費固已不貲若能漸減駐華兵船更可節無窮之縻
費從此萬國和同天下一家矣洋人於権梲鍊兵造船
製器開礦譯書諸務皆傾心相與無所隱祕康熙初荷
蘭助平厦門同治初英法助平粤逆即中外偶有違言
輒有居間排解者斯巴爾克輪船被劫於珠江英商門
地請索償於中國外部德爾祕力斥之中西友誼非不
篤也乃以烟教扞格又時以兵力相恫喝遂至猜憤之
際日積而愈深亦可慨也我

世宗敕教化王曰使臣遠來朕已加禮優待至於西洋
寓居中國之人朕以萬物一體爲懷時教其謹飭安靜
果能愼守法度行止無愆朕自推恩撫卹茲以使臣歸
國特頒斯敕可以見
聖人幬載之量駕馭之權焉蓋其時待遠人者至優極
渥其凜然不可踰者販烟與傳教而已
客又難曰約從者陰符之精伐交者上兵之智故康居
內附遂斬郅支之頭大宛既通終斷匈奴之臂誘敵縱
間軍之善謀也今論弗之及殆疏於計矣曰爲國之道
盡其在我者而已我能自强何必假人以爲强我能自

信何必誘人以不信彼夫呼虎鬭狼教猱升木者君子
弗尚也昔暹羅請助攻緬甸
高宗卻之廓爾喀請助攻里底
宣宗卻之先聖後聖其揆一也
客又難曰聖羞桓文賢稱堯舜陳善責難古有明訓是
以保衡撻市纘新服於嗣王伯相詰兵承高祖之寡命
立言之體也曰漢人有言卑之無甚高論爲其可見之
施行也今夫覲塗山之耿光揚坂泉之大烈必使豫牙
白雉陳於明堂西耳青熊繫於魏闕陳義何嘗不高無
如其空言之無裨於用也嘗敬讀

世祖御論曰凡爲臣者宜崇實效不宜務虛名務名者其行必驕其意必浮苟取一時之聲稱而其言與事之當否弗顧也推原厥心以爲吾發之於言舉之於事但可以見吾志成吾名足矣至於必可見之施行必可垂之永久者則皆貽之君上而彼不與夫使人人盡懷好名之心則國家之實事又將誰倚爲戚爲休不相關切如秦人視越人之肥瘠漠然無所動其心豈非不忠之大者哉於戲有言責者盍亦知所則傚矣

客又難曰本富爲上力田者羞言貨殖之書大智若愚忘機者恥用桔槔之巧故夫商通難得之貨工作亡用

之器皆末俗之媮也曰考工記國有六職工商且與王公士大夫並列三代以上能制器利用者子孫世守其官或以爲氏垂兌和殳戕伯與商高子貢白圭公輸子皆見稱於聖賢工商之事古人未嘗諱也後世士大夫高自位置議論斐然而於國計民生漫無實濟投以艱大則蒼黃侘傺罔知所措矣關尹子曰善今者可以行古善末者可以立本誠能藉工藝之巧以立富强之基則善末之說也知當務之急以息盈廷之囂則善今之說也

客又難曰月氏夫人實肇女王之業（張騫傳月氏王爲胡所殺立其夫人爲王拔夏后不降時巴庇倫主尼奴卒其妻須彌拉斯彌嗣立是爲女主之始）大秦賢者允開合眾之先（西域傳大秦國置三十六將會議國事王無常人簡立賢者按西周時希臘人奉其國之天神入必德爾爲君公舉賢者爲阿爾于以治國事三年一更今彌利堅法蘭西皆同此俗所謂民主之國也）奄祭存阿蘭之名（今英吉利大島曰阿爾蘭）金錢鑄名王之面貴女重殺風尚依然深目多頰儀容儼若及夫葡萄汗血之耆善賈爭銖之情三千年來未嘗改也論西海者何事旁求耶曰善哉言乎自來傳西域者莫詳於班范之書而談邊務者亦莫精於孟堅之說也抑宋鄧肅之言曰外夷之巧在文書簡簡故速中國之患在文書煩煩故遲祖宗時法嚴而令速事簡而官清未嘗旁搜曲引以

稽賞罰自後議者今日獻一策明日獻一言煩冗瑣碎惟恐不詳此文書所以益煩而政事所以益緩也故夫治洋務者多言不如少言少言不如不言客默然而退

光緒二年丙子十月羅江荷笠者自識於絜園無知知齋

君家博望侯東勤九夷開定畿寓遷碑謂其廣通風俗班書稱其鑿空夫既曰廣通則必有以權時勢申利害使其返舊習從新論也曰鑿空則必於班書外國由是信之不致厭漢使也自海國召釁數十年之久人人知其難圖而不知事機所在此書上篇簡而該中篇博而辯下篇與九譯口講指畫直帖耳而俛首矣何難試行其說以扶千秋正氣耶吾既愛其文之淵雅浩瀚尤服其稽覈之時指實之地恐日日從事者尚未能了然心口近人爲古文者盛矣求其廣通而有實效者此文殆亦同光間第一篇鑿空文字也息柯居士翰識

此文爲今日救時至論批郤導窾斯無頓挫自來奇勳偉績可駭可愕之事其實不外如此下篇停𢽾禁煙之議極得迎刃而解之勢所謂知己知彼百戰百勝也至於文筆横肆徵引淵博攷證精詳故是作者本色修江陳寶箴識

上下五千年縱横九萬里言皆有本語必透宗允推經世鴻文陳同甫云開拓萬古之心胸推倒一時之智勇二語可以移贈

唐虞三代時中國幅員最小其後以次展拓蓋天地自然之氣運也向惟列子言大瀛海佛經言四大部洲至明季西法入中土乃盡發其祕身履其區其所繪輿圖皆上系天度計里開方而地球全體在掌握中矣文縮萬國於尺幅中可謂簡而能賅

堯舜孔孟之道無所不包凡外人所矜爲獨得之祕均不能出古聖人範圍特中土人不能如彼族之專壹耳文所徵引皆本經子古書塙有證据非故作大言以自張者比論者謂耶穌等教恐其變易我中國之人心不知堯舜孔子之席斷非人所能奪其實偪處此者正彼將爲堯舜孔孟之聖教所化之機此亦天地自然之運會也觀其譯書籍漸通華文可見矣百年以後必以

斯言爲不謬

天下惟拙可以勝巧惟樸可以勝華惟堅厚可以勝柔脆文論機器不能經久之弊極中要害可爲絶頂識議而今之談海防者專以機器礮船爲務天下豈有學其人而能制其人者乎語云上策莫如自治盍亦反其本矣次青李元度識

原原本本淵博精透其要旨則在正名一語而俾自責今人之不如古人不必諉中國之不如外國腐儒無所用其矜衆人無所用其駴矣其論海防一節看似無下手功夫然惟其窺破窾要正可不逞浮談修明刑政整

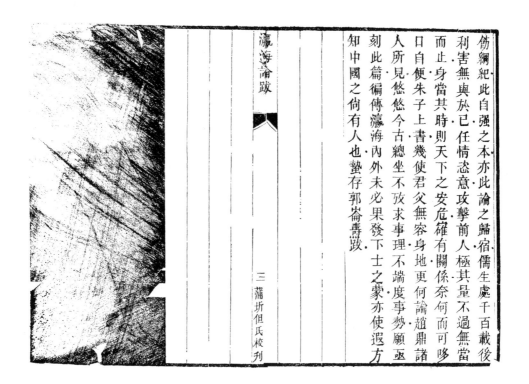

飭綱紀此自强之本亦此論之歸宿儒生處千百載後利害無與於己任情恣意攻擊前人極其量不過無當而止身當其時則天下之安危確有關係奈何而可哆口自便朱子上書幾使君父無容身地更何論趙鼎諸人所見悠悠今古總坐不攷求事理不端度事勢願亟刻此篇徧傳瀛海內外未必果發下士之蒙亦使遐方知中國之尚有人也塾存郭嵩燾跋

廣輿圖二卷（卷一）

〔元〕朱思本撰　〔明〕羅洪先等增纂

《廣輿圖》二卷，元朱思本撰，明羅洪先等增纂。思本（一二七三—一三三三）字本初，號貞一，江西臨川人，於元至大四年（一三一一）至延祐七年（一三二〇），奉命繪製元代輿圖，跋涉數千里，成《輿地圖》。洪先（一五〇四—一五六四）字達夫，號念庵，江西吉水人，明嘉靖八年（一五二九）進士，任翰林院修撰，醉心考察山川地理，以朱思本《輿地圖》爲基礎，聚十餘年之力，增補修訂而成《廣輿圖》。書中首列明代疆域總圖，次以各省爲别，逐省繪製，其中府、州、縣、衛所、關隘等均以標準符號標識，共計一十六幅。各省輿圖之後，附説建置沿革、形勝、疆域、田賦等，另有黄河、海運、漕運、朝鮮、東南海夷、安南、西域、朔漠、琉球、日本等專圖。此書採用「計里畫方」之法，體例甚佳，繪製精細。據中國國家圖書館藏萬曆七年（一五七九）錢岱刻本影印。

廣輿圖序　此羅念菴洪先序也，以未署名，特志之。邵章伯絅甫乙卯歲莫

予少苦羸病，觀素難諸書，頗慕養生，嘗嘿坐一室，節縮食飲，不旬日而羸更甚。始謀之醫，醫曰：病在治形，非藥餌針灸，殆不及事也。為取所嘗用指任督二經及諸手足陰陽所屬，按穴而燃之，湯藥液輔以粱肉，數月乃愈。因謝醫曰：標本緩急之論，豈不誣哉！其後往來京師，從友人問天下緩急大勢，始知考次古今名人經略之迹，獨恨於山川險要、郡邑聯絡，有不得考閱者，則既無以印其形實，以究其當時趨避取舍之所在，況得校論其得失哉！嘗徧觀天下圖籍，雖極詳盡，其疏密失準，遠近錯誤，百篇而一，莫之能易也。訪求三年，得元人朱思本圖，其圖有計里畫方之法，而形實自是可據，從而分合，東西相侔，不至背外。於是悉所見聞，增其未備，因廣其圖至于數十。其諸沿革統馭不可考載者，咸具副紙。山中無力繕書，積十餘寒暑而後成。夫一人之身，雖經絡升降、臟腑表裏、淵竅隱注殊名，并稱不可揣契，然庸醫投以艾石，無不中其會而動其機者，豈非圖之尺寸有據哉！朱之畫方似已。朱為撫之臨川人，博學多聞，蹤跡徧海內，自敘此圖乃其十年之力，苟非足目所及，未敢還書，可謂用心之勤至。其所為畫方之法，則巧思者不遠也。然考郡史不載姓名，其圖亦不多見，豈所謂本之則無矣乎？烏虖！又安知吾之諸圖之不為長物也？於是久而後悔之，蓋身既衰病，誤用其心，失緩急矣。序而藏之，用以自咎。

按朱圖長廣七尺，不便卷舒，今據畫方，易以編簡。仰惟　大明綦天，聲教無外，遠軼古今，可以觀德，作輿地總圖一。內載外郡，城民建守，小大相承，勒無遺法，作兩直隸十三布政司圖十六。王公設險，安不忘危，中外大防，嚴在疆圉，作九邊圖十一。山谷藏疾，時作弗靖，阻阨嬴伏，功在刑滌，作洮河、松潘、虔鎮、麻陽諸邊圖五。壺口既治，宣房載歌，沈玉負薪，羣策畢効，作黃河圖三。水陸紫行，漕卒歲疲，儲峙孔艱，國用攸賴，作漕河圖三。四海會同，溟渤遼遠，輸贄歸往，雖用甯不虞，作海運圖二。四夷來王，兵革不試，治之極也，作朝鮮、朔漠、安

南西域圖四幅焉凡沿革附彙統馭更互雜以簡綴者無慮爲圖六十八山川城邑名狀交錯書不盡意言易以肴文二十有四正誤補遺是在觀者肴文二十有四山从⋀⋀水从ノ界从㇂路从┄府从□州从◇縣从○驛从△衛从■所从◆屯从●堡从▲城从⊡隘从◈臺从⊙站从◬關从亞寨从亞墩从丘墓从丘宣慰司从◘宣撫从◆安撫从◯長官从◭云

節胡松序

松幸徼國寵弱冠釋褐爲郎爲牧典學宣方意嘗切乎寰中之事而才與志左白首無成比感事對時思有論譔會念菴羅子以其二十年前所輯見寄且病闕軼並摘舛誤俾余刊補余欣然報之曰此吾子所以期報國家者心力殫矣乃謀諸左轄石屏胡君君益加賞贊於是爲補倭及琉球兩圖刊厥諸謬而增諸遺間有論述凡唐虞以來大都會與春秋而降會盟征伐之所與其名山川巖險悉與標表殫力所及至力所弗及若近世錢穀兵甲之盈朒文武藩國之增損邊鎮墩堡之廢置則其詳不可得而詳闕以俟矣

嘉靖辛酉夏日浙江布政使胡松識

餘姚芝南老山人徐九皋序从略年同上

廣輿圖敘

余觀廣輿圖而見諸君子相與有事乎天下郡縣藉而指焉者具在是也班固有言太昊黃帝之後唐虞侯伯猶存帝王圖籍相蹤而可知然自禹貢周官爾雅所稱青幽并界已後互錯裴秀亦病漢氏所畫輿地及諸雜圖迂誕不合事實而魏晉輿圖亦并磨滅逮元延祐臨川朱氏捃取九域志以上諸書參覈情采以繪此圖而我吉水念菴羅公更推廣之太宰柏泉胡公宦浙時增以日本

琉球諸國圖論著尤詳今侍御月溪韓君又采輯當代臣獻所嘗疏奏若干篇及九邊圖刊補之天下雖大指掌千里經緯之迹蓋是乎具在是也君子曰是圖也其義有四焉其一計里畫方也計里畫方者所以較遠量邇經延緯袤區別域聚分析疏數河山繡錯疆里井分如鳥麗網而其目自張如棊布局而其罫自列雖有沿革勢相移易而犬牙所會交統互制天下之勢畢是矣其二類從辨譜也類從辨譜者所以攝紛布狀綜名核實昭欵標識刪複就省書不盡言象立意得州郡觀府屯所視衛險易相諳兵農間處壤錯枯互堡以覆土款識文章各以形舉鳥跡之餘此唯妙製矣不然題注編繪何可以備箸考哉其三舉凡察表也舉凡察表者所以横裝方圖衍為副帙使宦署相承填賦綜列詢及利病兼采風俗邊鎮屯牧芻粟士馬鏵次相從無弗傑瞭然而差次吏功數閱軍實或壤賦通於重輕習俗移于強弱生于害選驕悍成于姑息察表之旨不既深乎其四采文定議也采文定議者所以集思廣益陳謨闡烈推往達變趨時適用謀王斷國殊轍同鼓是為申圖論表務畢所長宗論獨見惟求其是而已任論之迹實于是乎具在所謂藉以措之裕然有餘於乎即以輿論畫方所以為轍辯譜列較轅之矣察表則轅軛輪轂六材良矣定議則載轄績剔將以施駟馬而駕焉者也御之善不善則存乎其人焉耳此作圖者之志也

我　大明輿地遂于覆載土宇版章遠軼前古　聖天子嗣大曆服統天御極而十三布政司輻輳于京師四海一家車書萬國惟此潘虜麻時作軒輊于漠南倭每

不懷軌，乃潤色宵旰，莫弗克及，推轂用人，揆所戡定，載蕞邊圍，以負于尔輔，其威靈共濯，震于殊俗，蓋舟車所至，莫不盡予款矣。其一統之盛，今古所無，實称大焉。余不佞，屬有東土之役，奉勅于閫外，引江淮而包遼海，倭防叵測，室塵隱憂，况乖轇之役，會于西境，於茲運月爲患，民亦勞矣。幸賴聖天子之寵靈，用旋底績，方以樂成，求其大者所以纂周輿圖，綿歷年于有司，形此非其一端。輿圖刻于青郡，杜守時憲、副徐秦二君、少參徐君、僉憲王君偕請于余曰：此侍御韓君既按此土而校之梓者也，可謂有志四方以相與事其大者，寧然獨載之輶軒哉。余惟天下大業也，輩而措之，則具在是圖矣。何患生于其所不備，則才常屈於猝至，而計恒缺於遥度。太宰柏泉胡公敘論謂防乎其防，豫乎其豫，經世保邦之要，其出乎此矣。中外君子相與有事乎其大者，其亦有諒于斯云。

嘉靖丙寅夏五月巡按山東地方戶部右侍郎兼都察院右僉都御史霍冀撰

節韓君恩序

梓桂見山先生邊宸圖序十六首，許默齋先生邊論九首，付青郡杜守校刻存考。

嘉靖丙寅夏巡按山東監察御史韓君恩識　韓為胡太宰門下士

重刻廣輿圖序　節錄

余行部至青，取先正輿地圖說覽之，見其字畫模糊，或雜譌識，而邇所興革或缺焉未備，或仍舊未釐。乃檄郡審王世能、王哲、王相重加校梓，視舊本稍加展拓，增建而未入者入之，圖說有未詳者詳之。故一披閱而域中天際、地角川源，不出一戶庭，瞭然在目。

萬曆己卯秋吉巡按山東監察御史海虞錢岱識

廣輿圖舊序

乙卯秋日得于厰肆缺明代諸叙寔錄於書衣　邵章志

予幼讀書知九州山川及觀史司馬氏周遊天下慨然慕之後登會稽泛洞庭縱遊荆襄流覽淮泗歷韓魏齊魯之郊結轍燕趙而京都實在焉繇是奉天子命祠嵩高南至于桐栢又南至于祝融至于海往往訊遺黎尋故迹考郡邑之因革覈河山之名實驗諸滏陽安陸石刻禹迹圖建安混一六合郡邑圖乃知前人所作殊為乖繆思搆為圖以正之閱魏酈道元註水經唐通典元和郡縣志宋元豐九域志今秘府大一統志參致古今量校遠近既得其說而未敢自是也中朝士夫使于四方遐邇攸同冠盖相望則每囑以質諸藩府博采羣言隨地為圖乃合而為一自至大辛亥迄延祐庚申而功始成其間河山繡錯城連徑

屬旁通正出布置曲折靡不精到若夫漲海之東南沙漠之西北諸蕃異域雖朝貢時至而遼絕罕稽言之者既不能詳詳者又未可信故於斯類姑用闕如嗟乎予自總角至於四方及今二毛討論殆遍茲圖蓋其平生之志而十年之力也後之覽者庶知其非苟云是歲日南至臨川朱思本本初父自敘

廣輿圖卷之一

此書確為万厤錢刻本書賈舊削明叙欲以混元刻本翻假得清相霞万厤本乃悉覩其真相章又志

管子曰凡兵主者必先審知地圖轘轅之險濫車之水名山通谷經川陵陸丘阜之所在苴草林木蒲葦之所茂道理之遠近城郭之大小名邑廢興困殖之地必盡知之地形之出入相錯者盡藏然後可以行軍襲邑舉錯知先後不失地利此地圖之常也

輿地總圖

每方百里止載府不書州縣山止五嶽餘別以水不復槩書

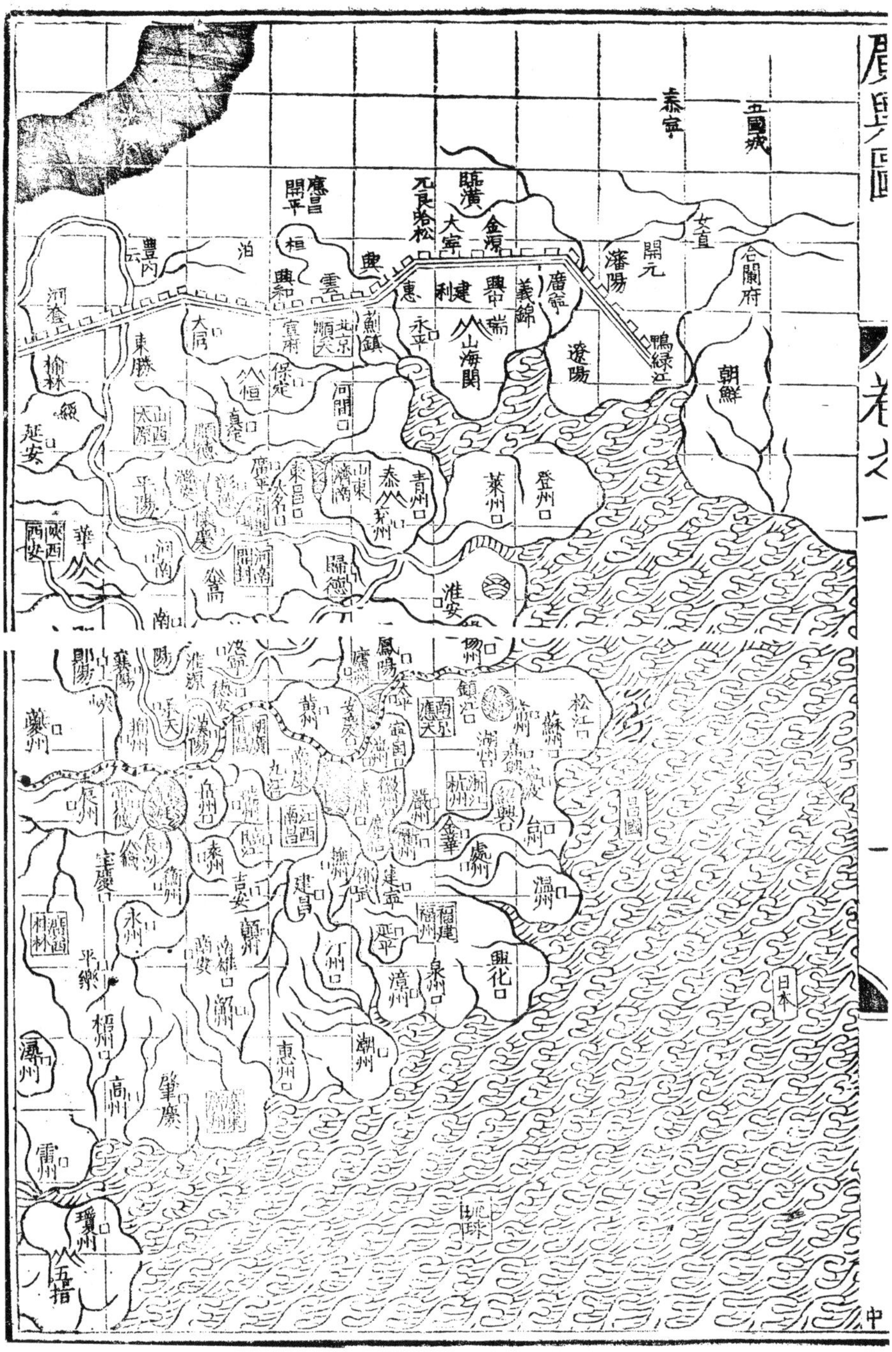

五國城
泰寧
女直
開元
瀋陽
合蘭府
鴨綠江
朝鮮
遼陽
廣寧
義錦
山海關
永平
薊鎮
北京
保定
河間
大同
東勝
榆林
延安
太原
山西
平陽
陝西
西安
華
河南
歸德
淮安
青州
泰
萊州
登州
濟南
山東
東昌
大名
襄陽
鳳陽
南京
應天
鎮江
蘇州
松江
杭州
浙江
金華
處州
溫州
日本
福建
福州
建寧
延平
泉州
興化
漳州
汀州
潮州
惠州
廣州
肇慶
高州
梧州
雷州
瓊州
五指
江西
南昌
吉安
贛州
撫州
建昌
長沙
衡州
永州
寶慶
辰州
平樂
柳州
桂林
廣西
岳州
荊州
承天
漢陽
黃州
安慶
九江
琉球

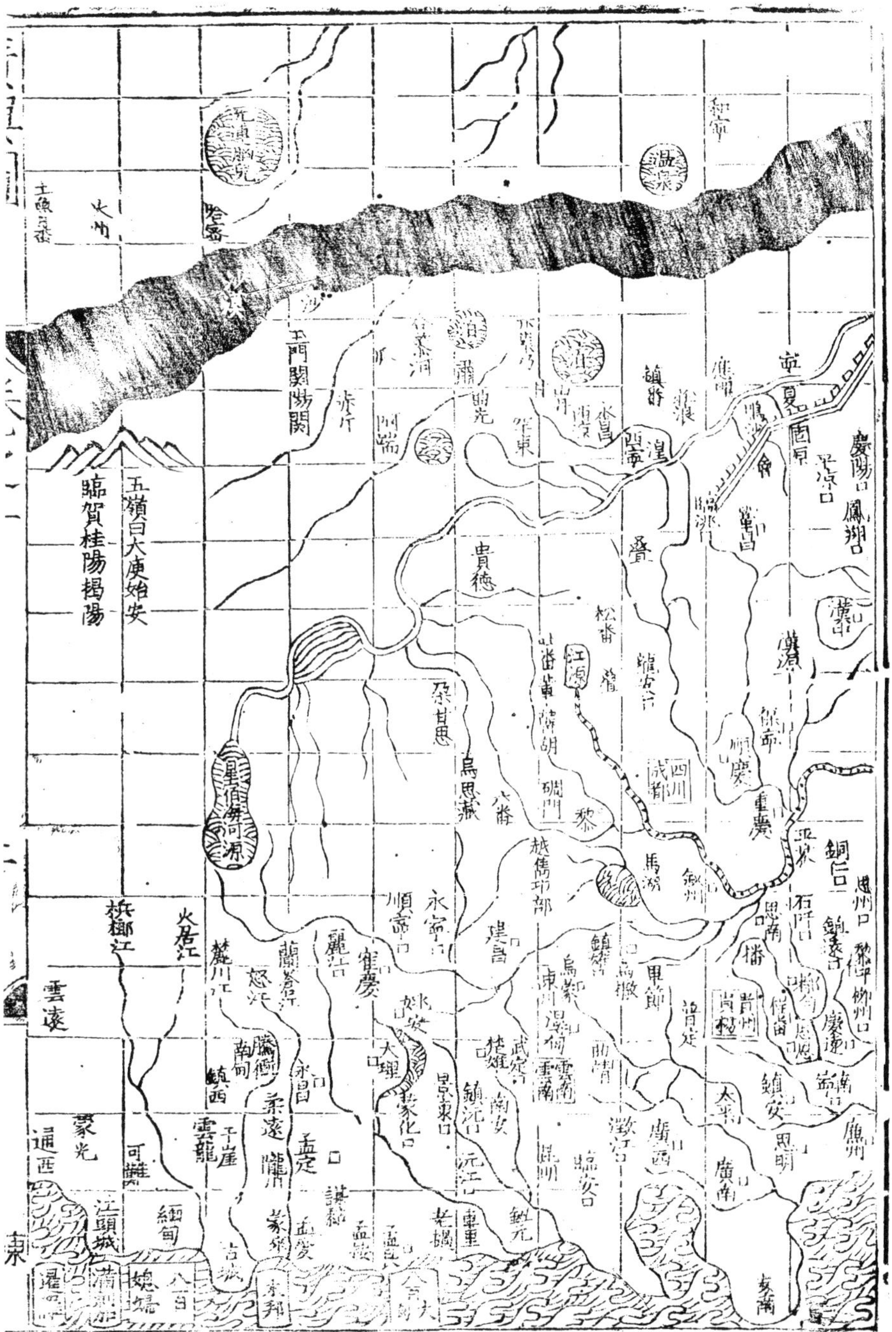
溫泉
哈密
嘉峪關
陽關
鎮番
寧夏
固原
平凉
慶陽
鳳翔
漢中
臨洮
鞏昌
貴德
五嶺曰大庾始安
臨賀桂陽揭陽
星宿海河源
松潘
江源
四川
成都
黎
馬湖
重慶
烏思藏
朵甘思
永寧
建昌
麗江
鶴慶
大理
騰衝
南甸
雲龍
孟定
景東
楚雄
武定
雲南
曲靖
臨安
廣西
廣南
鎮遠
思南
石阡
銅仁
貴州
普定
烏撒
東川
車里
老撾
元江
蒙化
姚安
順寧
緬甸
安南

輿地總圖建置

大明輿地東起朝鮮西至嘉峪南濱海北連沙漠道路紆縈各萬餘里

南北直隸府二十二州六屬府州三十縣二百二十二承宣布政使司十三屬府一百二十一羈縻一十五州一百六十四羈縻四十七縣九百三十又羈縻九總爲府一百五十八州二百四十七縣一千一百五十一實計里六萬九千五百五十六戶九百三十五萬二千零一十五口五千八百五十五萬八百零一

夏秋二稅共米麥二千六百零八萬五千九百一十六石

京通二倉臨德徐淮四倉每年漕運米四百萬石

南京各倉每年運米

絹二十萬五千五百九十八匹絲一萬七千零三斤又三

百一十六萬八千一十七兩綿花二十四萬六千五百
六十二斤綿布一十三萬八百七十匹麻布二千七十
七匹洞蠻葛布二百五十九條苧六十五斤
鈔八萬一千二十五錠零一百八十四貫
馬草一千四百六十九萬五千九百九十一包又一千一
百一十六萬二千六百四十三斤
都轉運鹽使司六鹽課提舉司九鹽課司一百六十九
每歲辦鹽一百一十七萬六千五百三十五引又鹽價幷
引價銀四萬六千一百五十八兩
太倉庫歲額運銀一百四十九萬兩內夏稅五萬五百餘
兩秋糧九十四萬四千八百餘兩馬草折銀二十三萬
七千餘兩鹽課折銀二十餘兩雲南閘辦三萬餘兩
行太僕寺三　苑馬寺二　監十八　苑七十七　馬驢

驛疋二十萬一千一百

市舶提舉司三　茶馬提舉司三　河渠提舉司二

兩京都督府分隸各都指揮使司十六行都指揮使司五中都留守司一所屬衛共四百九十三（屬所二千五百九十三）守禦千戶所三百一十五儀衛司二十九犧牲所二

京營并在外衛所中都承天各邊馬步官軍共八十四萬五千八百餘員名

兩京文武官吏歲支俸糧共該

各邊鎮應發年例并新增調集軍馬等項銀四百四十五萬兩有零

王府二十九

郡王三百五十四　鎮國輔國將軍中尉以下九千四百四十一

郡主縣主郡君縣君鄉君以下共九千七百八十三

每歲祿米八百五十三萬石

以上係嘉靖三十年十月前數

各長史司三十四

夷官宣慰司一十一　宣撫司一十一　安撫司二十二

招討司一　長官司一百六十九

蠻夷長官司五

四夷入貢各國東北朝鮮等二

東日本一　南安南占城等六　西南浡泥等四十九

西哈剌等四十六

西北哈密等七　北朶顏韃靼等二

北直隸輿圖

每方百里府从□州从◇

縣从○衛从■後倣此

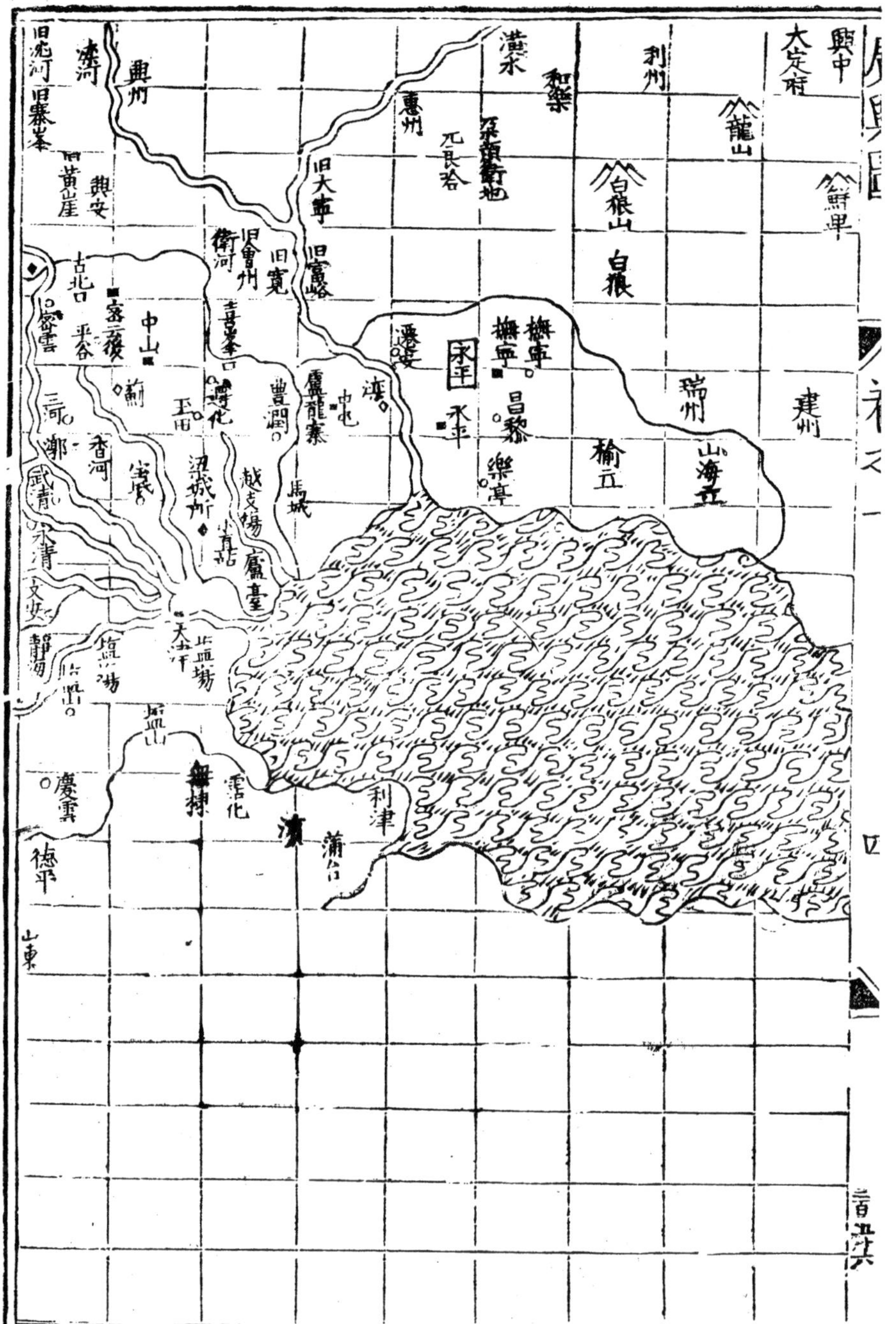
興中
大定府
利州
龍山
和衆
惠州
興州
白狼山
白狼
建州
瑞州
山海
撫寧
永平
昌黎
樂亭
遷安
豐潤
玉田
薊
平谷
密雲
中山
三河
香河
武清
寶坻
天津
利津
蒲台
霑化
慶雲
德平
山東

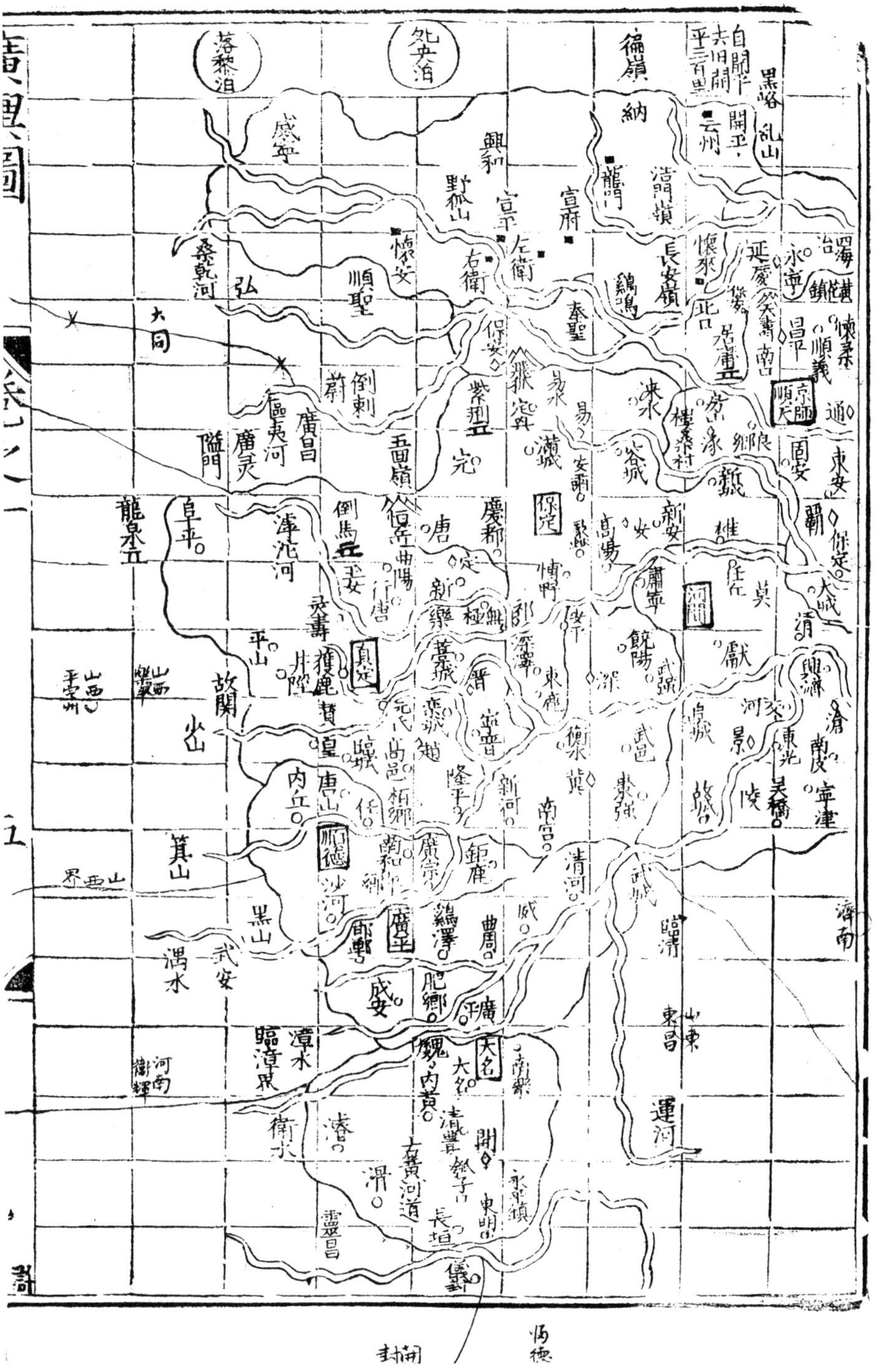
京師
順天
保定
河間
真定
順德
廣平
大名
宣府
大同
延慶
懷來
長安嶺
居庸
涿
固安
東安
霸
新安
雄
任丘
獻
滄
南皮
吳橋
寧津
景
阜城
武邑
冀
南宮
清河
威
曲周
肥鄉
成安
邯鄲
臨漳
魏
内黃
清豐
開
長垣
東明
濮
滑
運河
衛水
漳水
黃河道
濟南
東昌
磁
井陘
平山
靈壽
唐
完
滿城
安肅
深澤
晉
寧晉
隆平
鉅鹿
新河
武安
涉
黑山
倒馬
紫荊
龍泉
故關
開平
龍門
雲州
開封
彰德

北直隸建置

北直隸府八屬州一十七縣一百一十五又州二屬縣一總為里三千二百有零戶四十一萬八千七百八十九口三百四十一萬三千二百五十四夏秋二稅共米麥六十萬一千一百五十二石絹四萬五千一百三十五匹綿花一十萬三千七百四十八觔鈔九貫馬草八百七十三萬七千二百八十四束

長蘆鹽運司額辦大引折小引鹽一十八萬八百七引鹽運司一州在滄州領鹽課司廿四青州十二滄州十二

親軍衛三十九屬所二百五十二守禦千戶所一　在京屬府衛三十八屬所二百三守禦千戶所二

在外直隸衛三十九屬所一百二十二守禦千戶所九　大寧都司領衛十屬所五十四守禦千戶所一

萬全都司領衛十五屬所七十六守禦千戶所七

京營見操并外衛馬步官軍共一十一萬七千三百餘員名巡

捕官軍五千六百餘員名

薊州保定宣府三鎮馬步官軍共十萬五千八百餘員名

太僕寺所屬順天等府寄養馬三萬四千八百餘匹然嬴縮有

時弗常厥數

南北直隸及山東河南二省種馬共十餘萬匹各處苑馬寺行

太僕寺不與焉

欽差總督遼薊都御史一 駐薊州

欽差巡撫都御史三 順天一 駐遵化 保定一 駐保定 宣府一 駐宣府

欽差巡按監察御史九 順天一 真定一 隆慶一 提學二 印馬一 巡倉一 巡鹽一 刷卷一 京營一 山海一 順天巡按兼屯田一 印馬御史兼清軍一 各巡按兼 順天巡按轄順天保定河間永平等府 真定巡按轄真定順德廣平大名等府

府八 州一十九 附郭 縣一百一十六 衛 所 關城

巡撫巡按巡關印馬順天刷卷巡倉提學 順天 廣陽燕山大析津薊縣 錢糧難追良固節中都 民貧 東安 東安州 民貧地 以後衛所 薊州

川 幽州上谷 興四十九里丞三 鄉二十五里 冲煩 安四十四里 僻多盜 中 皆隸薊州

河西務
山海關
通州
倉廠
兵備

漁陽郡燕死幽都　仝前
國范陽燕平一百二里
京大都路
領州五縣
二十二秋
米一萬四
千有零民
貧賦重丁
少差多煩
剩難治判
三

通
潞縣漁陽郡潞
郡州三十二里
貧而冲煩軍多
民少
秋米三千一百
石零

昌
軍都燕平
二十七里
秋米六千七石
零

固古城固安州　煩僻
安三十八里
永昌盐通津武隆　多
清會昌二十一里　盗
三臨泃池　民貧
河三十六里　冲煩
武雍奴　貧煩裁
清二十里
順范陽順州燕州歸
義德化順昌軍歸寧
軍歸化軍昌平燕懷歸化温陽石城簡
平軍都　二十七里柔一十四里

香武清榷盐院貧　營州前
河僻簡裁十里
宝泉州盈州盐倉　僻　涌州興州後
坻新倉鎮二十二里　煩　通州左營州後
漷漷陰縣漷州泉州　神武
縣漷陰鎮冲疲裁下　宗邊
武清
一十五里
客玄州横山白檀檀州頑　密雲中
雲武威軍安州十九里冲　密雲後

梁城

古北口在
密雲
黄花鎮在
昌平北
益津關在
壩州

總督密雲管粮
巡撫　兵備郎中

涿
永泰軍涿水郡　房奉先萬寧　僻簡
范陽涿郡涿鹿山一十六里　裁蔘
上谷郡涿邑冲
四十六里
本州秋米三千一
百石零
涿鹿覺在其境
涿鹿左中

霸
永清益津關信　文豐利　仝上
安軍三十一里　安四十四里
多盗好訟　保涿州新鎮平戎軍
里
秋米二千五百　定保定軍裁僻六里
石零
大東平舒章武國章
城武同上郡二十三

薊
漁陽玄州尚武　玉無終國無終縣經　遵景州清武軍灤州　薊州遵化營右忠寬河　喜峯口
軍康州軍　田州一十六里　裁　化郡右北平　馬監鎮虜營勝右忠命渤海　馬蘭峪俱

二十六里
冲煩
鐵冶二十三里中
丁少差多冲煩
刀遵化裁僻中豊永濟務正旧　伊大王鎮漁陽僻簡　忠義營興州左
煩中中　秋米　潤二十二里　遵化裁谷一十三里　裁平少興州前屯衛
二千五百石零

巡按

永平　孤竹北平　盧龍平州　南京興平　軍領州一　縣五秋米　四萬五千　零差多　路沖
盧肥如新昌遷令文安喜定　裁昌潦西郡營州廣寧　營州右中
龍平州盧龍安州二十二里　簡黎海山二十六里　永平
郡沖煩中撫寧驛城新安昌黎一　民貧土沙薄雜治東勝左撫寧
上一十一里寧十七里　裁中　盧龍　山海
與盧龍東　古碣石在其境
勝二衛雜
仕雜治

真定　恒山郡真　定國恒州　鎮州成德　武順順德　軍領州五　縣二十七　秋米一十　一萬七千　石零　瘠貧沖裁
灤　孤竹國石城海陽寧樂盧龍易城濱近　本州秋米一萬八　開平中
民同任六十七里多盜亭州二十七里海　千石零　興州右
真　真定路東垣井并州威州井陘天威藁關縣欒氏　裁沖真定　神武右
定邑鎮州恒山陘郡同上一十二里　城一十三里
郡常山中山獲鹿泉西寧州鎮寧州無毋極　裁
一十八里裁鹿石邑今一十一里　極一十三里
貧頻沖
元　趙公子元封邑常平蒲邑獻州蒲吾今
氏山郡一十七里　山房山二十一里前
靈　中山國滿吾燕州　阜行唐北鎮　今前
壽一十三里裁　平一十一里
藁　高城廉州鉅鹿鄗
城　平永安州今十三里
倒馬
龍泉
關

巡撫

大寧都司

五州秋米
定五千四百石零
冀五千二百石零
晉三千六百石零
趙二千六百石零
深七千三百石零

保定 上谷清苑 鉅鹿涿郡 泰州保塞 軍保州 領州三縣 十七 秋米

定 中山郡博陵郡定武軍中山府中山國晉 慕容垂都 義武軍 十四里 沖中
冀 信都廣州安平國 魏州長樂東阻 信都國武安軍 七里裁無同知中
晉 下曲陽晉城鼓城一十九里中
趙 邯鄲鉅鹿趙郡 州慶源軍趙國慶源府洨州二十里中 各縣除柏鄉俱裁
深 下博靜安一中 一十七里縣仝
清苑 永寧軍樊 苑輿樂鄉保
塞
二十四里
名豪古亭頓
沖中

新市 新市 裁地 轆 沖
新樂一十一里下下
曲上曲陽恒陽州 陽二十五里
南宮三十里
新堂陽南宮裁
河一十二里
安博陵深州南平
平州一十二里
饒深州 陽一十七里 仝前裁
柏鄗縣柏郡 鄉十里 沖
隆廣阿象城臨城大
平陸昭慶下十里
高部邑欒州慶源 邑府二十里 裁
衡桃縣信都武邑
水下博七里
滿城北平永樂泰寧 泰寧縣 滿城
城都二十里 裁
安肅 遂城 安肅 縣 州遂城安肅
門口 靜戎軍
裁 路沖頓

行唐 南行唐 玉城 彰 唐 武 泫州 永昌 中
二十五里
東鹿 廣州 廣川 棘 裁
強津二十七里
武 武邑郡 觀津 裁
邑二十三里
武 武遂 東武州 裁
強一十四里
臨 房子 趙 淮陰 昔 泜水 城國 壬 里 在 其 境中
贊 高邑 贊皇 鎮 下
皇一十二里
寧 楊氏 慶 陶 寧 晉 遲 二十里 中
慶 望 都 北平 裁 灯 沖
郡二十一里
宋 狗 忠 北平 軍 北平 燕
縣 曲 遂 平 永 一十八里
僻中

定州
保定 左 右 中 前 後 五衛 茂山

倒馬關
紫荊關
關

工部侍郎
易州廠

六萬一千
石零
土城冲難
治上各縣
唐宋頗豐
完雖裁僻
商冲頗利
種養易治
易充饒廣
云三州秋
米祈三千
四百石零
安三千二
百石零
易二千七
十石零

河間 河間國瀛
州瀛海軍

一十六里
容 全忠范陽
城六里 裁僻下

定 范陽 冲頗難治 蠡博野永寧軍蠡
興二十一里 縣州寧州二十七
新 新泰州北新城三 里僻冲
城十六里 冲難治
唐 解虞安喜中山博雄 鄚縣北義州永定
縣陵二十二里 縣軍瓦橋易城歸義
博 蠡吾博陵 僻 雄州歸信一十四
野二十二里 簡 里水冲為患 下

祁 安國義豐立節 深 鼓城束鹿 同上束 鄚縣安國安定
蒲陰蒲陰郡一 澤一十一里 鹿 鹿城深澤一十
十四里裁簡 中 七里 僻中

安 武興唐興渥城高蒲州高陽郡 裁
順安郡高陽一陽一十四里 水冲
十四里裁僻地新容城安州新安鎮
多斥鹵水患民安全渥城一十七里
貧秋米三千一 水貧
百石零

易 上谷涿郡高陽淶遒縣故安永城
軍安易昌黎遂水古岐溝陽二十
武郡三十八里 五里地水患
中

河武垣瀛州獻樂城樂陵樂壽清 盧臺軍地寧州乾 河間瀋陽全
間鄚鄉便國縣獻州壽州廣成縣寧軍永安清州乾 中屯中屯

高陽關

瓦橋關任
雄縣

唐叔封邑
周鄉侯國
領州二縣
十六秋米
六萬五千
石零
近京冲煩
地鹻賦重
多盜人輕
生獻任丘
好訟冲
靜海民貧
路冲故義
肅鹽簡僻
易治
順德鉅鹿襄國
川邢州保義
安國二軍
信德府

二十七里
路冲煩刁
差多中下

景渤海郡觀州東吳將陵地
光定遠軍永靜橋一十五里
軍景城侯國弓東永靜軍渤海郡
高修縣好訟一光觀州中上九里全
十八里冲中秋
米四千四百石零
滄清池渤海景城南渤海郡
順化義昌橫海皮九里
長盧臨海秋米
四千六百石零
二十八里水路
冲煩差重難治

鹽無隸高城浮水東
山岴州中下二十七里
邢信都襄國沙洹州裁冲煩地沙石
臺龍岡二十
里
冲煩
和十六里

二十七里冲
阜漢阜東光　冲煩
城二十六里　差多
肅河間縣平虜寨肅
寧寧城二十四里
任任丘城河間鄚縣
丘高陽二十三里
交中水樂壽　丁多僻
河一十五里　而煩
裁僻
易治
城八里
中下
僻易治
易治一十一里
中下
河一十九里　下
南齊和和州沙河一
裁簡山内丘一十五里中

寧縣　清寧府會
川裁僻路中一十
七里　中
興范陽鎮會川裁難治
滄一十九里　路冲疲中
靜清州鎘兒寨會川靜
海海一十九里　中
寧保安鎮　地僻難治
津二十五里丁差勻中
故歷亭地上故城鎮
差重裁煩路冲易
治中
慶陽信無棣樂陵
雲保順裁賦重簡
鉅鹿鹽柏仁𨑳州一十
鹿習裁僻好訟煩冲
唐柏仁堯山東龍州

天津天津
左右

真定順德
右所所

廣輿圖

領縣九秋
米四萬二
千石零
京師要地永頗爲屬
廣武安平千
國洺州廣
平路
領縣九秋
米五萬九
千零
上城夾漳
滏二水間
地頗饒庶
事簡民淳
大名都尉陽平
魏州武陽
興州天雄
軍東京興
唐　領州
一縣十秋
米一十四
萬八千有
零雖非冲
要地帶黃
河年年修
築役費煩

永屯陽廣平民
年貧賦重三十
二里
元沙鹿地貫鄉
城古殷城興城
唐三十八里
丁差累命
中中

平鄉陶封州鉅鹿一內中丘稻安栢任舍前
鄉十三里　裁簡　丘裁煩一十九里　中
廣堂陽宗城宗州　任張縣清苑南和新鄉
宗一十二里　裁簡下　縣裁簡十九里多水患
出曲安平恩　成斥丘塗縣　軍民
同三十二里　僻中　安二十七里　雜
肥鄉縣臨漳清漳邯　威斥漳洺水曲周威
鄉鄲四十八里　中　縣州十里沙磧裁僻
雞廣平春秋會地僻　清曆縣信城甘陵永
澤一十一里　中　河清貝州清河郡恩
廣曲梁武安郡中　州八里裁下
平一十九里　裁僻
邯邯鄲郡　沖煩
鄲三十里　中下
大元城貫鄉地魏州中內臨漳會阜柯地稅重
名廣晉屯營二十九里黃民貧三十四里　下
南樂昌樂郡繁水濬黎陽黎州濬州
樂四十二里　中　縣濬川通利運通
魏洹水漳陰魏武侯　平川軍五十里
縣別郡四十八里　中　土廣民稠
清頓丘德清軍　滑古豕韋氏地兗州
豐四十二里　僻淳　縣杞州滑州靈昌郡
東河迫屯　多盜　濮陽義成武成宣
明一十九里　義軍八十九里
大畧與濬同古白
馬在其境

開 東郡魏郡澶淵頓丘澶州澶水開德武陽郡鎮寧鄄子 一百二十二里中上秋米二萬一千石零

多軍民相撓各縣丁差俱重

長垣 邑匡邑匡城長垣 垣七十八里 土雖沃賦重俗奢

直隸延慶 即隆慶穆廟改元易今名廣寧嬀川永縉山儒州龍慶十四里縣一秋米四千六百寧五里

延慶在居永寧衛左庸關衛

此後衛所居庸關在俱隸萬全

直隸保安 武定德興永興涿鹿威寨奉聖七里秋米一千八百有零

保安

昌平西

美峪

萬全都指揮使司 在宣府

衛

所 俱隸萬全

堡 俱隸萬全

城 順聖蔚郡西城陽元

口北道

巡撫管粮總兵巡按郎中

山西分巡

宣府左右前 上谷下落禎陵屬定襄文德武州毅州歸化宣德府宣化縣宣寧順寧

萬全左宣德縣

懷來潘縣懷戎北燕嬀川西奚清平軍

萬全右德勝口

隆慶見前

懷安夷興新州

開平舊在上都宣德五年移獨石

保安見前

龍門宣馬龍門縣

長安 旛竿嶺豐四海峪

治

長寧開容望郡弘州保陽縣

雲州 望雲縣

鵰鶚 豐寧周留浩嶺

順聖安泰軍東城順聖縣

興和

赤城云門猫兒洸馬葦麻林

龍門

峪馬營

林

五軍都督府所屬衛分

衛

外衛

所

中府

留守中神策和陽應天

牧馬

左府

留守左瀋陽左右

驍騎鎮南龍虎

右府

右

留守虎賁武德

前府　留守　龍驤豹韜
許

後府　留守武成神武忠義義勇
後　中前左右後四五
大寧蔚州會州富峪
中前左
寬河興武鷹揚

親軍指揮使司　錦旗府府軍前後羽林左右
衣手　軍左右　前
濟武騰驤彭　永清武功
州左右左右城　左右左右中
金吾左右虎賁燕山左大興濟
前後　左　右前左　陽

長陵衛　獻陵衛　景陵衛　裕陵衛　茂陵衛　太陵衛　康陵衛　永陵衛

皇陵衛

古於上下君民之間譬以舟水豈非以斯民雖細而能載上以利涉乎今圻府若縣民所以承載上者至切近矣而鎮保平瀛則尤肘腋要處而比稱病瘁顧甚諸邊外則胡載之故及時勞來敉寧輯定弗可獨勞　聖主矣詩有之曰訏謨定命遠猷辰告亶爾君子毋亦斯急圖乎

北直隸圖敘

北直隸古冀州地

京師即金元舊都也扆山帶海有金湯之固真定以北至於永平關口不下百十而居庸紫荆山海俱關喜峯古北黃花鎮俱口子在順天府東北境險阨尤著故薊州順天府屬保定重兵屯焉山後諸州自宣府東南至遼陽俱是故我大寧都司地也自國家棄以與虜今朶顏三衛是則居庸之外所恃以爲藩籬者宣府耳廣平以南四方水陸畢會于臨清山東屬州轉漕京師輻輳而進若天津又海運通衢也國初江南糧運俱從海道今廢惟薊州運道猶通河間真定保定之間多逵兵營塢其人性獷難馴且東安霸州武清俱順天府屬而東野曠人稀姦宄伏匿頗基腹心之患逃山一帶則樵採耕牧之利居多姦人

每歲其中有司病之蓋賦繁民困戶口流亡雖畿甸同
風而順天之馬政（寄養馬匹）河間之水潦患尤烈焉
嘉靖己丑夏少保兼
太子太傅吏部尚書武英殿大學士桂萼叙（兩京十三省四夷圖叙十有六並同）

按今保瀛燕薊之墟巨浸洪洋所在而是萑葦蘆荻蕭然彌望抑何感乎民貧而賦靡給也愚謂宜專設營田憲使如前代擇有心計忠實者給與工本使經畧因募江南農人為水田以教土著而又重其事權久其任弗輕移徙如此則豈惟贍民且可以限戎騎備漕粳輕南運尚亦有利矣

南直隸輿圖

每方百里

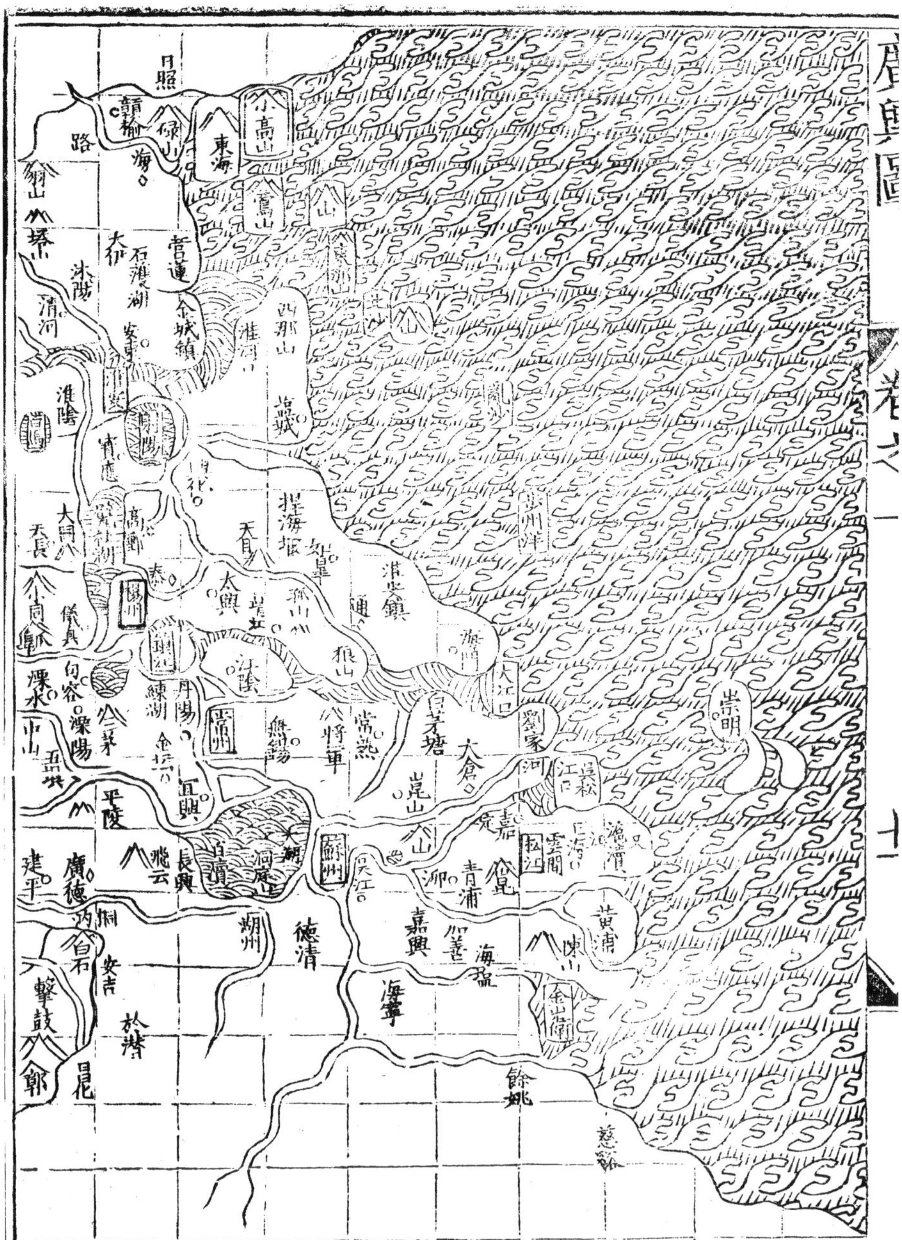
廣輿圖
卷之一
日照
贛榆
東海
小高山
海州
安東
沭陽
清河
淮陰
鹽城
寶應
高郵
泰州
揚州
儀真
天長
如皐
泰興
海門
狼山
江陰
常州
無錫
常熟
太倉
劉家河
崇明
崑山
嘉定
蘇州
太湖
洞庭山
長興
宜興
溧陽
金壇
句容
溧水
練湖
丹陽
青浦
上海
黄浦
嘉興
海鹽
海寧
湖州
德清
廣德
建平
安吉
於潛
昌化
餘姚
慈谿
金山衛

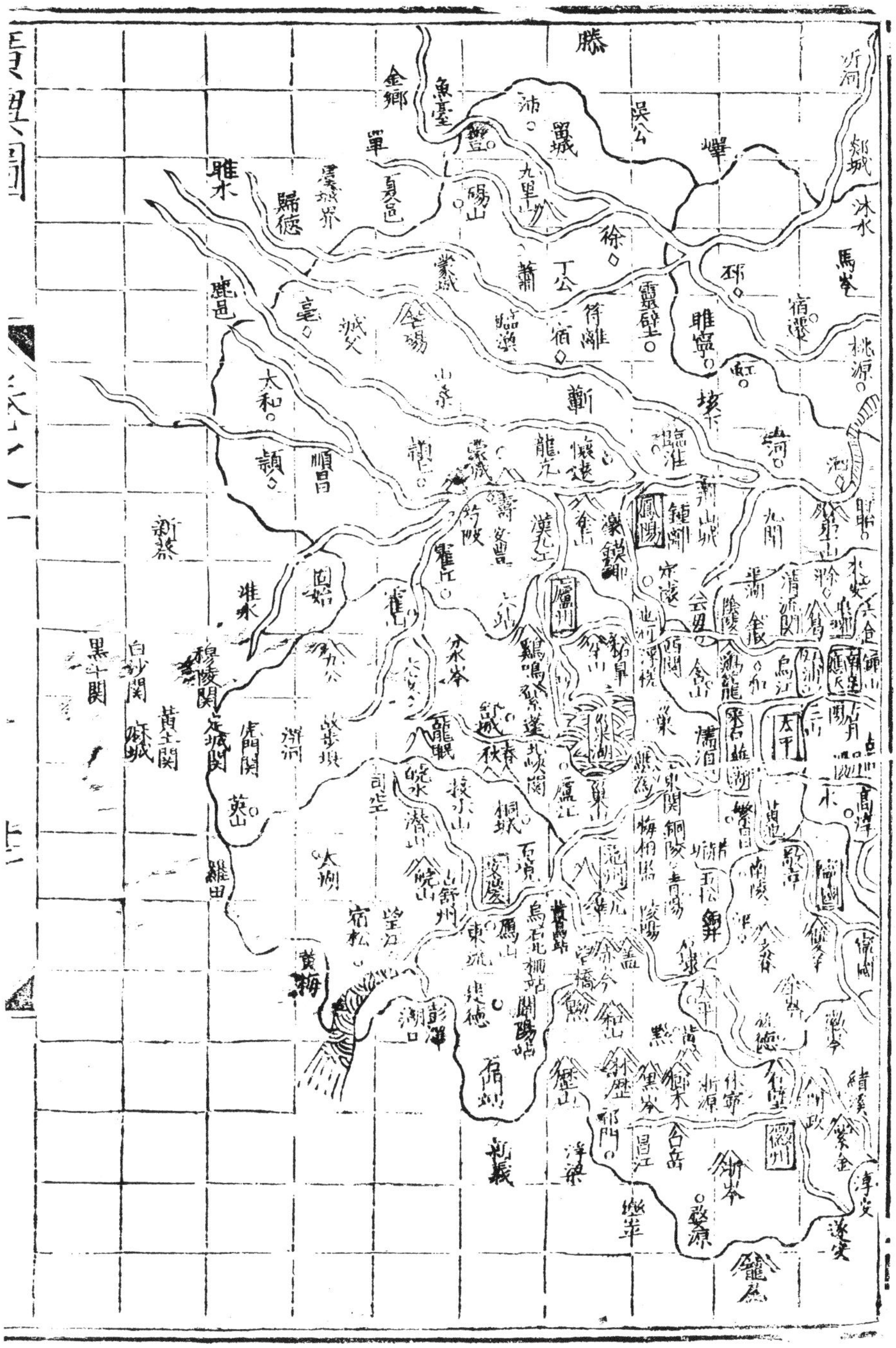

滕
金鄉
魚臺
沛
豐
碭山
單
夏邑
虞城
歸德
睢水
吳公
蕭
徐
蒙城
亳
宿
靈璧
睢寧
邳
宿遷
沭水
郯城
沂河
桃源
太和
潁
順昌
新蔡
懷遠
臨淮
泗
盱眙
霍丘
壽
鳳陽
定遠
廬州
六安
英山
羅田
太湖
宿松
望江
黃梅
彭澤
湖口
東流
建德
池州
銅陵
青陽
繁昌
太平
旌德
祁門
休寧
婺源
績溪
淳安
遂安
浮梁
樂平

南直隸建置

南直隸府十四屬州一十三縣八十八又州四屬縣八總為里一萬三千七百四十三戶一百九十六萬二千八百一十八口九百九十六萬七千四百三十九夏秋二稅共米麥五百九十九萬五千三十四石絲一十萬九千九百一十兩絹三萬八千四百五十二疋麻布二千七十七疋鈔八千七百七十錠馬草五百八萬四千二百一十七包

兩淮鹽運司領辦小引鹽七十萬五千一百八十引　鹽運司一在揚州領鹽課司三十淮安九泰州十通州十一

親軍衛一十六屬所一百一十二守禦千戶所一在京屬府衛三十二屬所一百九十六守禦千戶所一在外直隸衛二十八屬所一百四十五守禦千戶所一十五

中都留守司領衛八屬所四十守禦千戶所一

京營馬步官軍舍餘萬人共一十二萬有奇在外衛所除守
留守司南北直隸山東河南各二班京操外馬步官軍舍餘
共四萬四千八百
南京太僕寺所屬應天等府種馬几數萬疋
欽差總督　都御史二　漕運一駐淮安浙直軍務一駐杭州
欽差巡撫都御史二　鳳陽一遇有風汛駐揚州　應天一遇有風汛駐蘇松　操江都御史一駐會同館
欽差巡按監察御史九　巡倉一上江一下江一京畿一　滁州一太平一蘇州一提學一印馬一
應天巡按轄應天徽州寧國池州太平安慶等府廣德州駐太平蘇州巡按轄蘇州松江常州鎮江等府駐蘇州
鳳陽巡按轄鳳陽廬州淮安揚州等府徐州滁州和州今兼提督學校事駐滁州

府一十四　州一十七　附郭　外縣九十五　衛二十八　所十五

屯田巡江巡倉
俱南道駐應天
刷卷提學印
馬俱北道而
印馬駐滁州
刷卷提學駐
南京
中都留守

應天　金陵秣陵建
業建鄴建康
領縣八秋米二
十万五千六百
冬煩劇爲最
素號難治

鳳陽　濠州鍾離中
立府州學

上元　秣陵江寧
二百二里
江寧　建業歸化金陵
管白下七十四里
南陽　溧水溧陽路三百三
俱煩中七
鳳　鍾離臨淮
陽三十九里

句容州近京其溧高淳冬委訟煩六業邑地雄州軍民京衛見後
容縣府中諸處水首五十五里中上合離一十七里衝繁難治
水陸要衝
江寧邑泰郡地衝衝析置簡煩難治
煩二百五十里
浦煩二十里　下中
淳一十三里　下中
陽十五里好訟煩
臨淮南九江豪定而陽東城大
淮州塗山鹵十
遂　當塗城舊安
縣一十九里中
虹夏五虹州訟煩裁
英飛
武熊

九百九十八

趙錦

南京戶部分司
高墻甚衆而無
城可虞

巡按
泗州
巡倉

潁州
兵備

僉事一員
轄河南

二秋米二十二萬五
千七百零
冲煩難治
五州秋米壽
一萬二千二十
石零泗三萬
五千七石零
宿三萬八千
二百九十石
零潁九千七
百六十石零
亳五千五百石零

廬州 府領合肥金
斗昭順保信
軍楊行密為
都州二縣五

冲煩中

里冲煩上　臨豪
劉　三十三里
懷蘄城荊山自五臨呂屯田安淮下
遠冲口要地差河三十五里不陸續
重冲煩
四十八里

壽 壽春淮南九江揚霍壽國安豐松蒙山桑渦陽肥
州安豐芍陂　冲　丘滋冲煩三十里成水　裁減三
煩　四十八里　十八里　般
八公山在其境　浩敗地　煩

泗 徐州青州肥水盱眙招信北兗州　天廣陵石梁永
宿預下邳五十里水　盱眙　水陸長福千秋
陸冲煩盜民淳　冲　三十七里　一十里
簡多訟裁

宿 古宿國睢州睢陽符離虹州
離中七十里　中上　壁　四十一里　煩冲

潁 汝陰信州順昌　永潁　潁縣下蔡郡太細陽地萬壽
陸冲煩五十五里　上　冲煩　一下　和三十里
三里裁中
裁煩冲

亳 譙縣城父集慶
四十一里　多盜

合　汝陰　四里　廬相州古灊城舒龍舒舒縣
肥　煩冲近淳　江一十四里裁衙　城冲可四十五里

無為 無為鎮無為軍巢南巢居巢　本州秋米三萬
無為縣　縣州三十四里裁盜　三千七百石零

壽州

泗州　屯田五所

宿州

潁州　潁上

武平

廬川

秋米七萬七 四十九里
千二百石零 臨江有盜
巡江御史一員 西南山路險 六蓼國盛唐縣英羅田鷹山寨霍新折山險 六
分上下江 俗淳厚 六安 永化有盜七十里山山險二十七里山二十二里裁 安
秋米一萬四百二
十有零
安慶 皖城古舒晉 懷皖縣樅城熙桐樅陽同安中大南齊晉熙沖望大雷戍新治 安
懷同安德慶 寧州舒州 四平城煩沖五十九里湖難六十五里江義鄉高州 慶
安慶軍縣與 六里府沖煩潛清朝王照二宿岗塘松滋二十二里裁
秋米十二萬 上中附郭民淳山鄉五十八里松四十六里民貧悍沖煩
一千八百零
漕運 淮安 淮陰山陽楚 山射陽楚州一鹽瀆射川安褒貴海安漣沐厚丘潼縣懷淮大
三堂 州漣水淮安 陽百二十里城辟貧八十五里東水辟五十五里下陽文八十一里安河
軍境有老鶴 貧沖煩劇 清泗州清河口 挑桃園鎮淮濱 僻下
河州二縣九 河清河軍 源貧沖四十八里
秋米四十萬 四十六里
二千八百五 貧沖煩
理刑管閘 十石零四通 海 朐縣海亭郯郡 贛榆州東海懷 本州秋米一萬五
船廠 八達兩京要 一百二十六里貧煩 榆仁五十里貧煩千九百九十石零
路 沖煩為 邳 下邳武州東徐淮宿下相五猶宿睢臨睢睢陵 本州秋米三千 邳
劇貧甚 陽貧煩沖四十七里 遷豫 寧二十六里 三百七十石零 州
五十九里
貧煩
提督兼鹽法 揚州 淮海維揚江 江廣陵江陽沖 儀楊子永正迎 泰海陵柴墟 揚儀
運司巡鹽鈔 州都廣陵江陽 都煩一百十六里 真泰真州白沙 興僻一百一十里 州真

關儀真廠
高郵
管河

邦汧州三縣
七秋米三十
六萬二千六
百石零
水陸冲煩近
疲甚南充
僑立

徽州
新都新安
縣六秋米
一十二萬五
百零　僻煩

寧國
丹陽宣城
鄣郡
縣六秋米
一十萬三
千三百零

池州
池陽秋浦
康化軍

高郵
吳邦溝射陽承
州　冲煩
八十里
又增六里

泰州
東陽吳陵吳州
僻煩一百七十里

通州
靜江崇州靜海
軍近海　僻煩
秋米二萬五千
四百石零

歙　歙州歙浦
縣三百一十五里
好訟　煩
宣　宛陵懷安
城二百一十六里
衝煩民淳
貴　石城秋浦
池二十七里

一十四里
冲累
興海陵　僻煩
化七十二里
如廣陵　僻
皋四十二里
海東州鎮
門　僻而敝
三十九里
休海陽海寧
寧仝上　二百五里
婺　婺源州煩仝上黟
源二百六十四里
寧南徐州改猶
國州治六十里中
涇南徐蘭石
縣多盜刁煩
六十四里
冲
青涇縣臨城裁
陽一十六里

寶平安安宣倉
應州冲煩三十里
本州秋米一萬千
五百四十三石零
祁閶門　煩煩
門四十六里　中
煩
縣二十四里　中
太當塗涇縣地
平多盜裁
一十九里
中
旌安吳沙城僻
然在山中多盜
四十一里
中
石陵陽石城涇
隸二縣地

本州秋米三萬
六千五百石零
績梁安北野
溪二十五里　中
南春谷陽谷
陵北江州
八十八里
盜多刁中中
東彭澤東流場
流七里

高
郵
新
安
宣
州

興鹽
化城
泰
州

巡按蕪湖
鈔關

巡按許墅
鈔關
磚廠

太倉
兵備

縣六秋米
六萬一千
九百零
沖

太平 姑孰當塗繁
和州雄遠平
南畿 縣三
秋米四萬九
千零

蘇州 吴會姑蘇
吴都平江
瀍瀆 沖
煩
縣七州一秋
米二百萬
八千零 地
肥瘠俗澆
相半
沖煩

太倉

松江 雲間
縣三秋米九

泾江沖煩
銅陵 銅陵義安
裁瘠煩
一十六里
一十二里

當塗 丹陽南豫州
蕪湖 鳩茲鳥逸
一百六十
九里
繁昌 春谷
沖
裘垣
三十八里
沖煩

吴 吴郡吴州平
崑山 崑山婁縣信義
吴江 吴江州
縣 沖 煩
五百二里
常熟 沖煩
四百五十里
長洲 長洲苑 沖
常熟 海虞南沙
洲煩 七百七里
嘉定
六百四十里
崇明 姚劉沙天賜本州秋米二十三萬七十石零
二百二十里 延海 多盜
華亭 華亭縣地
亭 差重煩
上海 上海市
海 六百里

建德 建德鄱陽石城諸邦 至德民奸
裁簡 朴下
九里
裁下
上
瘠民淳大

昌簡
一十二里
中
裁衝
府當水陸 沖建
煩中
陽

江沖煩
八百二十里
上上
江
僻中
定 九百五十里
上上
崇明 多盜民頑惡 中中
清 嘉靖年建 隆慶
浦 中 復二百九十九里 煩

西界吴松震澤閭闔東
北為婁江東南
為東江
蘇州

太 鎮
倉 海
金
山

崇明
沙
吴松
松江 青村
南匯
背

常鎮兵備新設

常州　延陵毗陵　晉陵　縣五秋米七十六萬一千零　冲煩
十五萬九千　六百四十里　劇　全上上
府差重煩劇旱則東鄉收澇則西鄉困上海尤好訟

武進　毗陵江都郡　四百二十里　上中　冲煩　三百四十三里　上中
無錫　冲煩　宜興　陽羨義興　宜興僻　進茶
江陰　江陰暨陽利　陰城　梁豐　興鷄州南興
靖江　進士舉先米　四百二十九里
江陰僻煩進子鮞

鎮江　京口南徐丹陽縣三秋米三十萬五十零
丹徒　谷陽武進丹陽　丹雲陽曲阿雲　三百石　上　江五十五里　中　置多盜
金壇　金山　陵南徐州　陽州簡州　二百二十里　二百七十里　中煩　壇三百十里　僻而饒上
府沿江諸煩冲劇

兵備副使駐廣德兼轄應天所屬新設

直隸廣德　桐汭石封大梁建郎步鎮　乃煩　陵良郡　僻中平一百一十四里

和州　歷陽南豫昭關含歷陽武壽龍　一　冲　當利軍民雜縣山　九界古西關　與濡須對壘　裁淳一十八里

太僕寺

管洪管倉兵備副使管閘

滁州　滁陽南譙永陽全北譙譙州滁水　來建陽新昌塗　貧裁冲　縣二　椒　裁　五里　煩　安清流　七里　南唐清流關在城西　裁淳　冲下

徐州　彭城武寧軍　蕭　承高　龍城　沛　豐　碭　縣四　南北四　縣　扶陽　酇　中　縣一十九里　邑裁　煩

鎮江　鎮江

廬陽　石

滁州　滁州

徐州　徐州左

喉寧民雜好訟風俗州碭郡梁國安沛古屬碭廣威諸縣界齊亦有
氣强勁　沖煩　山碭輝州　縣源州留城　險阨巖阻多盗
二十五里　二十七里　宣防
刁煩中下　沖煩劇

五軍都督府所屬衛分衛

五軍都督府所屬衛分衛	外衛	所
中府	留守神策　應天　和陽　廣	牧馬
左府	留守左　驍騎右　鎮南　水軍左　龍虎右　龍虎左　瀋陽左　龍江　秦武	
右府	留守水軍　虎賁　武廣　右右　右德　武	
前府	留守龍　豹　豹韜　龍江　飛天　前驤　韜左　左　熊策	
後府	留守興　鷹　江　橫　後武　揚　陰　海	
親軍指揮使司	錦衣　旗手　府軍　府軍右　後　羽林左　右前　金吾左　右前後　左　虎賁　川　濟江　淮	
孝陵衛		
中都留守司	留守中　鳳陽　鳳陽中　懷遠　長淮　左右	洪塘
皇陵衛		

南直隷圖叙

南直隷古揚州地南京即六朝舊都也祖宗創業實基於此然江限南北古今恃爲天險江北則徐潁二州（鳳陽府屬）地跨中原瓜連數省竝稱雄鎮故淮安特建兵府（漕運衙門）守以文武重職雖職司轉運亦示控扼之勢焉江南則安慶當長江委流西控全楚（江西湖廣俱楚地）爲江表門户沿海兵戍本以備倭而崇明常熟（俱蘇州府屬縣）之民間作弗靖與江洋一帶出没波濤肆行剽刼者不可勝計故今江防海備其重一也若廬州則民習游惰地不盡利鳳陽習俗本同加以高墻留守之冗費故皆易以告饑蘇（蘇州）松（松江）則賦重差繁供億日困豐沛（俱徐州屬縣）之間濁河泛濫幾淪魚鼈轉餉既難民亦凋瘵盖水

患莫甚于斯者也徽州多山少田民逐末利風俗用偷池州在山麓江滸軍民統理不一寇盜因以竄匿鎮江則當京口之衝鑿山圍水海潮出沒土田歲易處謂山田多荒白圍田多坍江民勞甚矣

按江北徐沛邳淮濠揚滁泗苦當衝徭殊困于役江南蘇松賦額故重重以多事且有倭警則南北並多故矣一切科率率從丁田而又不時穫財與力蓋兩詘焉勞來拊循全賴牧宰而或賢或否否又居多矯易化裁之機要有在矣

山東輿圖

每方百里

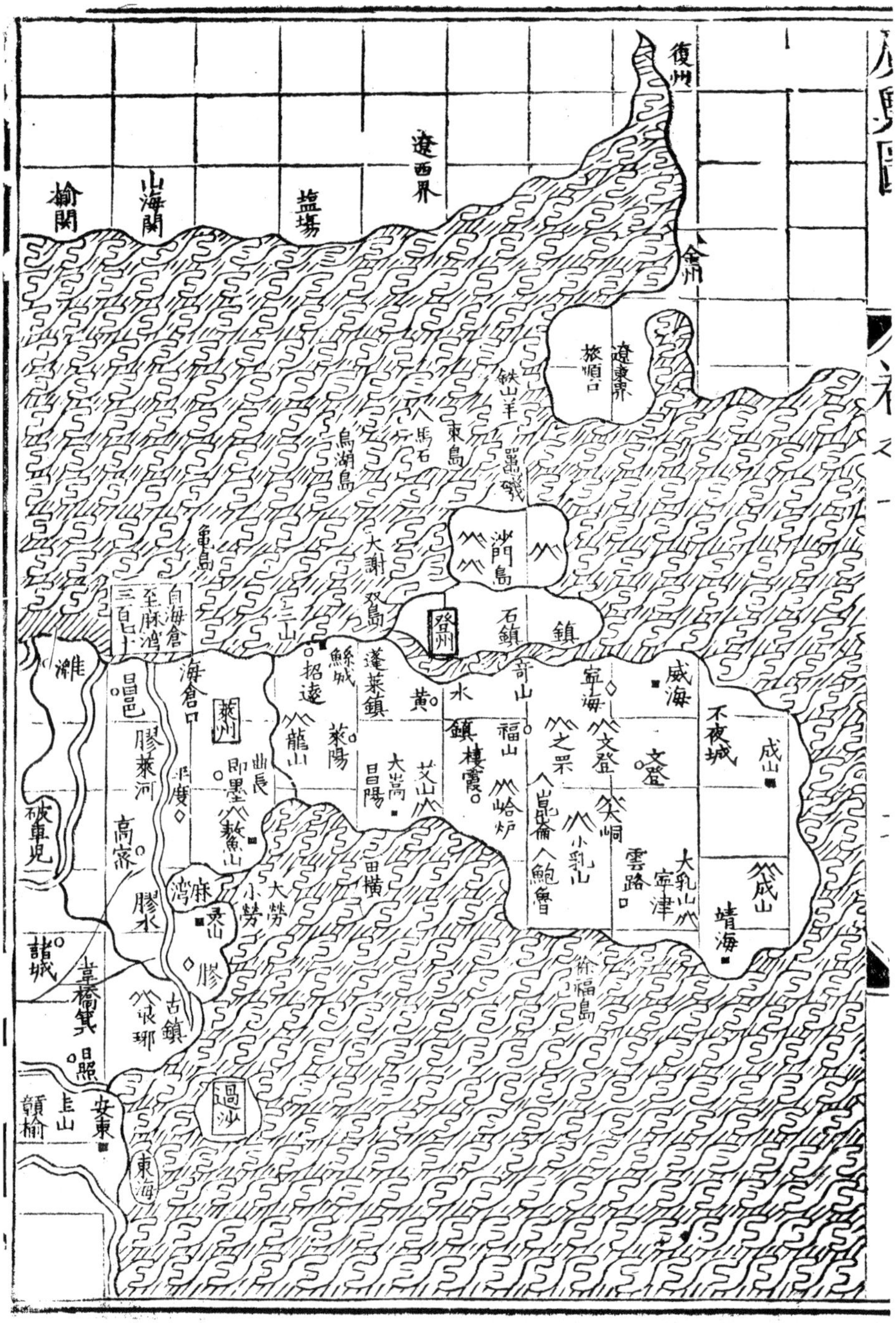

復州
遼西界
山海關
榆關
塩場
金州
遼東界
旅順口
鐵山羊
東島
馬石
烏湖島
鼉磯
沙門島
大謝
龜島
登州
石鎮
鎮
自海倉至麻灣三百七十
三山
濰
昌邑
海倉口
萊州
招遠
蓬萊鎮
黃
水
奇山
寧海
威海
不夜城
成山
龍山
萊陽
即墨
鰲山
昌陽
大嵩
艾山
棲霞
福山
之罘
文登
大峒
崑崙
小乳山
雲路口
大乳山
寧津
靖海
膠萊河
平度
高密
膠水
麻灣
靈山
膠
大勞
小勞
田橫
鮑魚
諸城
古鎮
琅琊
日照
安東
嵐山
贛榆
過沙
東海
破車兒

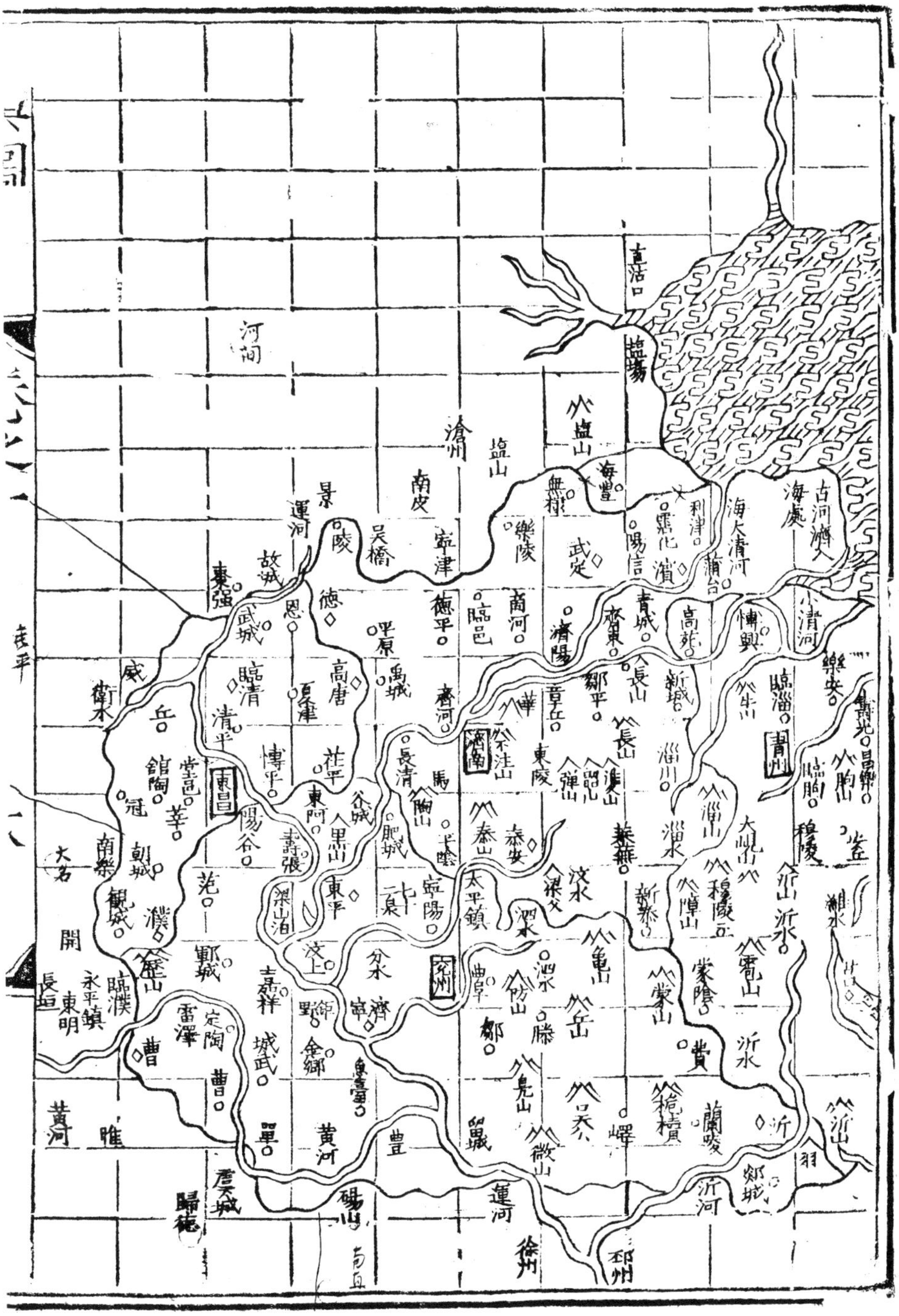
河間
滄州
鹽山
南皮
景
運河
陵
吳橋
寧津
故城
德
恩
武城
臨清
清平
高唐
禹城
平原
德平
臨邑
商河
樂陵
武定
無棣
海豐
陽信
濱
利津
蒲台
大清河
高苑
博興
小清河
樂安
臨淄
青州
臨朐
安丘
壽光
昌樂
濟南
長清
齊河
章丘
鄒平
長山
新城
淄川
萊蕪
泰安
泰山
新泰
肥城
東平
東阿
平陰
陽谷
壽張
館陶
堂邑
莘
冠
朝城
觀城
南樂
大名
濮
范
鄆城
開
長垣
東明
臨濮
雷澤
定陶
曹
城武
單
金鄉
魚臺
嘉祥
鉅野
濟寧
汶上
兗州
寧陽
曲阜
泗水
鄒
滕
沂水
蒙陰
費
沂州
蘭陵
郯城
沂河
嶧
豐
沛
碭山
虞城
歸德
徐州
邳州
運河
黃河
蒙山
沂山
穆陵
濰水
淄水
汶水
直沽口

山東建置

山東等處承宣布政使司治濟南左右布政使二左右參政二糧儲一分守一左右參議二分守二領府六屬州一十有五縣八十九總爲里六千四百户七十七萬五百五十五口六百七十五萬九千六百七十五夏秋二稅共米麥二百八十五萬一千一百一十九石絲二千一百一十一斤絹五萬四千九百九十疋綿花五萬二千四百四十九斤馬草三百八十一萬四千二百九十束

山東都轉運鹽使司一在濟南領鹽課司十九膠萊七濱十二歲額辦鹽一十四萬五千六百一十四引

山東都指揮使司隸左軍都督府都指揮三內掌印一僉書二領衛一十有七屬所七十五守禦千户所一十有二本都司所屬除二班京操外馬步官軍六萬三千八百餘員名儀衛司三

提刑按察司按察使一副使十四 清軍一驛傳一提學一兵備臨清一曹濮一太倉一青州一巡海一徐州一寧雲一天津一霸州一大名一遼海一

僉事四 分巡東兗一沂州一武德一濟南一　分道三

欽差巡撫都御史一　巡按御史一 俱駐濟南

王府三　魯府 封兗州 高十四 郡 安丘鄒平鉅野東阿樂陵東甌鄆城館陶鼉城滋陽陽信高密新泰歸善　德府 封濟南 英四 郡七 太安濟寧東平歷城臨朐臨清寧海

衡府 封青州 憲六 郡十 王田新樂高唐齊東邵陵漢陽武定平度寧陽商河

道三　府六　州二十 附郭五 并外縣八十九　衛十七 所二十 戶二

濟南道 巡撫 巡按

濟南 古樂陽淄齊川德與 單濟南路 有德府置 衛煩沖上 領州四縣 二十六 秋米九十 四萬二千零

歷城 歷下城 煩沖上 九十八里
樂陵 丘 煩沖上 一百三里
東平 鄒 古鄒國 鄒縣 濟陽城
齊 平 煩 五十七里 中
章 淄 淄萊東清河具丘般
高唐 川 陽淄川 州 沖中八十里
陽丘 長於陵廣川武強東平
譚州 山 原 沖 六十五里 中
清平 新長山地
軍 城 四十五里
禹 齊 祝阿德州平原鎮
祝 河 煩沖二十七里
國 齊 夾河 河間鄒平齊東
曹州 東鎮 沖中五十五里

城 沖中五十六里
祝阿 煩
臨 歸化 孫耿鎮 煩
邑 中 三十二里
長古盧山茬泰安 煩沖
清 上 四十四里
肥 磝 碻 博城平陰盧縣肥
城 子國 中 好訟 三十二里
青 青平 鄒平 臨邑 寧津
城 齊東 沖中
三十三里

濟 護
南 衛

肥城

東兗道

管倉主事

兵備僉事

東昌　博陽聊丘葛丘蘭冀
州博州博
平郡
煩沖上
領州三縣
十五秋糧三
十二万石零

泰安　奉高汶陽博縣
岱山乾封博城
奉符泰寧軍
煩上九十三里

德　安德陵縣平原
郡長河煩沖上
三十四里

武定　樂陵樂安平原
渤海厭次寶隶
棣州陽信煩上
九十八里

濱　千乘　煩上
七十八里

聊武水博州博
城固
煩沖　上
二十三里

濟長樂高苑臨邑章丘
陽煩煩沖中五十八里
新平陽萊蕪泰山郡琅
泰瑯簡下二十八里

陵將陵安德安陵州德
縣州沖中三十二里
萊夾谷嬴縣博城萊蕪
蕪監簡下四十二里

德平昌東青州西平昌平
平安德德州煩沖四十里

平聊城平原郡東青州
原沖中　四十六里

唐棣海歸化德州
晟景德棣　德州左

陽樂陵郡渤海郡古厭次樂
信僻簡上一百一里
海無棣保順軍陽信
豐四十三里　簡中

富平　僻沖中
陵五十六里
商隰沃　僻沖中
河六十八里

利永利簡古河濟入海
津處四十里
霑招安賦重民疲
化四十一里　僻中

蒲隰沃　賦重民疲
臺六十九里地有望海臺

棠千清河清發干裁僻
邑簡中一十七里
博鄃博陵聊城寬河
平鎮裁僻沖中二十六里
茌興利聊城重丘陸
平沖煩中
三十六里

莘陽平樂平清邑莘州武
縣陽郡　裁民頑煩中
一十八里
清清陽貝丘博平　裁僻
平煩中一十六里
冠冠氏館陶冠州淳
縣簡僻中　二十七里

平山
東昌

武定

鈔關兵備
磚廠副使

管泉
主事

兗州 龔慶東
魯任城魯
郡泰寧軍
龍慶府有
魯府儀衛
冲煩上
州四縣二
十三秋米六
四十四萬
零

臨清 清淵永濟臨濮開丘平恩 曲州棠邑斥漳館 冠氏邑陽平聊州
淳煩冲上三十五里 縣城僻中 二十八里 陶簡中 二十八里

高唐 崇城齊城高唐恩 武城永清鉅鹿清河武 東武清河丞濟
邑南鄭郡魚丘 縣郡丞濟軍貝州冲煩城 貧冲煩中
民貧冲煩上 三十七里 中 二十一里
三十九里

夏歙縣平原 貧
津三十一里

濮 洮帝丘昆吾鄄 范范州廩丘 裁僻簡 朝 武陽東郡武聖
城姚墟兖州濮 縣中 一十三里 城 僻簡中
陽郡裁僻 觀畔觀衛國濮陽裁 二十九里
淳簡中二十六里 城僻簡下 一十里

滋負瑕瑕丘 曲魯國薛郡汶陽闕里尼山嶧 偪陽蘭陵鄫州承武
陽南平陽兗 阜源南故有洙水合灤裁 縣 承民夾谷中僻四十
州冲煩上 十六里 下 五里
二十四里

寧 讙成闡龔丘龔縣闡 金 宋邑東緡昌邑金州
陽 邑煩冲下三十五里 鄉 戴州中三十三里
鄒 繹邾國 冲下
縣 二十九里
泗 蒍龜陰田魯下邑泗縣 卞阜泗水發源
水 出陪尾山並洙南合淮簡下 二十五里
滕 郳小邾彭城滕陽軍 魚 即棠唐邑方輿金鄉
縣 薛城滕州蕃郡 臺 簡下二十七里
冲 疲 上 單 單父邑濟陰郡輝州
八十七里 縣 舊有河患中五十二里

臨清
濮州
沂州隸
中府
兗州護
滕縣

二十

城郜汞昌戴州舊患黃河
武簡下　二十二里

兵備副使

曹 曹南豫州濟陰　曹古離狐定陶濟陰郡楚
宛句興仁彰信　縣丘城舊有河患衰中
威信曹國濟陽　六十八里
郡曹州西兗州
衰中　定遂曹西兗州濟寧軍
二十八里　陶衰下廣濟一十八里

總管管閘
河道主事

濟寧 古徐高平濟州　嘉鉅野濮任城衰簡下　鄆壽良清灉鄆州盤溝村
碻磝任城濟北　祥二十四里　城萬安高平衰僻下
邾婁郡鉅野　鉅咸丘麟州濟州任城鄆　二十二里
民貧差重沖煩　野州垂葭簡下
上五十六里　三十五里

東平 闞 須句東平汶郕廢國中都平陸汶陽　平盧縣榆山后門衰簡
郡薛郡魯州天上須昌樂平　淳煩中　陰下　一十九里
平濟東大河郡　汶發源太安州西南至陽上巡鎮　僻煩中
城沖煩下上三十　南在南北分流四十八里　谷三十九里
三里梁山泊在東清濟柯新橋鎮挑丘穀　壽陽谷良邑壽良壽州
壽張鉅野及州境　阿城煩沖上　二十四里　張須城一十五里衰頹下

兵備僉事

沂 艾琅邪郯北徐州臨沂郯　郯子國郯縣僻疲中
蘭陵[illegible]經府民　城一十八里
瘀今少煩中　費武城古費國陽山昌裕
一百三十八里　縣城顓臾中八十二里

海 兵備副使

青州 齊郡北海 郡平盧鎮
益壽[illegible]北海臨朐營丘北海郡[illegible]臨淄伯氏駢邑逢山東莞
都[illegible]國青淄丘都煩沖上五十六里　朐益都朱壚煩上一百十四里

青州左

濟寧

東平衛

右
道

海道
副使

海寧益都
路新建王
府添設兵
備領煩上
州一縣七
三秋米六
十七万一百
石零

州煩冲上三
百一里

博 蒲姑博昌樂安安平 穆陵關在北大峴山
興 煩中 一百四十里 東南
高 長樂會城古苑營僻安古牟婁浪丘牟山輔唐
苑 三十八里 丘膠西 冲 煩 上
樂 千乘古廣饒乘州 一百七十四里
安 中九十九里 頑煩諸 魯諸邑東武諸縣高
壽 紀鄑在劇濰益城 城 密密州安化軍冲煩上
光 煩上 一百三十三里 一百八十一里
昌 營陵營丘安仁北海
樂 冲煩中 九十八里
蒙 顓史國新泰 僻下
陰 五十里

莒
莒子國莒縣城 沂 防東莞新泰鄆邑其月 海曲琅琊郡日照鎮
陽國向城僻下水 水下流與右柿合入照 僻煩下 八十三里
二百七十里 淮冲中一百四十三里

登 黃縣蓬萊福 古牟腄縣兩水鎮 招 掖縣羅峯鎮 簡下
萊 鎮登州治山 二十九里 簡中遠五十四里
煩中八十六里 黃 北齊掖城牟平 冲 萊 昌陽東萊郡盧鄉
縣 煩中 五十里 陽 煩中一百四十一里
棲 腄縣楊疃鎮 簡中
霞 五十三里

登州 勘尋東牟
郡牟州近
海備倭都
司地薄賦
重民頑中
州一縣七
秋米二十
四萬七千
有零
自蓬萊驛

寧海 東牟文登黃縣 文 不夜城牟平登州
牟平寧臨登州 登 七十四里 簡中
寧海軍 僻中
八十四里

諸城
登州 奇山
福山
大嵩
寧海 寧津
靖海 安東 成山
威海
馬增 八百七

由海可五百里至旅順口從此又陸路七百里可至遼陽

萊州 東萊光州定海軍近海有海道地僻賦重民頑中州二縣五秋米三十二萬有零
掖曲城當利東縣萊郡沙丘地瘠民貧沖下八十三里

平度 膠東膠水民貧賦重煩上 一百二十五里
濰 下密北海濰州北海軍昌古鄑都昌古密全
縣 沖煩中 九十二里 其水源出箕屋山東北
邑 九十五里
邊密州韓信破龍且處

膠 介國高密臨海高膠西高密國 煩中
軍膠西黔陬祝密八十八里
山枕海地瘠多盜中九十三里
即墨 膠東國北海國不其故城宂中八十五里

遼東 遼東行都司 在遼陽 衛二十五
巡按 副總兵 兵備 太僕寺 僉事 苑馬
定遼中衛左右前後
東寧 襄平 東平
海 山東分巡 廣寧衛中左右
撫順 平州 巫閭 守禦城
顯德府 顯州 奉先 圍
參將 義州
廣寧後屯
累縣 宜州 崇義軍 弘正

所 俱隸衛非守禦所以據要害書
州 附衛 中
自在

靈山 膠州雄
鰲山 崖

萊州

寧
道

參將

廣寧中屯	西樂錦州臨海軍 文郡路 永樂縣	松山中左
廣寧左屯	故錦州	大淩河中左
廣寧右屯	營州瑞州來州來賓宗州 遼西郡集寧縣	
廣寧前屯		急水河中前 杏林中後
寧遠		荅山中左 小沙河中右
瀋陽中	挹婁地瀋州興遼軍 昭德顯德故遼陽城	撫順 蒲河
鐵嶺	嚚州故城懿路城	懿州中 汎河中左
三萬遼海	肅慎地挹婁勿吉黑水靺鞨燕州黑水府 龍泉府熟女真金故都會寧府開元路	
海州	沙卑城南海府臨溟澄州	
蓋州	蓋牟辰州奉國軍建安縣	
復州	迓民懷德軍永寧永康	旅順
金州	蓋牟地	

安樂

山東建置

山東古青州地外引江淮內包遼海西面以臨中原而川陸則悉會于德州濟南府屬自海道既廢遂以其西境爲餽運通衢南盡邳徐俱南直隸州北泝天津歲有河患築塞挑濬之勞舟車牽挽之役所在不免而兖州水潦爲虐則民之疾苦莫甚焉矣

京儲邊餉之外

王祿是供六郡徵輸於斯爲急而青青州濟濟南之間號多鑛賊禁戢尤難公私蓋交病之若遼陽遼東自爲區域地本膏腴舊皆郡縣民用安土設衛以來生齒稍稀惟遷徙謫戍之人多歸焉雖漸規恢復可也登登州萊萊州本海運故道然勢險難圖成山沙門一帶多海礁損運船至此輒壞稽之往蹟則平

膠州（萊州府屬）東南有南北新河（水源出高密縣至膠州分流爲南北新河自膠州入新河西北行二百四十里至萊之海倉復入北海以其自膠抵萊故又名膠萊元時所濟以避遠東海道數十里之險者）蓋嘗治開（故蹟在遍北新河店洳湖所通自北至海止八十里）以達安東（衛名在青州東南境）則避開洋之險宜亦有可講者

按山東古來多豪傑士然大盜亦時有爲蓋其人往往善騎習弓矢頗與趙魏燕薊之人爭雄長此其人亦不易馴擾矣第昔稱御得其道則狙詐可使否則舟艦蕭墻之中可虞也故撫綏藩翰牧守之臣貴在慎考相哉

貴在慎考相哉

山西輿圖

每方百里

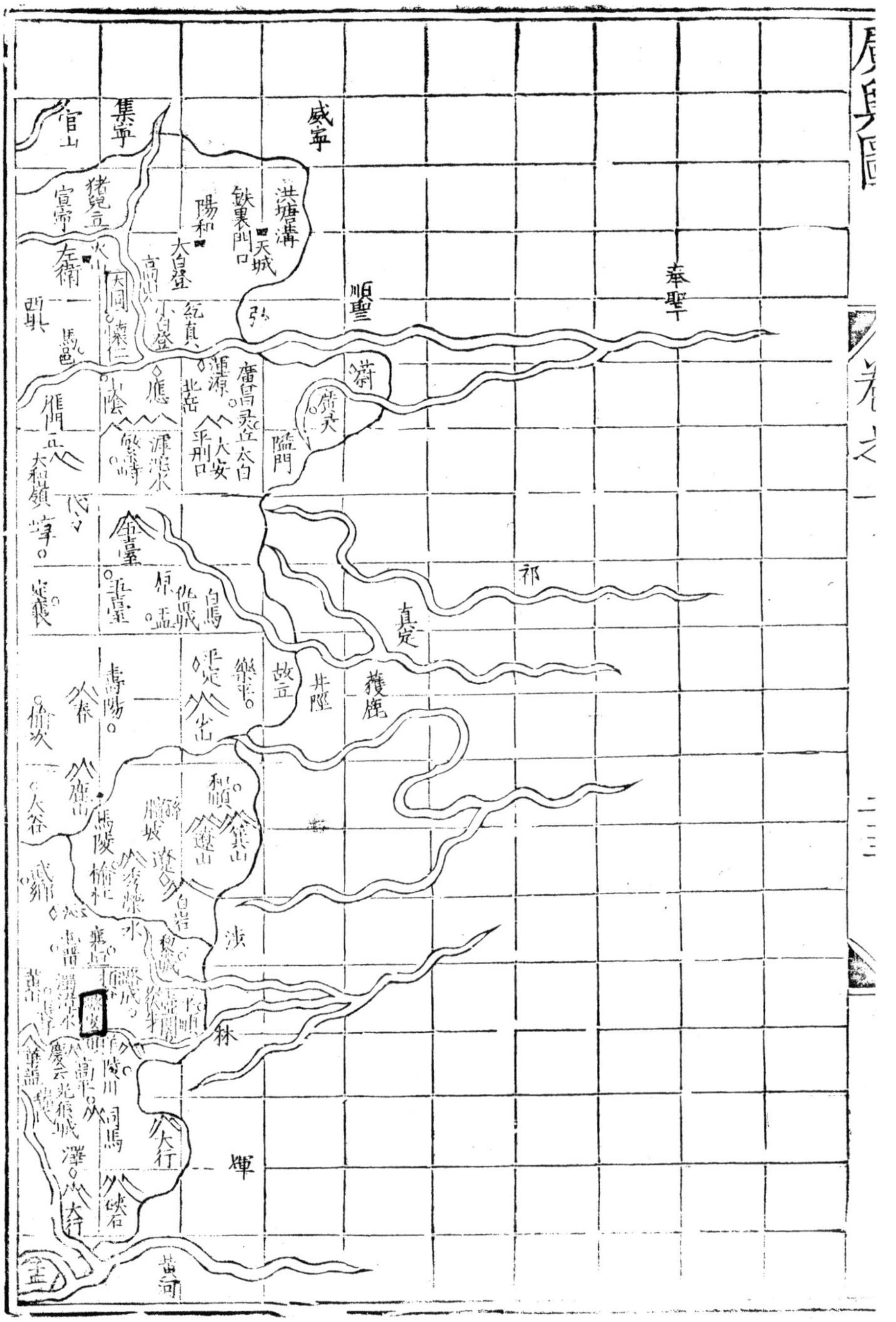

威寧
集寧
官山
宣寧
洪塘溝
天城
陽和
大白登
左衛
馬邑
順聖
蔚
奉聖
廣昌
靈丘
太白
大安
應
山陰
繁峙
滹沱水
雁門
代
崞
定襄
五臺
白馬
祁
真定
樂平
井陘
獲鹿
壽陽
榆次
太谷
武鄉
和順
箕山
遼山
黎城
潞城
襄垣
屯留
陵川
高平
澤
太行
涉
林
輝
黃河
二三

万曆二十　年升
汾州為汾州府
割永寧寧鄉
臨縣靈石沁州
沁源武鄉隷之
其附郭者曰
汾阳縣

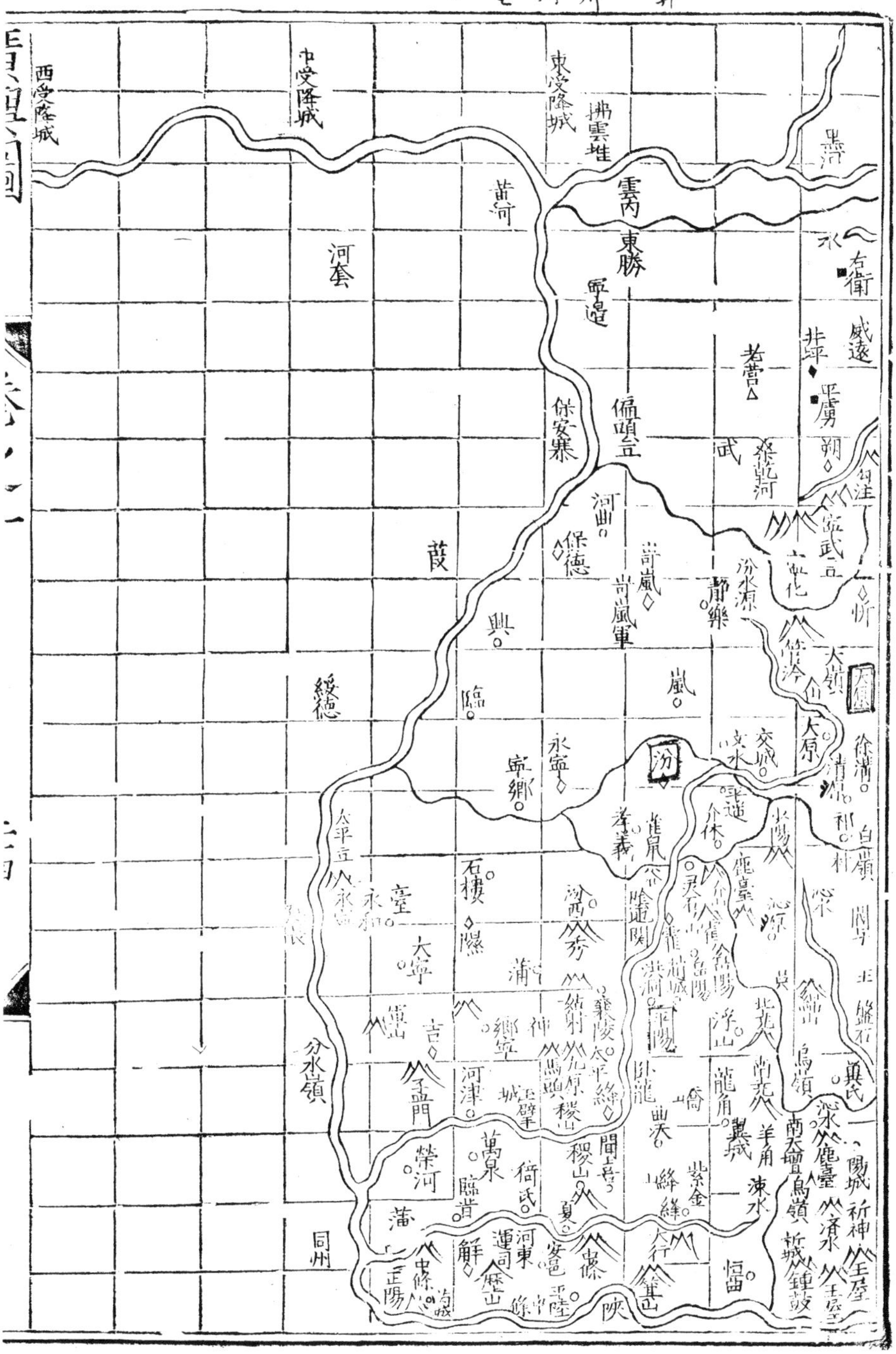

山西建置

山西等處承宣布政使司治太原左右布政使二左右參政三左右參議四（糧儲兵備）領府四屬州一十有六縣六十有六州四屬縣一十有一總爲里四千四百四十里有零戶五十八萬九千九百五十九口五百八萬四千一十五夏秋二稅共米麥二百二十七萬四千二十二石絲五十斤絹四千七百七十七疋馬草三百五十四萬四千八百五十束

山西都指揮使司都指揮三內掌印一僉書二領衛九（屬所四十）所七本都司所屬馬步官軍舍餘夷人等一萬九千五百餘員名（都司隸後軍都督府）儀衛司三

山西行都司（分司大同隸後軍都督府）領衛一十四（屬所七十）所三本司所屬馬步官軍四萬六十餘員名

山西行大僕寺見在馬驢騾共三萬二千九百餘匹頭

都轉運鹽使司一 在河東 歲額鹽四十二萬引

提刑按察司按察使一 副使十二 驛傳清軍提學二兵備易州口北冀寧岢嵐潞安雁門各一 僉事六 分道四

欽差總督宣大都御史一 駐陽和 巡撫都御史二 一太原或代州一大同 巡按御史一 太原

巡鹽御史一 河東

王 晉府 高三封太原 郡王寧化廣昌芳山臨泉雲丘寧河徐溝河東大谷慶成俱分封 交城 陽曲 西河 俱分封 王義寧河中襄陰新化荣澤靖安安溪旌德等府 代 和汾州 平陽

府 代府 高十三封大同六千石 郡王廣灵潞城昌化饒陽安定東强吉陽溧陽博野山陰 襄垣 俱分封 蒲州 靈丘分封 絳州 宣寧 懷仁 俱分封 王和川寧津樂昌進賢河内富川寧豐砀山泰興 陽分封 澤州 靈丘州

三 潞府 高二十封潞安 郡王武鄉陵川平遥黎城稷山沁水沁源清源遂内丘康宗 王唐山永年西陽灵川宜山宿迁吳江定陶靈和福山 查嘉靖二十年前每年禄米三百一十三萬石

道四 府 州二十 附郭 并外縣七十七 衛二十二 所工

冀寧道 井陘兵備

太原 晉陽冀寧 并州唐北京 五代唐西京 武勇軍領 州六縣二十 二秋米五十 七萬有零 煩劇上中

陽曲 附郭 陽猛孟汾陽陽 曲宜太原郡定 襄煩 劇上 八十六里

太原 太古唐地晉陽 原太原郡汾水 東平晉軍宋 利監唐城 僻中 五十四里

榆次 晉陽涂水中 都榆次 煩上 一百七里

文水 武興大陵受 陽平陵邑太 原 僻 煩 中七十九里

壽陽 馬首晉并州 清源榆次東 受州冲煩中 三十里

臨縣 大和臨泉西 河郡烏突北

太原左右前

大太州陽邑太
谷原郡并州
八十三里
中僻
和州晉寧軍
石州冀寧路
裁僻下
一十五里

祁并州冀寧祁
縣城村隆州
煩中
四十五里
盂佐猶爲河原
縣佐石艾盂州
僻簡下
二十三里

徐清平榆次晉
溝平　冲
一十九里
下裁
靜開汎汾岢嵐
煩樂管州憲州
二十八里
仝上

清梗陽晉陽涂
源陽　僻煩中
河火山嵐州雄
曲勇襖州火山
二十八里
切邊　僻
裁下七里

交晉陽牧官灵
城川交口大通監
僻煩中
四十二里

平定
上石在艾太原樂昔陽沾縣遼州平晉軍
上黨西陽廣陽平皐州僻下十里清漳水
平安軍樂平
冲煩中
出縣之沾嶺北流折而
西南入和順縣之梁榆
三十三里
水

寧化

平定直隸
後軍都會

河東道

巡撫

岢嵐兵備

滹沱河源出繁峙
縣泰戲山歷代州
崞縣忻州定襄五
臺盂縣入真定府
平山縣界合衛名
交河

平陽古霍伯都
虞河東平
河晉寧晉
州唐州
上上
領州六縣

忻州 陽曲新興太原定晉昌陽曲秀
郡定襄九原晉襄容 附 簡
昌沖 六十二里 二十五里
內忻係要地

代州 治陰廣武肆州繁武州北灵堅崞石城平寇白
雁門振武軍句峙川 附 下 縣鹿北顯崞州
沖近邊 一十九里 近邊煩沖下
沖頻中 三十九里
四十一里 五慮虒臺州裁
臺近邊附中十二里

岢嵐 樓煩嵐谷岢嵐 嵐古樓煩國新 興 汾陽臨泉臨
鎮 近邊附 縣興東會興芳 縣津合河興州
煩中上秋米六千 汾陽裁近邊 蔚汾 裁附
九百零 一十一里 疲中二十二里 簡下十三里

保德 定羌保德隩巴 臨邊
簡下 五里

永寧 西河離石永石 寧平夷離石
昌化西汾州附 鄉 裁下
簡中四十里原名 十三里
石州後易今名

臨汾西河平陽郡襄 擒昌絳州沖 曲絳縣河東樂
汾晉州平河 陵煩上七十二里 沃昌堡絳邑絳
煩沖上 洪楊縣趙城上 州沖煩上
一百五十里 洞八十九里 六十八里
浮神仙河東襄 翼 翼漢絳邑
山陵擒昌 城北絳澮川翼

振武

振西

平陽

雁門

保德州

寧武

偏頭關

二十九秋
米一百一十
一萬九千零

畿煩　州煩冲上
十七里　八十四里
趙城霍邑汾西永安靈石縣
城慶祚河東西汾西孝義
洪洞畿上　臨汾下
三十七里　一十五里
太河東郡臨汾蒲晋蒲隰州石
平関東敬堡晋縣城箕城河東
州絳州上　蒲子畿簡
五十四里　下九里
岳谷遠安澤上
陽黨冀氏
畿簡下
一十八里

蒲州
舜都中都河中蒲臨桑泉温泉北萬河東郡汾陰
坂河東郡護國晋解虞鄉冲泉猗氏畿煩
軍秦州皮氏冲煩上　中四十里
煩上八十七里　六十三里
榮汾陰寶鼎慶河皮氏秦州龍
河成軍蒲坂榮津門古耿國
州絳中　畿中
一十八里　三十六里
猗古郇國雙泉令
氏狐煩上五十一里

解州
解梁安定解縣安禹營安虞邑平下陽郇也吳
解梁軍保昌南邑虞州冲煩陸城河東大陽

蒲州隸潼
関

解虞鄉僻煩中
三十一里
上　九十五里
僻煩中　五十二里
夏安邑南安邑芮安戎永樂芮
縣中中六十六里城州　僻煩中
聞曲沃桐鄉桐壁　四十四里
喜其谷左邑
沖上　六十六里

絳州

故絳東雍州新絳玉壁高河河垣亳城垣縣郡
田河東臨汾正山東聞喜勳州曲白水
平進安絳都絳　沖上　僻煩中
陽軍　沖煩上　七十三里　二十七里
五十一里
絳新田南絳
縣僻中四十里

霍州

永安霍邑彘縣靈休縣汾水
岳陽分州霍山石　沖煩
呂州臨汾沖煩　二十五里
上　三十里

吉州

屈邑北屈定陽鄉大平昌寧
南汾州文成吉寧臨汾吉州
昌耿州慈州吉鄉　合上下
軍僻簡下二十里　一十六里

隰州

晉蒲蒲子長壽太仵城中州河永孤讘臨河仙
西河河東汾州寧東隰川北屈和芝谷東和
龍泉隰州大寧　僻下　僻下
僻下　一十里　一十一里

三十一里
石吐京土軍西德州
樓全上雜治七十三里

冀 巡撫 行都司
大同
古定襄城
雲中鴈門
大平城鴈門雲懷沙南大利雲
同內大同雲州 仁州雲中
大同前後左右
平虜雲川玉林

北
代郡雲州
西京大同
定襄 中 裁下
三十六里全 九里
陽和高山威虜
天城威遠朔州

道 總督 陽和 兵備
路北恒州
屬縣俱近
渾源
平館岭恒陰
裁煩冲中一十四里
桑乾源出馬邑縣北洪濤山下東南
流經灵丘廣昌等處入盧溝河俗稱渾河
山陰 隸行 都司

邊冲疲
貧困中
應州
古褱陰館陰城
全城彰國軍
山神武鴈門
陰郡忠州全
安東

領州四縣七
秋米一十二
萬六千零
煩裁冲中
二十里
城河陰
裁煩下七里

蔚州
古代州灵仙灵
丘代國安邊中
廣飛狐五龍城
靈易州遂城延
廣飛狐五龍裁
昌冲煩中
蔚州
廣靈隸萬
全廣昌

順軍飛狐口冲
煩上 二十六里
陵興唐安邊
裁僻簡下
飛狐軍
四里
八里
靈丘
成州灵丘郡
丘一十里冲下

朔州
馬邑朔寧 新興馬鄴陽褱清
新昌桑乾神武 邑朔州褱州
井坪山陰
馬邑廣昌
廣寧總管鎮
固州冲疲下
武順義
五里
冲疲下
八里

冀 兵備
潞安 上黨昭義 軍匡義昭
長 治一百七十七里
長子 冀氏樂陽北齊煩上九十二里潞安
漳水源出縣西發鳩山東北 潞陽護

南道

德隆德襄王府
冲　煩上
領縣八秋米
流經襄垣黎城與清漳水合入衛
屯留襄垣紳留霍　壺顛陽清流
留壁中　六十二里　關川黎國上
襄韓州虒亭　黨中
垣煩上八十里　九十六里
潞嬰兒國潞縣　黎黎侯國潞
城潞子刈陵　城縣潞城襄
中　九十二里　垣部煩中　四十九里
平順三十一里下　平僻煩

直隸沁州
銅鞮義盈陽城威勝軍
冲　煩中
領縣二秋米
沁源出其屬縣綿山東經岳陽東流至本州南流經武陟界入黃河元郭守敬言沁可堰以灌田
沁穀遠裁下　源一十六里
武南亭川武鄉　鄉郡鄉縣
銅冲中　四十八里

沁州

直隸澤
上黨河東建興長平高都建州蓋州
城內有宣寧陽川
王府煩劇上
領縣四秋米
高平泫氏高平城　平蓋州長平
煩　上
一百六十一里
陽獲澤澤州
城端氏九十四里
陵泫氏僻煩中　川九十三里
沁水永寧廣寧東　水永安端氏馬邑
鹿臺古蹟煩
中　五十四里

寧山直隸

六百〇一

直隸遼
樂平上黨遼陽箕 榆武鄉上黨榆
州儀州平定軍 社州遼州遼山
僻簡下 僻中馬陵任
領縣二秋米 其境三十三里
和沾縣榆城上
順黨遼山梁
榆僻下
三十二里

汾州
西河汾陽軍朔州介 孝虞茲氏中陽隰城
州浩州有慶成酒 義泉安沖簡中三重
王府難治 煩中 平平陶 煩中
領縣三秋米 遥五十八里
汾源出靜樂縣退遼 介弥牟平昌定陽泉
綏天存清源交城永和 休安介州 煩中
縣至平遥介休南入平 四十六里
陽府灵石縣界入河 境有雀鼠谷

汾州
汾州隸行都司

山西圖叙

山西古冀州地背臨朔易沙漠是表裏河山盖有俯挹中州之勢焉忻代二州俱太原府屬以北虜數内侵故大同特設征鎮與延綏在大同西宣府在大同東南互為聲援鴈門偏頭寧武三關俱在太原北境並置關戍雖烽火之警不殊而套河套賊為

急且保德河曲保德州河曲縣俱太原府屬之間與虜僅隔一河稍或撤備則門庭皆勍敵矣若蔚州大同府屬之鑛徒臨晋平陽府屬縣之屯卒潞府屯軍潞城潞州屬縣之逋民並以山谷阻深乘時抄暴要亦不足屯結也然邊餉既廣宗室彌蕃一切供輸自歲賦之外皆仰給河東之鹽課三晋之民勞瘁甚矣而邊卒方且吽呶待哺帥臣號令為之不行此則積習流弊非漸圖之不可也

按晋俗頗儉率重本業設遇多事可激以使但吏道日下民弗相安和輯敉寧責在守宰矣顧今急談備邊未遑綏内本末先後之義舛矣

陝西輿圖

每方百里

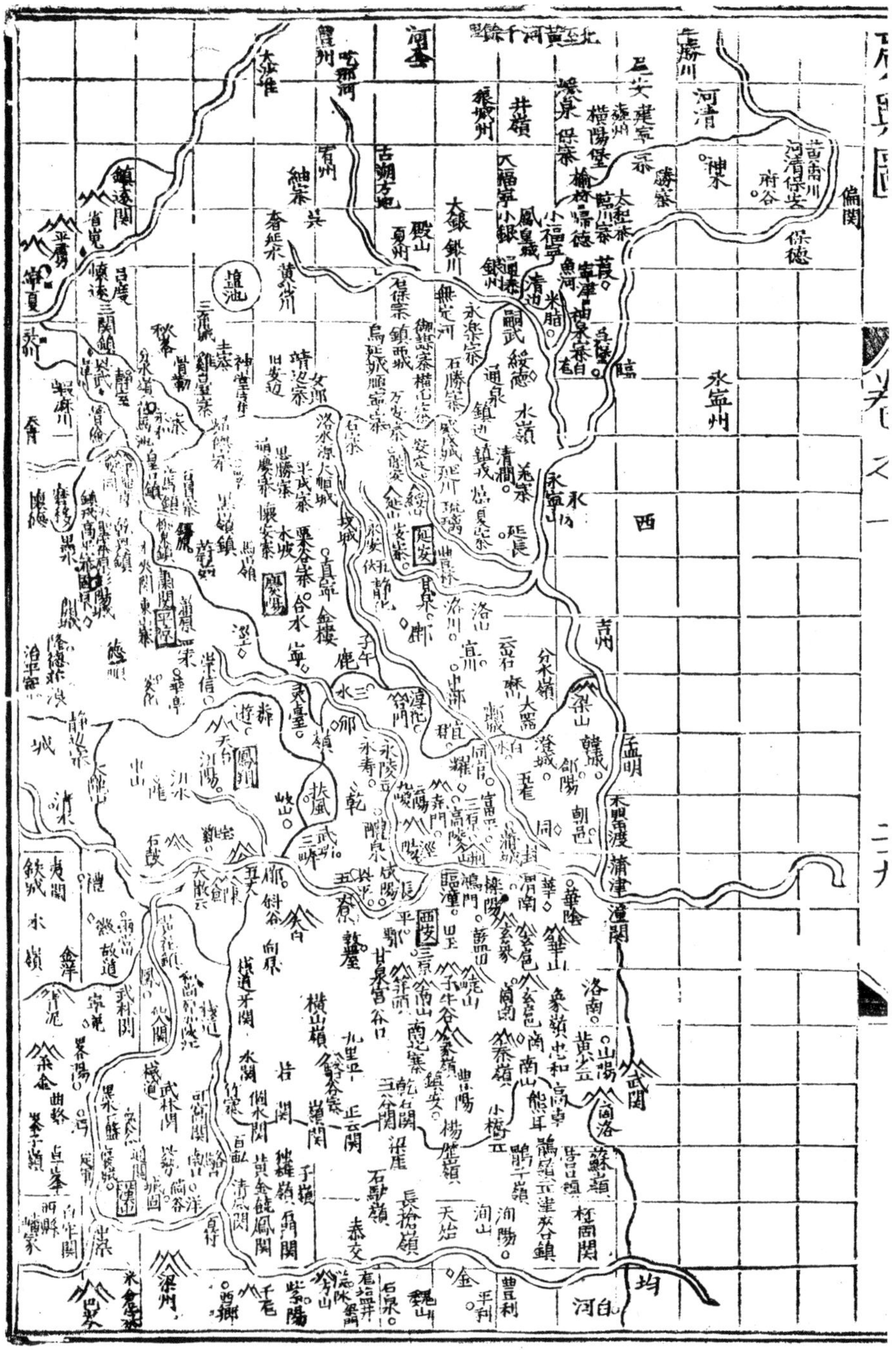
河套
西
延安
鳳翔
永寧州
華陰
潼關
洛南
武關
均

涼州西寧甘州肅州四兵道摠屬甘肅巡撫又有整飭莊浪共五道

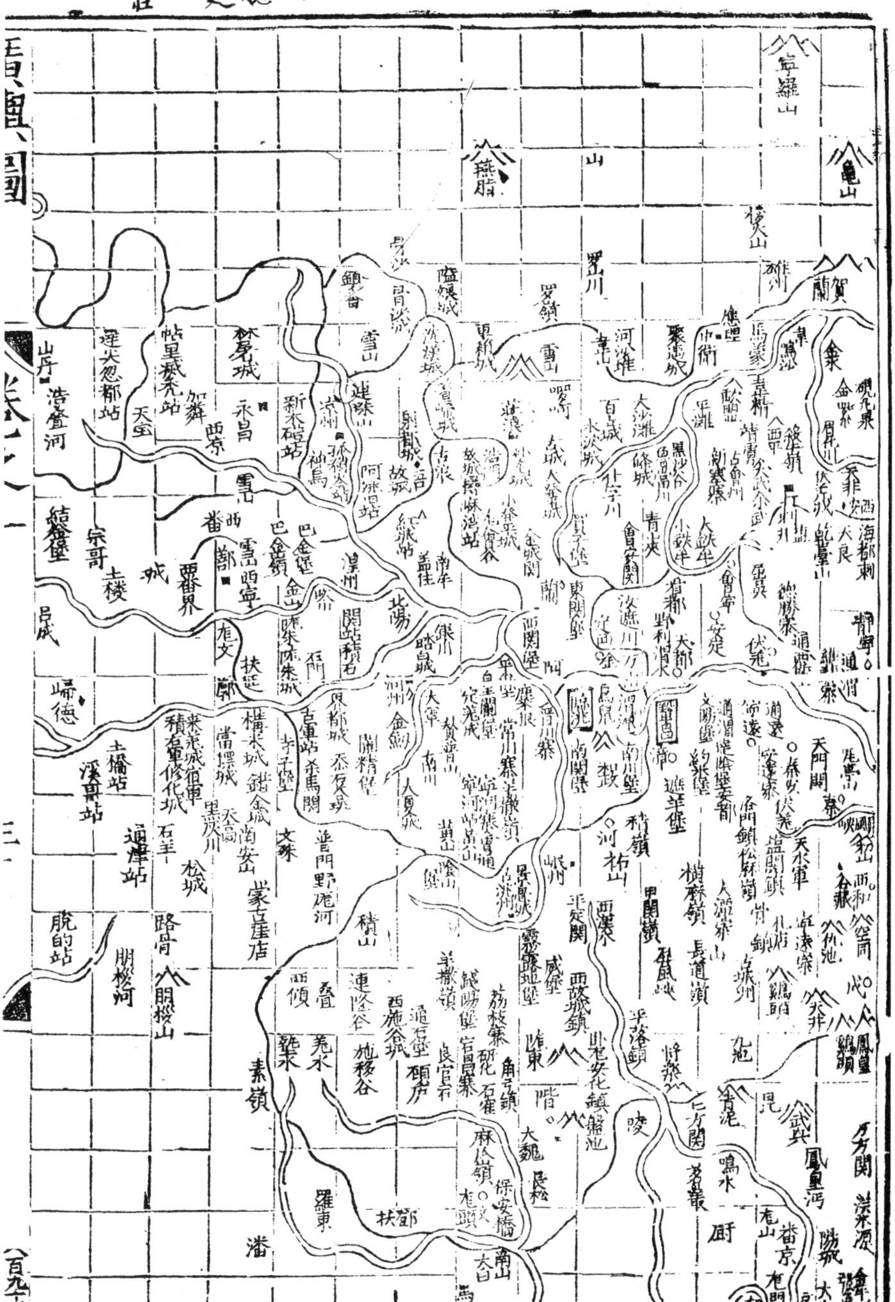

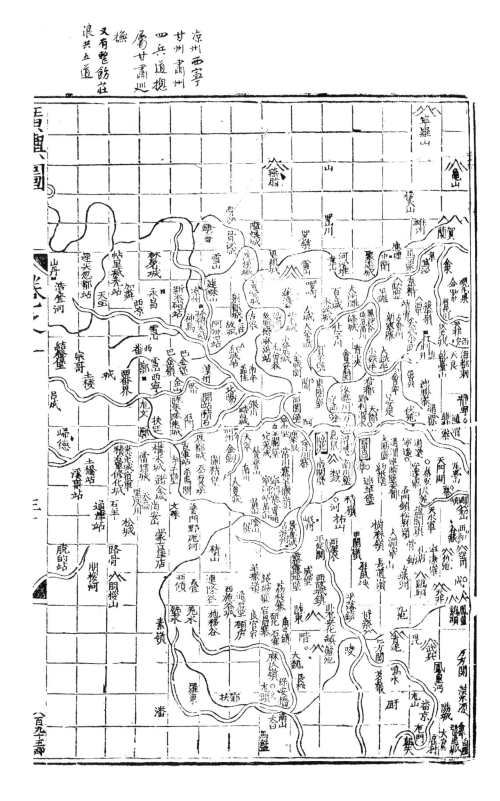

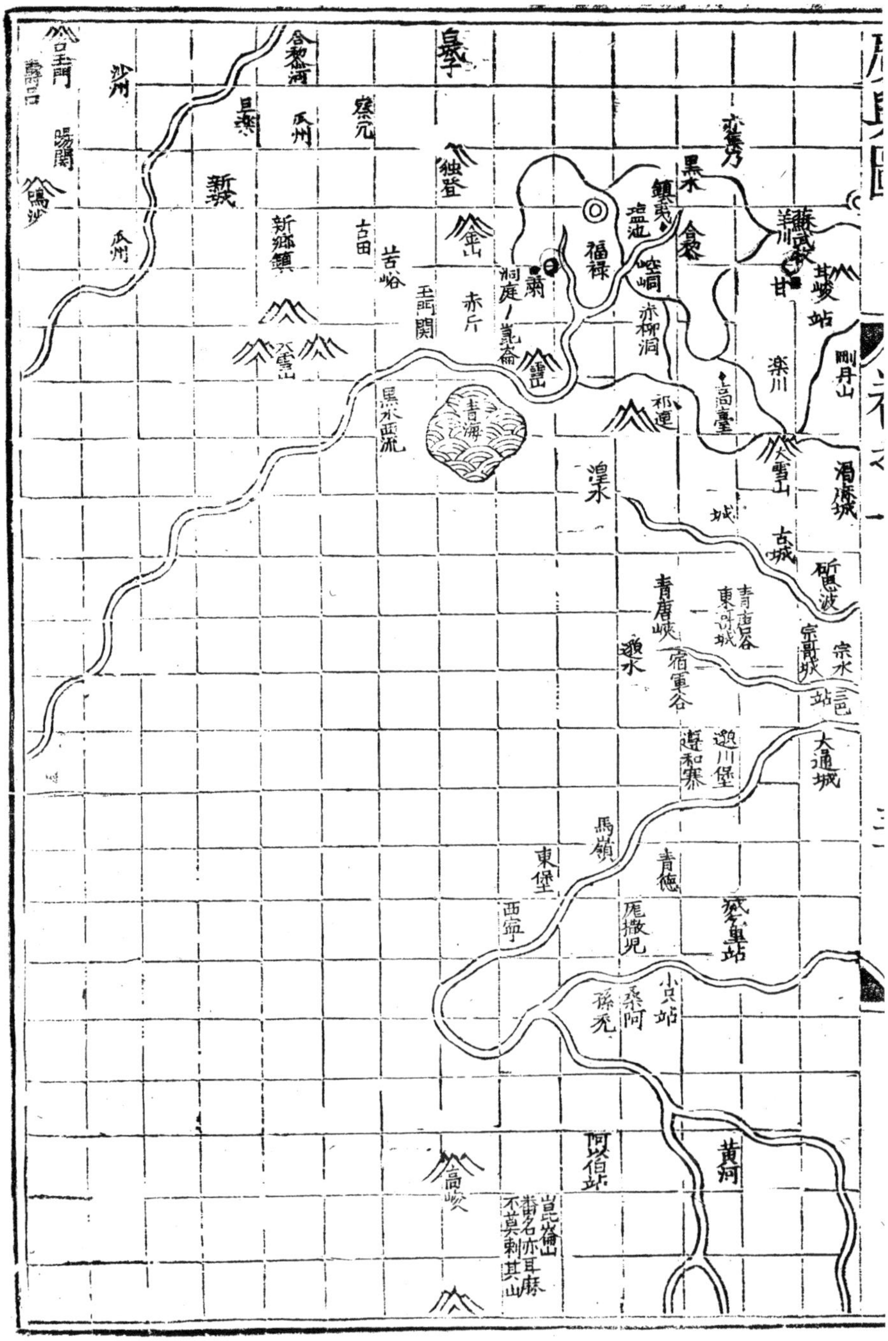
沙州
瓜州
新鄉鎮
古田
苦峪
赤斤
大雪山
青海
黑水西流
福祿
赤柳洞
祁連
大雪山
湟水
古城
宿軍谷
大通城
馬嶺
東堡
西寧
黃河

陝西建置

陝西等處承宣布政使司治西安左右布政使二左右參政六分守二管糧一管冊一西寧一涼州一左右參議七分守三商洛一花馬池一領府八屬州二十一縣九十四總為里三千五百九十七戶三十六萬三千二十七口三百九十三萬四千一百七十六夏秋二稅共米麥一百九十二萬九千五十七石絲綿三百六斤絹九千二百一十八匹綿花一萬七千二百七十二斤布五十八萬八千九百九十匹京運年例并鹽課銀共四十六萬四千五百二十三兩有零草一千八百四十三萬六千七百餘束茶馬司三洮州一河州一西寧一課茶共五萬一千三百八十四斤有零

河渠提舉司一在西寧

陝西都指揮使司隸右軍都督府都指揮三內掌印一僉書二領衛二十有六屬所一百三十四守禦千戶所一十有二

陝西行都指揮使司（在甘肅）領衛一十有三屬所十六五守禦千戶所四　總延綏寧夏甘肅三鎮共馬步官軍舍餘土達一十三萬九百餘員名

行太僕寺二（陝西一在平涼 甘肅一在甘州）苑馬寺二監十二（平涼六 甘州六）苑四十八（平涼二十四 甘肅二十四）所屬馬五萬七千七百八十餘匹洮河西寧三衛番茶易馬四千八百餘匹

提刑按察司按察使一副使十四（清軍一提學一糧儲一分巡兼兵備撫民六鞏昌一延安一又岷州一靖州一固原一西寧一甘州一金州一）僉事八（邠涇一分巡鳳翔一屯田一榆林一寧夏二蘭州一）分道六

欽差總督陝西三邊都御史一（駐固原防秋駐花馬池）

欽差巡撫都御史四（陝西一駐西安防秋駐固原延綏一駐榆林 寧夏一駐寧夏甘肅一駐甘州）

巡按監察御史二（一駐西安 一駐鞏昌）　巡茶御史一（駐漢中鞏昌）

王府四　每年夏秋祿米共一十七萬五千九百四石六斗有零

以上係嘉靖三十二年十一月內數

秦府　高一封　西安護衛　郡永興保安興平永壽㪽南渭富平　上宜川臨潼郃陽汧陽鎮安
慶府　高六封慶陽改韋州郡真寧靖寧岐山安塞平涼岐陽豐林　徙寧夏護衛　十三洛交華昌弘農壽陽桐鄉延川
肅府　高十四封甘州徙蘭州一千石護衛　郡洵陽汾川淳化鉛山　七會寧延長
韓府　高二十封開原改平郡襄陵臨汾樂平開城西鄉平利褒城通渭高陵漢陰廣安彰化　凉二千石護衛一　二西高平西德隴西寧遠長泰永福建寧長洲崑山長樂高淳休寧

道六　府八　州二十四　附郭　并外縣九十三　衛九十三　所二十六

關內道

要　古乾祐山　王畿地內　史雍州佑國永平軍　晉昌奉化路京兆永興安西領上領州六縣二十九　秋米八十六萬有零

長安　常安大安咸陽五十五里　煩上
咸寧　萬年大年樂陽大興　樊川煩上　八十二里
新城渭城陳濤斜石安咸陽郎興平　二十二里　裁煩沖中
興平　廢丘馬嵬坡始平金城槐里太丘興平　平軍茂陵平陵中　一十七里
臨潼　櫟陽驪戎國新豐會昌昭應慶山樂　陽戲水戲亭沮水　縣煩沖中五十五里
高陵　鹿苑左輔都尉　中一十四里
鄠縣　鄠邑國崇國鄠甘亭　僻簡沖二十三里
藍田　藍田鄉玉山白鹿　田中破關二十九里
涇陽　池陽咸陽治高陵
三原　古六陽刁盤中宣寧
盩厔　恒州周南郡宜壽
醴泉　刁煩上四十四里
三原　池陽華池三原護　軍鹿原　沖煩上
　三十四里
渭南　新豐鄭縣南鄭渭南　郡中煩　煩上二十六里

商　豫州上洛郡洛州　簡僻中　二十八里
鎮安　豐陽安業乾元乾　佑裁近山僻簡　中下　一十八里
山陽　簡裁　近山下　一十二里
商南　少習宮泉裁近山僻　下一十五里

西安左右前後

潼關兵備河南副使駐潼關衛城

同 太秦內史地河上郡馮翊郡西華州左馮翊同州　衝煩上　三十九里

華 鄭咸林內史東雍州興德府威化鎮華山大州京兆弘農華陰郡潼軍衝簡上　四十九里

耀 內史祋祤北雍州宜君郡宜州感德軍順義軍崇州　簡衝中　二十八里

乾 咸陽郡寧泥池陽奉天醴泉衝煩中　二十八里

洛南 上洛拒陽　衝近山下　二十里

朝邑 蒲關臨晉馮翊郡南五泉河西　刁僻煩簡下　六十五里

郃陽 郃古莘國夏陽簡中　七十里

韓城 少梁夏陽沙梁西韓隕州　五十里

華陰 華仙掌潼津太陰寧秦陰晉　衝煩中　二十四里

同官 祋祤頻陽護軍同官　煩中　二十二里

富平 回樂義亭城寧州彰懷德　僻簡中上　四十四里

醴泉 谷口溫秀寧居池陽衝煩中　二十里

武功 美陽武功郡古斄武亭中　簡中　一十六里

澄城 北徵地澄城郡徵縣長寧奉先　僻簡中

白水 彭衙粟邑衙縣泉郡奉先　六十四里　僻簡中　二十九里

蒲城 南泉重泉奉先僻煩上　六十七里

永壽 漆縣廣壽古豳國新平　裁衝中　一十里

潼關 衛隸中府

關西道

行太僕寺　苑馬寺

總督固郡　分守牧所

平涼　塞定涇原　路簡沖中　州三縣六　秋米十六　萬二千零

[illegible]

鳳翔　扶風秦平　羌岐州岐陽　郡西興天　興軍煩沖

邠　西戎地豳國靖　淳云陽黎陽鎮栽僻　三　石門　栽僻簡下
難扶風北地新　化　簡中　一十八里　水　一十一里
中部宜祿南豳
州治煩中二十七里

平　朝那涇陽　崇　栽僻簡下　鎮　高平安定郡臨涇高
涼　長城潘原　信　五里　原　平鎮原州北定太平
二十三里　華　隴西郡隴州華亭策軍　郡鎮戎軍民弓舖
冲煩中　亭　汧原又州渭州化平　煩冲　二十三里
八里　栽僻　近山簡下

固原　高平高閑遠　倂固城路原州　栽　近邊沖煩　中　九里

涇　安定保安彰化　靈　陰密良原鶉觚涇州
軍涇川栽沖中　臺　近山僻煩中二十里
二十七里

靜寧　渭州隴干城德　莊　莊浪路　栽近邊僻　隆　隆城羊牧安定郡隆
順軍水洛威戎　浪　簡下　七里　德　城寨　近邊沖簡下
栽近邊沖　按水洛城在靜寧西南積石在其北宋與　五里
一十一里　夏人分爭不能得今東險甚煩為要衝

鳳　雍縣天興　岐　鶉觚三龍古岐周地褚　眉　平陽郿城周城恒州
翔　秦平郡故　山　澤煩中　一十九里　都　郿州郿州蔡亭
雍扶風穆　寶　姜號國大散陳倉縣
公采邑　雞　州苑川重鎮嶺　冲　一十八里　栽僻簡中

固原

西安鎮虜　響紅古城白　馬城下馬房

鳳翔鎮羌

領州一縣
七秋米一
十九萬有
零
煩上
四十里
簡下　四十九里
扶　美陽岐陽鎮漳州撫
風　州冲煩中二十九里
汧　汧陽郡榆麋　近山
隴　近縣隴東郡秦
州岐州扶風汧陽
陽　裁僻簡下
郡汧源近山僻
煩中三十八里
一十五里
麟　鳳棲杜陽麟州　裁
遊　近山僻　簡　中
一十七里

關南道副使

漢　梁州漢川
郡興元褒
州　煩上
領州二縣
十四秋米
三萬有零
南　周褒附庸褒中漢中郡褒內褒西南鄉豐寧洋州洋川
鄭　漢中郡光
又裁冲中
二十里
城　國山河堰　裁冲煩鄉　郡興道
下七里
近山僻煩中
一十五里
漢中

城　漢中郡樂城唐固
固　僻冗上　二十里
鳳　古河池隴西郡武興
縣　裁近山冲煩下九里
洋　興勢儻城郡興道真
縣　符武康軍　僻冗
上　三十六里

府屬鳳縣仙人關
左出則自成州經
天水出皁效係直
抵秦州右出則自
兩當起鳳縣直出
鳳翔大散關至和
尚原斜谷F
縣西北二十三里山形如
盆甚險盤道以上諸葛武
侯常屯兵於此

寧羌　裁近山冲下
四里
略　畧陽郡沮縣興州順
陽　政郡沔州鐸水　裁
近山下僻四里
沔　古褒州沔陽嶓冢西
縣　縣鐸水裁近山冲下里
寧羌

沔縣

撫民參議

金
魏興安康郡昭平　長利上庸西城吉陽　漢　安陽安康西城西安
信昭戎維武昭利　古州金州近山下八里　陰　川新店裁僻下七里
化定信國西城石　水淸武安晉昌金州　白　備西白石河興泉夫
郡東梁州　泉　永淸漢陰　河　浊多山裁僻下八里
近山僻煩上　裁　簡　下　紫　近山裁僻下
四里　八里　陽　五里

洵　駁州洵城隨陽侯陵
陽　下一十七里

河西道　分守參政

慶陽　春秋時爲
義渠戎國
北地郡朔
州慶州弘
化安化安
定軍環慶
路慶原路
松馬池鹽
生白水中
不用前簡
中領州一
縣四秋米
一十五萬
有奇

安　邠郡合水
化　弘化川安
化順化
煩沖中
三十二里

合　歸德郡州華池蟠交
水　樂蟠裁僻簡下八里
環　環州威州方渠通遠
縣　軍會州樂安州　裁
近邊　沖煩下
四里

寧　義渠臣陽邠州
邠寧彭原華州
趙興郡安塞軍
安定煩沖中
四十八里

真　羅川宜陽惠涉軍陽
寧　州陽周郡
裁簡僻下
二十一里

分巡副使

延安　上郡金明
延安郡統
萬延州忠
義彰武軍

膚門金明豐林
施　沖煩中
二十七里

安　高奴廣樂金明武川
塞　安塞保敷政
簡僻中
二十里

保　栲栳城永寧鎮永康
安　保安軍德靖寨
裁僻下
八里

慶陽　環縣

延安　塞門　保安

簡中領州三縣十六

秋米三十六萬有零

鄜

高奴杏城北華洛州東秦州鄜城郡洛交郡保大軍康定軍刁冲煩上五十一里

甘泉中　雕陰伏陸　裁冲煩二十三里

宜川　義川丹陽丹州丹陽郡冲簡中二十四里

安定　洛交安定堡丹頭　裁簡僻下九里

延川　臨河文安安民延水　裁冲煩中九里

延長　膚施膚安延安北連州　裁冲煩下十一里

清澗　寬州西平懷寧清澗城冲煩中　上里

洛川　馮翊鄜縣敷城郡冲簡中二十四里

中部　翟道渠搜中部郡內部芳州　裁冲煩中

宜君　殺栩宜君郡宜州　裁冲煩中二十八里　二十四里

綏德

赫連勃勃陽州雕陰上郡綏州綏德城綏德軍上州　煩衝中二十里

米脂　延川嗣武克戎米脂寨樂城寨　裁僻中一十二里

綏德

榆林　雕陰新秦

延安

巡撫管糧僉事

葭

固陰中鄉真鄉上郡西河郡葭芦川晉寧州晉寧軍　裁極邊簡僻極邊下中八里

吳堡　定胡吳堡寨　裁簡三里

府谷　靖康郡大原郡府谷鎮永安軍麟府路下　裁簡極邊

神木　銀勝麟州新秦郡吳兒保建寧軍鎮西軍六里

寧州　裁簡邊下五里

巡撫

直隸

寧夏 舊朔方郡西夏州又爲
左屯衛 前衛 右屯衛 中屯衛 武定
中屯 州鎮
中屯 金縣 韋州
興 靈州
後衛 鳴沙
池

隴右道

隴 河西兵備 巡按

鞏昌

隴西天水漢陽渭州 領州三縣十四 秋米一十四萬五千石

隴西 襄武古渭 寨中 州中 三十二里

安定 定西城通西西安惠寧寧遠秦州遠鎮 衛 安定 州 裁近邊 中

遠 沖簡下 十七里

伏羌 冀戎地冀縣冀城 寧 亭伏州 裁僻簡 中

會寧 隴西郡會州會寧郡 州中 一十九里

西寧 西寧新會州 裁近迄九中

西 臨洮上祿祁山西和

河州長道白石鎮

一十二里

裁簡僻下

通渭 古谷 鎮 川 隴西縣地 一十二里

渭 裁 近邊僻簡中 一十六里

成 成州同谷同慶府 成州天水西戎武都 縣 辨道秦州仇池郡 七里

漳 鹽川寨 裁僻下 縣 六里

禮 漩水 裁簡僻 縣中 十九里

秦 西戎天水成紀 鎮遠軍平襄漢陽郡上邽天水郡天水軍 裁

秦 納甲城雞川隴城僻

安 裁簡下一十里

清 略陽清水郡清水城

水 邽州上邽冶坊

秦州

禮店

安邊

階
武都武階郡武州永和柳柏城
福津將利上祿
冲煩上
四十九里
近西番僻中
一十三里

文縣
陰平道
近西番裁簡下
裁煩冲中
八里
三里
僻

階州

徽
河池廣化郡隴西郡南鳳州裁
僻簡上六里

兩當
故道廣鄉鎮裁僻
簡下
八里

秋道
臨川隴西郡安樂
冲煩中

渭源
首陽慶平通谷裁
近邊沖簡下
四里

臨洮
隴西武始金城武勝
軍鎮洮重
簡中
領州二縣
三秋米四萬石零

臨洮

蘭
金城郡隴西郡武始郡蘭泉縣
二十五里
冲煩中下
七里

金縣
龕谷定遠城金州浩亹
裁近邊
僻簡
下一十里

河
抱罕[illegible]近
西番中[illegible]四里

直隸

茶馬司
茶馬司
邊備副使

洮州
洮州臨洮保甯

岷州
和政西和

西固
武都

西寧道

巡撫 大僕 邊備 行都 苑馬 副使 司

邊備副使

分守參政

邊備副使

河州

歸德

靖虜 西龍鎮 梁州

文縣 陰平 文縣合壽

甘州左 張掖 宣化 北京

右衛 中衛 前衛 後衛

肅州 酒泉 南泉 肅州郡古戎地

山丹 刪丹

永昌 西涼

涼州 姑臧 武威 涼州 武定

鎮番 武威

莊浪 允吾 廣武

西寧 皇州 鄯州

碾伯

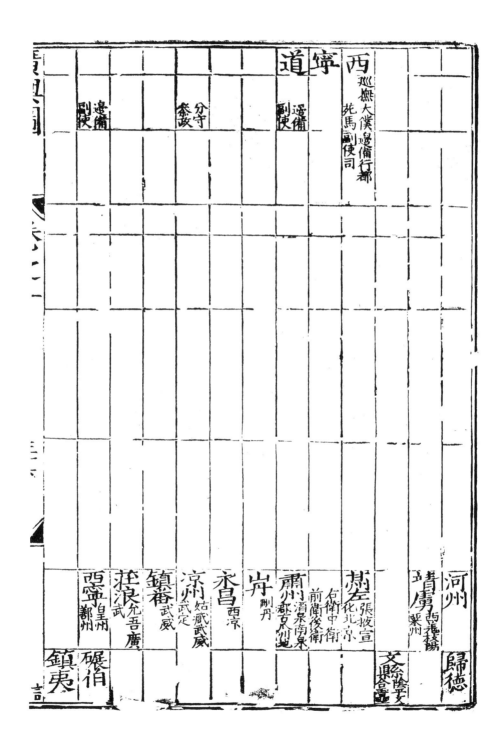

鎮夷

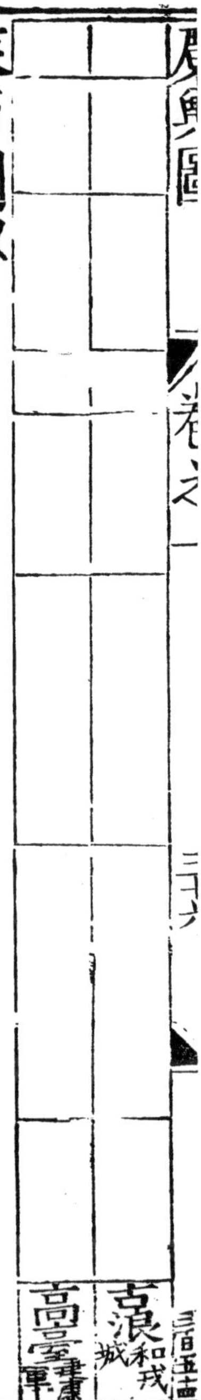

陝西圖叙

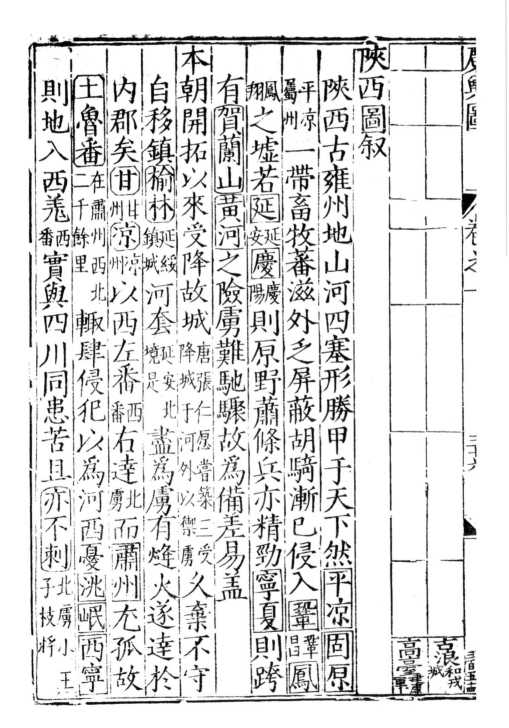

陝西古雍州地山河四塞形勝甲于天下然平凉固原（平凉屬州）一帶畜牧蕃滋外乏屏蔽胡騎漸已侵入鞏（鞏昌）鳳（鳳翔）之墟若延（延安）慶（慶陽）則原野蕭條兵亦精勁寧夏則跨有賀蘭山黄河之險虜難馳驟故爲備差易蓋

本朝開拓以來受降故城（唐張仁愿嘗築三受降城于河外以禦虜）久棄不守自移鎮榆林（延綏鎮城）河套（延安北境）盡爲虜有烽火遂達於內郡矣甘（甘州）凉（凉州）以西左番（西番）右達（北虜）而肅州亢孤故土魯番（在肅州西北二千餘里）輒肆侵犯以爲河西憂洮岷西寧則地入西羌（西番）實與四川同患苦且亦不剌（北虜小王子枝將）

以殘孽竄居西海（在西寧西境）番人漸以南徙（今松潘臨洮地方是）

國家既失茶馬之利（舊出茶番人獻馬易茶頗資其利）而逋寇生齒日繁則西境腹心之禍也若漢中之襟喉巴蜀潼關（在西安府東南）之保障全陜並稱重地而險者在我矣然所在罄力以供

邊奉

宗室而平涼尤甚閭閻愁苦又何加焉

按關中雖稱四塞然南山東西通接商洛汝鄧漢鳳襄沔山深谷密綿邈遼曠縈紆盤互無慮數千里内多巖洞竄穴盜賊往往逋逃其中潛通聲問我曹萌櫱故易稱豶豕牿牛渙丘解拇其稱名取類宏遠矣

河南輿圖

每方百里

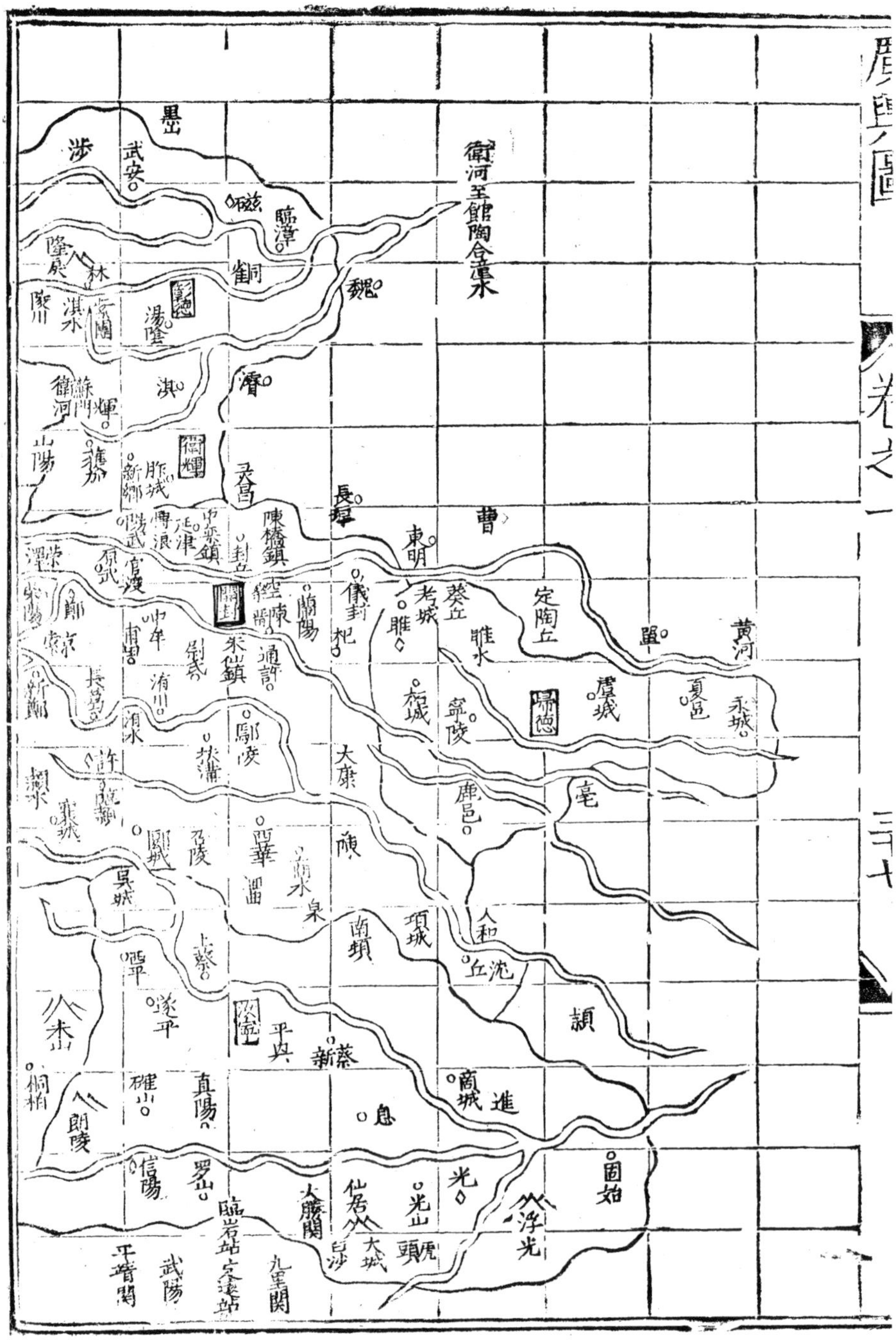
歷輿之圖
卷之一
涉
武安
磁
臨漳
衛河至館陶合漳水
魏
林
湯陰
淇
滑
輝
衛河
蘇門
新鄉
胙城
延津
長垣
曹
東明
考城
儀封
杞
睢
睢水
定陶
黃河
夏邑
永城
歸德
虞城
寧陵
鹿邑
亳
陳留
通許
中牟
尉氏
洧川
鄭
新鄭
太康
鄢陵
扶溝
西華
項城
南頓
沈丘
潁
上蔡
遂平
西平
確山
真陽
平輿
新蔡
息
商城
進
光
固始
朗陵
桐柏
信陽
羅山
光山
浮光
大城
平靖關
武陽
九里關

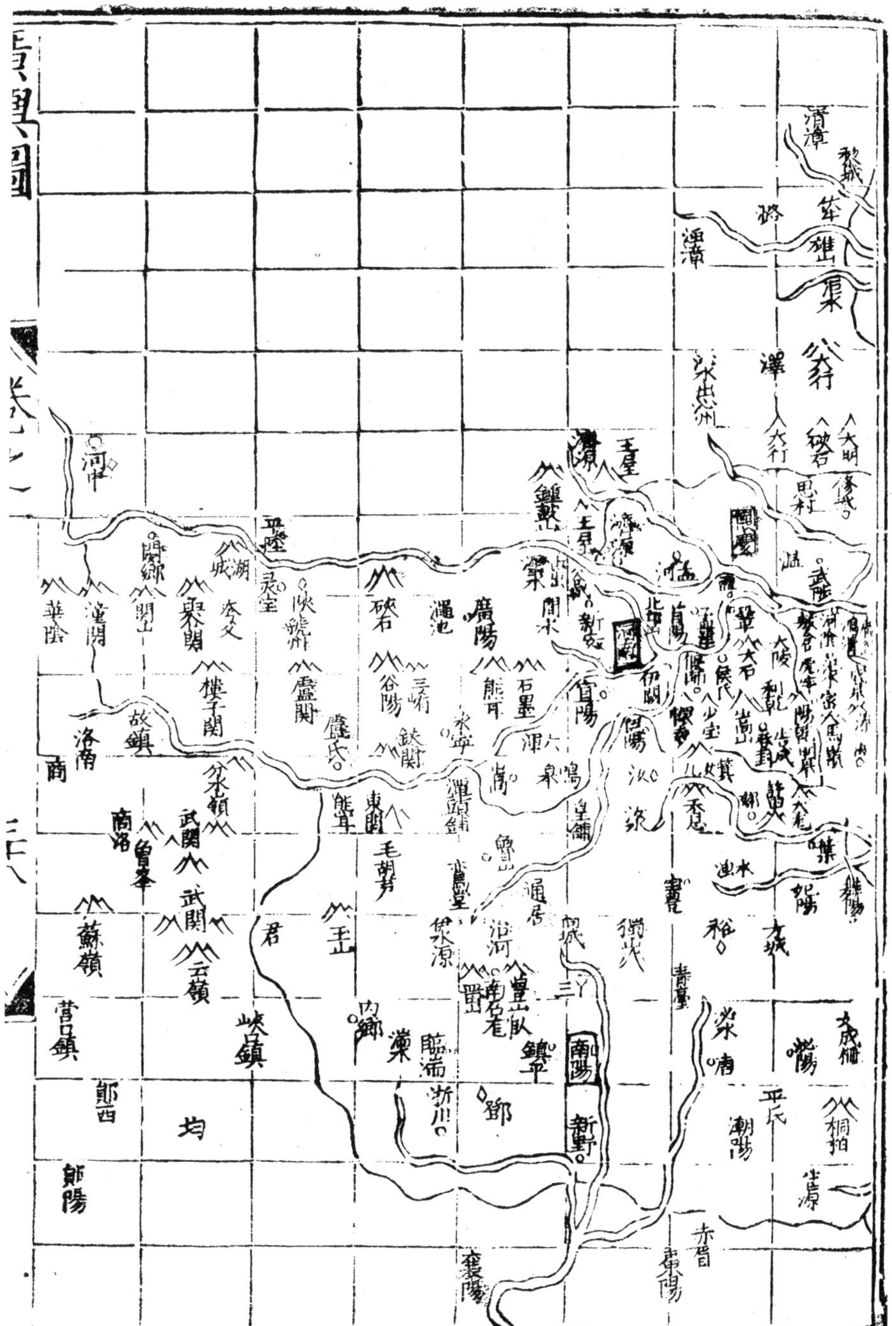
河南
懷慶
南陽
新野
襄陽
鄧
均
商
洛南
商洛
華陰
潼關
蘇嶺
鄖西
鄖陽
內鄉
淅川
宜陽
魯山
葉
舞陽
泌陽
桐柏
盧氏
靈寶
汝
郟
寶豐
裕
唐

河南建置

河南等處承宣布政使司治開封左右布政使二左右叅政三左右叅議三京師糧一管領府八屬州一十二縣九十有七　總爲里三千八百八十里半戶五十八萬九千二百九十六口五百一十萬六千一百七夏秋二稅共米麥二百四十一萬四十四百七十七石內除起運外止該存留麥米并棗子棗株米共八十六萬八千八百六石有零每歲祿米該用粟麥一百四萬六千二百有零除

王府并合省文武官吏師生旗校官軍俸糧六十九萬三千餘石不計外絲三十五萬三千六百四十三兩絹九千九百五十九疋綿花三百四十二觔馬草二百二十八萬八千七百五十四束

衛河提舉司一

河南都指揮使司（隸中軍都督府）都指揮三（內掌印一僉書二）領衛二十有四（屬衛十九）屬所四 守禦千戶所七 本都司所屬除二班京操外馬步官軍一萬五千九百餘員名備用馬匹數具在直隸軍馬項下 儀衛司八

提刑按察司 按察使一 副使六 僉事七 分道四

欽差巡撫都御史一

巡按御史一 或清軍一（俱駐開封）

王府八

周府（高五子封開封 附開封護衛）

伊府（高二十五封河南府護衛）

鄭府（仁二封鳳翔徙懷慶）

徽府（英九封鈞州今除）

唐府（高二十三封南陽 附舊有護衛）

趙府（成三封彰德）

崇府（英六封汝寧）

汝府（憲十一封衛輝今絕）

郡五 順陽 杞縣 新安 永寧 鎮平 遂平 封丘 內鄉 臨城 通許 原武 鄢陵 河陰 長葛 潁川 義陽 鄢陵 汝陽 上洛 宜陽 登封 湯陰 河清

十四 新蔡 長葛 黃池 崇善 湯陽 曲江 博平 汾西 曾山 信陵 淶陽 東會 高陽 合昌 博浦 江夏 城益 陽春 新野 陵谷 山華亭 寶坻

郡七 湯谿 瑞金 商城 柘城 修武

安吉 汝寧 彰德 順慶 保寧等府

郡九 上洛 光陽 郯城 方城

西鄂 濟源 萬安

郡十六 泌陽 朗邑 東垣 宜章 敏昌

廬江 丹陽 真定 南潭

興化 遂昌 陽城 安寧 太和 建德 信寧 嘉平

慶雲 隆平 伍城 浦城 大康 陽夏 德平 榮陽

郡十 新野 鎮陽 三城 新城 宋 湯陽

十 潁昌 文城 淅陽 歸德 衛輝

郡十二 臨彰 洛川 南召 平鄉 湯陰 襄邑

汝陽 昆陽 汾水 光山 獲加 成皋

郡三 慶元 懷安 瑞安

道四

府八

州十二 附郭

并外縣九十七

衛十四

所七

大梁道

開封　大梁陳留汴梁汴州五代東京南京路汴都有二王府煩劇上宋仙韓府城西須州六縣三十秋米八十萬七千九百零又唐宣武鎮曰汴潁宋亳

汴古莨蕩渠蔡河古琵琶溝唐以前汴泗會於彭城東北入海其後河決合汴丘達海隋煬時欲通江淮復浚汴河遂馬元豐中又導洛入渭之清汴與河分流周顯德六年又導汴入蔡通陳潁漕今總匯於河

陳

祥符　浚儀梁州開封府　符縣汴州　煩沖上　一百七十五里

陳留　華城濮陳留　陽博浪沙　煩沖　留郡己吾沖四十八里　武五十一里

杞縣　國杞州高陽雍　曲棘外黃古雍　原廣武原陵陽武　武僻中　二十二里

封丘　冗上　一百二十二里　通陳留扶溝咸　許　平通許鎮　二十五里　裁中

封丘　黃池平丘酸棗　丘封父冗中四十三里

延津　南燕延川廩延　津酸棗小黃　二十七里　太陽夏陽夏郡匡　康城三十五里　僻中

蘭陽　東昏東明田有　裁沖冗下　陽河惠三十會僻

尉氏　裁沖中　氏二十五里半　儀考陽衛邑東　封昏地通安堡

洧川　淮陽扶溝洧州　川曲洧宋樓　二十一里　中

二十八里　中制鄭邑內牟東

鄢陵　鄭邑安陵許昌　陵二十九里　僻簡中　簡中　中牟魏廣武郡甫田　城牟州沖煩中　三十七里

扶溝　東魏北陳州　溝裁冗中　二十九里

陳國陳郡淮陽　陳州宛丘　商汝陽敫水南頓　項城　縣陳州治項城縣　水裁僻下　一十四里　頁古項縣　城北陽州信州泰　陳郡北陽州信州　西長平溝平溝其城　中宛淮陽鎮　安　離武城景雲　州濮國商水中　裁僻　簡中

河南　中宣　左武　中左偵護　衛

陳州

廣輿圖　卷之一

鳳淮寧府
六十二里
煩冗上
二十六里
僻簡下
一十七

許
許昌國名註許臨
縣潁州部潁川郡潁二十二里
沖煩中
國東武平都昌襄鄭汜汝州
鄢召陵古鄢國鄢
城縣臨潁道州
沈
一十五里
裁僻簡中
尉氏軍
城襄城郡
沖煩上
二十五里
沖煩中
四十八里
三十二里
煩中中
長葛鄭邑一云葛許縣
葛地三十五里簡中

禹
潁川郡有名鈞臺上新鄭國
諱易今名古陽翟煩鄭二十八里
沖煩
密古密國鄶國密
縣二十七里簡中

鄭
華陽管城榮陽郡榮右崇成皋武武
河廣武平陰潁河山
東垣置鄭廣武郡陽泰東號國鄭京
陰輸場東渠口汜水
滎州管州奏鹽軍
城敖倉官渡
裁簡僻下
武牢沖煩中
頗煩沖中
一十一里
二十六里
一十五里
汜東號虎牢成皋
水司州司州北豫州
滎廣武山川郡管城
鄭嵩巖邑
澤同上中
一十六里
沖下一十四里

歸德
亳邑碭郡
商丘宋國
睢陽梁都
睢州郡宣
商中
丘二十七里
寧沙隨葛伯國
陵寧城碭縣
永芒邑大丘譙郡
城臨睢蘄縣近有
七里
沖煩上
河患沖煩下
二十四里

七百八十二

歸德

河南道

武軍南京
應天府名邑
俱可冲上領
州一縣八秋米

鹿鳴邑蘄縣武平虞古虞縣東虞
邑三十四里　繁簡中城州寧州
夏邑古陽郡穀熟
邑留邑西里城圍寧　疲繁簡中

睢
首上襄邑雍丘拱　考古戴蔡谷　谷城　柘陳株野柘縣穀
州　煩　中上　城留縣城安東梁城熟寧陵應天府
三十九里
州考陽　疲繁
簡下　一十一里
拱州　下
九里　如上　下

陽睢

河南
周南洛陽
三川郡河
南郡司州
路州漢東
京西都東
都西京德
昌軍金昌
府州一縣
十二
秋米五十
三萬九千
石零有
伊王府
冲上

洛
陽
河南郡治古偃緱氏師戍三亳　永濟池熊耳弘農
秋泉宜陽河　師冲中　三十六里　寧郡永固北宜陽
南縣永昌雒鞏夏臺鞏伯邑故　同軌城鹿橋
陽　煩冲上　縣鞏洛口東周　繁中六十七里
八十八里
二十九里　盧辛地義川洛
冲中　氏安郡二十四里
孟河陽河清白坡　新西周中州東垣
津鎮　二十五里　安新安郡漢函谷
冗冲中　關　裁中煩下
一十八里
宜秋堂福昌福慶澠韶州陝亭桑蠡
陽壽安熊州陽州池城大郎城
谷州　疲簡上　冲冗中下
中　六十八里　二十八里
登陽城武陵嵩高嵩伊陽嵩州順
封興陽嵩陽陽邑縣州伊州陸渾
告成　繁中　五十六里
四十四里　疲簡上

汝南道

陝
號國弘農唐曰陝靈㘣谷桃林弘農盧芊地義川洛
府保義軍芊大津寶五十九里冗中上中氏安郡號州
峪若　煩沖上　閿漢湖號州湖城　二十四里
三十五里　鄉二十五里冗沖下　僻上
弘農

南陽
内州鄧州
豫州宛州
南上苑宛州韓宛鎮安衆安昌穰縣泌舞陰臨武期城
陽上陌向城中州平吋潜鎮　陽四十里裁簡中
南陽
南陽中護
申州有
治宛縣南陽郡　七十里　唐泌州唐州治
王府煩上
裁煩沖中　裁僻簡中縣顕州淮州北
唐縣
州三縣十
二十二里　桐　裁簡中　陽泌陽東荊
五秋米
栢一十八里　州淮安郡
田泉寄盧氏卒南州鄭有鉄閣盧龍關樓子南　裁簡下　僻中
關武關西通秦鳳階成等處皆極險派稱被蔽召二十里　二十里
清水在府東三里流經
宣化威勝武勝軍内白羽中鄉順陽淅淅　裁簡中
南陽新野會湍灌漈
穰邑南陽郡荊州鄉縣淅陽　川一十八里
淤水南至襄陽入漢
鄧
僻簡中　三十五里
江漢召信臣杜詩置積
三十七里　中
皆富濟沿灌田淯水從
新首寧穰縣新野
新野縣西鄧州東合濟
野鎮义陽棘陽黄
河清水南入襄陽
閘　裁　煩中
二十二里
鄧州

裕
堵陽順陽義邑舞北舞葉縣舞　葉葉州仙㠊應
郡方城北灃州魯陽陽郡　縣國襄州定南
煩沖上　四十四里　郡沈諸沖中
三十二里　簡僻中　三十二里

直隷汝
玉𥡴地梁州和州　魯廣州魯陽郡　實　僻簡中
承休襄城郡臨汝　山　魯縣滍陽鄭　豊四十里

戎蠻邑河南郡梁　邑魯州僻簡中伊新毛胡苫在其境
縣北京州陸海郡　四十六里　陽僻中　三十里
僻上　郟　楚邑順陽軍
九十二里　縣　期城梁縣龍山
汝南武城　僻簡
上四十六里

汝寧
汝南懷康　汝沈國褒蔡州　真　裁僻簡下　西栢與古栢子國
行臺總管　陽平輿　陽一十五里　平文城郡褒城郡
府豫州蔡　三十三里　上古蔡臨汝武津三　郾城　二十七里
州懷寧軍　冗上　蔡十六里裁頻中中　僻中
頻上　新古呂國舒州汝北新　遂吳房遂寧
州二縣土梁　蔡蔡郡息州中僻十二里平　僻簡中三十八里

按商城羅山光山信陽
界接楚麻城應山等
處有虎頭七城廣峴
白沙大勝大陵平靖
九限這等關皆宋與
金人分畫處內多寨
柵遺址

信陽
平氏又陽北司州郢　羅正地郢縣高安　確　安昌朗山朗陵故　信
州義州宋安郡義　山南羅州義陽　山城　二十二里　陽
陽　僻　簡　中　僻　中　簡中
一十七里　二十一里

光
古黃楊州弋陽郡光　西陽光城定城　息古賴國新息西　淮出南陽平氏縣桐柏山潛流
光山軍蔣州弦黃山期思弦國光城　縣豫州淮州東勝二十里然後長驚東北經大復
蔣定城　一十二里　郡光州　簡中　汝南郡東豫州山從信陽州北東過新息南與
裁簡僻冗上　三十八里　裁　簡　中　汝水合又東過安豐壽春合決
固　蔡國寢縣澮州　二十八里　水潁水又合淝水渦水東北至
始　殷城北建州新　下邳淮陰與泗水合而入海今
蔡郡　頻　中　商　僻　簡　中　清河口是也頃又淮於河以
七十二里　城二十三里　入清濁不可復辨矣

河

彰德
上黨郡鄴　安義陽湘縣湯　湯古羑里湯源　林岩州林慮鄴　彰
魏郡冀州　陽陰相州　陰蕩陰地安陽　縣縣林州龍慮　德　林縣

汝寧

北道

鄴郡魏郡

八十四里
煩上

四十三里
煩下

朝歌郡
衝中
三十五里
金上

彰德
邑有
王府湖州
司州清都
煩上州一縣
六秋米二千
五萬七千六
百有零

磁
邯鄲武安成安郡武
臨水滏陽惠州昭安
義滏源軍
煩冲上
四十里

臨鄴縣鄴地靈
漳芝城東
三十九里
僻簡中

磁
武邯鄲魏郡
三十五里
僻簡中

涉漢縣沙侯國涉
縣城臨水崇州
裁僻簡下
二十八里

衛輝
古衛朝歌
乂州汲郡
河平軍有
王府煩煩
縣六秋米
一十萬七千
五百石有零

汲牧野汲郡伍城
縣郡衛州治枋頭
煩中
四十里

胙南燕東燕胙州
城三十五里
裁簡下

新獲嘉汲縣新
鄉樂城河內郡
煩冲上
五十里

獲殷州西脩武共城
嘉寧邑一十六里
簡中

淇朝歌淇州沫邑
縣淇水一名御河
冗冲中
二十六里

輝郲國共縣共城
縣共州蘇門凡城
輝州
僻煩上
五十二里

懷慶
殷國覃懷
河內懷州
沁南軍懷
孟路有
王府煩
縣六秋米
三十三萬一
千一百有零

河紫陵忠乂野
內王大行河內
郡懷州治
煩煩冲上
二百一十六里

武懷邑陟州懷縣
陟七十四里
僻冗中

濟畿內原州西濟州軹
源縣七十六里
簡僻中

修西脩武濁鹿南
武陽城脩寧郡脩

溫平州畿內邑
縣洛州
三十三里
僻簡中

孟孟津大基三城
縣節度河陽河雍
冗冲中
三十一里

彰德　懷慶

彰德　磁州　衛輝

七百三十祿

濟源出河東垣曲縣王屋山名沇水東過温縣西北始名濟又東南流當鞏縣之北入河與河並流過成皐溢出爲滎水東流過陽武封丘北又東過曹州定陶南至東北與渮水會東至乘氏縣西分爲二其一東北流經齊郡千乘入海其一東南流過金鄉縣南至方輿爲流水過沛至下邳入淮然其流常伏故時若絶云邑古山陽冗中中六十二里

河南圖叙

河南古豫州地闔闢中夏四方輳進盖彰德則控河北北直隸嵩洛以蔽山南陝西南境南陽汝寧直走襄黄襄陽黄州俱湖廣之郊而開封則其都會也由開封以泝衛河可以漕山東沿汴泗可以漕淮故言形勝者次關陝焉然分建宗親班祿無藝以今計之歲賦幾至百萬民亦勞矣且歸睢陳州三州俱開封府屬一帶地雖數省統轄非一姦人常藉

以首難勦捕則潰逸四出禍延他境彰德道出趙山西魏北直隸之間軍民左右屬盜雖斂跡而牽制之患實與歸德同若考七郡之地山水環互民物茂實則汝寧爲優鑄山獵野依憑險固強弓利弩出乎其間則河洛河南爲著然土地未闢教令未馴非課農宣化加意拊循則寇盜刦奪之禍歲不免矣

按汴古中州午通四達矧多巖險聯接齊秦俗雜五方又藩公族河常爲祟人鮮蓋藏藩祿軍須措處弗易故易稱損益盈虛與時偕行然非大人弗敢輕語矣

浙江輿圖

每方百里

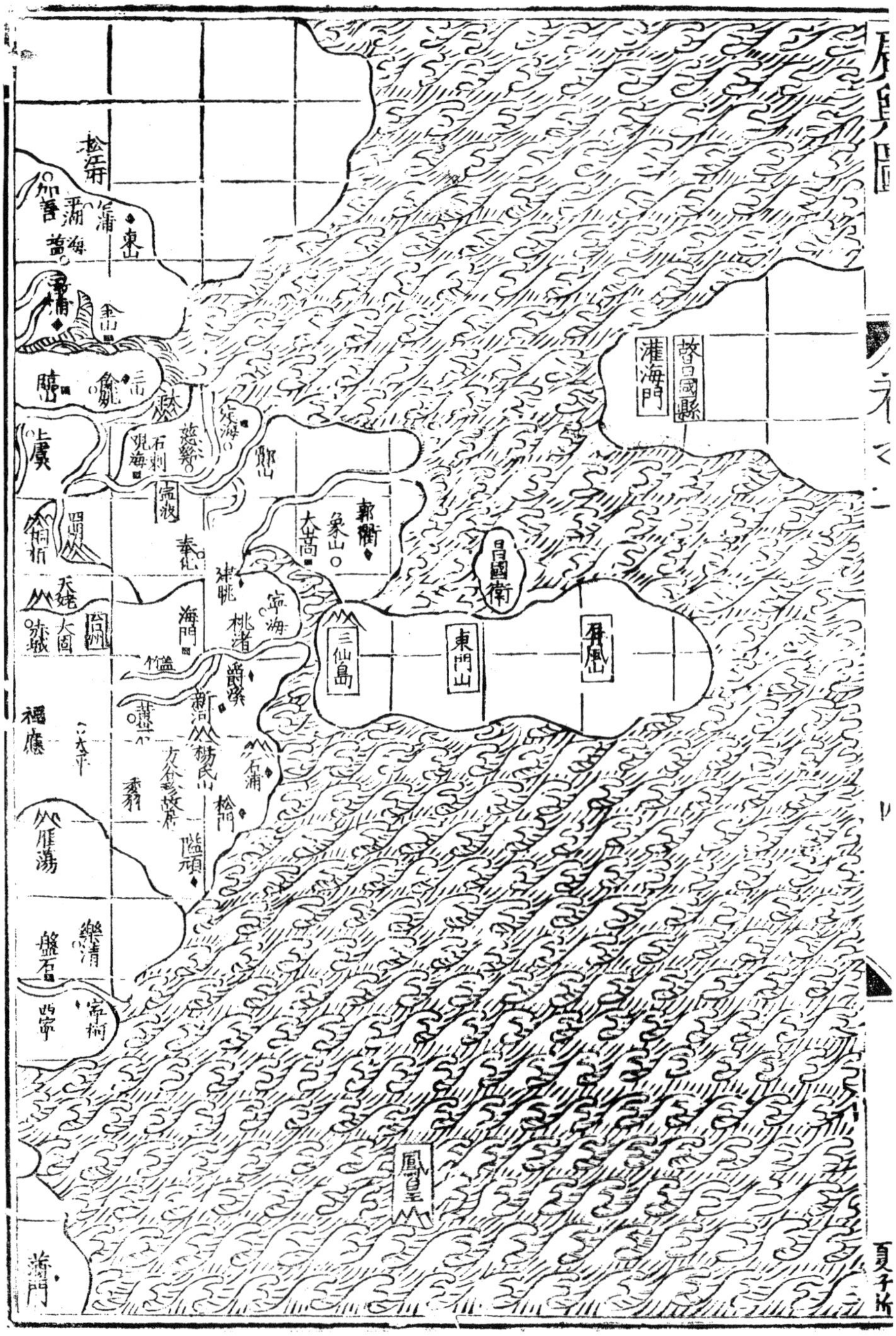
東山
上虞
餘姚
慈谿
象山
奉化
寧海
海門
桃渚
石浦
昌國衛
三仙島
東門山
雁蕩
樂清
盤石

清朝将崇德
改为石门

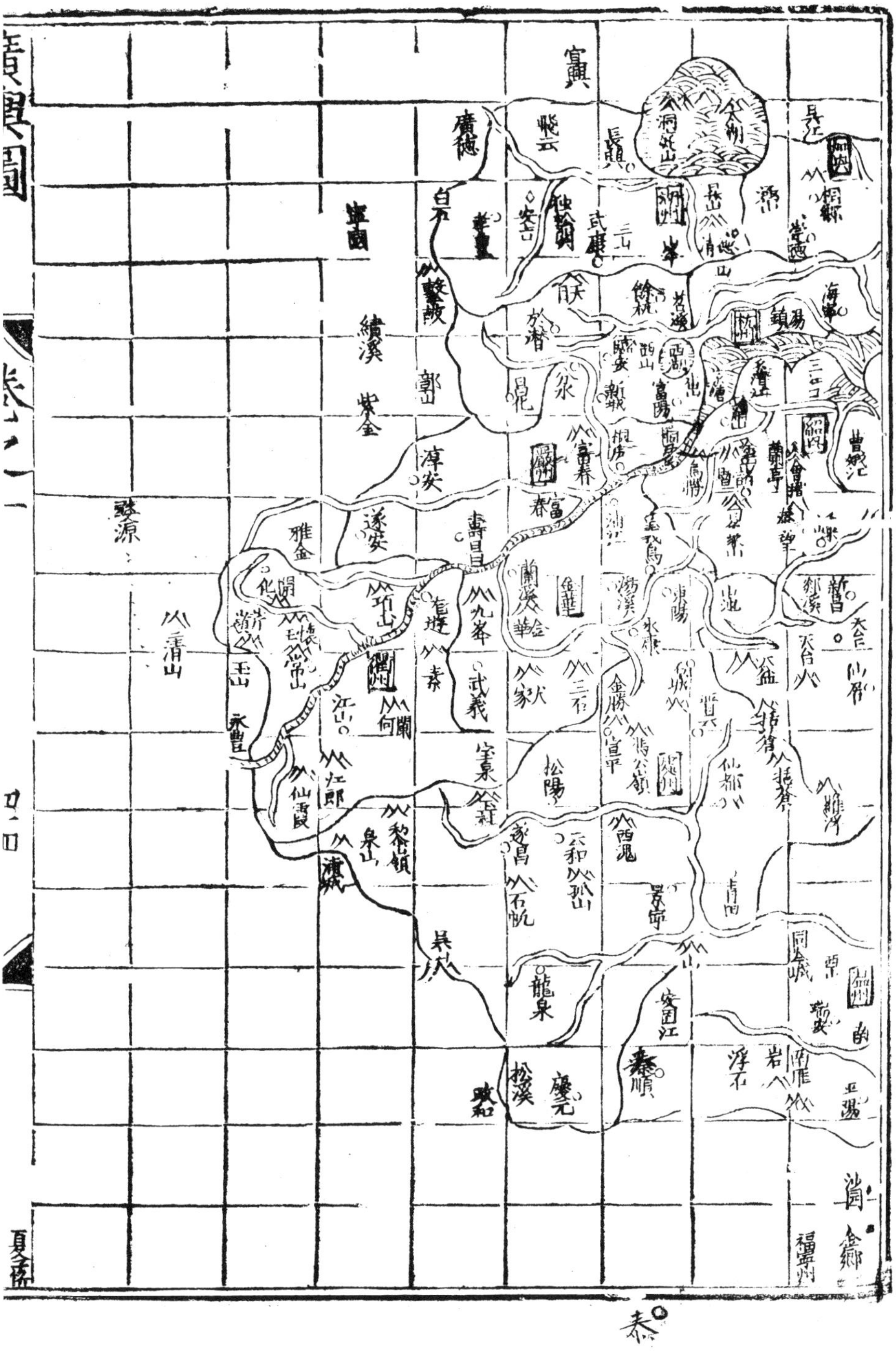
廣輿圖
廣德
寧國
績溪
婺源
淳安
遂安
壽昌
開化
常山
江山
玉山
永豐
衢州
龍游
湯溪
金華
蘭溪
義烏
東陽
永康
武義
松陽
遂昌
龍泉
慶元
松溪
景寧
青田
仙居
天台
長興
武康
崇德
海寧
臨安
於潛
昌化
分水
富陽
桐廬
蕭山
泰

浙江建置

浙江等處承宣布政使司治杭州左右布政使二左右參政五管糧一杭嘉湖一金衢嚴一左右參議二寧紹台一溫處一領府十一州一縣七十五總爲里一萬八百九十九戶一百二十四萬二千一百三十五口四百五十二萬五千四百七十一夏秋二稅共米麥二百五十一萬二百九十九石絲綿共二百七十萬四千二百七十兩絹九萬八千疋有零鈔五萬一千二百九十三錠馬草八十七萬四千四百九十一包

浙江都指揮使司隸左軍都督府都指揮三內掌印一僉書二領衛一十六屬所一百二守禦千戶所三十五本都司所屬馬步官軍三萬九千九百餘員名

提刑按察司按察使一副使五清軍一提學一協堂一海一溫處金衢兵備一巡僉事四水利一杭嚴一台州兵備一嘉湖一分道五

兩浙都轉運鹽使司一（在杭州）領鹽課司二十六（杭州二　松江八　溫台八　嘉興五　寧紹二）歲辦鹽四十四萬四千七百六十九引　市舶提舉司一（在寧波）

欽差總督南直隸浙福都御史一（暫設駐浙江杭州）

巡按御史一　巡鹽一　或清軍一

道五　府一十一　州一（附郭）　并外縣七十五　衛一十六　所三十五

杭嚴道　巡按

杭州（武林　錢塘　臨安）
古杭會山濱海
襟帶江湖地卑
溼無瘴癘通商
當江西福建等
處東南諸夷朝
貢皆由之差重
嘉湖尤甚沖煩
劇上轄縣九
秋米二十三萬
四千零　皋亭
山在城東北二
十五里

錢東漢會稽
塘西部杭州
治中煩劇
上三百七
十二里

仁錢塘鹽官
和地錢江中
煩劇上三
百七十三
里

海鹽官東武州濱
寧江海中刁煩
四百八十三里

富富春東安覓山
陽濱江下中煩
七十五里

餘吳興僻簡獨松
杭關在縣
西北九十里元
人破之
中七十三里

臨臨水安國順化軍
安衣錦軍十四十六里

於潛州栽僻下
潛一十二里

新新登富春栽
城下十四里

昌紫溪武隆橫
化山唐山金昌
吳昌栽簡下
一十里

杭州前
杭州右
海寧

清朝以崇德係太宗年號改為石門

嘉湖道

嚴州 嚴陵新都遂定 遂安軍山多田 少淳殖相半冲 中簡 領縣六秋杏 萬一千零

建德 富春吳寧 山多田少 冲煩下 八十六里

淳安 新安淳化雉山新都 郡睦州中八十里

壽昌 新昌新安雉山多 田少簡二十九里

桐廬 桐溪鄉山多田少 分武盛桐廬西 冲下五十三里

分水 鄉地山多田

遂安 新定地瘠民頑 少 栽下 簡 五十八里

一十八里

兵備僉

嘉興 長水檇李 秀州嘉禾 郡煩冲上 領縣七秋米 十一萬八千零

嘉興 由拳嘉禾 僻塞地卑 水多煩冲 上三百八十里

嘉善 魏塘鎮 煩中上平 善二百四里

平湖 故邑地當湖 沿湖煩中 一百二十一里

海鹽 武原 海展武原鹽 鹽官柘湖故邑 沿海僻中百 里

六十里

秀水 嘉興地俗 全前上二 百三十二 里

崇德 嘉興義禾市 淳煩冲上三 百十一里

桐鄉 梧桐八鄉地 頗淳冲煩中 上 一百七十八里

海寧

杭嘉湖道

湖州 吳興郡忠 國霅州平 陳郡東北 湖陂西南 多山民勤 耕桑冲煩 上州一縣 六秋米四 十七萬石

烏程 烏巾城下山 程 具區苕溪 煩不冲上 一百六十 七里

長興 唐縣苕溪荆 興頭綏州雈渚 山多水廣 刁上 二百六十七 里

歸安 吳興塘兀 安上 三百九里

嚴州

嘉興衛 蘇州衛

澉浦

乍浦

湖州

寧紹道

巡海市舶道
提舉

寧紹道
參議

寧波

紹興

鄞州餘姚
郡望海軍
明東四明
慶元路切
近日本煩
上秋米一
十七萬

會稽東陽
吳州越州
義勝軍負
山濱海好
訟刁煩上
縣八秋米
三十一萬
九千零
餘七諸暨

窨
障縣天目山為
水楊子湖多盜
煩中九十三里
秋米一萬石零

鄞句章鄮州
縣鄮縣槿縣
冲上四百
五十一里
府轄縣五奉
化温刁

山勾踐國會
陰稽郡上冲
二百三十
一里
會山陰地多
稽訟煩冲一
百三十一
里中

孝　四山多盜
豐　三十五里
德　唐縣學溪多
清　陜湖煩上中
三百五十七
里

慈　明州句章鄮
谿　縣負山濱海
煩三百八十
里
奉　鄮縣地句章
化　鄮縣奉化州
一百四十九
里

蕭　余暨永興煩
山　冲中一百四
十二里
諸　義安諸全州
暨　僻煩一百七
十五里
餘　姚州餘姚州
姚　句章南山冲
煩甚二百一
里

武　防風國餘不
康　溪安川永安
山僻下
六十三里

定　望海昌國蛇
海　川靜海鎮中
八十六里
象　鄞縣寧波濱
山　海務農少學
下三十二里

嵊　剡城嵊州剡
縣　縣地皆山下
煩冲
九十九里
新　新呂東鄮石
昌　牛鎮南明中
煩冲
三十二里

寧波觀海
定海昌國

昌國

紹興
臨山

後所千戶
奉天蕭鄮

衛龍山石浦碧
浦宮爵溪前倉

三江

歷海

三山

陳三策

上虞　古虞始寧貿山濱海冗頗冲一百八十四里

台州　兵備僉

台州　回浦亦城安安臨海郡軍化軍天台上中領縣六秋米十二萬石零臨當寧太四縣沿海天仙山瘠近歲俱疲甚

臨海　回浦章安海州台州頗冲近年疲一百七十三里

黃巖　永寧章安永加黃岩州下八十六里

天台　始平始豐章安唐興台興簡頗冲下三十八里

僊居　樂安永豐永安僻下八十八里

寧海　頗冲會稽章安回浦永昌中上頁里濱海

太平　新濇海下五十六里

台州松門　海門　前壬新河桃渚從跳頭寨門

金衢道

金華　東陽郡婺州寶婺武勝軍上多田少俗獷好訟鬬頗上領縣八秋米一十七萬石零

金華　烏傷長山東陽郡吳寧金山頗頗冲二百五里浮頑半

蘭谿　金華西部穀水徤訟冲頗剝二百四十五里

東陽　烏傷山多田少頑簡上二百里

義烏　綢州華州烏傷山多田少冗不冲中一百四十五里

永康　吳寧烏傷龍遊冗一下二十三里

武義　武成永康山多田少瘠刁冗下九十三里

浦江　浦陽江頗心土薄豎一百三里

湯溪　新設山多刁瘠民刁下八十五里

金華

衢州 姑蔑三衢太末信安郡山多田瘠 煩沖上
領縣五秋米九萬石零

西安 新安信安 衢州治上 一百六十五里煩沖上

龍游 龍丘 太末盈川中下 一百九十三里 田少煩沖

江山 須江禮賢南 山川山多田少 中 一百二十七里
僊霞門在其南百里界閩之浦城要害

常山 定陽信安山多田少 一百六里煩沖中

開化 開常山西境開化場山多微 竹嵐中

溫處道 兵備副

溫州 東甌永嘉東嘉靖安軍靖海應道軍瀘江民淳頑相半上
領縣五秋米八萬一千石零僻煩

永嘉 永寧章安樂嘉東甌鄉溫州治煩上 二百八十四里

樂清 樂成永嘉置 訟刁僻中 一百七十一里

瑞安 羅陽安陽章安安固惠安僻上 一百三十八里 盤石

一百六十里民野煩

瑞安海安寧村炎園瀟岐

平陽 始陽橫陽安固 陽僻中 近以倭

泰順 常安平陽地 義僻簡下上

金鄉

平陽蒲門

處州 括州括蒼縉雲郡處州路 山多田少間有鑛民悍 煩沖中
領縣十秋米五萬七千石零

麗水 回浦章安 處州括蒼 松陽括州 永嘉郡 一百二十八里 刁煩沖中

青田 括蒼地芝田 僻下 一百六十六里

波極 二百四十一里

一十八里

慶元 松源鄉龍泉 山多微嵐僻 中下 五十九里

處州

縉雲 永康地五雲 煩 頗沖中 一百八里 刁

雲和 麗水山多微 嵐僻下

松陽 松州白龍 長松 野 刁煩中 一百六二里 五十九里

宣平 麗水無嵐 中 下六十里 簡偏

遂昌　平昌大本俗安　僻中　七十五里
景寧　青田山多無瘴　簡僻下上　六十六里
龍泉　龍宗劍州山多微嵐刁　僻頗煩難治　二百六十六里

國家財賦大都仰給東南而東南財賦則兩浙大都居半蓋自唐宋至今舊矣頃緣倭患外寇繹騷沿海台溫其患為烈增兵置帥勢弗容已轉餉續食又若為常比幸稍蘇息故議者爭言罷兵輟餉焉然休息未幾而海上之警又至矣安攘長筭綏懷永圖真不可一日弗講乎顧事體大而殆未易與拘牽文法者道也

浙江圖叙

浙江古揚州地崇山巨浸所在限隅然嘉（嘉興）湖（湖州）與江淮相表裏嚴（嚴州）衢（衢州）以徽（直隸徽州府）饒（江西饒州府）為郛郭左信郡（江西廣信府）右閩關（在福建北境）大海東蟠繞出淮（淮安）揚（揚州）

之境斯固四通八達之區也安吉長興（安吉州長興縣俱嘉興府屬）以西本山越巢窟界在廣德（南直隸州）之間上無蕉轄之司訟訐繁興煩號難治嘉湖寧（寧波）紹（紹興）四郡則震澤（今太湖是）東海之所經也洲衝淤壅大遺三農之害而鹽徒（嘉湖易通舟楫故私鹽允多）之患次之處州之民多依山盜鑛動至數千持之則激緩復馳縱慶元（處州屬縣）松溪（福建屬縣與處州接界）一帶歲被侵暴溫（溫州）台（台州）並海而南信宿（再宿）達于福寧（福建屬州）估客良便之然不能不防他寇也若倭夷奉琛入貢則風帆直指寧波突至倏來黠詐叵測先事而備其在定海（寧波屬縣即夷舟所從入）乎

江西輿圖

每方百里

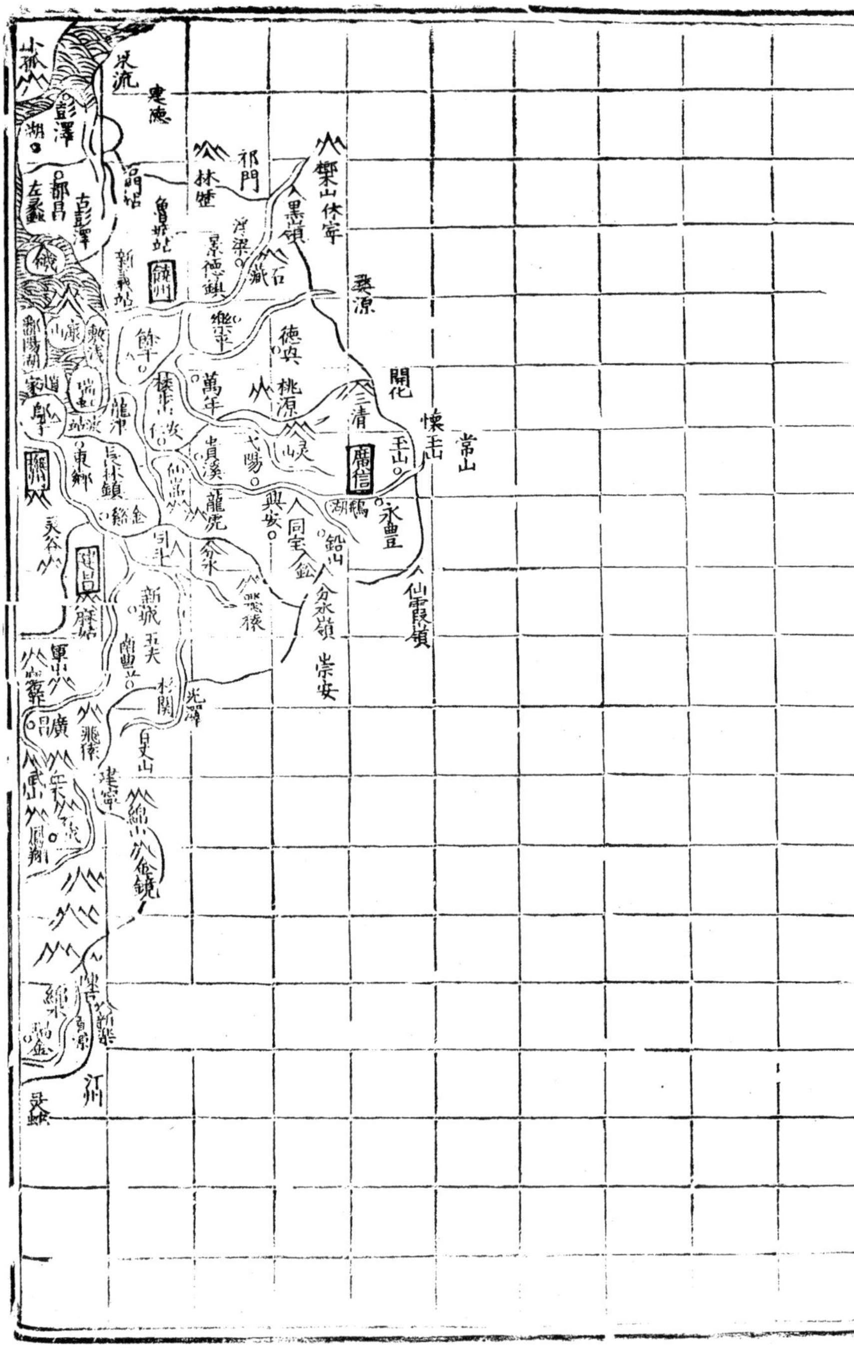

建德
祁門
黟山
休寧
婺源
開化
常山
懷玉山
玉山
三清
廣信
永豐
鉛山
分水嶺
崇安
仙霞嶺
浮梁
景德鎮
饒州
樂平
德興
萬年
安仁
貴溪
弋陽
興安
龍虎
彭澤
湖口
都昌
鄱陽湖
東鄉
金谿
建昌
新城
南豐
光澤
杉關
廣昌
建寧
汀州

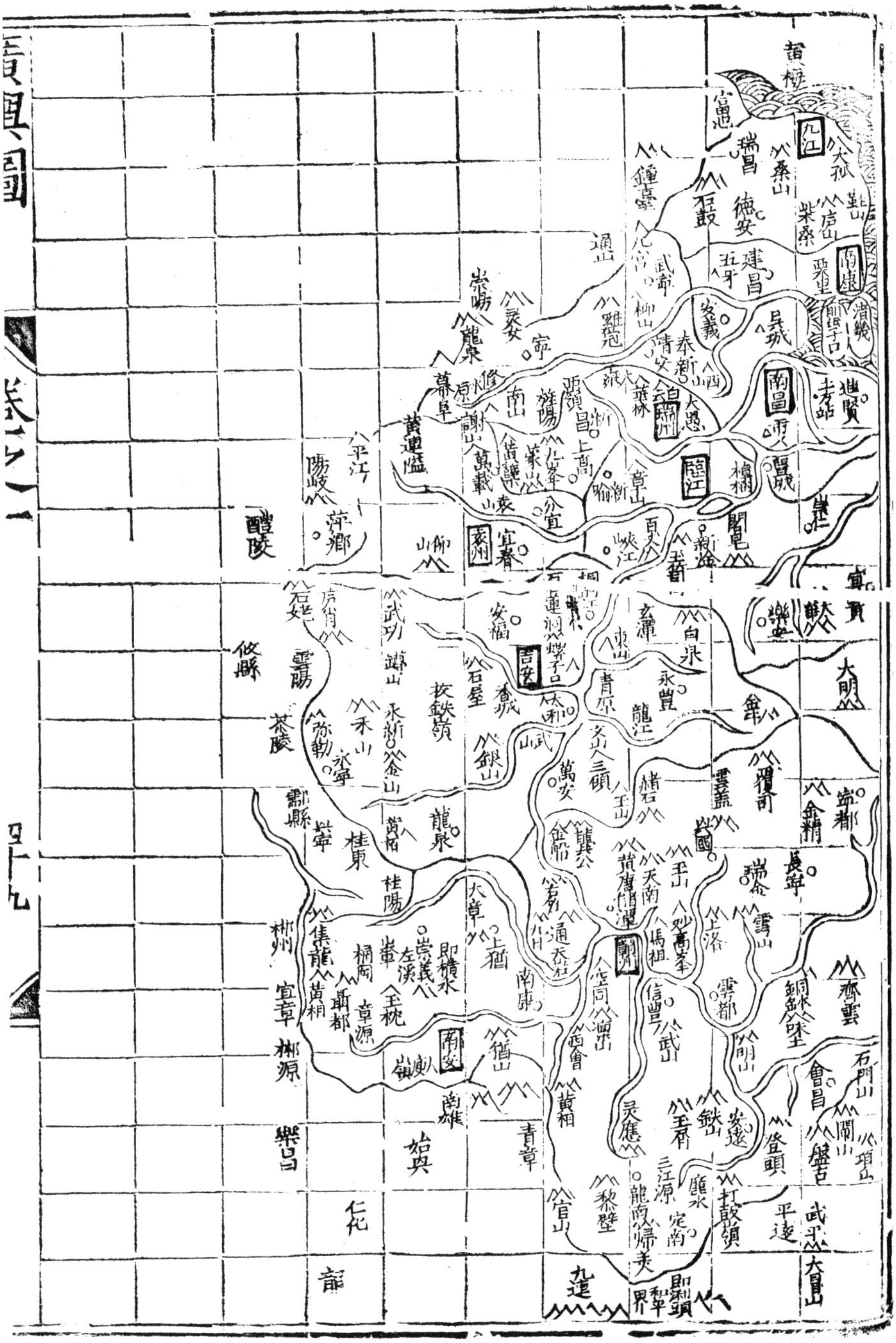
九江
南康
南昌
臨江
袁州
吉安
贛州
南安
瑞昌
德安
建昌
安義
奉新
靖安
進賢
豐城
新淦
峽江
宜春
分宜
萍鄉
醴陵
攸縣
茶陵
郴州
宜章
樂昌
仁化
始興
南雄
安福
永新
永寧
龍泉
泰和
萬安
興國
雩都
寧都
瑞金
石城
會昌
安遠
龍南
定南
信豐
上猶
崇義

江西建置

江西等處承宣布政使司治南昌左右布政使二（清軍一）左右叅政三（分守二督冊一）左右叅議三（糧儲一分守二）領府一十三州一縣七十五總爲里九千九百五十六里半戶一百五十八萬三千九十七口七百九十二萬五千一百八十五夏稅米麥八萬八千五十九石五升八合三勺秋糧官民米二百五十二萬八千三百五十五石八斗二升絲八千二百三斤絹一萬一千五百一十六疋布一千三百四十一疋鈔九千九百七十九錠

江西都指揮使司（隸前軍都督府）都指揮三內掌印一僉書二會昌鄱湖守備二領衛三（屬所一十五）守禦千戶所十有二百戶所一（本都司所屬馬步官軍一萬二千七百員名）

儀衛司二

提刑按察司按察使一副使六（内提學一兵備三清軍驛傳二）僉事七（分巡五屯田二）

分道五

欽差巡撫都御史一（駐南昌）提督南贛等處軍務都御史一（駐贛州）

巡按監察御史一或清軍一（駐南昌）

王府二　淮府（仁七封韶州徙饒州　十郡　永豐清江南康德興順昌崇安高安上饒吉安廣信）

益府（憲五封建昌　三郡　崇仁金谿玉山）

（弋陽臨川瑞昌宜春附樂安附石城建安鍾陵附以上三府其先高十七封太寧徙南昌國除）

道五

南昌道（巡撫巡按）

府一十三	州一 附郭	并外縣七十五	衛二	所
南昌 豫章江州洪都共州龍興府南浦隆興新豐椒丘進近溪湖奉靖寧武俱負山人稠而勞淳悍相半事煩訟多為十三郡之最州一縣七秋米五十萬有零	寧 艾縣武寧分寧艾城僻中八上七里秋米二萬石零	南昌 豫章冗上五百九十三里 新建 宜豐西昌冗上三百十四里 豐城 富城吳皐劍江豐水廣豐富州冗上三百七十七里 進賢 鍾陵陸冲冗上二百八里 奉新 海昏新吳燕水僻多盜又刁中一百四十九里 靖安 陸冲場南民貧簡中二十八里 武寧 豫寧海昏地建昌五十四里鄙野中	南昌	寧州

湖東道

瑞州 高安郡筠州　瑞陽靖州米　州奸頑囂聚　頑訟多中縣　三秋米二十　二萬五千有　零

高安 上蔡建城　望蔡陽樂　宜豐靖州　頗上中　二百八十六里

上高 建城望蔡上高　鎮僻中一百六十七里

新昌 宜豐鹽步建城　僻居山民刁悍　中一百二十三里

廣信 上饒信州豫　章山多秀接　水激而清民　近淳訟頗簡　沖上　縣六秋米一　十二萬三千　零

上饒 信州鄱陽　弋陽　頗淳頗上　一百一十二里

玉山 信安常山須溪懷玉　沖頗上　五十九里

弋陽 葛陽弋水刁頗上　七十四里

貴溪 弋陽鄉溪須溪　刁頗土　一百一十二里

鉛山 撫建二州沖頗上　然近淳　五十七里

永豐 饒州上饒二縣地　多盜僻簡下六十里

興安 裁減頗衛民多　異省習俗兇頑　難治二十一里

建昌 盱江建武軍　臨川建昌軍　南豐廣昌多　瘴山溪險阻　俗淳厚易治　土上縣四秋　米一十萬石　零

南城 新南臨川　東興南豐　永城盱江　淳上　二百五十三里

新城 南城永城淳中　上　七十八里

南豐 南城淳簡頗有　豐瘴中　一百二十三里

廣昌 平昌簡糧輕中　下二十一里

撫州 臨川郡昭武　軍迷陂

臨川 臨汝西平　西豐定川

崇仁 新建臨洛山僻　簡中一百二十四里

樂安 神運負山民悍　中一百一十六里

廣信　沿山

建昌

撫州

湖西道

訟須事冗糧重頗難上中
縣六秋米三十一萬

吉安
廬陵安城吉州吉安路廬陵吉水無𣹢龍泉永寧時或有之民用不足咸賴于他郡其俗尚氣若子重名小人務訟政事劣于古稱難治縣九秋米四十四萬

臨江
九江郡臨江軍路水清山峻民多遂末訟頗冲劇無𣹢上中縣四秋米二

清遠多訟煩上四百四十八里

廬陵
石陽吉州東昌螺川上
六百三里

金上幕金谿場上谿唐洛城僻煩上
多賢一百八十三里

宜黃
宜黃鎮僻刁小
六十五里

太和
西昌南平州安豐白下濵江冲煩文獻之邑煩上
二百五十五里

吉水
吉陽石陽文江俗朴民淳科甲文獻為一郡最沿江冲煩上四百三十
一里半

永豐
陽城陽豐恩江僻居山谷刁中
三百二十五里

清江
建城高安臨江軍肖灘鎮沿江煩上二百
五十三里

新淦
巴丘都尉廣吉南部五州金川上沿江煩
二百二十五里

新喻
宜春西吳州吳平僻簡中二百

東鄉
簡僻下
一百二十一里

安福
安平安復潁州平都安成鳳林
文獻之邑煩刁中
二百一十七里

龍泉
新興遂興龍泉場僻居山谷刁
中六十七里

萬安
遂興五雲萬安鎮冲上九十二里

永新
禾川東南僻居山谷民刁中一百八十里

永寧
永新地
簡下
四十二里

峽江
新巴丘玉峽中煩
一百八十二里

吉安
安福
龍泉
永新

十三萬零

六十七里

九江道

兵備副使

鄱湖守備

袁州 宜春郡袁州路少瘴萍鄉萬載地高山阻路通湖廣糧多逃欠尤甚縣四秋米二十一萬零

宜春 宜陽秀江民淳簡中 一百四十八里

分宜 安仁民淳簡中 二百九里

萍鄉 萍鄉州中 一百三十里

萬載 建城康樂陽表樂僻刁中州 一百四里

饒州 鄱陽芝城吳州永平軍春夏之交天氣濕熱民多疫樂浮德安地多高山險阻鄱餘水多湖泊藪盜民好訟俗尚侈縣七秋米二十一萬三千零

鄱陽 芝山冲煩上 三百二十里

餘干 餘汗干越余山多盜冲中 一百五十四里

浮梁 新平新昌浮梁州土厚通商不冲上 一百一十四里

樂平 樂安樂平州地廣盜多健訟中 二百四十里

德興 樂平德興場僻多山谷中 七十二里

安仁 晉興安仁場地冲民近淳上 八十二里

萬年 姚原下 六十四里

南康 星渚匡廬南康軍有山襟湖地窄田少事簡縣四中下秋米七萬石零

星子 彭蠡南康軍星子鎮下僻貧瘠 三十八里

都昌 潯陽彭蠡湖南山口康地窄民貧下 五十九里

建昌 南昌州建昌州海昏縣壯民強下八

安義 華林僻下 四十六里

饒州

嶺北道

飲閩 兵備按江之名其派九
主事 副使名孔安國云岷江
總督 在今漢務川之會
監察彭蠡湖兵之派
江很于九江之
別別別有二江

九江 潯陽奉化定江常流 德化 汝南彭蠡潯 德安 歷城浦滑澤亭益 湖口 湖口戊彭蠡隋九 諸南
城負山濱江襟蠡 化陽柴桑柴城 安 城簡上 十八里 口 中下 江 京前
府濱江外十歘粮 石品洪織城 瑞昌 赤烏潯陽簡下 彭澤 龍城治州簡州 附
山水陸中 中縣 州縣承一大十里 昌 十三里 澤下 十八里
秋米十萬有零

提督 贛州 南康 將信首 贛 府城處州水西南郡南 康 大 贛 安 地接廣東 東賊 贛
軍門副使 章州 虔州 贛城風氣 州 南淳 簡上 縣 山少 地 產民刁野 遠 歲減五里常蓄 益州
贛州 督兵備九江副 漢漸九
甘 合洞 坦坦處
會屯

常 瘴 鶴 與 安 一 百 一 十 里 下 寧 新都 楊陽 慶化 平
遠 龍 南 端 金 烏 與 一 十 五 里 都 上 一 百 十 七 里 遠
地 險 山 多 盜 賊 出 貢水源於 州 府 信 南 野 南 康 南 安 義 瑞 象 湖 鎮 瑞 金 監
沒 通 閩 廣 朝 夜 新 鄉 山 經 緒 金 南 豐 信 簡 中 十 六 里 金 義 簡 八 里
客 民 訟 煩 其 縣 入 會 昌 北 會 雩 興 數 州 鎮 刁 中 龍 南 對 廣 南 自 鎮
秋 米 七 萬 石 有 零 都 至 府 城 東 環 城 國 十 七 里 南 信 豐 流 賊 出 營 量
而 北 會 章 水 會 川 九 州 鎮 地 接 閩 廣 流 石 石 城 場 義 簡
章 水 源 出 聶 都 山 流 昌 賊 時 發 義 中 六 里 半 城 下 九 里
至 府 城 西 環 城 南 會 定 胡 蓮 塘 鎮 新 設 長 即 馬 蹄 岡 新 設
貢 水 二 水 彭 蠡 入 大 江 南 義 減 四 里 寧 義 減 四 里

會昌 守備

南安 橫浦南安軍南 大 南康大庾鎮 南 南安郡所地 沖 崇 新橫水
安路天氣炎熱 庾 小溪 義 沖 簡 康 中 刁 三 十 一 里 義 義 下 七 里
四時皆瘴癘秋 中 一 十 六 里 上 南 安 軍 永 清 上 猶
氣尤甚 勉 暑 雨 猶 場 負 山 多 盜
廣 占 城 逼 近 煩 義 下 六 里
且 舉 舉 人 難 逐

信豐　會昌　南安

未免被害民野好訟糧少難徵南康一縣尤為難治

秋米二萬石轄四縣

江西圖叙

江西古揚州地當吳（南直隸）楚（湖廣）閩（福建）粵（廣東）之交險阻既分形勢自弱安危輕重常視四方若保境和民則九江獨據上流牽制沿江州郡且密邇南康濱臨巨湖（鄱陽湖）盜舟四出不可無備南安（南安）贛州（贛州）之間則汀漳（汀州漳州俱福建屬府）雄韶（南雄韶州俱廣東屬府）諸山會焉連州跨境林谷茂密盜賊之興斯為淵藪故設巡撫重職提師以臨之袁州地逼長沙（湖廣屬府）逋民客戶頗難譏察而南昌建昌饒州宗室固在民疲供億視臨江（臨江）吉安（吉安）瑞州（瑞州）廣信（廣信）撫州（撫州）諸郡殆有加焉故凡江西之民樸質儉苦有憂勤之思弘治以

來賦役漸繁土著之民少壯者多不務穡事出營四方
至棄妻子不顧而禮俗日壞惡少間出矣
按江西界四方諸省之中民習勤儉士多通顯頗稱安
壤然北有湖賊南有山寇逋逃嘯聚如火炎炎則豈不
重可慮耶故湖賊責撫臣山賊責督院兩手相應交脣
治之緩則用保甲急則發介胄吏得名將練兵三千人
備遊擊而別索帑積以餉之弗至頭會戶歛民庶幾其
小康乎若乃塞揆原本芟夷蘊崇則固別有道矣

湖廣輿圖

每方百里　宣慰司从■　宣撫司从◆
安撫司从●　長官司从▲　後倣此

江夏水北首江之北岸曰漢口以漢水彙來於此

承天改安陸

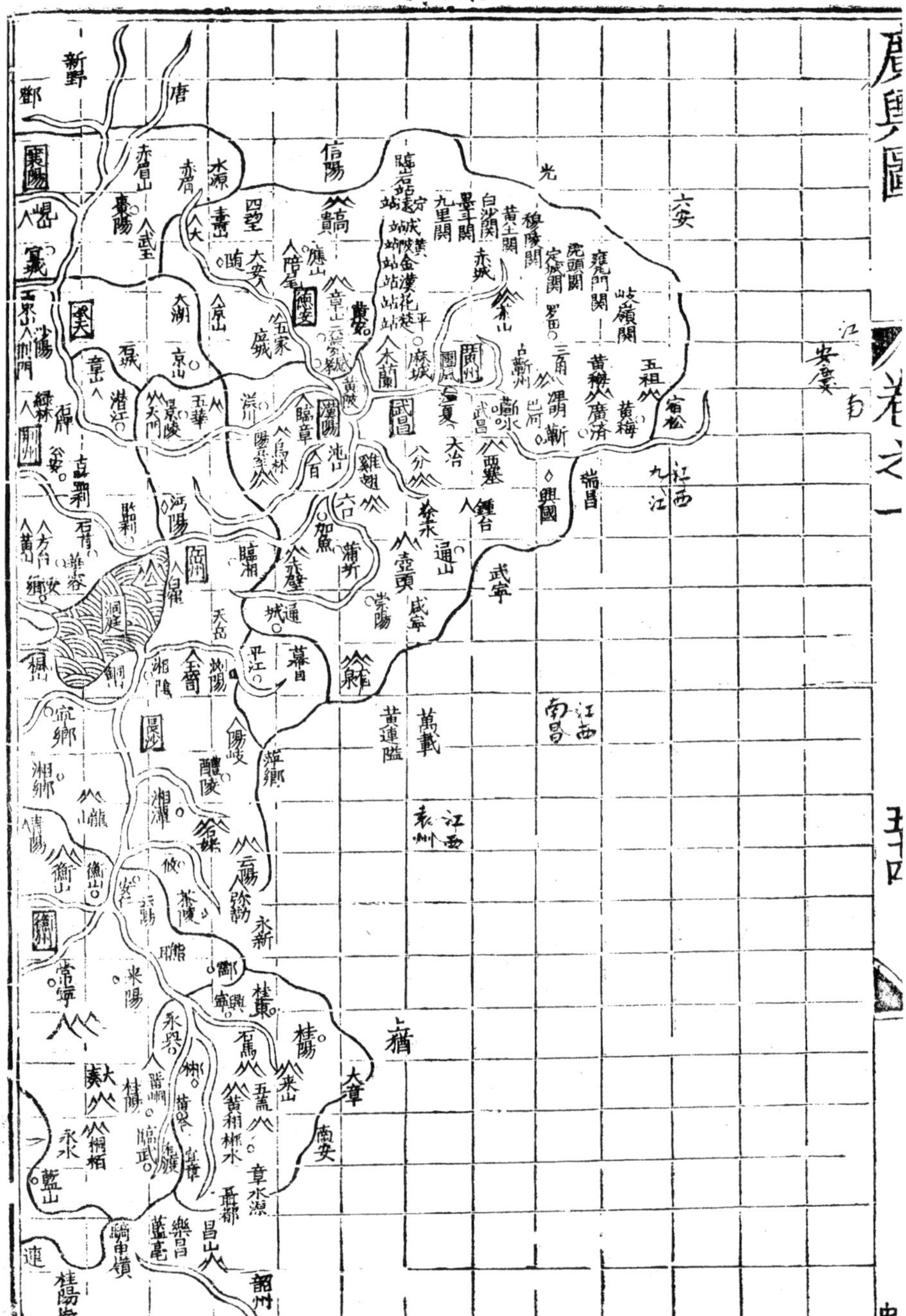

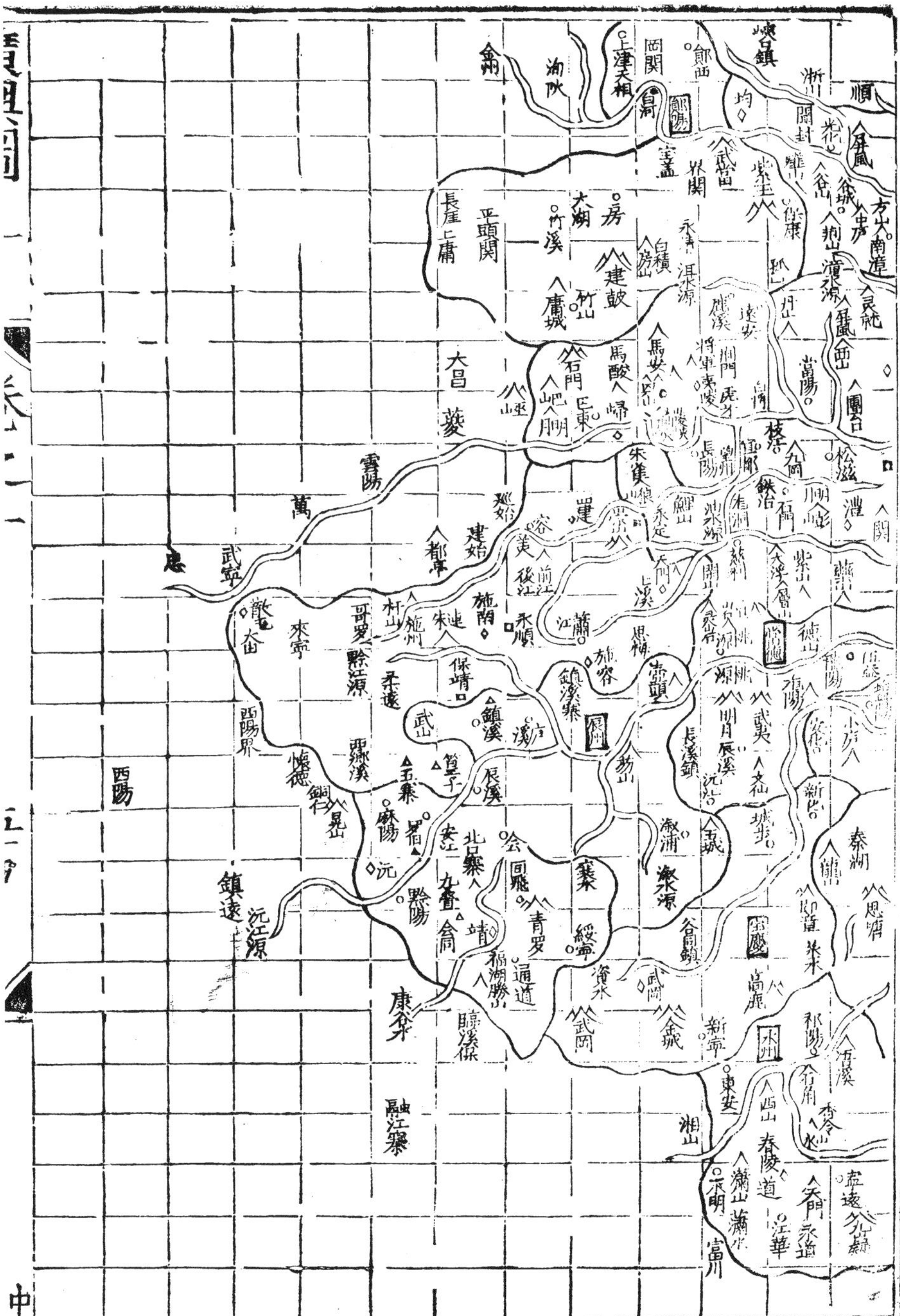
房
竹溪
竹山
建始
施州
大昌
雲陽
萬
忠
武隆
保靖
鎮溪
辰溪
麻陽
黔陽
會同
靖
青罗
綏寧
通道
武岡
新寧
東安
湘山
永明
富川
江華
永州
寶慶
鎮遠
沅江源
西陽
融江寨
康寨
松滋
澧
慈利
桃源
武陵
沅江
中

湖廣建置

湖廣等處承宣布政使司治武昌左右布政使二左右參政四撫苗一左右參議五太和山一領府一十有五屬州一十四縣九十九外直隸州二屬縣八總為里三千四百七十六里半戶五十三萬一千六百八十六口四百三十三萬五千五百九十夏秋二稅共米麥豆芝蔴二百一十六萬七千五百五十九石絹二萬七千九百七十七疋布七百五十疋鈔一百七十五貫

湖廣都指揮使司隸前軍都督府都指揮三內掌印一僉書二領衛二十有六屬所一百三十二宣撫司四安撫司九長官司十四蠻夷官司五守禦千戶所二十六宣慰司二屬長官司八又郧陽行都司領衛七屬所廿守禦千戶所八本都司所屬馬步官軍舍餘七萬一千六百餘員名　留守司一儀衛司十一

提刑按察司按察使一副使十三常鎮通太兵備二撫民一提學一僉事六　分道七

欽差巡撫都御史一 駐武昌 提督鄖陽都御史一 駐鄖陽 總兵一 平蠻將軍 巡按監察御史一 或清軍一 俱武昌

王府

楚府 高六封武昌護衛一 郡 巴陵永安壽昌崇陽通山通城景陵

十三 岳陽江夏黃安大冶保康武岡 遼府 高十五封廣寧徙荊州國除

岷府 高十八封岷州改雲南徙武岡千五百石 郡 鎮南汧川南渭安昌沙陽唐年江陵

十四 南豐黎山善化建德漢川長壽遂安 襄府 仁五封長沙改襄陽護衛一

荊府 仁六封建昌改蘄州護衛一 郡 都昌都梁樊山

六 富順永新永定 吉府 英八封 郡花 長沙一 榮府 憲十二封常德

景府 肅二封德安國絕

郡 興山潛江富順松滋應陽湘陰衡陽德安宣城枝江

十九 沅陵麻陽衡山鄱陽永長陽長垣光澤慶元句容

郡 棗陽陽山

四 鎮寧光化

郡 福寧惠安永春

五 富城貴溪

華 蜀 獻 南 岷 莊 六

陽 澧州 渭 永州

八道 七府二十五 州十六 附郭 并外縣一百零五 衛二十六 所二十六

武昌道

武昌府 鄂渚江夏鄂州 北新州武昌軍 武昌路武清軍 淳 煩 沖 上 領州一縣 九秋米一十六 萬三百有零 興國秋米二萬 五百一十七石 零 陽邏湫在府城 東北六十里

江夏 附郭 沙羨汝南金武 夏口煩沖淳上 六十三里

武昌 鄂縣武昌軍壽昌 樊口 僻中 三十九里

咸寧 永安鎮 栽簡中 一十六里

崇陽 下雋唐年土雋郡雋州 栽簡中一十六里

嘉魚 沙陽沙州蒲岐鮎 濆碑州栽沖下 一十二里 壺頭在城東百三十里

蒲圻 右部官塘陸口 煩 沖中 三十里 赤壁烏林在縣西七十里

通城 下雋通城鎮 栽僻 城下一十五里

興國 陽新富川永興軍興國 興國州治 中四十六里 縣二

大冶 青山場院僻煩 中三十九里

通山 永興地揚吳 栽頗 險簡中六里

武昌護衛 武昌左衛

荊西道

留守司

下江防兵備僉事

漢陽
江夏郡沔州漢陽郡山川平易
人民多訟中上
縣二秋米七萬
九千五百石零
大別山在城東北隅

黃州
齊安永齊邾城
臨皋邾城西陵
重鎮西陽衡州
永安黃州路
中上縣
領州一縣七秋
米二十五萬二
千有零
鄿州秋米二萬
八千一百四十石零

承天
郢中雲杜南司
北新郢州石城
富水
陵寢所在多事中
領州二縣五
秋米一十一萬
一千八百一
十一石零

漢陽
漢安陸純陽漢
陽津沔州漢陽
軍蒲潭冲
下十九里
栽田少湖多

黃岡
黃木蘭南安弋
州齊安李坪
巴州中上
八十六里冲
煩

蘄州
鄿春蘄陽齊昌
羅州西河州半
在山半沿江民
多貧六十四里縣二

鍾祥
南司安州郢
中冲煩中一
十一里

荊門州
南郡荊臺臨沮長
林麗陽武寧基州
荊門軍內方山在
州南六十四里縣一

漢川
甑山義川汶川汈
魏安梁安劉家湖多
田少冲下
八里

蘄水
鄿春浠永永安郡
蘭溪浠川好訟刁
中七十六里煩
冲

羅田
義州義城郡石
橋鎮山多田少
四十九里民野
好訟

廣濟
永寧大江中州冲
中五十三里

京山
雲杜安陸蘄陽南
陵富水新市新州
溫水陸冲中
二十一里

當陽
平州玉州漳州麥
城沮礼僻五里綠林
山在縣東南
本州秋米一千九百石零

麻城
信安北西陽定州
亭州陽城什子山
務耕讀刁煩
一百三十里

黃陂
西陵鄂州南司州
刁中冲四十七里

黃安
新設民野多盜
義威三十一里

黃梅
新蔡郡永興南
晉前僑治中州
四十二里
冲中

鄿州

潛江
白洑安遠
二十三里
煩中

顯陵

安陸

部牧

右千戶
後千戶

上荊南道

抽分厰

荊州 郢都臨江南郡 江陵荊南新郡 重鎮南都荊湖 中興路沙市 州二縣十一秋 米一十九萬四 千有零 冲冗上

沔陽 復州竟陵玉沙多水 民貧漁耕爲業冗

景陵 霄城 強橫 冲中 四十四里 縣一 本州 秋米三萬 一千七十五石零

復州 民淳 二十六里 冲煩中

德安 入安陸漢東荊州 澤藪雲夢南司 安湞州安黃節 度宣威安遠軍 州一縣五秋米 四萬一千有零 中上

安陸 江夏郡安陸 郡吉陽德安 州淳中 八里栽

雲夢 西陵 古城驛 下八 里栽

孝感 安陸許洛市 澴城栽簡冲 孝昌岳州岳山郡 澴州汝南刁冲煩 下二十九里 新市平林在其境

應城 應陽 城陽部蒲騷 簿中 栽簡冲九里

隨 隨國漢東崇義 崇信軍山川險 狹二十八里 中淳簡

應山 永陽應州栽簡中 一十里

江陵 郢縣南郡 治安與四 通八達最 冲上一百 二十五里

公安 孱陵南平郡公 安郡荊州冲中 三十二里

石首 華容 煩冲中 三十里

監利 玉沙華容田低 場 煩中 二十二里

松滋 高茂潘家廬江 上明樂鄉城煩 冲中二十二里

枝江 故羅國斯洋州 下沱市長寧流 店 栽簡下 八里

夷陵 楚國地西陵 江部宜都郡 峽州臨 長狠山睦州清江 夷水遠臨阻地高安栽僻

宜都 峽州 陽 栽 僻 下中 三里

遠安 下二里半

荊州 荊州 衛

沔陽

德安

隨州

枝江

夷陵 遠安

州峽州府黃牛栽宜夷道江州東松州
頻沖中七里縣三都宜昌白洋山多田
秋米二千八十七石　火栽中　四里半七
四斗

歸
夔子國古丹陽巴興新　栽僻下
東郡秭歸郡長寧山二里
歸州路萬流簡頻巴巫縣歸信古丹陽
沖中六里縣二秋東信陵郡巴山樂中
米一千九百二十石　九里半
五斗零
長寧

上江防兵備

岳州
三苗地樂國
羅國巴陵岳
陽長沙郡建
昌巴郡華容
軍州一縣七
秋米一十七
萬有零沖究
中

巴下僞地建昌郡臨　王朝陽王朝縣赤平羅縣長沙國漢岳
陵巴陵郡岳州臨湘　亭雲溪栽沖中八里　江昌湘陰吳昌昌州
江究頻上中　華南安縣羅陵容城　州大荊上
五十七里　容　南安湘鄉中二十三里　五十里　刁頻上

澧
天門澧陽澧陽郡石　婁陽地天門郡武　安作唐南平郡義
澧州路縣中郡南門　陵栽簡下二十五里　鄉陽郡孱陵九溪
平都義陽郡松州慈　漢安陽先臨崇義　永定沖頻中栽　永定
蘭江荊湖路頻煩利　七澧崇山在其境　一十一里　九溪
上三十里縣三秋　中五十八里
米二萬二百石零
澧州
大庸安福
添平麻寮

下荊南
巡撫司
鬱行都
鄖陽
栽簡土薄民
淳中上領縣
七秋米一萬
二千四百零

襄陽漢溪
荊襄清浪
鎮遠偏橋
銅鼓七衛

鄖
鄖錫究南豐州房　房陵新城郡房州　上商縣均州地栽　鄖陽
縣錫縣鄖鄉淯縣　何安軍光遷僻下　津僻下八里
驛中　一十五里
四十一里
房山

竹
上庸安城房州治鄖　竹古欒山川險峻中　溪九里
山
房陵栽僻山險中　西八里　下山險

道

湖北道

撫民副使

分巡太和山叅議

總督

襄陽　荊州治南雍州　襄州山南道待　臺思義軍襄陽　路　領州一縣　六秋米六萬三　千七百有零

常德　武陵郡荊州黔中　建平武沅郎三　州義陵常武武　正武順武平常德　軍秋米六萬九　千象惠陵貸多平

辰州　沅陵長沙武陵　盧溪酉陽江口　荊湖辰州路　州一縣六秋米

均

襄陽　襄州相陽襄　陽郡切臨江　漢頎上　三十五里

武當　縣武當郡始　平郡齊興郡興州　豐州武當軍界山　僻中二十九里裁　秋米五千四百八　十六石零

武陵　武州臨沅遠　州武陵郡和　豐沖頎中　四十五里府仝　此

沅陵　上汝下雋地沅　水沅陵郡黔中　郡長沙國忠溶　頎沖上

四十九里

宜城　鄢縣黎丘邔縣襄　陽郡裁頎沖中　一十七里

南漳　臨沮重陽思安　州簡下　三十五里

棗陽　南荊州春陵郡蔡　陽襄鄉爲衛巫畫

桃源　沅南武陵淥羅山　川險峻頎沖三十一里

龍陽　辰陽索縣漢壽武　口簡中頎沖　二十九里

盧溪　沅臨盧州武溪裁山　川險峻中十二里

辰溪　辰陽建昌武陵郡　靈川巫陽裁下

保康　古上庸　下山陰　十里

穀城　穀國築陽義郡　鄼州陰城裁頎　中冗上

光化　陰城乾德光化　軍酇陽宛陽中　四十八里

三十七里

沅江　益陽池橋江藥常德　山安樂岳州　裁簡下　五里　府領縣四秋米六　萬九千四百三石零

漵浦　義陵辰溪地武陵郡辰州　漵溪上　三十四里　仝上

均州

鎮溪

上湖南道

兵備副使

五萬一千三百有零頗冲

山川險峻五十八里

沅
黔中巫州沅陵郡潭陽郡敘州懷化峨溪上二十七里縣二山川險煩中流水源出播州黃平上通偏橋止下流經澧州入大江

頗冲八里

黔陽　鐔城地龍標郎溪黔江中十二里

全上

麻陽　古蔣州沅陵辰溪龍門招諭銅州裁田地頗肥山川險峻與苗夷接簡下七里

沅州　平溪

兵備參將

直隸靖州　黔中溪洞誠州靖州渠陽山多有瘴僻煩中縣三

會同　狼江寨三江僻下二十八里

通道　恭水羅蒙裁有瘴民薄下五里

綏寧　溪洞徽州蒔竹瘴多民悍僻中三十五里

靖州

天柱　屯鎮

兵備副使

衡州　湘東長沙桂陽湘廣二州東衡州衡陽衡山衡州路

中上　領州一縣八秋米十二萬四千七百九十七石零

衡陽　衡陽酃地新城重安蒸陽臨蒸頗冲煩五十二里

衡山　周廩子國長沙湖南湘西湘鄉頗冲中三十里

耒陽　耒縣耒陰耒陽北耒江煩中三十八里

常寧　新平新寧常寧州河州裁中七里

安仁　衡山是仁水安衡州裁冲下二十八里

酃縣　長沙茶陵地古酃湘潭裁下一十九里

常寧

桂陽　桂陽郡治郴縣平陽桂陽路桂陽州桂陽監桂陽軍簡僻上六十三里

臨武　隆武平陽咸陽軍川險要有瘴中三十四里

藍山　南平臨武次冲有瘴中二十八里

寧溪　桂陽

楚粵關要秋米二萬五千一百九十七石零

下湖

永州零陵營陽永陽 衡中
領州一縣六秋
米六萬八千零

零　泉陵湘口山前　祈水三洛溪栽民頗囂
陵　川險易　冲　陽樂營　亦中　十三里
淳中
二十八里
東　東安境在湖栽山川
安　險淳下八里衡

道　江華部道州營永寧春陵延昌延唐冷道
陽營道營陽部南
遂　唐興延熹　有瘴山
華　水栽瘴淳下
江　馮乘營溪
寧　永流
遠
營州林瀨有守
備山川險阻好頗僻上
川險　刁頑中
六十三里
四里
寧遠江華
錦田

三十五里縣三秋
米九千二百五十
九石二斗零
永　營浦營陽永陽
明　郡栽瘴淳中下八里
拖杷桃川

直隸郴州　桂陽郴州發州山
川有瘴多盜中
一十四里楚粵三
界縣五
永　便縣郴縣安陵高亭
興　永興栽瘴淳
簡中
二十里
桂　汝城郴義盧陽
陽　義昌全上下十五里
桂　義昌桂陽佳東上
東　猶五里全上下
宜　義章高平全下
章七里
興　漢寧陽安晉興營
寧　子晉寧全前下一
十五里
柳州廣安

長沙　荊楚黔中一云
三苗國湘州星
沙熊湘三湘潭
州欽化武安軍
長　長沙郡湘縣臨湘
沙　湘龍喜常豐
頑上
三十五里
長　長沙湘潭有岳麓書
善　化院梅山頑中二十里
益　益陽州益水頑中
陽中二十二里
湘　湘南建寧攸水茶陵
潭二十二里
湘　相南連道龍城上
鄉七十一里

陳三笠策

廣輿圖

南道

天臨上中　領州一縣十一　秋米九萬八千石零　屬縣六　都若洞庭水

湘陰　吳昌岳陽郡羅縣　營田上四十六里　湘水源出廣西全州

寧鄉　弋陽新陽新康王　潭上二十一里

瀏陽　臨湘地氏頏煩上　七十一里

安化　梅山地益陽識　簡中一十九里

攸縣　攸水湘潭氏多子　上四十五里

醴陵　臨湘地潭州領常　二十八里

茶陵　聲香茶陵郡湘潭　雲州茶陵軍從猾　上五十里煩僻秋　米四萬二千六百　六十石零

寶慶　邵陵邵陽貴　江建州南梁　州邵州敏州　中上　領州一縣四秋　米五萬五十　七十四石六　千零

邵陽　長沙昭陵地　敏政昭陽邵　陵郡建州四　十六里下上

城步　苗險阻山川有瘴　下一十三里半

新化　人徑洞白沙百石坪　下二十六里

武岡　都梁夫夷古微州楚　巫中黔武攸武岡軍　武岡路僻中四十三　里有瘴粮一萬八千　九百四十一石

新寧　夫夷邵陽新寧治水　頭江北栽有瘴簡　中八里半

守備

茶陵

寶慶

武岡

行都司
宣慰司
軍民指揮使司
宣撫司
安撫司
軍民千戶
州
長官司

直隸

永順 靈溪 會溪 下溪 永順州 㯰石
領州三長官司六
南渭 施溶 上溪
臘惹 麥着黃 驢遲 白崖 施溶 峒 峒 峒 峒 峒
田家 峒

保靖 領長官司二 古溪州 宋保
五寨 竿子 峒 坪
靖州

施州 清江 施南 高羅 龍潭 方外 古邑 石南 唐崖 忠孝 鎮西 方外
施南 領安撫四
東鄉五路領長官司二 五路
忠路領長官一 忠孝
金峒領長官一
摇把 上茶 下茶 鎮遠 隆奉 峒 峒 峒 蠻夷 蠻夷
劍南
西坪蠻夷

散毛 領安撫二
龍潭 大旺 領長官一
東流蠻壁

忠建 領安撫二
高羅領長官一
木冊
鎮南 唐崖 直隸施州

忠峒

容美 領長官司四
椒山 五峯 水盡 石梁

大田 直隸施州

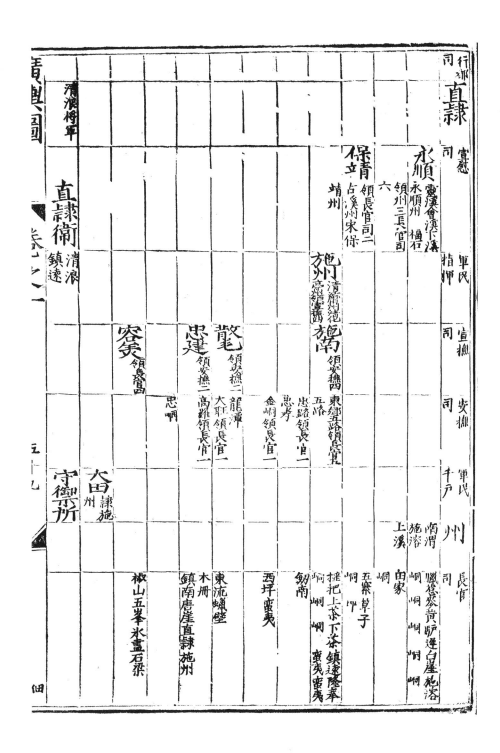

清浪將軍
直隸衛 清浪 鎮遠
守禦所

偏橋　五開　銅鼓俱在貴州境　瞿塘在夔州府東

中朝　黎平亮寨龍里新化

湖廣圖叙

湖廣古荊州地，襄（襄陽）、鄧（今河南鄧州即襄陽北境）抗其頭顱，蘄（黃州府屬）、黃（黃州）引其肘腋，江陵（荊州）制其腰腹，伸膝南向，亦足以雄視諸州矣。若鄖陽之保商陝（陝西河南交界地方），郴（郴州）、桂（本州桂陽縣）之跨閩（福建）粵（廣東），辰（辰州）、沅（辰州府屬州）之捍蔽雲貴，大江中貫，五溪（在常德辰州地方）外錯，荊楚阸塞，斯其備焉。蓋二儀效靈，山川獻秀，故王氣獨鍾于潛邸。然襟江帶湖，所至民罹水患，寇盗亦復乘之。過此則永州、寶慶之間，謹備苗夷而已矣。宗藩甚布，歲賦寔繁，楚俗慓輕，鮮思積聚，於是四方流民失業者多赴焉，故其民率呰（音子）窳（音愈，惰之意，窳嬾也），而難治。綌

洞諸蠻施州及永保所屬地方是本以漢法羈縻差易馴擾惟永順
保靖世席富強每爭奪獲罪輒假戰功自贖奸謀偏構
驕橫滋萌
朝議不明猥加徵發使遠方之民坐困且久而玩敵將貽
異日之憂謂宜定[illegible]母輒輕發斯則善矣
謹按楚地廣大連接九省澤多田少歲入弗厚即今
宗室日盛賦繁役重財力愈難武漢德安民貧地瘠承天
陵寢所在費冗事繁荊岳郎襄之間頻遭水患長沙地鮮
稍沃稅糧甲於他所黃州澆頑常德困憊辰沅半為賊
穴衡永僻僥寶慶簡靜此其大較也加志窮民者其尚
思援救之策乎

四川輿圖

每方百里招
討司亦从○

東北屬鄖陽地控

東南屬偏沅地控

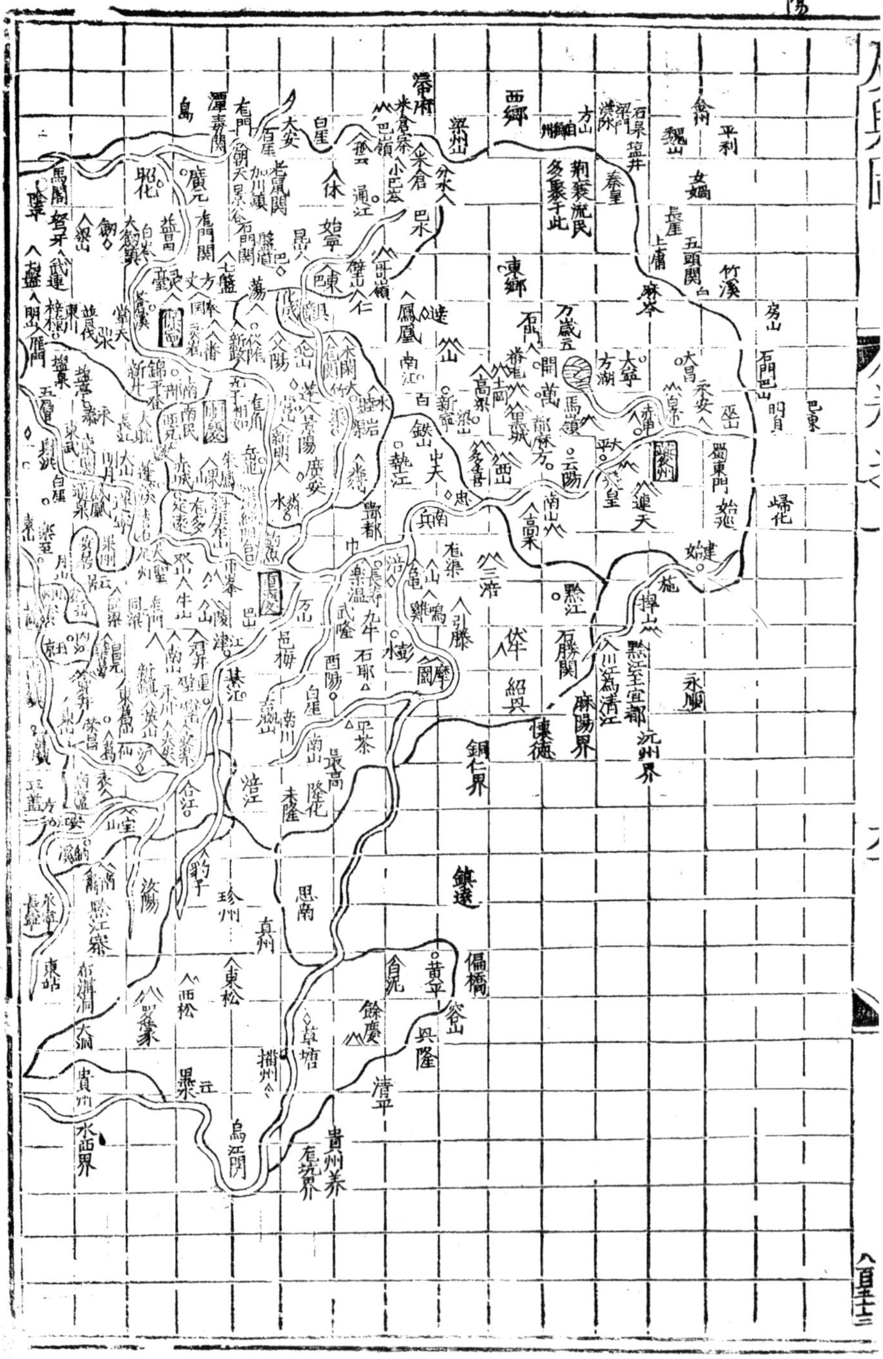

松潘安綿建昌守變巡撫
松潘一道
威茂一道
安綿一道
副將一
參將二
遊擊二
又有建昌都司
建昌道一
雅州道一

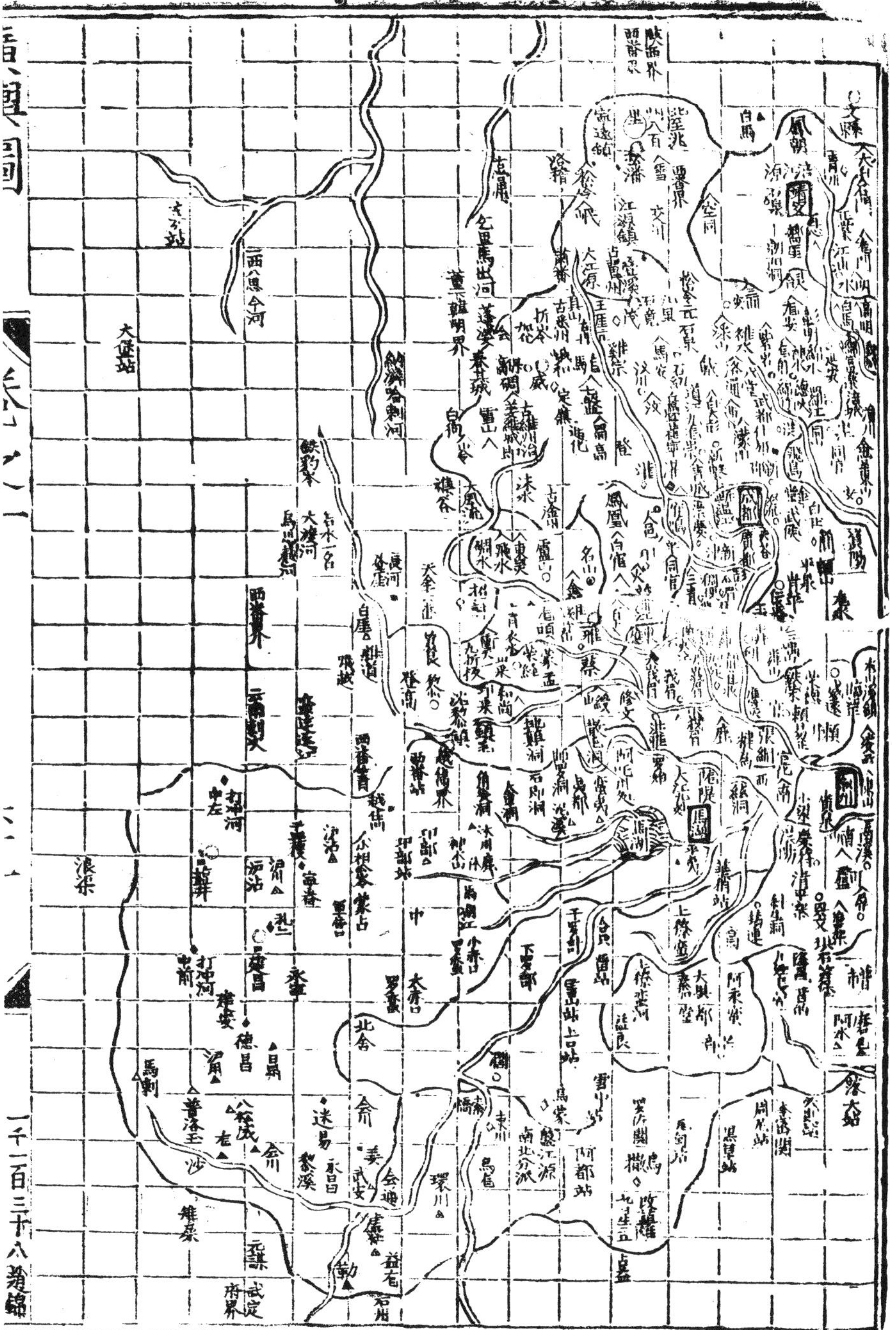

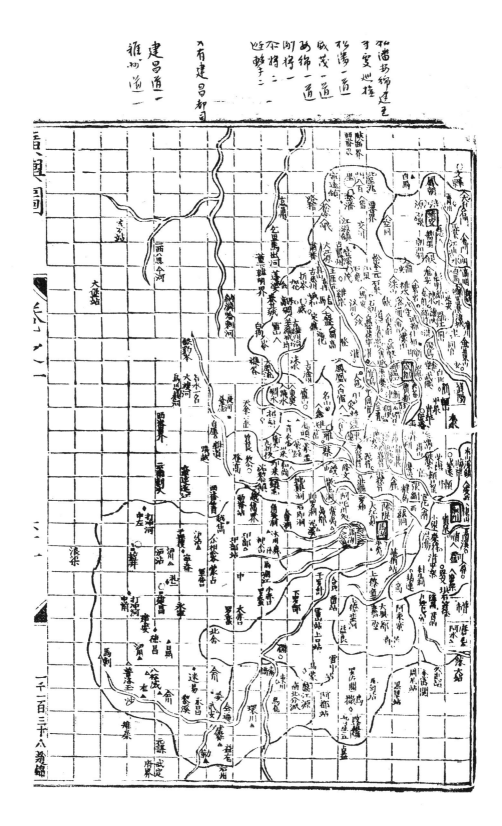

四川建置

四川等處承宣布政使司治成都左右布政使二左右參政三糧儲一分守一左右參議三雅州管糧一分守二領府九州二十縣一百有五軍民府三宣慰司一宣撫司一安撫司二長官司一總爲里一千二百五十有零戶一十六萬四千一百一十九口二百一十萬四千二百七十夏秋二稅共米麥一百二十萬六千六百六十石絲六千三百三十三斤綿花七萬二千八百五十一斤鹽課提舉司一在成都領仙泉等鹽課司十五龍州等衛所額辦折色小引鹽一十萬九千一百七十七引　成都建昌等府衛額辦課茶共四十八萬九千八百八十五斤有零

四川都指揮使司隸右軍都督府　都指揮三內掌印一僉書二領衛一十二屬所四十九宣撫司一安撫司七長官司二十一　守禦千戶所一十一屬長官司二　招討司一又行都指揮使司隸右軍都督府　領衛六屬所三十四長官司九　守禦千戶八本都司所屬馬

步官軍九千六百餘員名

提刑按察司按察使一副使七清軍一提學一兵備松潘一威茂一建昌一重夔一　僉事九管屯一兵備安綿一叙瀘二分

巡四分道四

欽差巡撫都御史一　巡按御史一駐成都

欽差副總兵一駐松潘

王府一　蜀府　高十一封成都護衛一　郡十四　崇寧德陽崇慶石泉保寧汶川永川慶符羅江通江黔江南川內江　華陽分封澧州

道四　府九　州平附郭　并外縣一百五　衛二十二　所二十一

川西道

巡撫巡按　鹽課提舉

成都蜀郡肅部廣漢牧蜀郡唐南京益州劍南西川成都路鋪城一府各縣俱無瘴漢崇二州成華雙溫新金郫灌崇彭什德十三縣俱化衍新津濱江無戍威三

成都益州治煩無　摩平衍上　一十四里

華陽蜀縣成都縣冲煩淳無瘴　平衍上　十一里

雙流蜀郡廣都寧蜀郡五里中

溫江郫縣蜀郡萬春七里中

新繁繁縣成都繁江四里中

金堂懷州新都地僻八里此上四縣俱平衍無瘴

仁壽武陽揵為西城牂監普寧懷仁郡陵

資縣資州資中資陽盤石依山冲煩無瘴中七里

灌縣青城盤龍導江灌寧灌州永安軍永康軍　郫縣繁縣虎瀆都安灌口郫縣　淳下奧西有玉壘關蠶崖

彭縣蜀郡九隴濛州彭國彭州晉壽東益濛陽威勝軍頑僻下六里

成都右中前後左寧州　成都左護衛

灌縣誌灌

兵備副使

州仁井資綿
彰羅文簡俱
要地州五縣
一十七
秋米一十六
萬六千有零

州隆山郡仙井監隆安龍安神泉汶江地
州劇中一十二里縣汶山安州石泉軍
新興樂新都什方郡　栽簡下
都始康郡維縣資官　六里
井武陽西陽始建漢寧內資中漢安戍中江
研仁壽無瓊僻中四里　江煩淳沖中一十六里
郫古郫邑犀浦無瓊　崇慶昌永昌郫道導江
縣簡　八里　寧九隴彭歸化二十里

簡
資州武康資陽簡州
清化軍陽安平泉中
休山負谷　沖煩八
中一十里半
資　淳簡中
陽　七里

慶
江原蜀州唐安永康　新武陽捷爲　淳
晉原漢原晉康提　津七里
爲僻淳中二十七里秋
米一萬四千石零

漢
雒縣德陽廣漢郡　什方崇雒縣僻淳簡　德綿竹綿水地雒縣德
治益州新都　淳簡　郫下　四里　陽川淳簡下
中九里秋米
綿竹
綿　僻淳間　以下
二十五里
六里

綿
涪縣巴西潛漢郡　昌明彰　隆涪縣昌明　羅萬安　昇亭縣涪
潼州金山魏城淳　明　成　漢昌淳簡下　江縣　地淳沖　下三里
沖煩六里秋米
二一里

川北道

參將
兵備

參將

茂爾罕里灑寺九
年省置雞宗關北
爲松潘關又有七
星關

保寧　巴國巴郡南
梁州隆州盤
龍閬州保寧
德安二軍巴
西閬中閬蒼
南部江保寧
路俱負山濱
江廣通巴劍
俱負山谷爲
瘴上　領州
二縣九秋米
二萬石零

順慶　羅州巴西果
州宕渠南充
充州永寧軍
東川順慶路
南遂廣渠俱
濱江營岳平

茂　冉駹國汶州汶山　汶綿虎汶川州汶郡
郡蜀州會州通化　川威戎軍隸下衛
郡汶州保寧衛
純下四里秋米

威　維州維川郡威州　保寧城戍保寧威州
綿州維川郡　縣　下四里

閬　閬內巴西郡　蒼　宕渠漢昌　煩
中　煩中一十里　溪　中　十里

南充國新安郡新　部　政西水簡中九里

巴　宕渠化城　十六里

劍

梓潼安州始州隆慶　梓潼　廣漢梓潼郡
普安郡普安軍　劍　梓潼　下二里
淳簡　三里　秋米

南果州宕渠順慶西安漢木蘭鎮城
充　充國煩沖中　充流溪中八里
一十一里

蓬　宕渠安固宕渠安廣　營　相如朝池良山　淳
郡蓬山大寅咸安和　如山簡下　四里

昭化　益昌義城葭萌
化州淳簡下三里

通江　諸水壁州始寧巴郡
江　浸曾口淳中六里

儀　閬中遂　蓬　隆城伏
隴　廣　方州淳煩下里

茂州　隸松潘

利州

威州　隸茂

保寧

川東道

衍西儀大鄰　上十里秋米
頁山谷無瘴　巖渠鄰江廣安府渠　渠渠江鄰山岩渠州淳　岳新明和溪安漢竟
中領州二縣　廣安　果州安漢廣安　縣簡中　十一里　池相如頫中一十五里
八秋米七萬　軍寧西軍渠江淳大岩渠鄰山鄰水　鄰　簡中
二千石　頫中　二十一里　竹淳中一十八里　水一十七里
直隸潼川　廣漢梓潼昌城新　射鄣江射江涌泉依　蓬小溪方義長武
都新城梓州東川武　洪山谷　四里　溪豐唐興依山
德軍靜戎安靜軍　鹽亭廣漢東關永泰普安渠　淳頫　僻中
潼川府民淳頫平　亭郡鹽亭郡頫下三里　六里
頫上六里縣　秋中五城玄武凱州飛烏　安崇龕龍資中牛鞞墊
米三萬石零　江銅山同上中五里　岳江德陽普州多業
遂德陽遂州蜀郡廣　樂至安岳郡安居
寧漢郡石山方義武　普慈中全二十里
信軍僻中　樂　簡中　如上
一十七里　至七里
重慶巴郡古巴子　巴巴子江州巴城　江江州江陽枝溪七　榮資州內江昌元昌
國永寧巴都　縣壁山渝州治頫　津門郡中二十八里　昌州昌元二十七里　重慶
郡楚州渝州　淳頫半中上　安僻頫溶　壁僻頫
南平恭州合　九十二里　居十二里　山十二里
忠涪三州巴　長壽縣黔中樂溫涪　綦在涪市南平綦
江長安定鄰　壽中二十里全上　江長宮下四里全前
武彭俱濱江　大合州川昌川永川昌　南江州縣隆化南資
大永榮縣廣　定元溶南州中二十五里　川僻淳簡下　五里
黔銅壁墊邑　永川州縣大足小川　黔石城　全上下
俱米山谷無　川中二十五里　江一里半

川

達州撫民

叙沪兵備

釐頂上領州三縣十七秋米三千五百石零

合

巴子國亦濮東宕銅刻治與巴國墊江定武勝軍合州名昔
漢巴巴川郡墊江石梁東溪墳石鏡巴川遂和溪定遂州
銷涪州涪陵郡石　淳簡中　淳煩中
巴照釣魚山赤水頗　二十七里　一十四里
煩沖上四十二里
秋米

忠

臨州南賓臨江南賓郡　酆平都臨江墊江枳　墊臨江貴溪魏安酆
威淳南賓忠里秋米　都縣南賓沖四里　江都栽頑沖中十里

涪

涪陵漢平温山三台武　涪陵枳縣武龍　彭酉陽黔陽黔州洪
山樂温淳中十三　隆下　二里　水社羊水信寧都濡
紹慶府紹慶路碎
里秋米　淳下八里

夔州

巴東右魚復廣國扞關三巴永寧郡白帝奉巫雲萬四邑濱江大昌新梁平衍大寧開達建東大一州五邑依山谷無瘴煩沖然多淳領州縣十一秋米二萬零

奉　魚邑永安魚巫　楚巫郡巫縣建平　萬南浦安鄉朐忍萬
節復人復夷漢山郡淳簡煩沖中里　縣川南浦州四里
雜淳簡中　大建昌泰昌北井泰昌　新通川岩渠三岡梁
四里　昌大寧監僻簡下一里　寧山淳簡頑煩屯里
梁朐忍地梁　雲安義朐忍云安云安　開漢豊西魏永寧開
山山軍梁山　陽監陽州沖中九里　縣州威山開十里
州十里　大鹽井大寧州大昌　建漢巫縣業州施
不係府郭　寧僻淳下　三里　始居萬山中下五里

達

宕渠漢通州通川郡
東關郡萬州達州
簡中八里秋米
東　淳頑下
鄉五里

叙州

僰國戎州六同郡犍為南

宜　僰道外江義
賓　宜賓煩沖上中
慶　南廣戎州祥州
符淳簡中　六里
高　古夜郎高州羈縻
縣竹縣居芳中十七里

叙南

南

道

溪叙南宣南
富順叙州路
濱江慶符長
高鈞拱戎依
山谷有獐
領縣九秋米
一十萬石零

馬湖
洋河馬湖馬
湖路一十里
僻下領長官

鎮雄
巴凡兀始烏撒
軍民古管二里
司四秋米三石

龍安
舊屬龍州宣撫司　事簡　僻
江油石泉二縣屬之

直隸

二十八里

泥溪
長官

嘉定
府嘉慶軍嘉定路
州平羌郡嘉定
濱江無瘴煩中十
里領縣五秋米四
萬石有零

眉
犍為眉山青州眉
濟通眉山通義濱
江無瘴中二十里
領縣三秋米八千
石零

富江陽富監治滎
順富義有瘴十二里
南蘭廣六同都淳冲
溪中煩一十九里
長漢陽江陽瀘州長
寧宣州消井監長寧

軍民煩簡中
一十七里

平夷
長官

蠻夷
長官

江安定武龍州龍門
瀘州簡州淳簡下三里

嘉定
眉南安地僻簡中六里
洪濱江　簡中
雅三里
夾龍游平羌夾江犍
江雅南安簡中十五里

彭武陽犍為戎石隆
山洪雅隆山郡眉縣
無瘴淳簡下下
五里

鈞定川定川縣琪摩
連州鈞連州下簡四里
珙西南夷部羅計長
縣官珙州僻下簡童
興夜郎大琪都戎州
文晏州下一十一里

隆新設衛煩民
昌碩　十里

沐川馬湖部洛
長官

石廣平石泉軍莪
泉簡中　四里

犍武陽南安戎州懲
為非鎮王　九里
榮大牢旭川榮川和
縣義寧德紹熙府古
威蜀郡威遠戎僻居
遠中中淳下四里
青青衣青神郡堂安
神地淳冲中
四里

烏撒

[illegible]

川南安撫司 樂郡 永樂
稜睒灘雜簡 各十五里

瀘
江陽瀘川江安州依 納溪陽瀘川納溪盧壓 江 江陽漢安思隷遂
山濱江淳頓平沖 溪淳簡中中三里 安藉陽漢安綿淳頓
瀘州

上七十里
合約縣安樂成神臂 上瀘頓中
江江南 全上中下里 二十里

邛
臨邛邛州蒲原郡依 威蜀郡威遠成僻居 蒲處安臨邛邛州簡
山谷淳頓平僻中遠 山中淳下四里 江中五里

十里領縣三秋米 大江原發代火井晉
二萬石零 邑原頓中 七里

直隷雅
蒙山臨邛雅安盧 名漢嘉嚴道晉 盧嚴道下 全上
山永平軍山淳簡 山依俱依山濱江民 山下
雅州 隷都
雅州司

中 四里 縣二 淳簡下 三里
秋米八十石零
滎經 金湯軍嚴道民探 經卒淳簡下二里
滎經 金湯軍嚴道民探 經卒淳簡下二里

上川南道
兵備副使
管粮參政

東川
軍民府

軍民指揮 衛 司 宣撫 司 安撫 所 司 招討 司 長官

隷川副總兵 兵備宣慰
四道兵 副使司

松潘 晉濟移 周龍韻 積蒙 會劍斧 回處鹽 州貝與 碰番桑 撒藏澤

節 小河
阿角寨 蓮闔 偶讀 川奮
麻兒匝
若兒者

占藏膳匝何 西包藏潘斡 山洞者多 牟力勤都 祈命麥匝 阿昔阿用 白馬班班 北定思曩

隸川北道
隸上川南

建昌行都司　古越巂邛都郡會無之地在成都西南千四百餘里去黎州六百餘里□雲南

建昌　附郭
建昌前　附郭

寧番　漢□國郡
越巂　□□□□□□□□□
鹽井　□□□明□□
會川　□□□郡一十八里

龍州　□□□□□□□□□□□□□□□□□□□
青州　隸四川都司

疊溪　番陵八陵臨翼八南有徹底關甚險

禮州後　亮善郡
禮州中　龍廢城
打沖河前　□□城地
德昌　宋時□□元□□□
冕橋　元為□□州地
鎮西後
打沖河　建昌路
迷易　會昌路

静州　□後長官
青州　□□隸疊州衛
隴頭
岳希蓬
疊溪　鬱即
昌普威
州濟龍
邛部　□□□□□□□
馬剌　□□□部

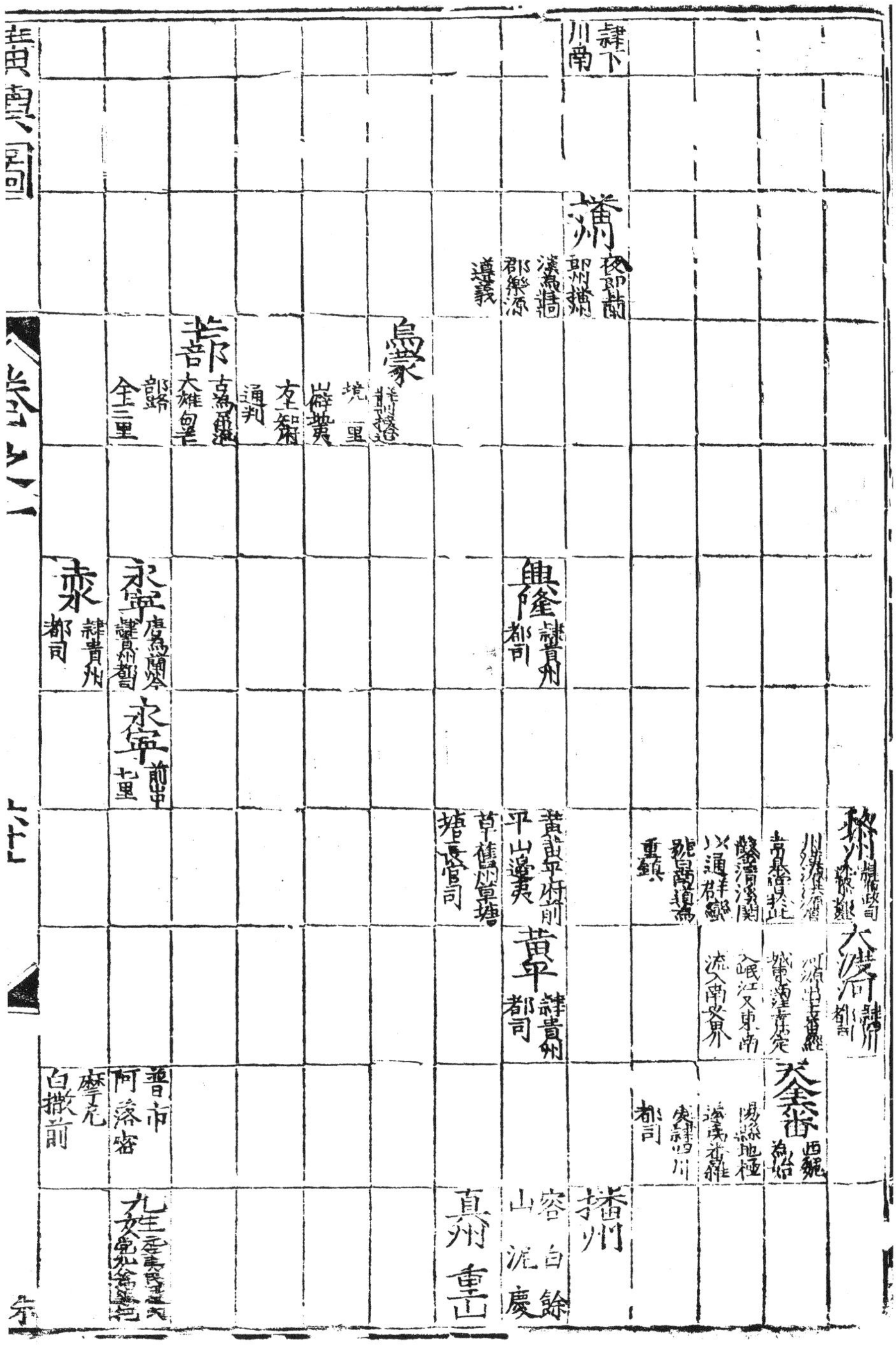
隸下川南
播州
烏蒙
芒部
興隆
隸貴州都司
永寧
赤水
隸貴州都司
黎州
大渡河
黃平
隸貴州都司
平山邊夷
播州
容山
白泥
餘慶
真州
重安
普市
阿落密
摩尼
白撒
九姓

肆川東道

石砫重慶

酉陽重慶

茶黔中邑梅

石耶

四川圖叙

四川古梁州地劍閣[即劍門關在保寧北境]表雲棧之固瞿塘[峽名在夔州城東是]鎖巴峽之流界以番簇[西番]阻以蠻部[東川烏撒芒部]山水襟束自相藩籬故姦雄割據則盜兵不敢西窺地饒而險阨備也然姦宄內作懸車束馬勢不相及有難猝定者矣俔上列親藩重兵外戍諸所供饋咸取給焉且松潘以孤城介在番域而寄咽喉于龍州[宣撫司]千里轉運輒爲番蠻所遮斯則巴西之隱禍也烏撒芒部[即鎮雄州]諸夷[四軍民府]雖犬牙形格仰我鼻息然內相黨結數啓兵釁且於叙[叙州]瀘[瀘州]

有㕓齒之重要在因俗撫綏攜其私黨而已乃若〔碉門〕地名天全六番招討司治此之臂視諸番〔播州〕宣慰司之富藏四省播州地方與湖廣雲貴俱鄰接殆與蜀相爲盛衰者焉〔建昌〕六衛僻處西徼自爲奥區民夷安業非所憂矣

按川雖僻阻然巴蜀沔益之饒或時仰給焉且藩蔽吳楚東南上游表裏滇隴西南要地得其人則治以安否則亦易擾亂前代之往轍炯鑑具在也故漢第五琦張堪廉范李膺唐韋臯李德裕宋張詠趙抃馮京崔與之諸公此其人皆兼將相之器而又俾久於其官故卓然各有稱述保茲西土而或以僻遠易之過矣

福建輿圖

每方百里

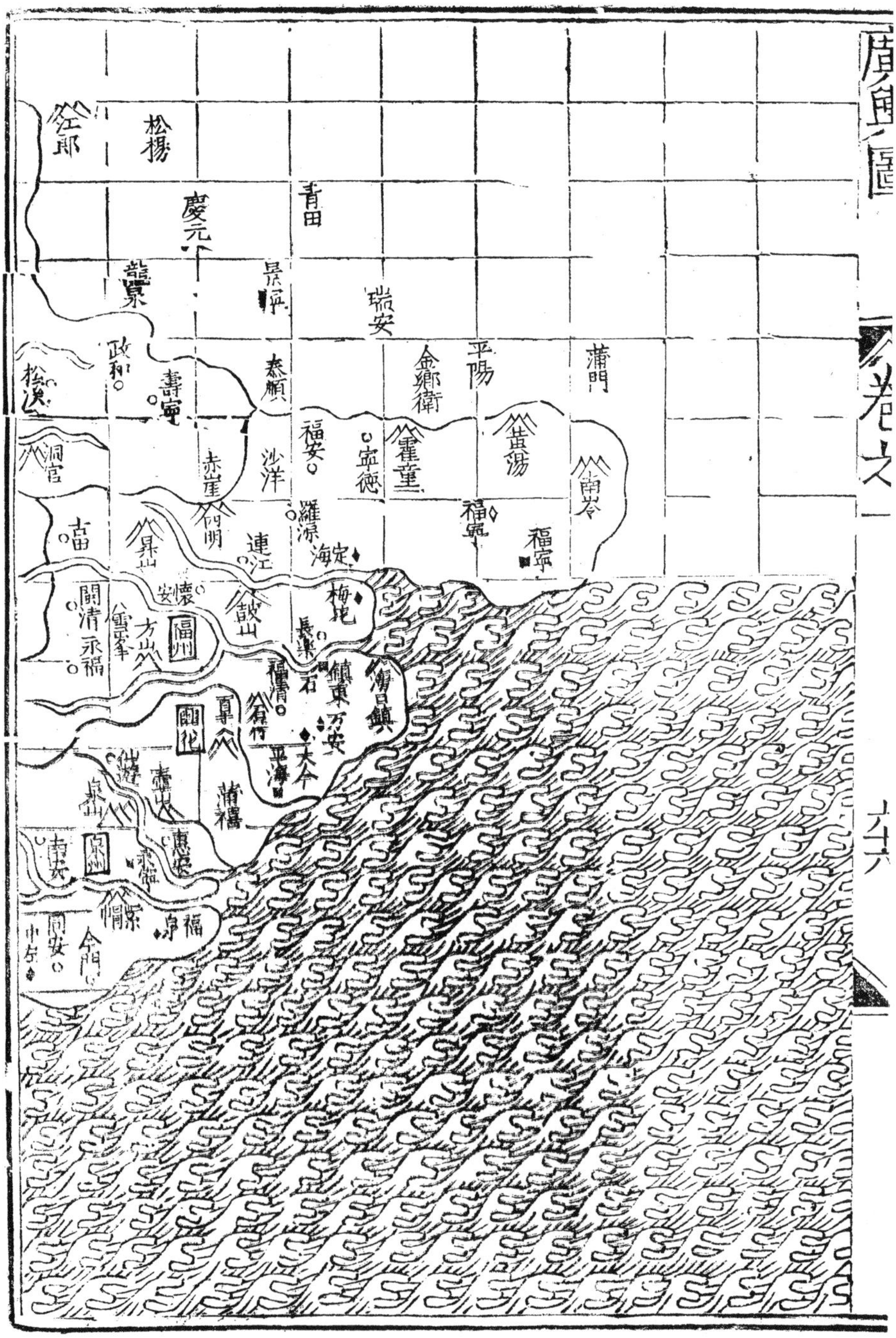

廣輿圖
卷之一
松陽
慶元
青田
瑞安
平陽
金鄉衛
蒲門
泰順
福安
寧德
沙洋
赤崖
連江
羅源
梅花
長樂
福州
福清
鎮東
興化
泉州
南安
同安
金門

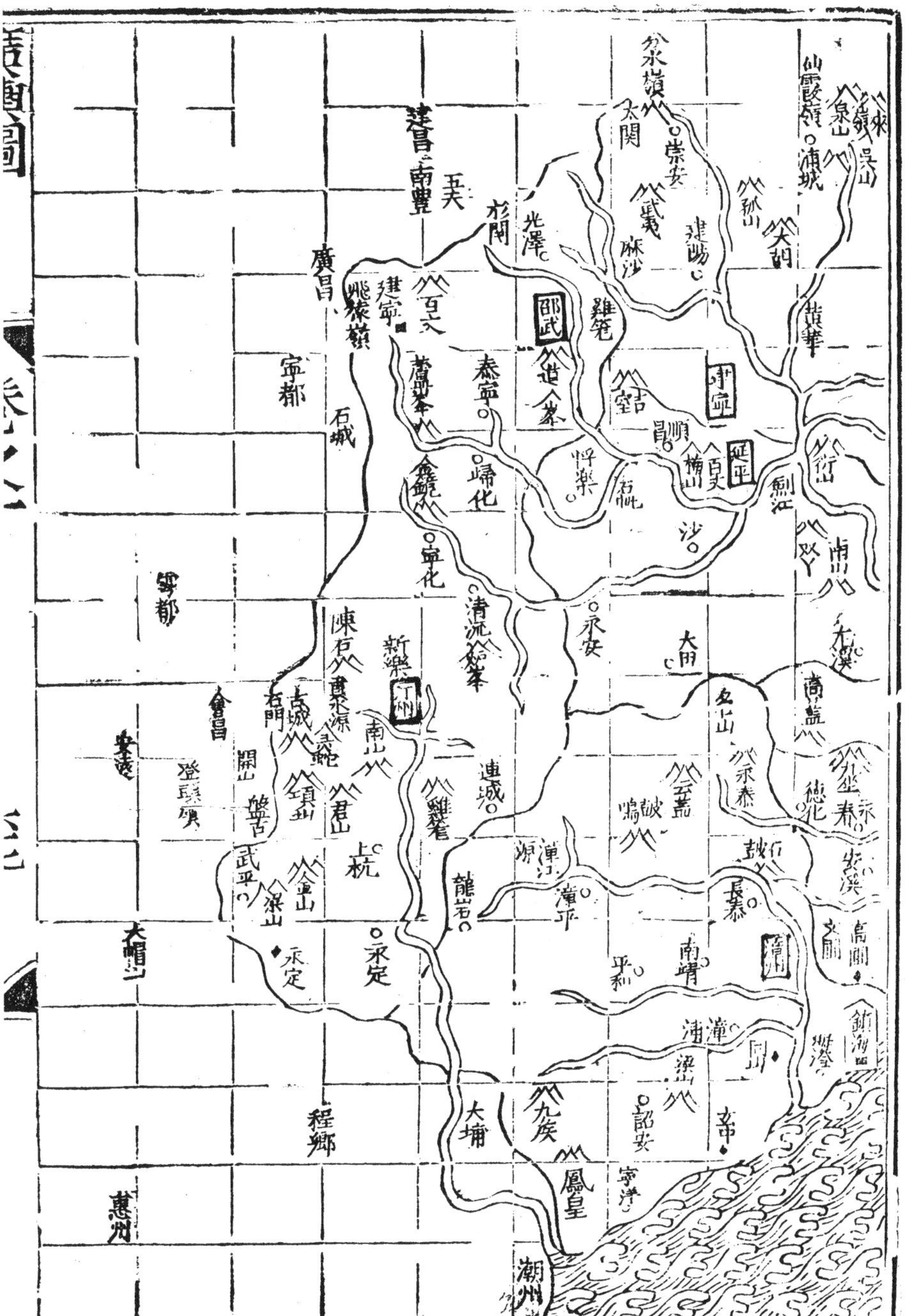
建昌
南豐
廣昌
杉關
光澤
崇安
浦城
建陽
邵武
建寧
泰寧
寧都
石城
歸化
寧化
將樂
順昌
延平
沙
劍江
清流
永安
大田
汀州
會昌
安遠
連城
上杭
武平
永定
龍岩
漳平
長泰
漳州
南靖
平和
漳浦
詔安
程鄉
大埔
鳳皇
惠州
潮州
德化
永春
安溪
海澄

福建建置

福建等處承宣布政使司治福州左右布政使二左右參政三左右參議三（糧儲一）領府八州一縣五十有八總爲里三千七百九十七里有零戶五十萬九千二百口二百八萬二千六百七十七夏秋二稅共米麥八十八萬三千一百一十五石絲綿一百九十四兩絹六百疋苧六十五斤鈔一萬七百七十九錠

福建都轉運鹽使司一（在福州）領鹽課司七歲辦鹽價八千八百七十八兩

福建都指揮使司（隸前軍都督府）都指揮三內掌印一僉書二領衛一十（屬所五十六）所一十七建寧行都指揮使司都指揮三領衛五（屬所二十三）守禦千戶所四所屬馬步官軍共四萬八千二百餘員名

提刑按察司按察使一副使四（巡海一清軍一提學一建寧一）僉事五（兵備汀漳[illegible]）分道四

欽差提督軍務兼巡撫都御史一 駐福州

巡按御史一 或清軍一 俱駐福州

道四 府八 州一附郭 縣五十八 衛十六 所十七

福 福州閩中閩越泉州晉平晉安長樂威武 閩東冶東侯官晉古東侯官地強悍有瘴縣安郡原豐大田谿中下五十三里 羅永貞永昌連江閩清源簡瘴裁下中 福州左右中 梅花萬安

寧 彰武三軍三山多貿易煩上領州 巳上中閩梅溪鎮簡瘴一百一十八里清裁下中七里 一十六里

道 一縣十二秋米一十六萬六千 侯都尉福州城小長新寧福唐安昌無官箬中上六十三里樂瘴有盜上中 永侯官尤溪瘴簡福裁下上九里

五百有零 懷閩縣地羊原裁安貧煩中下四十里 一百一十五里 福萬安永樂長安清地福清州福唐南 鎮東

連溫麻簡無瘴中江三十五里 臺近海多盜中下一百三十里

福寧 溫麻長溪連江福寧縣海盜州沒中 福長溪福州中中安三十二里 寧東洋中下四十德五里 福寧 大金

五十一里秋米二萬八千五十五石領縣二 定海

巡海 興化 莆中平海太平興化軍興安州士夫多煩難且沖秋米六萬零縣二 莆晉安南安興化仙莆田地青源興化楓田莆陽煩難上遊亭有盜無瘴裁僻煩 興化平海 莆禧

中二百九里 中上一十三里

市舶提舉 泉州南安郡豐州清源溫陵晉安平 晉晉安南安泉州南侯官東安晉安豐安南安小溪場清溪江煩上中一百安州康店簡無瘴溪裁盜瘴刁中下 泉州永寧 福泉金門高浦

廣輿圖 卷之二 六十八

武平道

建 兵備行都 僉事司

海 二軍民雜 土夫多頑難上中
領縣七秋米一
十一萬九千零

邵武 昭武樵川邵武
路山蹊險峻儆
瘴簡 領縣四
秋米六萬二千
三百零

延平 劍浦建福汀三
州延平鎮劍州
利州延平路無
瘴頗沖中
領縣七 秋米
八萬六千三百
石零

建寧 建安建溪富
沙建州鎮安

五十三里

邵 昭武邵陽綏
武 城東侯官儆
瘴中一百七
十一里

南 永平龍津會
平 稽鄱東侯官
劍州延平劍
浦茶洋淳頗
上中
九十七里

建 治縣會稽郡東
安 侯官太平頗中

中上四十八里

惠 晉江地 民貧賦重
安 冲上三十五里

德 永福地裁盜瘴僻
化 中下一十三里

光 財演鎮鸞鳳儆
澤 瘴內杉關界江
西東鄉賊巢僻
簡中五十二里

將 鏞州白蓮無瘴有順
樂 盜上中六十四里

沙 沙村延平地建安
縣 儆有瘴 中上
一百一十四里

尤 延平地開山洞有瘴
溪 無盜山僻刁難治
上中一百九里

嘉禾建溪無瘴盜
頗中二百一十里

政 寧德地居萬山中
和 無瘴盜簡上

一十八里

同 侯官地大安晉安
安 南安源青 盜瘴
刁中四十八里

永 桃林場桃源裁盜
春 瘴刁中下十四里

泰 歸化綏城地儆瘴
寧 刁頗 十里

建 將樂永安建安
寧 綏城地義寧靈永
安中場儆瘴大帽
賊為鄰 十里

順 將水場永順鑭科
昌 富屯有儆瘴頗淳
上中 五十八里

永 本沙地尤溪有瘴
安 民悍頗 頗中六
十五里

大 下上
田 四十里

邵武

延平

建寧 左 右

同安 中左

將樂

永安

寧		鎮武永安忠義簡沖領縣八		一百五十里	崇溫領建州建陽長	五十九里
道		秋米一十六萬三千石零		百九十九里	安平中上八十四里	浦城
				甌寧 建安建陽浦城三縣地一城刁中上一百五十里	浦瀛與唐興武寧	
				松溪 松源鎮松源縣簡 無瘴盜上六十里		
				壽寧 政和福州福安地 楊梅村上二千五里		

漳南道

兵備僉事

汀州 臨江鄞江新羅 臨汀都汀州路 僻簡不繁 領縣八 秋米

長汀 新羅地衣錦 館前盜少有瘴煩中上 五十一里

寧化 潞黃連石牛中 汀二鄉白石汀州 化上六十里

清流 長汀寧化地玉華 盜少微有瘴中 上七十九里 汀州

上杭 太平漳州龍岩磁 新羅地平西盆 坐此煩饒上中五 十九里

連城 長汀地蓮城堡頗簡有瘴中中 三十二里

武平 武平場 有瘴盜民刁十九里

武平

永定 交坤 栽有瘴盜 溧 一十九里

歸化 明溪有瘴盜煩漳 七四十五里

漳州 漳浦清漳漳州 路地險民悍盜 賊出沒中 領縣八

龍溪 龍武榮顈南安郡 漳 懷恩龍溪南地漳 溪泉州江東無瘴 浦州治臨漳盜賊出 煩沖上一百六十里

長泰 南安地泉州武勝場漳州 有盜無瘴簡四十九里 鎮海

六鼇 魚童鍾 銅山

漳浦 漳 浚煩上中 四十四里

平和 栽 一十二里

龍巖 苦草新羅 漳 邑小而簡然有瘴 難治有瘴中 平 盜三十五里 六十八里

詔安 新栽 二十一里

南靖 南勝龍溪漳浦龍 岩地盜多人狡

海澄

寧洋 簡中 二十六里

閩本安壤自頃島賊蔓延山寇熾發八閩騷然民以窮困因爲盜賊内外蠢動而財靡所供兵不可蓄束手窘武計將安施愚謂宜簡中外才傑之士如古張綱虞詡其人爲郡守使得簡料丁壯辟署僚屬什伍其人團結訓練而其餉饋器械大都取諸各縣歲額及平日更雇等直而止但能禦盜安民即稱良牧而又久其任使峻其拔擢俾之激厲用樹風聲庶幾可使制挺以撻人之堅甲利兵者耶

福建圖叙

福建古閩越地以温處衢（温州處州衢州俱浙江屬府）信（江西廣信府）爲北藩建昌南贛（建昌南安贛州俱江西屬府）爲右壁惠潮（惠州潮州俱廣東屬府）爲外戶海爲門封壤促甚而重關内阻溪山秀美民用以和然處（浙江處州府）人輒用盜礦流入政和壽寧（俱建寧府）

屬縣之境大為患害古田福州府屬縣福寧一帶本竊魚鹽之利山谷邃深逋寇每憑之而嘯聚但不常出也濱海上下外過倭寇之流近通琉球之貢不為要害而海物互市妖孽游興通番海賊不時出沒則漳浦龍溪之民居多且汀汀州漳漳州之山充廣人跡罕到獨與贛州江西屬府聲勢相通提督兵備實交治之而永春安溪俱泉州府屬縣沙尤俱延平府屬縣之間則屬之捕盜官矣四縣交界地方山盜頗多蓋簡僻莫如邵武嚚訟莫如漳州土沃民稀耕稼自給兵燹不加則八郡一也

廣東輿圖

每方百里

廣東建置

廣東等處承宣布政使司治廣州左右布政使二左右參政二（嶺東一 嶺西一）左右參議三（嶺南一 嶺北一）領府十屬州七縣六十九總爲里四千二十八里戶四十八萬三千三百八十口一百九十七萬八千二十二夏秋二稅共米麥一百一萬七千七百七十二石廣東鹽課提舉司領鹽課一十四海北鹽課提舉司領鹽課一十五二司本折色鹽價并引價銀共三萬七千二百八十兩

廣東都指揮使司（隷前軍都督府）都指揮三內掌印一僉書二領衛十五（屬所卒八）守禦千戶所四十有五本都司所屬馬步官軍三萬九千四百餘員名

提刑按察司按察使一副使四（驛傳清軍一兵備一 提學一屯田一）僉事七（巡鹽一嶺東一嶺南一 嶺西一海北一清遠一）分道五　市舶提舉司（廣州）

欽差鎮守太監一 今裁
欽差平蠻將軍總兵官一
欽差總督兩廣軍務都御史一 俱駐劄廣西梧州
巡按御史一 或清軍一 俱駐廣州

嶺南道
道五　府十　州八附郭　縣七十五　衛十五　所四十五

廣州 羊城南海郡番州清海軍廣州
路無瘴 煩上
領州一縣十五
秋米三十二萬石零

南 番禺番州咸寧
海 廣州常康咸江
上一百三十九
里
番 熙安懷化南海
禺 郡溢湖上
一百三十九里
連 長沙郡桂陽陽山熙
平近山有瘴按界地

從 近山無瘴地險有
化賊裁簡下十九里
順 南海地近海無瘴
德 煩上一百六十四里
東 宗安增城鉄岡上
莞 一百八十里
龍 有瘴裁下
門 十七里
新 裁僻負山濱海多
寧 盜無瘴中
四十里
增 東官郡東州近山地
城 險無瘴中九十八里
陽 含洭桂陽郡在
山 山有瘴

香 南海番禺新會四
山 圜俱海無瘴中
三十六里
新 新會郡岡州南海
會 郡又寧蠅江近海
煩中上無瘴三百
十八里崖山在境內
三 簡五十一里
水
清 中宿清遠郡政賓橫
遠 石無瘴裁簡下十七里
新安

廣州左右前後
南海
廣海
清遠

香山
東莞大鵬
新會
從化
增城
連州

廣輿圖　卷之一　二十二
佃

嶺西道

兵備僉
參將

韶州 南海郡番州
東衡州始興
廣興韶陽無
瘴煩小中
領縣六秋米
五萬石零

曲 湞陽桂陽始興
江 郡臨瀧良化芙
蓉番州　中
二十六里

樂 良化平石曲江
昌 地有瘴裁僻簡
中十五里

翁 桂陽清源郡英
源 德路湞州南海
郡湞陽豈含湞
樂昌清遠下十二里

仁 曲江地樂昌　下
化 二里

英 湞州南海郡清陽
德 英州湞陽無瘴

乳 洲頭津曲江樂昌
源 有猺賊僻下四里
冲中十里

險猺賊出沒裁
十七里

連 廣德廣澤近湖
山 廣廣西裁二里

裁簡六里

南雄 始興郡雄州
凌江保昌有
瘴冲中
領縣二秋米
二萬五千石
零

保 湞昌始興地雄
昌 州始興郡南雄
州有瘴簡中
四十四里

始 斜階正階南海郡
興 有瘴裁僻下
七里

肇慶 蒼梧信安高
端興慶軍綏
建無瘴煩冲
上領州一縣
十秋米一十
六萬石零

高 瑞州博林高安
要 郡平興新村無
瘴　煩冲上
一百里

四 始昌南綏州禎州
會 南海始興無瘴
僻冗上
六十二里

陽 齊安恩平高梁恩
江 州南恩路西平海
安無瘴　簡中
五十里

新 臨允新寧郡海南
興 郡索盧新州新興
明十八里

高 無瘴裁僻簡
郡新昌無瘴簡中　恩高涼南恩州有賊裁
五十八里　平如上下二十二里

肇慶 四會雙魚
海明陽江

韶州

南雄

新興

嶺東道

兵備僉事

恭 瘴簡中二十四里 瑒 高涼南陵黍州 裁減 廣 新設 裁減 多盜 十里

德慶 端溪南康德慶府 永慶軍晋康郡晋 康州 徭人相半瘴 餉沖中六十三里

封 賀信梁信梁 川州臨封郡封 封州淘瘴 裁簡中一十四里

開 開封陽地 封 建州化大口中 裁簡中 四里

德慶

羅定 瀧鄉平原端溪瀧州 開陽永熙多賊少瘴 裁簡中 二十六里 舊瀧水縣新改州云

東 南東山西鄉 設 新建 今設

西 西山大峒 寧 新建 今設

高州 高京高興石 番山多有瘴 盜賊出沒嶺 州一縣五 秋米六萬六 千石零

茂 桂林合浦南巴 名 潘水番川越裳 那夏近山盜賊 出沒簡瘴中 四十六里

電 高涼海昌郡良 白 德高州治保寧 立石裁簡瘴中 四十六里

石 信義南扶州竇州 山 特亮譚 懷德竇 江簡瘴從賊裁下 十五里

神電

高州

信宜

化州 高涼羅州 高興石 龍辯州陵水南石 郡瘴簡 三十七里

吳 幹水零祿高梁瘴 川 裁簡下下二十七里

石 羅縣羅江羅州新 城 和裁如上四十六里

寧州

石城 隸

雷州

惠州 梁化龍川海 豐循州博羅 無瘴沖煩 領縣十秋米 六萬七千石 零

歸 欣樂循州惠州 善 南海郡博羅禎 州治苦竹上 四十五里

博 羅陽莫村上 羅 五十六里

海 東官陸安裁衝 豐 瘴沖四十里五 坡在境內

和 新洲頭少丞 平 三里

長 興寧七都無瘴 樂 十里

興 齊昌裁有盜無瘴 寧 中七里

惠州

碣石

平海

海豐 捷勝

長樂甲子門

廣輿圖　卷

海北道

參政　鹽課提舉　兵備僉事

潮州　義安潮陽郡鳳城東陽瀛洲無瘴煩上秋米一十六萬四千石零領縣十

海陽　南海揭陽地義安郡潮州三河冲上三百里

河源　龍川石城休吉裁長寧　無瘴盜冲中一十里

龍川　雷鄉雷江循州治　裁簡瘴中八里

潮陽　海陽地武寧上一百四十二里

揭陽　南海南東海陽地煩僻上一百三十里

程鄉　恭州梅州揭陽有賊瘴裁中一十八里

澄海　新設民饒五十里

平遠　新設裁減寇盜十二里

長寧　舊鴻雁州新設裁減二十七里

永安　舊安民鎮新設裁減七里

饒平　三河瘴煩僻中一百四十六里

大埔　裁中二十七里

惠來　裁中僻民刁多盜三十里

普寧　新設裁減多寇十二里

潮州

河源　龍川　大城　靖海　海門　蓬州　程鄉

雷州　南合州海康雷陽無瘴冲中領縣三秋米五萬五千石零

海康　徐聞地雷州治康遂溪無瘴簡冲中三百里外縣有瘴

遂溪　椹川合浦郡饒艳

新安海康中四十八里

徐聞　徐齊康海康隋康莫開利中九十里仝上

雷州

海康　樂民

廉州　合浦官珠大山還珠太平軍祿州合州有瘴簡下領

合浦　合州封山石康蔡龍天燕簡瘴二十六里

石康　常樂同封常樂州

欽州

海安　錦囊　永安

州一縣三秋米
二萬六千石零

欽
象郡寧越郡欽江合
浦宋壽安州交趾
州無瘴栽簡下
一十里
靈山南賓合浦地遵化
山欽江內亭治安遠
太平簡中
三十里
欽州
靈山

海南道

兵備
副使
右參將轄
海南北

瓊州
珠崖儋耳崖
州鎮州瓊山
瓊管靖康軍
乾寧在大海
中無瘴煩領
州三縣十
秋米八萬石
零所屬俱有
瘴

瓊崖瑇曾口瓊州
山頒羅容瓊舍城
崖州瓊臺上上
仝上一百四里
澄苟中通朝簡中
邁五十六里
定南建瓊山縣栽簡
安中三十里
文縣貝平昌賓寧中
昌三十八里仝上
會樂會昌永豐栽下
同仝上巳里
樂萬安溫泉栽下
惠仝上下二里
臨臨機珠崖僻中下
高六十七里
南海
瀧水
清瀾

儋
儋耳昌化宜倫珠
崖洲南寧軍古儋
簡僻上中
四十六里
昌至來吉安縣宜倫
化昌江南寧軍栽下
九里
儋州
昌化

萬
珠崖文昌崖州萬
安州萬寧萬全僻
簡中
三十九里
陵萬安州順潮萬安
水軍栽僻下九里
萬州
南山

崖
臨鎮寧遠延德吉
陽珠崖軍振州德
化中二十一里仝
感九龍儋耳宜倫南
恩寧軍無瘴栽簡下
九里
前
崖州

廣東圖叙

廣東古百粵地蓋五嶺之外號爲樂土由雄（南雄）連（連州廣州府屬）可以向荊吳（湖廣江西是）由惠（惠州）潮（潮州）可以制閩越（福建是）由高（高州）廉（廉州）可以控交桂（交阯廣西是）而形勝亦寓焉濵海一帶島夷之國數十雖時時出沒要其志在貿易非盜邊也然諸郡之民恃山海之利四體不勤惟務剽掠有力則私通番船（記名通番因而行刼海上）無事則挺身爲盜桴鼓之警彌滿山谷凡以良民困於徵求通山之禁久弛（賫送鹽米入山通盜者謂之通山）教治不脩而大征數舉之過也且密邇蒼梧（廣西梧州府）征蠻幕府在焉（總鎮兩廣太監總兵都御史俱住劄于此）軍旅之興殆無寧歲兵糧供饋咸以待之况地產珠池（在廉州境內）番物駢集本民用所興而內使數采采辦民反病之故外負富饒之名而內實貧困者廣東是也

按廣東介嶺海間北負雄韶以臨吳楚東肩潮惠以制甌閩高廉門戶西捍交桂之梯航嶺海藩籬外扼黎夷之喉咽居然南海一大都會也然地遠禁闊官多匪人榷利吒貲往往攘敓加之番艦階厲礦冶腊靡師旅歲興盜賊日熾郡城晝閉卧榻夜徙外名富饒內實貧困休養敉定全藉治人若更因仍殆難理矣

按廣東界嶺海間昔稱饒富然地遠法疎山海諸寇聯艅嘯聚師旅繁興而廣西兵餉又全仰給故廣潮惠肇南韶諸郡盜熾事繁雷廉高瓊諸郡民淳務簡稍爲次之此諸方大較也

廣西輿圖 每方百里

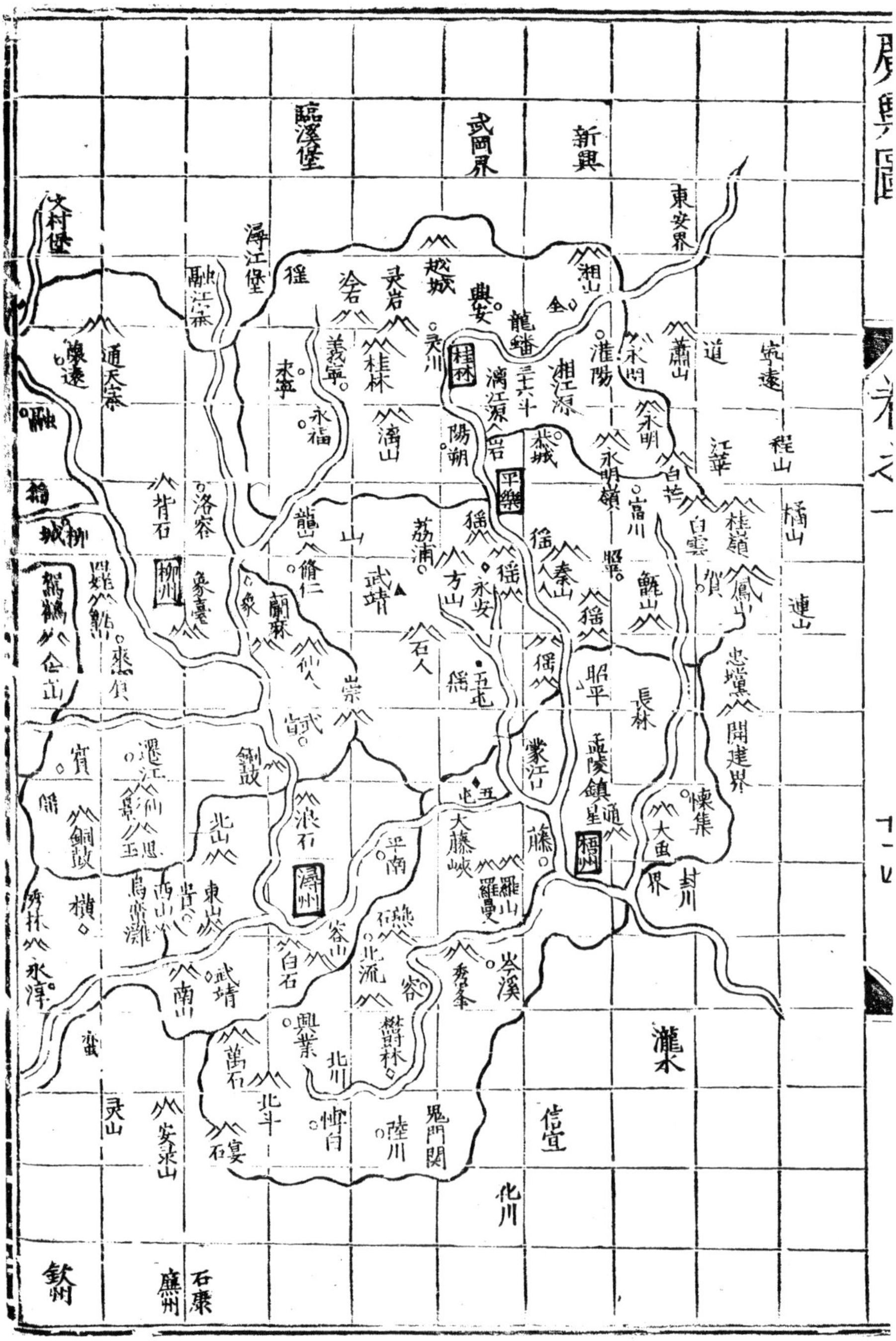
廣輿圖
卷之一
新興
武岡界
臨溪堡
文村堡
東安界
湘山
興安
全
龍蟠
桂林
桂林
靈川
灌陽
湘江源
漓江源
陽朔
平樂
恭城
永明
永明嶺
蕭山
道
寧遠
江華
桂嶺
白芒
白雲
富川
賀
臨賀
鳳山
連山
忠讜
開建界
懷集
大壺
封川
梧州
藤
蒙江
昭平
長林
永安
荔浦
修仁
武靖
方山
五屯
柳州
柳城
洛容
背石
象臺
象
融
通天寨
懷遠
永福
義寧
古田
潯州
浪石
北山
東山
貴
賓
上林
遷江
銅鼓
橫
永淳
武靖
南山
白石
容山
北流
容
鬱林
興業
北川
博白
陸川
鬼門關
岑溪
秀峯
北斗
石宴
靈山
安遠山
信宜
化川
瀧水
欽州
廉州
石康

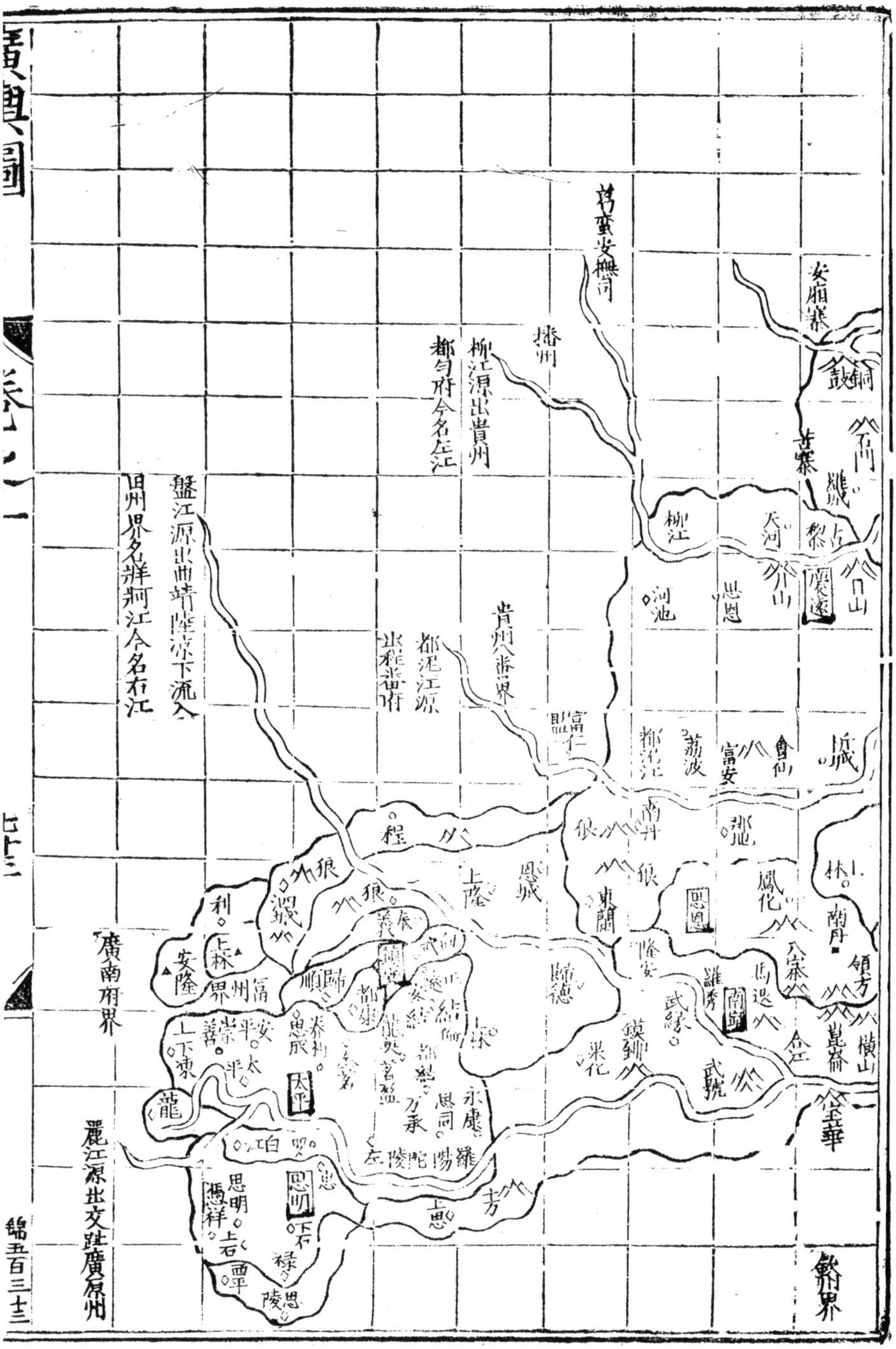

盤江源出曲靖陸涼下流入
柳江源出貴州
都勻府今名左江
播州
都泥江源出程番府
貴州八番界
廣南府界
麗江源出交趾廣源州
欽州界
柳江
天河
思恩
河池
慶遠
南丹
東蘭
歸德
上隆
安隆
太平
思明
萬承
永康
羅陽
陀陵
南寧
武緣
金華

廣西建置

廣西等處承宣布政使司治桂林左右布政使二左右叅政三（管糧一桂平一蒼梧一）左右叅議三（柳州一潯州一）領府一十有一內羈縻三屬州四十有八內羈縻三十三縣五十有二內羈縻五長官司三總爲里一千一百八十三里半戶一十八萬六千九十口一百五萬四千七百六十七夏秋二稅共米麥四十三萬一千三百五十九石鈔一百四錠

廣西都指揮使司（隷右軍都督府）都指揮三內掌印一僉書二領衛十（屬所五十五）守禦千戶所二十有一儀衛司一本都司所屬馬步官軍一萬二百餘員名

提刑按察司按察使一副使五（清軍一提學一分巡三府江一）僉事四（分巡四）分道四

欽差總督都御史一（駐梧州）鎮守太監一　平蠻將軍總兵一（駐梧州同廣東）

欽差副總兵一（駐桂林）

巡按御史一　戍清軍一　俱駐桂林

王府一　靖江府　高從孫封桂林　一千石　護衛一

道四　府十一　州四（附郭）州六　幷外縣五十七　衛十　所二十一

桂平道

桂林　始安　始建國　建陵　八桂　静江軍　煩上　縣九　州二　屬縣一　秋米一十二萬五十石零

臨桂　臨析　至福　祿始安　興安　臨源　全義　灌陽　州　栽　桂　無瘴　煩上　一百二十里

靈川　三十九里

陽朔　始安地　煩　無瘴　簡中　十三里

興安　川中五十里

永寧　義寧　鎮　栽　猺　永理　定地　栽　簡　間瘴

歸義　栽　猺　民　貧

全州　洮陽　零陵地　源　湘　灌　八十九里　煩上　秋米

灌陽　零陵地　湘　源　灌水　栽　簡　僻　下下　八里

府江兵備一　守備

平樂　始安　昭州　昭潭　多猺　簡中下　領縣六　州一　秋米二萬六千石零

平樂　樂州　協　浦　恭　平　樂　昭州　立山　栽　僻

恭城　始安郡　蒼梧　栽　瘴　火　猺　多　中下　一百里

賀縣　臨賀　賀州　綏越　臨慶　桂嶺　臨賀郡　多瘴　中下

富川　富水　馮乘　栽　簡　一　六里

荔浦　川　瘴　少中　二里

修仁　荔　蒙州　永寧　荔江　栽　建陵　晏州　猺　多瘴

昭平　浦　猺　多瘴　重下　三里

永安　立山　猺　多瘴　重　栽　仁　重　下下　栽　二里

昭平　新設　栽減　平　五里　秋米一千石零

蒼梧　總制　總兵　守備　僉事

梧州　蒼梧郡　廣信　交州　戍

蒼梧　廣信　梧州　猛　梧林　戎城　猺　少

藤縣　永平　猛林　藤州　感　義　郡　寧風　鐔津　中

容縣　容　合浦　岩　昌　陰石　奉化　銅州　容州　普寧

衛：桂林中右　桂林護衛

所：全州　灌陽　平樂　賀縣　富川　梧州　容縣

梧
道
州封州頌沖上州一縣九秋米一十萬石零
瘴輕頌中中三十三里
岑永業郡南義州
溪裁僻瘴下七里平
上四十四里金
懷威州永固游永懷遠
集裁簡瘴中四里
裁僻瘴中一十六里
懷集
鬱林
鬱林定州貴州牢州南永
州鬱平桂林郡興業
博白州合浦南州新村
白裁簡瘴省中三十三里
陸合浦北流合平龍豪公
川平溫水簡瘴中下十五里
西流鬱州鬱林郡簡北合浦裁僻猺多有興八右南鬱平興德猺有
僻中瘴輕四十三里
流瘴上中二十里
業瘴中下七里

左
江
道
兵備
僉事
南寧廣源晉興
宣化南晉
邕州建武
邕溪朗寧
宣思龍如和瀼州
化桂林五十二里
武樂昌封陵裁沖有
緣猺瘴上一十五里
南
宰
武緣
新寧新設裁減
諸賊出沒之沖
隆新
中
安十里
永寧多高
買沖上州
橫
合浦高梁寧浦橫縣簡陵北部綠州
有猺頌沖上中一十五里
永桂林淳州永定
淳裁中
州
七里
馴
象
四縣三秋
米四萬七
千有零
上思
遷龍知土近改流官三里
秋米六十七石
橫州米八
千石零
歸德
古邕州知上宫一里
秋米一百一十石
程
程丑莊流宜近土
縣署一里
果化
知土官目流
一里

參將
參議
潯州
桂平潯江
州布山簡中
州一縣三
秋米三萬
六千零
桂平州燕州陵江平
平桂平郡布山瘴
火中上二十四
里
裁簡沖
猺陵武毅龍州陽川
南州武林沖中三十六里
貴廣鬱鬱平陰平
縣永平定州貴州南
定南永鬱林懷潭
郡上中三十六里裁簡
潯
州
奉
義
向武
貴縣

太平
麗江武寨
從歷事中
州十五縣
四秋米

武靖　大勝峽內碧灘馬流灘崇義
大宣七里之間知土官頃

太平　録陽知土官自流下下四里
秋米二百三十九石貢馬

思城　併上下思城二州知土官二里
秋米一百八十六石貢馬

安平　安山波州知土官五里秋米
一百九十二石貢馬

養利　歷陽二里秋米一百
四十八石一斗五升

萬承　萬陽知土官二里秋
米九十石貢馬

左州　左陽古万寨知土官近改流四里
秋米二百三十石四斗

全茗　連岡知土官一里秋米
一百二十石貢馬

鎮遠　古隴知土官一里秋
米九十九石貢馬

思同　永寧知土官四里秋
米八十八石貢馬

茗盈　舊峒知土官一里秋
米一百三石貢馬

龍英　英山又懷恩地知土官二里
秋米三百七十五石貢馬

太平

右江道

參議　參將

結安　舊峒知土官　里秋米七十八石貢馬

結倫　那兜又安峒知土官　里秋米一百二十石貢馬

都結　渠埜知土官　里秋米九十八石貢馬

上下凍　凍江知土官一里秋米一百零二石貢馬兵守交趾隘不調

左州

崇善　崇山知土官近改流　四縣俱有瘴二里秋米二十八石六斗

陀陵　驟陀知土官四里秋米一百六十七石貢馬

羅陽　福利知土官　里秋米一百五十五石貢馬

永康　康山知土官近改流一里秋米四十石三斗

柳州　馬平龍州　南昌龍江　龍城州象郡潭水中　上煩冲州二縣十秋米五萬二千石零　象州秋米三千石零

馬平　潭中治　民少徭多中上　裁　七里

洛容　容縣　猺獞　下下五里

柳城　龍城龍川龍江　裁　中十二里

融　齊熙義熙潭中東寧羅林融州融水　裁猺珠州洞

縣　融州融水清遠軍七里　城瘴中下五十里

懷　非洞夜郎三江鎮懷遠　来　桂林嚴州脩德歸化

遠安軍平州下下九里　賓　武化　裁中下九里有瘴

八寨　長官

象　中潘澤中象郡馬平陽壽　裁藉深輕徭多中十里縣一

武　武仙桂林　裁雜徭

宣　中下八里

柳州

融城

来賓

象州

宣武

兵備守備
副使

實萬一千石零

賓　領方臨浦安城潘方遷
郡裁地錢民亦無瘴
冲上中一十五里

遷江　舊湖思唐州裁瘴
重衝中下二十五里

上林　遷州領方州為州
裁衙中上八里

商冊

賓州遷江

慶遠　龍水宜陽
宜州慶遠
軍節制中上
州三縣六
秋米一萬
四千石零

宜山　龍水路曹古陽地
裁衙中三十七里

天河　古名　裁多瘴簡
下下一十八里

忻城　芝州又綵歸思恩
地多猺獞下下一里

慶遠

河池
才安營

河池　思河縣新附為州
舊縣二裁十八里

思恩　帶溪縣溪州下徭
獞下二十二里

荔波　荔波鎮思恩戍猺
多獐　十六里

南丹　觀州永樂福延四州
地慶遠南丹溪洞安
撫土官倚門獞下下
一十九里今為十二
里秋米七百二十石
有奇貢錫草果

東蘭　綏南安習忠文三州地土官獞重下下一十二里今
為二十四里秋米一千十二石有奇貢馬草果

那地　孚州建隆縣地那二州土官倚門獞多
二里秋米四百一十石貢錫馬草果

永定　宜山地莫往鄉土官六里
長官　百八十四村秋米三十五石

永順　宜山地述昆鄉土官六里一百
長官　一十四村秋米三百五十九石

思明　明江知土
官有獞下
下舊領州
八秋米六

思明　太平下下知土官一
里秋米　石貢馬

上石　永平下下知土官近
陂流一里

百三十七石貢馬雖 毒藥洞夾 近西

下石 永平知土官一里秋米 石貢馬

忠州 下下知土官一里秋米二百二十石貢馬

祿州 永平永順近交人 安南

西平 永平下下近交人 安南

思恩軍民 古為州舊治喬利哉近徙於田知土官近改流石壘下下二十里稚縣 近華 一百四十二里所屬四二十八峒 知土官判 推流撩

鎮安 古東 秋米一千二百五十石貢馬

直隸布政司

田州 田陽橫山來安思恩府降知土官撩下下秋米四千八百五十石貢銀爐并馬舊屬州四因降州俱裁附近縣一

江州 江陽知土下下領縣一 二里 秋米二百二十石貢馬

泗城 古墈知土官下下二里領縣一秋米一千六百四十二石貢銀爐并馬

奉議 舊泉安奉議衛知土官近改流 秋米二百八十六石貢馬

向武 舊向武所七里領縣一知土官下下 秋米八百六十八石貢馬

思陵 舊削一里知土官下下秋米 一千石貢馬近交趾不調

利州 隆照若下下知土官一里分二十五里秋米一百石貢馬

鳳化 近華

上林 一里

羅白 羅高知土官秋米 一十五石

龍州　龍江元舊府知土官五里　秋米四百五十五石貢馬

都康　邑爐知土官 百里秋米　二百二十七石貢馬

憑祥　坡幹知土官一里秋米一百　六十石貢馬近交趾不調

[illegible]　順江斷城緑計四峒給朗一千

[illegible]川　六村知土秋米一百五十石貢馬

上林　林𤄫邑長土下下十六　長官四里秋米四百石

安隆　泗城州地長土下下　長官秋米二百五十石

直隸都司

遷江　思恩州武郎都古黨峒八　寨相連北至二十二五里

五屯　蒙州南西跳北大藤峽　風門拂子巢獞兵十

廣西圖叙

廣西古百粵地當嶺南右偏三江（府江、左江、右江）襟帶提封甚廣然内給藩封外困邊圉而風壤氣習又視廣東特異如府江綿亘八百里則已半爲苗夷所有阻兵江道肆爲寇竊不但古田荔浦數縣（俱桂林府屬）苦其蠶食而已潯州則大藤峽跨在黔鬱二江（俱在潯州境內）之間諸蠻巢穴在焉剽剠四出急則投竄雖有上隆州（田寧府屬）五屯所（在梧州府藤縣境內）扼其咽吭不足制也若興安（桂林府屬縣）西延六峒（在興安境內）與武岡州（湖廣屬州）陽峒接壤猺實據之是爲桂林北境之患柳（柳州）慶（慶遠）以西則八寨（在柳州境內）號爲盜區洛容懷遠（俱柳州屬縣）並罹慘毒而賓州（柳州府屬）其襟喉矣然右江一帶惟岑氏（今思恩田寧泗城各土官俱是）最強思（思恩）田（田寧）既已殘破則泗城州猶嬰樊之虎計非削弱不可也且南寧控遏兩江坐鎮交阯（自南寧太平西南入約十餘程）桂筦保障或者其在是乎

按廣西古羈縻之域也

明興稽古諸酋有納款者俾世其土疎節濶目恢而不弛

寓約束於假借焉

國初皇稜奮張頑愆重足成化而後諸酋世際恬熙稍稍越法然未敢肆正德中權奸橫訌大閹乘之紀綱瀾渙邊機幕議非賕不行開府監司因以為利遂以誨慢納侮嗣後察察汶汶玩愒因仍墨以章賂貿以徼名致彼觖望傲然恣睢而威弗能懲徙以文檄虛喝患安可弭也故茲方之官非有為不足以戢姦非有守不足以服人而非久任則又不足以諳土俗而達物情也是以昔王之政重得人治內詳而治外畧見於茲乎而殺寇保彊之策則莫斯先矣

雲南輿圖

每方百里

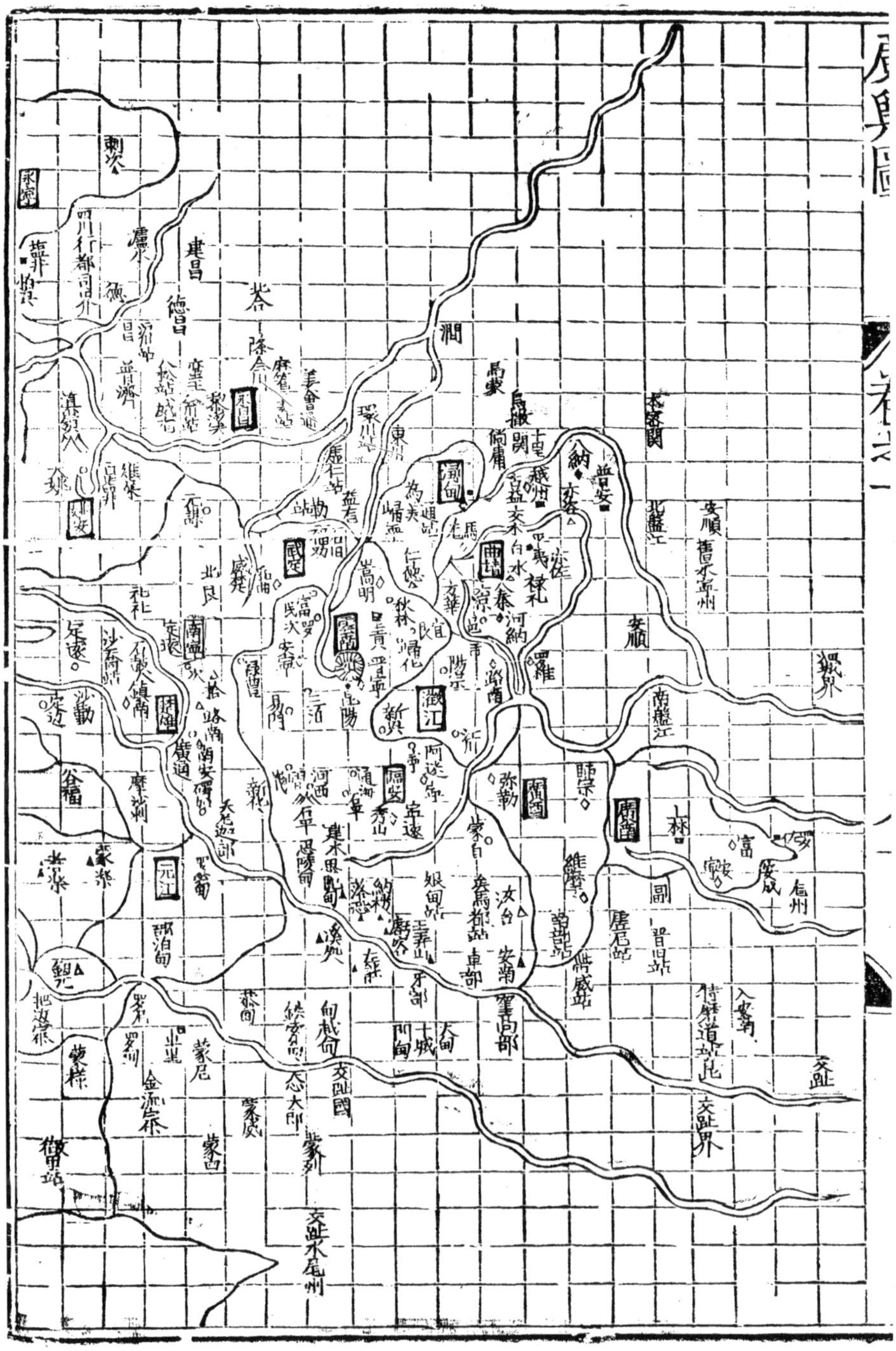
普安
安順
交趾界
交趾國
交趾水尾州
瀾滄江
蒙自

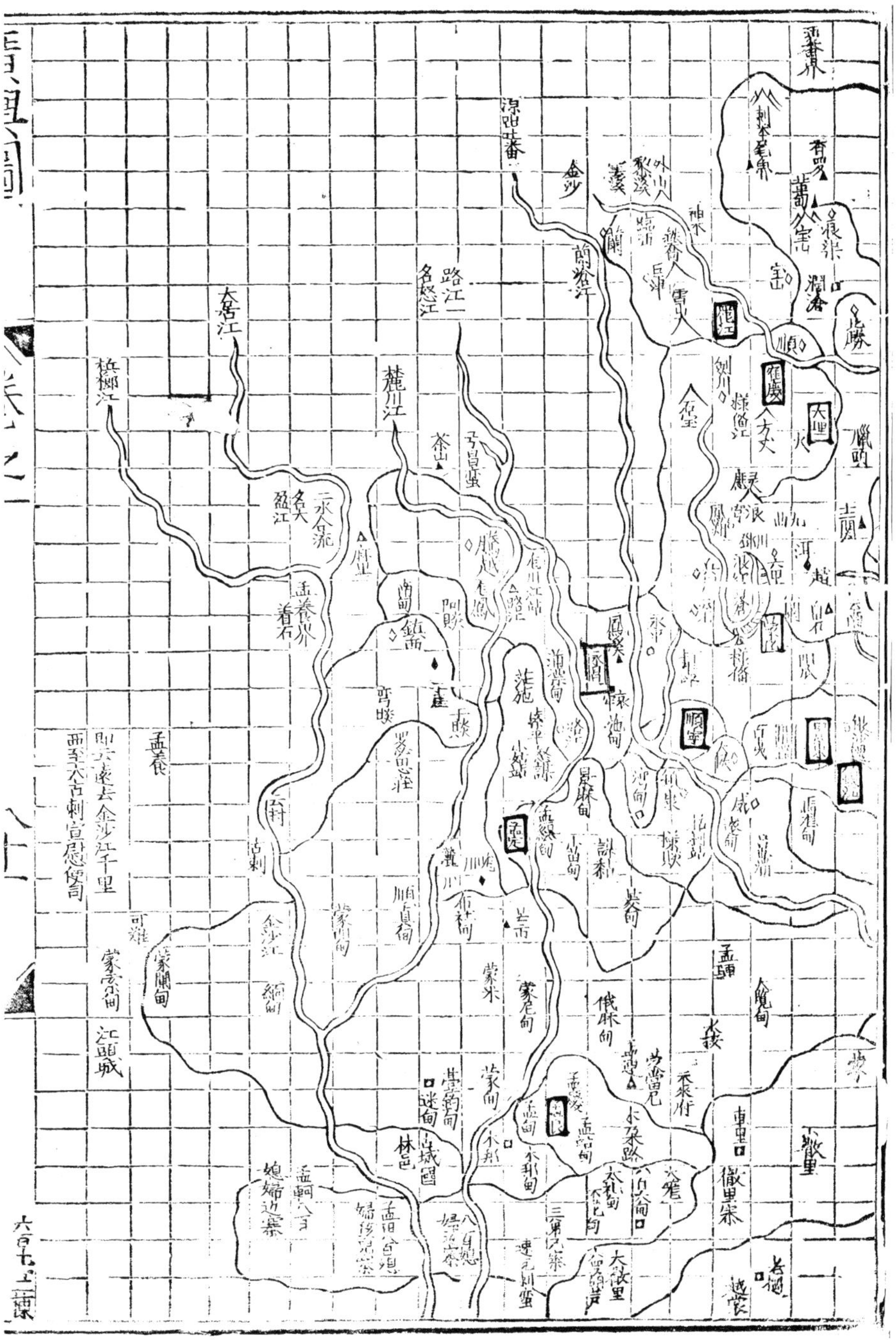
麓川江
二水合流
孟養
江頭城
徹里

雲南建置

雲南等處承宣布政使司治雲南左右布政使二左右叅政四左右叅議三　領府二十有二內羈縻一十屬州四十有二內羈縻十四縣三十　內羈縻四長官司六宣慰司九宣撫司三總為里六百二十有四戶一十三萬二千九百五十八口一百四十三萬三千一百一十夏秋二稅共米麥一十四萬五百八十八石

鹽課提舉司黑白等鹽井額辦本折色小引鹽五萬六千九百六十五引

雲南都指揮使司（隸右軍都督府）　都指揮三內掌印一僉書二領衛一十有七（屬所一百六安撫司三長官司三）　守禦千戶所一十有二本都司所屬漢土馬步官軍八萬一千四百餘員名

提刑按察司按察使一　分道四

欽差征蠻將軍總兵黔國公一　世守雲南

欽差巡撫都御史一

巡按御史一　俱駐雲南

道四　安普道

鹽課提舉

府十軍民二衛

州十附八郭

卅外縣及長官司

衛十七　雲南左右前中前後南

所二十　宜良　安寧　易門　楊梅堡

雲南　滇國益州中慶　建寧晉國昆州　善闡中上煩　州四縣五

昆明　滇池益州南寧昆州官富　昆州官富　黎州黎濃裁　明渡善州煩沖　兩上民簡僻無瘴中三里　二十七里

宜良　匡川匡城

良　大池大亦中四里

晉寧　昆池昆州陽城堡　德簡僻中五里

歸　安江大吳箐裁簡

化　僻中下三里

呈　晟貢　裁中

貢　四里

安寧　螳螂川連然益州郡　陽城堡安寧千戶所　煩上中　俱流官　十里

祿　古祿奉甸　豐村裁簡沖中三里

羅　厥磨呂村羅部羅

次　次州裁僻簡中三里

昆陽　巨橋滇池萬府簡　僻中　四里

三　郡龍城裁僻中知典

泊　俱流丞土官三里

易　易門千戶知典流官丞

門　土中下三里典簿

嵩明　滇國金城長州嵩長城　楊林郡簡瘴中

臨沅道

曲靖軍民 石城建寧 益州郡味 縣興古郡有賊無 瘴煩中中州四 縣二 霑三千三百二十 九石零 陸七百 九十七石 馬九百五十七石 羅四百五十四石

南味縣磨弥部越赤宛溫夜苴蛊郎村
寧州 菽中中三里 佐盤州羅雄州無瓊 有賊土丞下下 二里

霑益 西平交水石盤州梁羅山 縣別知同見流下同中瓊

陸涼 平夷汝温河納苏華知 同見流下中 六里

馬龍 撒匡興古郡納始郡芥州 郡通泉知同見流下中罝

羅雄 塔敝納夷甸興古郡知 土同見流僻下 三里

尋甸軍民 仁德新丁為美歸厚無瘴中下 五里 秋米三千七百九十五石零

建水 烏麼巴甸惠歷步頭 附郭煩中八里

臨安 通海句町建水 秀山阿焚煩 上上州五縣四 長官司九

石屏 旧忻朱東城石坪栽 僻微瘴中下八里

阿迷 阿寧 節瘴中 一十四里

寧州 早龍步雄寧海館 瘴中下七里

寧遠 無瘴中下匕里 今並

通海 通建水州通海王石笛州 帔蛮州猊知縛皆 河西宗州河西州休

海 凶殺僻中下三里 峨 土瘴中七里 西 獵栽中下四里

曲 靖

平越 陸 烏撒 隷貴

武州 涼 後所 州

馬 龍

大 羅 木 密 隷雲

臨 安 閔 南

七百

蒙自　則蒙自千戶
自知土官承流守直
納樓茶甸　長官　下下
教化　強現三部　長官　下下
王弄　大小二部　長官　下下
虧容　舊欽容甸　長官　下下
溪處　溪處甸部軍　長官　民副千戶　下下
思陀　官桂和泥路　長官　下下
左能　舊思陀甸　長官　寨下下
落恐　伴溪落恐部　長官　軍民萬戶下下
安南　褒古捨資千戶　長官　安南道防送軍
河　麼些蠻維伽頻　江　碌雲異城步雄部　陽　強宗陽宗部簡
陽　裁中中六里　川　易籠簡中有瘴　宗　裁中五里
賊中下二里

澂江　河陽舊元羅伽甸無瘴中上縣
三州二秋米九千八十三石　新興一千六百五石　路南一千三石
新興　古滇國西畟地求州　溫富州清蛤椑楝林　納部簡僻中二里
路南　建寧昆州路甸落蒙　萬戶無瘴中三里
廣南　特磨道廣南路　土判流簡下中　六里秋米一千五百零
富州　安寧州知土官目流　官下下四里
廣西　古滇國彌阿部　羈縻師宗彌勒　無瘴有賊中下　州三秋米二千一百七十九石零　師宗一千
師宗　岩浪甸師宗部阿寧　豆勿阿盧豆吳簡僻　同土官中下一十童
彌勒　彌勒部吉輸吳惡部　萬戶同土官中下三童

一百八十一石新附
維摩　嵩中同土官中下　五里秋米五百七十五石

元江軍民　東鄰威遠見知府　判流官僻　下下長官司一甸長官司八里　因遠羅必羅槃甸附郭
本府秋米一千九百三十石

直隸　新化　馬龍它郎甸改

洱海道

黑鹽井提舉　中上
楚雄　威楚安州祿　白鹿部銀生　縣當筋賦無瘴　賦有山漢多夷
楚　安州威楚威州　雄　富民淨樂煩夷　下中十里無瘴
廣　路睒千戶簡僻　通　薄下各縣同四里
定　越雋髻州牟州楚　遠　千戶西僕州耐雄
定南　澗　簡僻下
籠　南寧定遠州
定遠

少煩中二　縣五州二秋米
八千九百二十
邊五里
僻中下五里
碍　碍加千戶夷獠蘆
嘉　初栽簡下下二里

一石南安七百
南安　黑發廣通摩芻　千戶無瘴有賊下五里

十七石鎮南一　千四百六十石
鎮南　欠舍難和石鼓俗富郁欠舍千戶　定邊石鼓百戶簡中五里

白鹽井提舉
姚安軍民　梇棟姚州　統矢邏始
流官同土官中　下州一縣一秋米
姚州　知自流官同知附郭　四里半
大　青蛉越雋大姚堡
姚　牟川栽僻中下四里

三千六百二十
石

兵備參將
鎮沅　威遠州紫板紫知官同流　官判推各一下　五里
谷　祿　長官
本府秋米一百石　外折色

景東　關南有瘴賊知府判流官下下　八里秋米一千一百十五石
景東

金滄道

兵備

五井鹽課
提舉中中

武定軍民
府羅婺知土官同
推流官中中縣
華寺二州和
本二千五百二行
和曲千五十二行

大理
大理國大禮蒙
部濮州永昌郡
大蒙羊苴咩城
上上州四縣三
長官一煩無瘴

永昌
哀牢不韋博
南金齒無瘴
上中九里州
一縣二安撫一
長官二

和曲
匡雄晉甯烏蠻河陽元
拭鏹門七里
華竹環州金沙又南
謀知土府中下五里甸
甸四里華
澳北籠武定路迤

祿勸
洪曲保祿券石白易籠
本甸縣中下八里
石掌鳩法塊抹捻出
舊
藏石掌大里華

太
葉榆理州太和城
和
河東煩沖上七里
大中無瘴賊
理有賊煩

趙州
絲甸趙川趙郡大水趙瞼
白崖建寧煩下八里
雲
匡川品甸白子國雲
南
南州煩沖中十五里
洱
海

鄧川
德源葉榆邆備知土官
浪
葉榆劍州鳳羽劍浪
同且流官中簡瘴七里
寧
寧官寧中下二十五里

賓川
裁簡有瘴賊下下
十二里
簡僻有山賊戎漢
雜

雲龍
雲龍甸又軍民總管
知土官下下二里
十二林之場地
閑司下下

保
煩劇
山十八里
永
博南勝鄉知典流
平
丞土微瘴夷猓
雜中下八里

騰越
上上八里
路江元水昌地怒江柔遠
安撫
騰衝指揮越賧軟化
軍民使司騰越

騰衝
月土官
鳳溪元永昌地
長官

施甸 石甸
長官

鶴慶軍民 鶴州謀統郡樣共越 昕治州二秋米一千二百下一石
劍二千六百下
七石

劍川 義都羅魯城劍州千戶劍浪節
度羲々都臉祓僻中十八里

順一百四十二
石

順州 牛睒獐僻知自流官
同土官三里

麗江軍民 麗水茶罕章無獐知土官同流官下下州
四縣一 秋米二千一百七十五石

通安 越麼些詔定 昆明三睒附
郭明十三里僻知自流同晝

寶山 舟龍灰此蠻寨罕忽魯罕
知土官目流官僻下六里

蘭州 博南羅眉州楊城堡蘭滄
知土官同流目官下 四里

巨津 羅婆九睒 僻下 臨西磨詔地羅哀
六里

西間在邊 二里

蒙化 滄江陽瓜知土徵獐夷多布中 三十五里
秋米四千六百二十石零

永寧 樓頭睒茶罕麽些月和茶罕有獐賊
山夷知土官同流官下下長官四

判次 下下
長官

革甸 下下
長官

順寧 慶甸蒲蠻有獐賊復夷知土官判
流官下下二里州一

瓦魯 下下
長官

香羅 下下
長官

蒙箭蠻獐
化有賊下

直隷布政
北勝 成紀鎮施州普昌流同土 官俾中十五里

直隷都司
瀾滄 北勝地中 州一

蒗蕖 羅共知同土 流官三里一

直隷宣慰司
車里 徹里獶東中中 以上皆土官有獞賊
木邦 孟都孟邦 領安撫一
孟養 香柏雲遠
緬甸 江頭太公蒲甘緬馬 來安孟國邦牙下下
八百 八百 大甸 媳婦
老撾 越裳撾家
大古剌

府
孟定 景府孟定軍知土 官下五里
孟艮 孟指知土官 下
以下土夷衙門 多有獞夷賊

宣撫司
南甸 南宋府州 下下
干崖 于頓渠瀾 賴睒鎮西
隴川 麓川隴把平 緬下下

州
威遠 銀生府濮落雜蠻 知土官下下四里
灣甸 細睒鎮康知土官 下下五里
鎮康 石睒知土官 下下九里
大侯 孟佑知土官 下下四里

安撫司
孟者樂 牛郎甸猛摩 地夷名者見

長官司
鈕兀 他兀
芒市 怒謀大枯睒 枯睒芒施
孟璉
茶山
麻里

雲南圖叙

雲南古梁州裔境地崇岡巇嶂激澗縈紆城郭人民夷

居十七時恬則蜂屯蟻聚有事則獸駭禽奔蓋人自爲險勢難統一者也必知其領要則雲南臨安大理永昌鶴慶楚雄頗號沃壤然元(元江)安(臨安)路納交阯金(金齒司後改設永昌軍民府)騰(騰衝)地擁諸甸瀾滄聯絡寧(永寧)麗(麗江)曲靖彈壓烏蠻(四川烏撒烏蒙等府是)王公設險於斯要矣而土酋大者元江武定景東麗江小者姚安北勝鄧川霑益(鄧川屬大理霑益屬曲靖俱州)並以兵力稱桀向背靡常蓋自麓川難夷(正統間土酋任思發以麓川叛嘗發兵討平之)滇境粗安則沐氏(黔國公)世與有力焉惟尋甸一帶風土絕異兵衛漸踈故諸羅(武定東川等族俱羅夷)搆釁相尋而木邦孟密亦恃其險遠至今不聞悔禍咎在撫綏失策本無置制可言然滇南北向中州必假道貴陽(貴州)而後進稍值兵梗坐令隔絕則滇池之達馬湖(四川)

蜀府武定之達建昌四川行都司屬衛川陸具存久而榛塞在今
日所宜亟講而萬里投宦類難得人則夷情蠢動未爲
無故此尤不可不慎也
按滇古荒服聲教弗漸由唐及宋則偃然僭竊憑陵巴
蜀元雖開省設官而疆宇瓜裂覊縻蓄之我
朝幅員混一可謂盛矣第其疆域遼邈夷落環盤特恃則
牛馴蟻聚有事則狼跳虎噉盖負恃險遠其勢則然也
剡緬甸麓川之墟黠夷桀作窺伺包藏志欲漸廣貴有
以折之是以古之明王惇德允元而難任人則蠻夷率
服守在四裔矣

貴州輿圖

每方百里

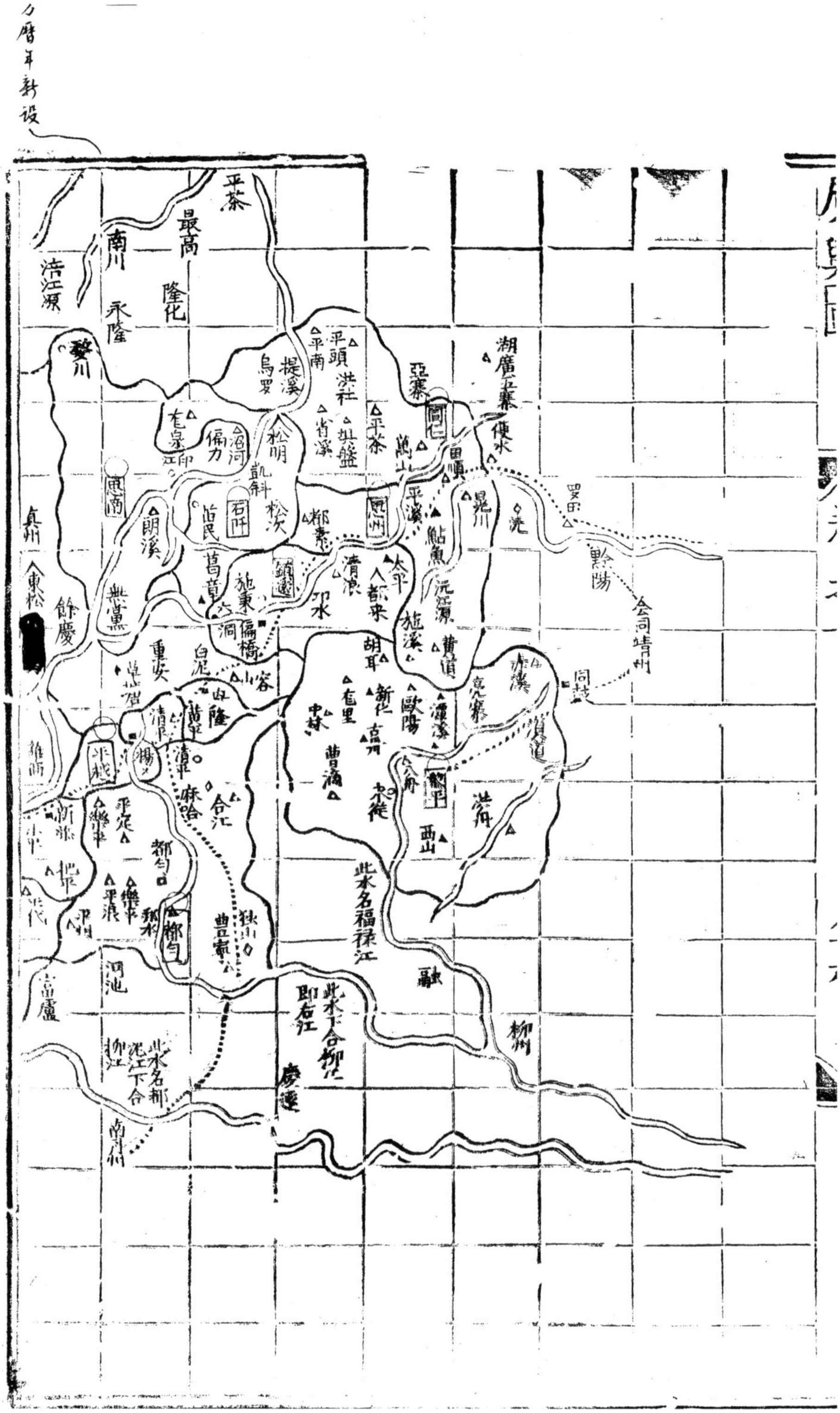
平茶
最高
南川
隆化
永隆
黎川
湖廣五寨
平頭
洪杜
提溪
烏羅
省溪
平茶
萬山
石阡
思州
鎮遠
思南
朗溪
龍泉
葛彰
清浪
偏橋
平溪
邛水
黄平
重安
清平
麻哈
合江
都勻
獨山
豊寧
此水名福祿江
此水下合柳江
即右江
慶遠
柳州
西山
融
黔陽
餘慶
洞池
南丹

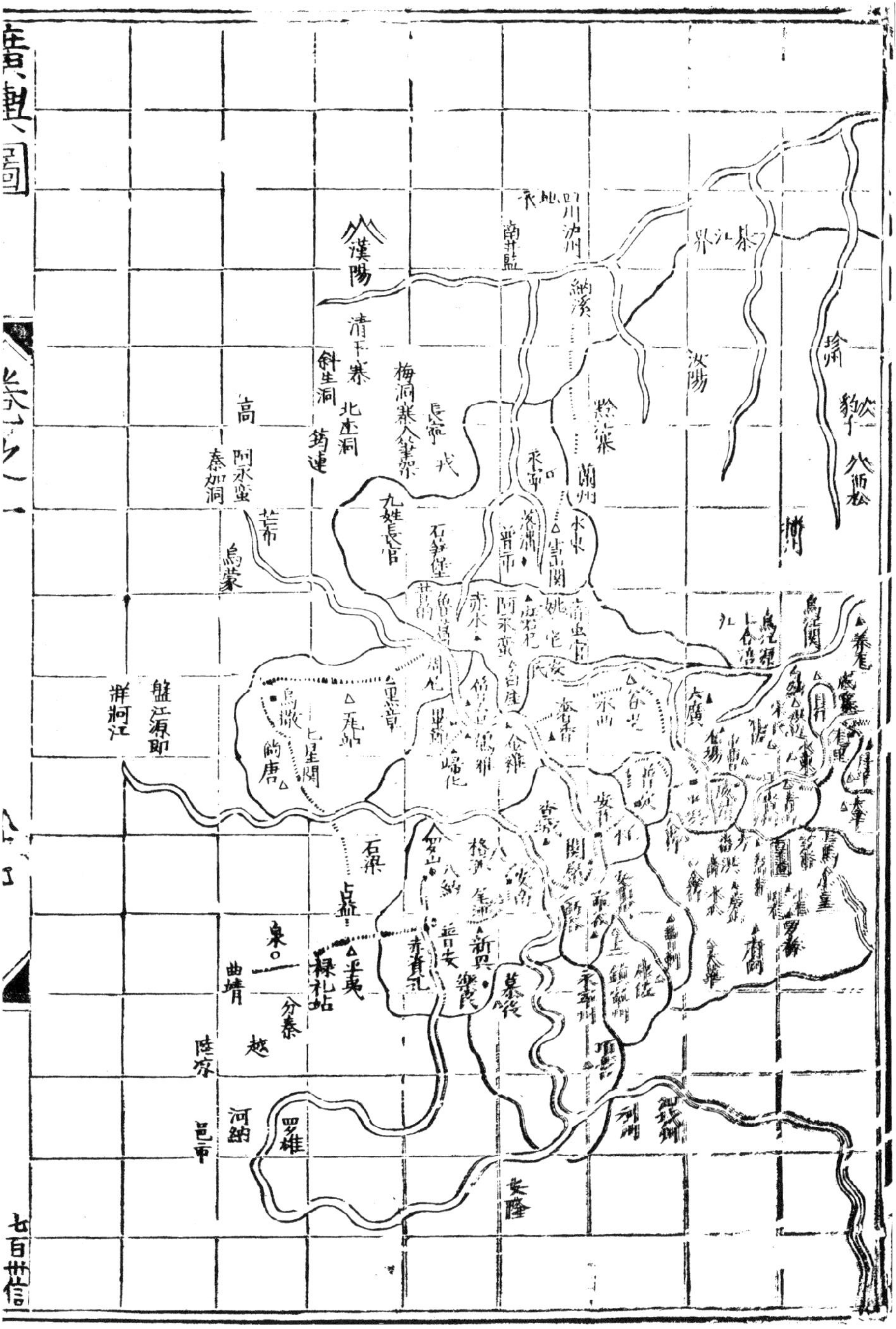
廣輿圖
四川瀘州
南井監
漢陽
納溪
清平寨
梅洞寨
斜生洞
北杰洞
高
阿永蛮
泰加洞
九姓長官
石耶堡
烏蒙
盤江源即
牂牁江
七星関
普安
新興
平夷
曲靖
分泰
越
陸凉
河納
罗雄
安隆

貴州總論

貴州等處承宣布政使司治貴州左布政使一左參政二內清軍總理糧儲一左右參議三內分守貴寧安平二道一分守新鎮道一撫苗思仁二道一領府八屬州二縣六安撫司一長官司五十六宣慰司一屬長官司十州四屬長官司六官廨附三衛城內一十一總爲里七十有九戶一十四萬八千九百五十七口五十一萬二千二百八十九夏秋二稅共米麥一十四萬八千九百四十八石有零湖廣布政司坐派解納本司粮米一十萬二千四百石每石折解白銀三錢共該銀三萬七百二十兩正四川布政司坐派解納本司粮米一十萬九千七百五十三石內五萬石每石折銀三錢三萬石每石折布二疋每疋徵銀二錢原運永寧倉今改豐濟庫布米二萬九千二百三十三石每石折布二疋每疋徵銀一錢七分五厘綦江縣秋米五百二十石每石折銀五錢五分四川播州宣慰司坐派解納本省豐濟平越青平興隆黄平等倉夏秋粮米共一萬六百石零三十六升八合四勺三抄五撮烏撒倉秋粮米九千四百石烏蒙府起運烏撒倉秋粮米三千八百五十石東川府起運烏撒倉秋粮二千九百石鎮雄府起運烏撒秋粮四千九十二石四斗洞蠻麻布二百五十九條有零課程稅鈔一十三萬六千四百四十六貫四千三百八十八文稅銀三百二十九兩九錢三分三釐九毫

貴州都指揮使司隸右軍都督府都指揮三內掌印一管屯一管操捕一領衛一十有八屬所九十三長官司一十有三守禦千戶所二本都司所屬馬步官軍三萬七千四百一

十七員名

提刑按察司按察使一　副使四　僉事二　副使：驛傳一、提學一、兵備二；僉事：貴寧道一、思石道一　分道四

欽差鎮守貴州兼提督平清等衛地方總兵官一　駐宣慰司　參將二　一駐永寧，一駐鎮遠

守備三　一駐烏撒，一駐普安，一駐都勻

貴州宣慰使司宣慰使二　一水西安氏，一洪邊宋氏　同知一

欽差巡撫都御史一

巡按貴州監察御史一

欽差清軍兼理雲貴御史一

道四　司府衛所　州　附郭并外州縣長官司

貴寧道	貴陽　八番順元蠻夷大萬谷落邦龍章大羅甕蘗水羅鴨水骨龍陸賓底窩貫竹將臺　領長官十　秋米八千三百五十石零	貴州	
	貴竹長官　貴州無蠻下		
	水東長官　水東寨	中曹長官　百納寨下	底寨長官　下下
	青山長官　青山遠地下	劉佐長官　落邦下	乖西長官　乖西蠻夷府下
	龍里長官　龍里縣下	白納長官　白納縣山下	養龍長官　宿徵下

兵備僉事提調烏蒙烏撒

貴州前

畢節 羌服西蜀 沖中中

赤水 曾瑩

烏撒

永寧 諸葛營 跳泉

普市 簡州 下下

宣慰 南寧定遠古筑 苗獠雜居先係貴州宣慰轄成化年間奏改府治中下 領長官十三 秋米六千五百有零

金筑安撫 直隸 隸置

威清 貴州寄治地鋪 郎山中下

程番長官 八番武勝軍

摩尼所

常番長官 金石番太平軍 中

方番長官 河中府 下

洪番長官 永勝軍 下

臥龍番司 南寧軍 下

金石番司 太平軍 下

木瓜長官

阿落密所

小龍番司 應天府 下

大龍番司 應天府 下

羅番長官 遏蠻軍 下

盧山長官 下

上馬橋司 上橋縣 下

麻嚮長官

白撒所

小程番司 武勝軍 下

盧番長官 淨海軍 下

木官里

克度里

通州里

大華長官 大化

都清道

兵備副使
守備
清浪參將
轄清浪鎮遠偏橋二衛俱
湖廣二

平塡 古西南夷普蠻 中 下
普定 安順州附普定 附上中州二
安莊 鎮寧永寧二州 附中中中所五
安南 古西南夷地 保中中下
普安 附普安州與普安衛 永寧安南等衛
鎮遠 臨鎮遠府同鎮遠溪邊 玉思印洛消安永安德
我曉愛單滯 黎
八百知流判推吉中上縣
二長官二
黎平 古州新化銅鼓五開 黎誠州
伐即之安與湖貴五開
銅鼓二衛同地簡中下
縣一長官司十二
秋米二千六百有零

安順 治馬頭山簡沈 土同長官二
鎮寧 治火烘寨誠簡 潭沖中長官三下
永寧 治相牢寨同前 中下長官二
普安州 治羅祥河與古 離簡沖中上
鎮遠縣 金容金達安寧 正安中下二里

樂民所
安南所
安籠所
關索嶺所 隸安十二營長官中下 領寨三十九 沖
施秉縣 施沅中下萬民 一里
邛水長官 安寧攻水 縣里栽下
古州長官 八万洞軍 民中二里
八舟長官 三里 下下
潭溪長官 下下 三里
洪州長官 中 四里
永從縣 溪洞福祿栽 県州二里 下
西山長官 古生苗地下 下二里
湖耳長官 一里下下
亮寨長官 一里下下
曹滴洞司 宋容容沉 巴黄六里
歐陽長官 一里下下

寧谷長官 領寨二十九
西堡長官 領寨四有奇
康佐長官 下下 領寨四
慕役長官 中下 領苗寨四
頂營長官 俱無續苗寨二
偏橋長官 偏橋中寨 一里
無譯中下
日流官

新化蠻夷 下下 一里
中林驗洞 一里中下
赤溪長官 中下 一里
龍里長官 中下 一里

守備
兵備副使有
事駐鎮遠提
調平溪五開
銅鼓守備

都勻 合江陳蒙爛土云都云都云 洞[illegible]獨山麻哈下中下 領州二長官司八縣一 秋米四千九百三十石零
麻哈 寨 犹老 無障簡
獨山 簡知日流同土人管二長官 苗生黑物栽僻瘴下下

都勻長官 上 都云
邦水長官 中 都云校 木
平州長官 都勻定云 安撫

清平 縣 系下風俗獨 山合

平浪長官 都勻安撫

樂平長官 中下 林挨寨

平定長官 中下

合江長官

豐寧長官

都勻

新添 舊城都系中下

新添長官 中下

小平長官 下下

丹平長官 下下

把平長官 下下

丹行長官 下下

平越 三陂地上 中

楊義長官 平越中

龍里 殄刀苗龍里衛龍 里[illegible]衛中下

平伐長官 下下

大平長官 下下

清平 古西南夷蠻溪 中中中

興隆

黃平

思

石

思州 宋夷都素州川舟陽舍 蓬野雜行務程石溪平
都坪長官 遺都州 其違者洞
都素長官 馬品寨下 下 三里
黃道長官 野溪坪下 下 二里

道
兵備僉事　提調平茶播州
總兵撫苗參將　參議

思南　宣慰思州故地　此二府隸思南貴州布政司　沿河祐溪等
府推各一　頒州…　…婺川縣　…

銅仁　萬山長官司　…
人　勤奮省溪提溪…　龍泉…　…

石阡　義州明陽…　洋川…　領長官四秋米八百五十一石

水德長官　化發…　中下四里
蠻夷長官　思州
銅仁長官　中下五里
石阡長官　寧夷縣　下五里官　洋…
苗…長官　…

施溪長官　下下一里
印江縣　思印江　中上四里
婺川縣　四里
提溪長官　下　一里
烏羅長官　龍泉　三里
龍泉長官　義泉縣　中二里

沿河祐溪長官　中下一里
朗溪長官　猶…　中下一里
省溪長官　下下　一里
大萬山長官　蘇葛　…
葛彰長官

板橋巡司
平頭長官　下下　一里

貴州圖叙

貴州古西南夷羅施鬼國地地里蠻夷並同滇境雲南而
山箐峭深地瘠寡利夷性猾詐殆有甚焉故酒城州廣西
土官衙門恣其狼吞伺竊外戶則守在永寧州名芒部今鎮雄府盤

七百○種

據廣土蹲伏比藩則憂先畢節若思南石阡銅仁數郡界在鎮筸（鎮遠草子坪俱長官司隸湖廣）酉播（酉陽宣撫司播州宣慰司俱隸四川）夷峒之間鴟張豕突（諸夷常突出數郡寇掠）貽患寔深況地雜東川烏蒙諸部（俱四川軍民府）師旅繹騷每與川湖（四川湖廣）同其災害而軍民歲計又太半仰給於二省兵荒交值時有弗繼之憂且水西普安凱里（俱土官地方）諸酋富甲他夷地連肘腋逞姦首禍患豈一朝故知梟獍之資不忘格鬭而爭彊奪職乃其兵端焉然夷虜自相翦伐貴在因俗以時撫定不足煩

國家力也

按貴州古西南夷羅施鬼國地山箐峭深地瘠寡利蠻夷盤繞本不足郡縣治也惟是滇南北上必假道茲中故彊里制置焉又其地界川湖夷峒之間師旅數[illegible][illegible]

其費大都仰給二省時稱匱詘若寄生然且水西普安凱里諸酋富甲他夷志在爭奪稔惡首興包藏禍心萬千衝決滇道爲塞閉滇池有徑可達馬湖武定可達建昌川陸具存而榛塞莫啓刊山通道之策或者其宜豫待之乎至於夷虜自相翦屠貴在因俗以時撫定不足煩

國家之大師也

廣輿圖卷之一終